U0795986

好妈妈的心灵处方

0～12岁孩子的心理学

〔韩〕吴恩瑛 著
权美兰 译

黑龙江教育出版社

CONTENTS

要提醒好多次；不会制定计划，学习或做事情时不能按照顺序有条不紊地进行，经常丢三落四；不会整理书桌或物品，屋子总是乱七八糟；早晨上学总是磨磨蹭蹭；不喜欢动脑筋深入思考问题，不喜欢或回避需付出努力的事情；经常丢失玩具、铅笔、书本，经常忘记学校作业，有时甚至把书包都丢在学校；学习时稍有外界干扰，就分散注意力；健忘症严重，经常忘记补习时间或约会时间；不能老老实实坐在椅子上，就算坐在椅子上了，也经常动胳膊动腿，或者摆弄书桌上的物品；不管是公共场所还是课堂，不能老老实实坐在一个地方，总是来回蹿；因经常在学校走廊乱跑而挨训，需要随时提醒；做作业或做事情时有急躁倾向；静不下来，不停地动弹，玩的时候也显得很吵闹；话多，不分场合地吵闹，整天不停地自言自语或哼哼唧唧；没等提问结束就迫不及待地回答问题，或者还没提问就抢先回答；参加课外活动或做游戏时不能按照规则有条不紊地进行，不懂得排队或者经常加塞；他人说话时，不认真倾听，经常插嘴；他人做事时，经常妨碍；他人玩耍时，经常捣乱。

上学时因磨蹭经常迟到；上早自习时，不是发愣就是昏昏欲睡；上自习时，不是乱走动就是干扰其他同学学习；集体讨论时，没轮到自己发言也经常插嘴而影响整体讨论；或者自己该做的事情不做，专管别人的闲事；不愿意参加集体活动，要么干坐着，要么做别的事情；做事情慢慢腾腾，总让别人等待；记不好记事本；管理不好物品；不按时完成作业；课桌总是很杂乱；上课时因大声喧哗经常挨说；不顾老师的指示，我行我素；和其他孩子相比，学习效率低；上课时间发呆；课间休息后再上课时，经常迟到；课间休息时在走廊大喊大叫或跑来跑去；经常和同学吵架；中午在食堂打饭时经常不排队；吃饭时跑来跑去；吃饭速度过慢；不遵守卫生间或走廊等公共场所的纪律；在卫生间往其他同学身上泼水或者窥视他人解手；过

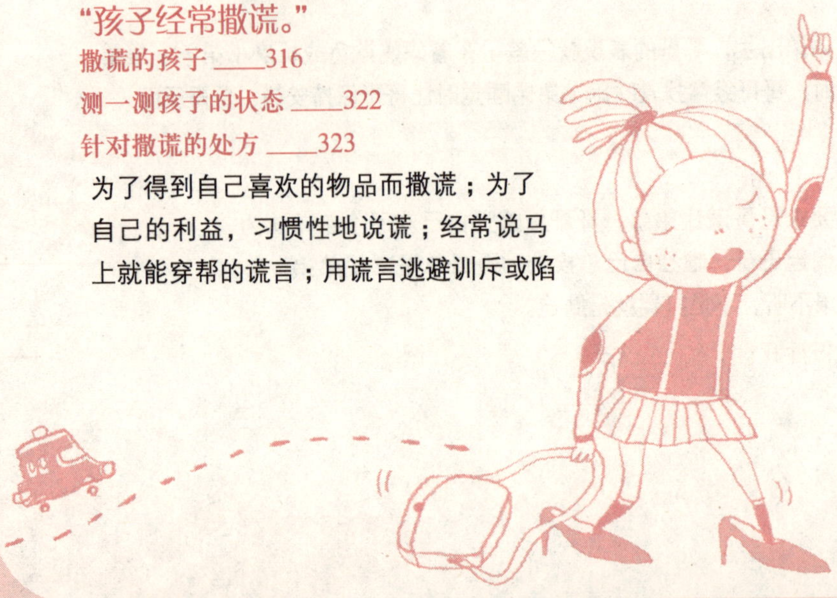

TOY

PART_22 大小便

“孩子不能自理大小便。”

白天能自理小便，但晚上不能，经常尿床；已经到了能自理的年龄，也没有特别的问题，但迟迟不能自理；能自理小便的孩子，又开始尿床；便秘；强忍大便；拉在裤子里；不愿坐马桶；在托儿所能使用马桶，但在家里拒绝使用；拒绝使用卫生间；不愿在外面使用卫生间；拒绝排便；已经成功结束大小便训练了，但最近经常失误；能自理大小便，但总想带尿布；排便时，裤子必须全脱；想站着排便；看电视或玩电脑游戏时，不能自理大小便；在外强忍小便，一回家就迫不及待地尿在门口；一点一点地挤小便；小便次数太频；上厕所的次数太频；小便能使用马桶，大便则拉在内裤上。

PART_23 语言发育

“孩子说话太晚。”

不太会说话；很早就能听懂他人说话，但从不张嘴说；有点结巴；语速过快；发音不准，除了妈妈之外的其他人都听不懂；在家滔滔不绝，一到外面就哑口无言；跟年龄相比，语言不成熟；经常骂人或使用粗俗语言。

TOY

推荐文章

怎样培养我的掌上明珠？

外孙居住在美国，他第一次来韩国时刚满周岁。为防止他乱动东西，妻子用坐垫把孩子触手可及的物品都遮住了。但是好景不长，一眨眼工夫，外孙就把所有遮挡物通通撇到一边。不管是话筒还是装饰用陶瓷，只要能拿起来，顺手就把它放进嘴里或扔在一边。看到他那惊人的力量和敏捷的动作，姥姥姥爷虽然嘴上责怪孩子，但心里却乐开了花。女儿也许是因为每时每刻都要监管孩子一举一动并要及时制止的缘故，面对孩子“无法无天”的举动，却说出和姥姥姥爷截然不同的话：“你们和这个孩子相处的时间长了，就会累得筋疲力尽、心力交瘁。孩子天天惹是生非，闹得我提心吊胆。”

孩子是天生好动，充满好奇心和探险心理的。虽然看起来柔弱、无力，但并不是没有家长的精心照顾就生存不下去。他们本能地掌握了让父母或身边的人不得不呵护他们、照顾他们的方法，并有效地加以运用。在试探周围神秘世界的过程中，孩子的心理不断变化、不断分化、不断成熟。当然，受到挫折时，他也会哭泣。作为家长应该及时指导孩子脱离危险环境和适应环境的方法。

如果想指导孩子，首先应该了解孩子的需求和欲望。父母要熟悉不同年龄段的孩子应具备的能力，然后采用妥善方法帮助孩子，这样才能让他们懂得自我尊重，从而避免产生畏缩和自卑心理。

在成长过程中，孩子也许会经历一时的成长痛苦，也许会出现各种不适应症状或夸张的生理性防御，甚至还会出现来自失败的精神病理现象。作为家长要善于透过表面现象看到问题的本质，正确分析这种现象产生的原因和后果。只有掌握各种“适应障碍症”的相关知识，父母才能切实解决孩子身上存在的各种问题。所以，作为家长，最紧迫的应该是及时获取正确指导孩子成长的信息，而这些科学信息，在吴恩瑛博士的《好妈妈的心灵处方》中，得到了最完美的体现。

这本书满载了育儿必须掌握的基本知识，特别是针对孩子身上显而易见的各种正常或者不正常现象，进行了科学的解释，并出示了具体对策和方法。写出如此完备的育儿指南并非是一件简单的事情，只有具备广博知识和丰富经验，才能做到这一点。我认为在韩国，除了吴恩瑛博士外，不会有第二个专家能写出这样的巨作。

认识吴恩瑛博士已经有25个年头了。强烈的求知欲望、奋发向上的进取心，让她在学生时代就崭露头角、小有名气。成为儿科专家以后，在专业领域里更是大放异彩，成为璀璨的明星。吴恩瑛博士不仅具有渊博的知识，而且能把深奥的道理深入浅出、通俗易懂地向患者和家属进行讲解说明。她经常采用对话式的演讲，针对家长不同的询问，不仅做到有问必答，还能耐心地解释和指导。所以，她的演讲引起社会各界的轰动，并非是一件偶然的事情。每次听她的讲演，我都会情不自禁地佩服她对深奥理论和概念的轻松讲解。

这本书从25个方面，对不同的提问，进行了详细的解答。更为可贵的是，本书不只单纯地解答问题，还分析了产生问题的原因，以及引发问题的各种状况和不同状况之间的差异。本书中的说明可以说是针对性、实用性很强的处方，因为她不仅记述了家长行动指南的详细日程表和实践处方时经常遇到的障碍和相关对策，还从孩子的角度，举例说明了怎样进行说服和劝解。这本书堪称浑然一体的育儿方面的权威书籍。

这本书不仅适合家庭备置，培养孩子的各级学校，管理孩子的社会机关、法院，以及治疗孩子疾病的医院也适合备置。

向著述这本力作的吴恩瑛博士表示感谢的同时，对她的辛劳也表示衷心的敬意。

大学医疗院精神健康研究所　名誉教授　李浩勇

2008 年 4 月 11 日

作者寄语

如果想把孩子培养成快乐天使

读了这本书，你会明白“作为父母的我”应该扮演什么样的角色。不管是谁，成家有了孩子，理所当然地就成为了家长。也许是轻而易举地当上家长的缘故，很多人忽视了做一个称职、优秀的家长应该不断努力、不断练习、不断提高的事实。

大多数家长都疼爱自己的孩子，但也有很多家长因为不理解孩子心理，没有掌握行之有效的对策，最终给孩子带来创伤，甚至导致孩子误入歧途。

家长自认为给予了孩子关爱和教导，而孩子却认为受到了家长的侮辱、责难和训斥；家长自认为纠正了孩子错误的行为，而孩子却认为受到了来自家长的威逼和胁迫；家长自认为担忧了孩子的未来，而孩子却因为家长无意的否定，对未来充满了悲观和失望。为了让孩子切实感受到来自家长的关心和尊重，家长应该掌握明智对待孩子的方法和技巧。除了这种方法和技巧之外，家长也要理解孩子的心理，并掌握相关的育儿知识。

编写这本书的目的，是让家长回首审视作为家长应具备的价值观和相关的育儿知识，并领悟和掌握行之有效的育儿方法和技巧。如果家长读完这本书能够审视自我，满怀信心地去培养孩子，庆幸并自豪自己是孩子的父母，因此更加喜爱孩子，那么，我想没有什么事情比这更有意义、更让人欣慰的了。

很多人曾建议我，写一本关于抚养和教育子女方面的临床经验和技术诀窍的书，但下定决心执笔之前，我犹豫了很长时间。因为市面上随处可见有关育儿方面的书籍，网络上的育儿信息也让人目不暇接，就算我写书，也只能是大同小异。但后来，我发现很多的育儿书籍，都只是侧重养育和教育孩子的技巧、方法而已。

虽然现有的育儿书籍，主要围绕孩子身上存在的问题，针对性地介绍必要的方法和技巧，但是对引发这种行为的内在原因，没能作出让人信服的解释和说明。如果只把焦点对准孩子身上存在的问题，家长就会变得急于求成，从而忽视理解和尊重孩子。因此，就算家长照本宣科，也只能出现恶性循环，最终导致失去抚育孩子的自信心。

对此，我感到出版一本提高抚养成效、恢复家长自信心的育儿大全的必要性。这本书的编排是透过孩子的问题行为分析问题产生的根本原因，不仅要写到通俗易懂的各种理论知识，也要写到适用于实际生活的具体方法和技巧。

决定执笔以后，我开始搜集和整理必要的学术资料和心理学、社会学、护理学、社会福利学、人类学、儿童学等领域的广博资料。我不仅思考怎样才能更有效地传达有关孩子大脑发育的相关知识和研究成果，而且也常常苦恼怎么做才能把丰富的理论和临床经验更有效地结合起来。这本书以有关孩子大脑发育的最新医学知识作为基础，叙述了育儿过程中众多家长和孩子的经验教训。

整部书的编排不同于现有的以年龄为基准阐述孩子问题行为的书籍，而是以孩子的心理状态和发育上的重要特征作为主线，进行了分门别类的阐述。它从日常生活中常见的现象入手，不仅分析了孩子的问题行为，也介绍了根本原因和具体处方。就算是一样的问题，笔者也从家长和孩子两个角度，全面阐述了他们不同的理解和感受。这种理解不仅能减少孩子和家长之间的误会，也能减少家长在不经意间给孩子带去的心灵创伤。

这本书的出版得到许多人的帮助，没有他们的鼓励、理解和建议，《好妈妈的心灵处方》是很难问世的。向整理资料、整理原稿，并付出自己宝贵时间和满腔热忱的侄子任幸俊和任嬉廷表示感谢；向给予我许多帮助的吴太焕副院长、柳惠圆研究所长、精神科专家文在石医生、李南顺、许多艳，还有医院全体成员和研究所的老师们表示感谢；向给予我忠告和教导的永远的老师李浩勇表示感谢；向校对文稿、编辑文稿的宋美珍主编和姜丞久、任宝阿、李英姬表示感谢；向出版这部书的出版社表示感谢。

向给予我默默关怀的丈夫表示真诚的爱意；向我的能量源泉——儿子成哲表示感谢，感谢他让我拥有了懂得关爱孩子、尊重孩子的心理；向信任我、养育我的父母表示尊重和爱意；向数年如一日给我带饭，激励我、勉励我的公公婆婆表示衷心的感谢。

最后，此书谨献给为孩子经历过痛哭流涕、绝望、后悔、心痛，但也从孩子那里体会过幸福感的人世间的所有家长。

吴恩瑛

2008 年 6 月

HAPPY TRIP!

PART
01

沉溺

妈妈的来信

院长：

您好！我的儿子现在上小学六年级，他整天都沉溺于电视和手机游戏中，已经到了不能自拔的地步。

有一段时间，放学回家后，除了吃饭时间外，孩子只和电视动画片为伴，不管我怎样苦口婆心也无济于事。一气之下，我把家里的电视处理掉了。没有了电视，孩子就把目光转向电脑游戏，美其名曰写作业，其实是坐在书桌前背着我玩电脑游戏，后来竟发展到通宵达旦、“废寝忘食”的地步。为了禁止他玩游戏，每天上班时，我索性就把键盘拿到单位。

最近，我发现他又有了新的癖好，一有空就下载手机游戏。有一次半夜起床上卫生间时，看到从孩子屋里透出的微弱光亮，我按捺不住好奇心，悄悄进到孩子的房间，结果发现孩子正捂着被窝，如痴如醉地玩着手机游戏。当时已经是凌晨一点多，恼羞成怒的我气得直打哆嗦。面对整天不知道学习，想方设法看电视、玩电脑、玩手机游戏的儿子，我应该采取什么办法呢？

回信

不管什么人，都会对自己感兴趣的东西多多少少表现出沉溺倾向。如果没有这种“执迷不悟”，就不可能有今天的科学技术和文化艺术的发展。但关键是很多人轻易沉溺于对自身无益的兴趣爱好中，特别是自控能力较差的小孩或青少年，沉溺之后经常与那个年龄段必须经历的重要历程失之交臂。有这方面经历的儿童或青少年，到了成年之后，很容易痴迷赌博、毒品、烟酒等对身体有害的物品。

矫正上述行为，可以采用药物治疗和行为治疗，但儿童应该以行为治疗为主。习以为常的行为习惯，短期之内是得不到彻底改变的。所以，改变它需要足够的时间。如果想彻底改变这种沉溺倾向，让孩子对读书或运动感兴趣，不仅需要具备足够的耐心，也需要实施行之有效的措施。

下面，我们来了解日常生活中显而易见的沉溺倾向和对策吧。

沉溺电视、漫画、电脑游戏的孩子

什么叫沉溺？

明知对个人的健康、精神状态和社会风气有消极影响，却把所有精力不知不觉都投入到一项特定活动的反复的冲动叫“沉溺”。沉溺对象包括赌博、药物、购物、网络、手机、漫画、不节制饮食和拒食等诸多方面，究其原因主要有遗传因素、生物学因素、药理学因素和社会性因素等。

自从电视节目日益丰富以及电脑问世以来，对电视、电脑的沉溺现象与日俱增。到目前，韩国还没有发生令很多国家都头疼不已的沉溺毒品的现象，但是沉溺电视、电脑、漫画已成为韩国社会的巨大隐患。

如果孩子沉溺电视，会引发很多问题。其中，电视广告带来的负面影响尤为严重。缺少判断是非曲直能力的小孩子，因为不能像大人批判性地接受事物，所以，往往会全盘接受所有广告内容。他们普遍认为，凡是电视广告中播出的饮料和快餐都是最好的，于是无节制、无限制地食用这些食品，最终引发众多健康问题。

孩子沉溺电视、电脑，虽然不像药物中毒表现得明显，但如果不及时解决，不仅会引发健康问题，还会引发深刻的社会问题。所以，及时掌握和分析问题的症结所在，想出最佳治疗方案是非常必要的。

看一看以下的情景。

情景 **把学习抛到九霄云外，整天惦记玩电脑游戏。**

从下面的选项中找出和家长的反应最接近的事项。

1. 发牢骚，严厉制止。
2. 立即关掉电脑，并禁止使用一个月。
3. 明确告诉孩子，再被家长发现，就要遭受体罚。
4. 把电脑设置为瘫痪状态。
5. 向孩子说明沉溺电脑的负面影响，一起制定使用规则。
6. 不管不顾、不以为然。
7. 其他。

1. 发牢骚，严厉制止。

很多家长搞不清楚唠叨和正面教育的差别，所以，教育孩子时，从不认真倾听孩子的想法，从不和孩子进行平等的对话，不是唠唠叨叨，就是吓唬、命令孩子。这不是因为家长缺乏素质，而是因为已经习惯于“上命下服”，即强求晚辈无条件顺从长辈的说话方式。所以，他们不习惯和辈分小的人在平等立场上交换意见或进行对话。

很多家长想通过反复强调进行说服教育，而孩子却认为那是家长在发牢骚。久而久之，讲再重要的道理，孩子也会把它当成耳旁风，不理不睬。

2. 立即关掉电脑，并禁止使用一个月。

发现孩子的沉溺倾向后，严厉的家长会采取强硬的措施。难道关掉电视、电脑，所有的问题就会销声匿迹或者迎刃而解了吗？孩子的内心没有丝毫变化，单单靠外界施加的“强压政策”，难道就能改变孩子吗？如果这种“强压政策”能成为孩子审视自我、反省自我的契机，倒也是一桩好事，可相反，如果孩子整天虎视眈眈地窥探父母，想伺机行动，家长又有什么办法？难道还能寸步不离孩子，一天 24 小时监视孩子？

3. 明确告诉孩子，再被家长发现，就要遭受体罚。

这样的家长属于随随便便对孩子施加警告和威胁的暴躁家长。家长可能认为威胁孩子、恐吓孩子，孩子就不敢再碰电脑，但事实恰恰相反，很多孩子反而会想方设法欺骗父母。

4. 把电脑设置为瘫痪状态。

把电脑设置为瘫痪状态，孩子就不能再碰电脑，你也就眼不见心不烦了。但是，你有没有想过孩子的心情？高高兴兴从学校回来，满怀欣喜地打开电脑，结果费了九牛二虎之力也打不开。这时，孩子马上意识到这是父母所为，于是，在对父母的武断和专制产生反感、对父母的欺骗和排斥感到遗憾的同时，孩子再次感觉到自身的渺小和无能。他会情不自禁地想：“我自己能作主的事，简直少得可怜！”如果家长矢口否认这是自己的所为，孩子对家长的信任感就要大打折扣，慢慢地不会再信任父母。这样的孩子，只要有零花钱，就会跑到网吧继续玩电脑。因为家长采取的措施只是针对孩子的表面行为，而没有针对孩子的心理，所以，家长不能期待孩子的内心发生 180 度大转变。

5. 向孩子说明沉溺电脑的负面影响，一起制定使用规则。

这是正确做法。

6. 不管不顾、不以为然。

这样的家长属于放任型家长。发现孩子的问题行为后，家长不应该采取不理不睬或不以为然的态度，而应该耐心地教育孩子、说服孩子、鼓励孩子改掉身上的不足。如果采取一味放任的态度，孩子长大后会抱怨家长：“当初你对我再严厉一点，我现在就不是这个样子了。”

自我调控是杜绝沉溺现象的良方！

培养孩子的自我调控能力是彻底改变沉溺倾向的良方。体罚孩子、吓唬孩子、限制孩子，这只能依赖外部力量，而一旦失去外部力量，孩子就无法进行自控。

孩子对电视、手机、电脑游戏和漫画持什么样的态度？是不是没完没了地看电视或玩电脑游戏？

测一测孩子的状态

√ 孩子身上有这样的倾向。

Check01____ 沉溺电视（电视连续剧等）。→ P9

Check02____ 沉溺电脑（网络游戏、视频聊天、网页）。→ P14

Check03____ 沉溺手机（发送短信、玩手机游戏）。→ P16

Check04____ 沉溺漫画。→ P17

Check05____ 沉溺数字电视中的动画。→ P18

Check06____ 沉溺卡片。→ P18

※ 查对孩子的症状，找到相应的页码。好妈妈的心灵处方恭候您的光临。

针对孩子沉溺电视、漫画、电脑游戏的处方

Case01

沉溺电视（电视连续剧等）。

电视是我们再熟悉不过的传播媒体，可以说它是我们生活的一部分。据统计，大多数孩子每天都要看 4 小时左右的电视，65%的家庭吃饭时习惯性地开着电视，50%的家庭一整天都要开着电视，而一些家长根本没意识到孩子沉溺电视的事实。

电视给小孩子带来了很多负面影响。因孩子沉溺电视，大多数家长都有扯着嗓子大喊大叫的经历吧。孩子长时间地收看电视，一到假期，看电视的时间就更长，因此，很多家庭几乎都要展开角逐战。其实，在收看电视的问题上，家长不能采取太强硬的态度硬性地禁止，因为这会引起孩子的反感，反而起到适得其反的效果。那么，家长应该怎么做呢？

● 看电视有百害而无一利吗？

不是。电视不仅能让我们得到视觉上的享受，也能积累和增长知识，特别是教育节目，对提高孩子的书写能力和朗读能力有很大帮助。所以，家长应该鼓励孩子多看教育节目，少看消遣性的节目。

● 长时间地收看电视，会引发哪些负面影响？

丰富多彩的电视节目，会不经意间吸引孩子的眼球，从而让孩子远离或逃避读书、写作业、做运动等等。如果家长不去制止，孩子会肆无忌惮、理直气壮地收看一整天的电视，这样就会失去和朋友玩耍、参加体育活动、读书活动和户外呼吸新鲜空气等有利于身心活动的机会。久而久之，孩子就会减少和家庭成员沟通的时间，创新能力和想象力也日益低下，从而引发行动障碍、睡眠障碍和成绩低下等一系列问题。

长时间地收看电视不仅影响孩子的大脑发育，也会导致注意力不集中，从而对学业产生巨大的负面影响。电视节目会增加孩子注意力不集中、行动障碍的可能性。因为电视只是强加给孩子感官刺激，不能给孩子思考的余地，久而久之，慢慢就会减弱孩子的思考能力，从而不利于开发或发挥潜在能力。据研究，如果不控制孩子收看电视的时间和频率，就会导致孩子学习能力低下和认知能力低下等可怕后果，所以，一定要禁止未满两岁的孩子无节制地观看电视节目。

经常收看电视节目会诱发暴力。据统计，从出生到满十八周岁的孩子，将会通过电视节目观看到一万八千多个杀人场面和二十多例暴力事件。更让人不可思议的是，少儿节目中出现的暴力场面远远超过成人节目中的暴力场面。很多电视节目，不仅没有丑化暴力事件，反而以娱乐的方式美化了暴力现象，所以，很多孩子误认为善良的人抽打坏蛋是好的暴力现象。孩子是最善于模仿的，所以，尽量减少孩子观看有关暴力的节目，这对孩子的成长有一定的好处。

沉溺电视的负面影响表现为不安、做噩梦、自己不敢在家、拒绝上学等等方面。2 ~ 7岁的孩子，大部分都害怕奇形怪物。他们往往会全盘接受电视节目中出现的所有怪物，认为实际生活中也确实存在怪物。他们看到可怕的场面会惊恐万分，有的孩子甚至担心电视节目中出现的暴力事件发生在自己身上。

电视节目对孩子认识人种、区分性别差异产生负面影响。西方制作的很多电视节目，表现白人文化时，尽显白人的优越性，把白人塑造得高雅、华丽；有色人种的文化，则表现得愚昧、蠢笨，把他们塑造成不值得尊敬的、逗趣的、满身缺陷的小丑或坏蛋。这样的节目会让孩子从小就对人种产生偏见。最近出现在电视节目中的演艺圈人士，特别是女演员大都苗条、漂亮，所以，小孩子误认为，想成为一个魅力四射的人应该具备高挑的个子、苗条的身材、西欧式的脸庞，这会让他们从小就讨厌和否定肥胖女性。

少儿节目中的男演员比例远远超出女演员，而且他们一般都用暴力解决问题。小孩子普遍认为电视节目中的信息都是好信息，所以，理所当然地接受用暴力解决问题的方式。现今商业广告漫天飞，小孩子认为广告中的商品都是最好的商品，所以，想方设法购买广告播过的商品。孩子长大成人之后，因为小时候的广告刻骨铭心，他成为潜在顾客的几率也非常高。

有些孩子看电视时喜欢吃零食，因为他所有精力都集中在电视屏幕上，吃得再多也感觉不到饱，所以，孩子看电视时吃饭或者吃零食，很容易吃多，再加上运动量少，很容易吃成小胖墩，这就大大增加了孩子得肥胖症的可能性。

所有的电视节目几乎都有吸烟和饮酒的场面，孩子习以为常后，会认为吸烟、饮酒行为不足为奇。他们不会刻意地拒绝，有时反而认为吸烟、喝酒的举止很酷、很帅，产生体验的冲动。

孩子长时间地收看电视，还会导致睡眠时间不规律，从而诱发睡眠障碍。父母难以启齿的有关性的知识，孩子也会通过电视节目获取。电视经常播放关于性的内容，但是有关安全的性生活和避孕方面的内容却寥寥无几，所以，很容易诱导孩子产生对性的渴望。

Tips

怎样防止孩子沉溺电视？请制定以下的规则：

1. 收看时间不能超过两个小时。
2. 孩子如果长时间看电视或者 DVD，就会减少和他人相处的机会，这样很容易导致孩子得自闭症。最好的办法是多给孩子创造接触小朋友的机会，和小朋友接触的时间长了，看电视或 DVD 的时间自然而然就减少了。
3. 因强行禁止孩子收看电视，孩子无理取闹时，家长应该用充分的理由说服孩子。
4. 如果孩子不习惯没有电视的日子，家长应该给他读故事书或者和孩子一起玩玩具。
5. 跟孩子做各种游戏也是一个好办法。比起固定模式的游戏，有利于开发孩子创造性的游戏会有更好的效果，比如玩彩泥或者画画。
6. 不要让孩子整天待在屋里，把孩子领到娱乐场所、市场、百货商店、亲戚家等室外场所，这有利于刺激孩子的兴趣。

7. 发现孩子沉溺电视时，家长不能再迟疑，应该让孩子尽早接受小儿精神专科医生的诊疗。

心灵处方——难道电视是孩子的保姆？从家长做起，尽可能远离电视吧。

电视的出现，给人类社会带来了很大冲击。但电视的普及，不仅导致了孩子的自闭症，以及异常形态的语言障碍、爱恋障碍、发育障碍、情绪障碍，而且还导致很多孩子不能妥善处理各种社会人际关系。

如果期盼孩子不再痴迷电视，家长就要发挥举足轻重的作用，可悲的是很多家长迟迟认识不到这一点。我们来看一看，家长无意中打开电视的举动，给孩子带来的消极影响。

1. 很多家长对孩子收看电视的行为，表现出不以为然的态度。很多家长无所顾忌地和孩子一起收看连续剧，或者习惯性地开一整天电视。我说不清楚电视对孩子的教育究竟能起到多大的作用，但事实上很多家庭都在利用电视这个媒介，对孩子进行英语早期教育或数字教育。其实，家长应该知道，家长不以为然的态度，能纵容孩子痴迷电视。

2. 忙着干家务或者忙碌时，家长普遍都让孩子自己收看电视。家长的这种做法最容易导致孩子痴迷电视。

3. 工作忙碌的家长，经常把孩子托付给老人，而认识不到电视的危害性，又不知道怎样引导孩子的老人，允许孩子整天与电视做伴。家长的疏忽大意，很容易导致孩子沉溺电视而不能自拔，从而错过成长阶段一定要经历的重要历程。所以，家长要无微不至地呵护和细致地观察孩子。

● 如果想让孩子不再沉溺电视，家长应该掌握以下的基本知识。

家长要知道电视会给孩子一生带来很多影响。这并不是说经常看电视的孩子沉溺电视的可能性就更大，就像喜欢喝酒的人不一定都是酒精中毒一样。

家长应该监视、指导、控制孩子收看电视的行为。家长千万不能把电视放到孩子的屋里，让孩子无节制地观看。蹒跚走路的孩子模仿力最强，所以，需要更加细心地呵护和保护。

如果想正确控制和指导孩子收看电视的行为，家长首先应该反省自己看电视的习惯。如果家长经常看电视，孩子也会很自然地、不以为然地收看电视。

孩子观看的电视节目，不妨家长先看完之后，再决定是否让孩子看。如果出现恐怖、暴力的场面，家长应该向孩子解释，并说明自己的想法，这样就能减少孩子恐惧心理的产生。当孩子模仿电视节目中出现的某些动作时，家长应该有效控制，这样就能避免孩子做出危险动作。

如果有效限制尚未步入青春期的孩子收看电视的行为，能收到一定成效。但青春期的孩子逆反心理大，如果采用强制性手段，反而会激起他们的逆反心理。所以，最好是跟孩子讲道理，并给孩子制定一定规则。家长要培养孩子收看电视时，不盲目地全盘接受所有信息，边思考边收看的良好习惯。

Tips

如果没有电视，我们的生活会怎样？

1. 家庭生活更和谐，并能消除紧张心理。
2. 孩子更愿意干家务。
3. 孩子之间产生更大的相互作用。
4. 孩子对工艺、美术或读书更感兴趣。
5. 大人可以从事有意义的活动，从而度过闲暇时间。
6. 饭桌气氛更融洽，家庭成员的身体更健康。
7. 家庭成员之间的关系更融洽，交流时间也明显增加。
8. 干活时间、休息娱乐时间明显增多。

心灵处方——创造没有电视的日子。

治疗沉溺电视的各种方法中，最有效的方法是处理电视或者制定收看电视的有关规则，并要求家庭成员都去遵守，最好把“周一到周五作为远离电视的日子"。

允许每天的某一时间段收看电视，如果效果不好，不妨采用更强硬的方法。

1. 使用收视效果不太好的旧电视。
2. 不要把电视放到客厅，而放到家长的卧室。
3. 家里只放一台电视。
4. 孩子的房间不放电视。

如果想让孩子不再沉迷电视，把注意力投入到读书等其他有意义的活动上，需要一定的时间。刚开始也许孩子表现得魂不守舍或痴痴发呆，父母不能急于求成，要耐心地等待。家长要自始自终地坚持规则，让孩子尽快适应没有电视的日子。

Case02

沉溺电脑（网络游戏、视频聊天、网页）。

很多父母担忧孩子陷入电脑游戏和视频聊天，而对周围事物漠不关心，但这俨然已成为严重的社会现实。

适当地玩电脑游戏，不仅能提高孩子的判断能力、决断能力、操作电脑的方法，也有助于孩子学习各种概念、遵守一定规则、解除心理压力和稳定情绪。电脑游戏和电视一样，很容易让人沉溺，所以，没有一定的意志力很难自拔，特别是自控能力差的孩子，就更容易沉溺了。

沉溺游戏的孩子，一回到家里，就迫不及待地坐到电脑前，开始玩游戏，有时玩到深夜，有时甚至通宵达旦地玩。他们不仅把作业抛到九霄云外，上课时间也经常打瞌睡。这样的孩子，学习成绩是不可能优异的，久而久之，身体素质也越来越差。而且因为孩子把所有精力都投入到游戏当中，逐渐减少和周边人士的交流，慢慢变成孤僻的人。这样一来，很容易导致孩子出现语言表达、处理人际关系、适应社会等方面的障碍。

家长看不惯孩子的这种行为，经常发牢骚，而不愿意听家长牢骚的孩子，自然又疏远家长，不愿意和家长交流，甚至编造各种理由欺骗家长。如果家长确定不了孩子沉溺电脑游戏的事实，首先应该细致地观察孩子。如果有以下症状，家长就应该提高警惕：

1. 经常和家长闹矛盾。
2. 不愿意和家长交流。
3. 成绩下降。
4. 谎称到补习学校或图书馆，实际上却偷偷跑到游戏厅或网吧。
5. 为了攒玩游戏的钱，偷家长的钱。
6. 通宵达旦地玩游戏，以致影响正常的学习和生活。
7. 缺课的现象日益严重。

心灵处方——最有效的方法是防患于未然。

如果发现孩子有沉溺电脑游戏的倾向，家长应该怎样控制和正确引导呢？首先要沉着冷静地面对现实，这样才能找到积极的对策。大部分家长想得很简单，认为孩子只是多了一个不太好的习惯，从而疏忽大意。实际上，家长的这种做法只能放纵孩子越陷越深，最终不能自拔。如果情况严重，家长觉得束手无策，就应该咨询专家，让专家拿出切实可行的对策。也许有的家长认为，这是小题大做。其实，玩游戏容易上瘾，孩子一旦沉溺是难以控制和调节的。所以，家长要有危机意识，在持续地、细致地观察孩子的同时，适当地控制孩子，以做好防范工作。

以下是家长可以采取的具体措施：

1. 不要擅自处理电脑。如果擅自处理电脑，就大大增加孩子跑到网吧玩不健康游戏的可能性，也有可能导致孩子反感家长的所为，从而疏远家长。
2. 家长应该学会正确使用电脑和利用电脑的方法。
3. 告诉孩子电脑的多重用途。
4. 观察孩子喜欢的游戏类型。
5. 把电脑放到客厅。

6. 孩子上网吧的时候，给他留有趣的课题。
7. 规定孩子玩电脑游戏的时间。
8. 查对孩子的日常生活，明确规定允许和不允许之间的界限。
9. 帮助孩子对足球等运动项目产生兴趣。

Case03

沉溺手机（发送短信、玩手机游戏）。

手机的使用很普及，大部分的人都在使用，所以说我们的生活离不开手机。手机能通话、玩游戏、看电影、上网，还能拍照。如果我们的生活没有手机，会感到诸多不便，而随着手机的普及，很多人沉溺手机的现象也日益严重。小学生和青少年对外部环境的抵抗能力很弱，所以他们更容易沉溺手机。

沉溺手机的主要原因是它的简便性、独占性和即时性。使用手机可以不拘泥于任何场所，能得到对方的即时反应，能迅速满足自己的表现欲望。就因为手机这种不受场所、时间限制的灵活自如的特点，本人就算是沉溺手机，也是认识不到的。

青少年沉溺手机主要表现为随时随地发送短信，玩游戏，没完没了地和同学、朋友通话聊天等等方面。发送短信已成为他们平时极为重要的内容，本来见面可以谈妥的事情，非要采用发送短信的形式。接不到短信，整个人就变得忐忑不安，不停地确认有没有新短信。接不到回复时，甚至认为朋友瞧不起自己，更有甚者经常自己给自己发短信。有时孩子因忙于回复短信，连正常的学习都受到影响，或因忘了回复短信，导致朋友之间产生误会。

沉溺手机的症状：

1. 只要手机离手，就变得坐立不安。
2. 手机电池剩一格就感到忐忑不安。
3. 手机费用很高。
4. 上课时间从不关手机。

5. 爱不释手，也愿意花大量时间装饰手机。
6. 几乎没有能背下来的电话号码。
7. 有事没事打手机。
8. 家里有座机，仍使用手机。
9. 上课时也急于回复短信。

心灵处方——制定手机的使用规则。

正确的使用规则：

1. 孩子有一定的自制力时，再给孩子配备手机。
2. 上课时要关掉手机。
3. 控制孩子发送短信的次数。
4. 禁止孩子手机上网。
5. 上学不允许带手机。
6. 观察孩子使用手机的习惯。
7. 每周设定一个手机禁用日。
8. 在手机的使用问题上，家长和教师应做到以身作则。
9. 规定每月的手机费用。

Case04

沉溺漫画。

漫画书不仅限制想象力的发展，也不利于培养孩子的批判性思维和创造性思维。判断孩子是否沉溺漫画书的依据主要有三条：一是孩子不停地借阅漫画书，二是从孩子的房间翻出大量没有及时归还的漫画书，三是发现床底下堆积如山的漫画书。

喜欢看漫画书的孩子不愿意看字多的书，久而久之，就出现阅读能力、理解能力下降的恶性循环。

心灵处方——让孩子多读自己喜欢的书。

对小学低年级的孩子，家长应该规定每天的阅读量，这样可以有效引导孩子喜欢读书。了解孩子喜欢的书籍类型，想方设法买给孩子，并鼓励孩子读。几个月下来，孩子会自然而然地喜欢读字多的书。

漫画书好比放了大量调料的食品，如果偶尔寻找调料的强刺激感，阅读一点，没有什么不好，但是经常吃就会上瘾。就像为了家庭成员的身体健康，父母费尽心思做美味食品一样，书的挑选也要经过再三斟酌。妈妈要善于引导孩子选择好书，因为好书对孩子的意义如同食用健康食品。

Case05

沉溺数字电视中的动画。

自从有了数字电视，以往仅限于特定时间才能收看的动画节目，现在 24 小时内都可以随时收看。如果不去控制，孩子会没完没了地收看动画节目。

心灵处方——制定规则，允许孩子在特定时间内收看电视节目。

如果孩子不遵守规定，就应该像处理电视一样，终止播放数字电视。

Case06

沉溺卡片。

看到以下事例，就能了解卡片带给孩子的消极影响。

事例 **孩子的卡片已经多达 100 张，但只要有零花钱，仍然跑到文具店购买卡片。为了买到一张称心如意的卡片，**

孩子不惜花高价，还经常因为买卡片把学习和作业抛到脑后。家人动一下卡片孩子就会勃然大怒，少了一张也会大吵大闹。有一次，孩子用攒了一年的零花钱购买了一张喜欢的卡片。

心灵处方——应对其他沉溺一样，制定相应规则。

家长首先应该让孩子认识到卡片给他的正常生活带来的消极影响，然后再制定以下规则，如果没有丝毫改变，最好和专家谈一谈。

1. 只要有玩的，就不再买。
2. 给孩子准备放卡片的盒子。
3. 盒子里装不下的卡片扔掉，不再买。
4. 和父母一起管理放卡片的盒子。
5. 让孩子记好每一笔零花钱。
6. 每月都要核实零花钱，并确认。
7. 规定每天玩卡片的时间不得超过 30 分钟。

请再告诉我！ Q&A

Q1 家长怎么做，才能将电视的负面影响最小化？

A 有几种提案既能降低电视的负面影响，也能有效地把负面内容转化为可学性强的内容。

● **和孩子讨论性和暴力。**

电视经常美化或歪曲性和暴力，所以有必要和孩子进行讨论。这不仅有利于提高孩子的理解能力，也有利于孩子了解错误的性和暴力给生活带来的不堪设想的后果。

● **尽量让孩子收看正面人物多的节目。**

不是所有的电视节目都是消极的，也不都是产生负面影响的。家长要根据电视节目的类型，判断哪类节目适合孩子观看。要鼓励孩子收看有亲和力、反应团结协助内容的电视节目。

● **不能依赖电视或把电视当做幽默源泉。**

家长应该给孩子创造有利于读书、听音乐、做游戏的环境，并鼓励孩子参与到其中。

● **限制孩子观看电视。**

家长应该事先选好孩子喜欢看的电视节目，看完之后马上关掉电视。从一周岁起就要限制孩子收看电视的次数，因为孩子一旦形成沉溺电视的坏习惯，就很难改正过来，所以，防患于未然显得尤为重要。

● **制定收看电视节目的计划。**

家长应该制定计划，规定孩子收看电视的时间和内容。允许孩子收看全部的电视节目是极其错误的做法。一天可以收看多长时间的什么节目，家长最好做到心里有数。

● 了解孩子喜欢的电视节目

如果可能，家长最好先看一遍孩子喜欢的节目。不要认为漫画中的人物都是小孩，漫画只适合孩子看，有的少儿节目也适合大人看。如果内容不好理解，可以听取其他家长的建议或者通过其他渠道了解。

● 和孩子一起观看电视。

家长应该对孩子的每一个提问做到有问有答，并且提供有益信息。如果想做到这一点，最好的办法是和孩子一起收看电视。一边看电视，一边交流想法，这样电视就能成为家人进行沟通的媒介物。通过这样的过程，孩子既能摆脱被动接受电视节目的局面，也能拥有自己独特的想法，并且有利于具备批判的视角。

电视能给孩子带来正面和负面影响。家长应该具备把负面影响转换为正面影响的能力。不能因为自己是家长就强行禁止孩子收看电视。和孩子产生矛盾不如和孩子一起收看电视节目，并就其内容进行交流。这样的过程能对孩子产生有益而积极的影响。

Q2 可以让孩子尽情收看有益的（例如自然科学片或一些纪录片）电视节目吗？

A 有关自然的节目或纪录片能把复杂的知识，用生动形象的画面播放出来，有益于孩子迅速掌握相关知识。但是，传达深奥知识的媒介中，没有比书籍更方便简易的。不能让孩子认为通过电视就能掌握所有相关知识，家长应该让孩子多看书籍或杂志，把节目中的信息彻底转变为自己的知识。再有益的节目，也要在完成学习任务或完成读书活动的基础上方能收看。

Q3 孩子的爸爸回到家就打开电视，是否会对孩子产生不良影响？

A 孩子普遍具有模仿父亲举动的心理潜意识，他们认为爸爸的一举一动都是合理行为。事实上，爸爸迫不及待打开电视的行为，无疑会给孩子带来负面影响。每次爸爸回到家先洗漱，然后和家人进行亲切谈话，之后如果能再看一会儿书，是最具有积极影响的举动。

Q4 和公公婆婆一起居住，如果家长禁止孩子收看电视，孩子就跑到公公婆婆的房间收看电视。在公公婆婆面前教育孩子有点难为情，这时应该怎么办呢？

A 控制或限制孩子收看电视，需要所有家庭成员的共同努力。对公公婆婆讲收看电视节目的有关规定，让公公婆婆也参与到积极的读书活动中，并加强彼此之间的交流。

Q5 孩子说不玩电脑游戏就结交不到朋友时，家长应该怎么办？孩子的朋友本来就寥寥无几，家长还能限制他吗？

A 向孩子说明结交朋友的方式并非只有电脑游戏，家长要帮助孩子以其他方式结交朋友。比如邀请孩子的朋友到家里做客，或家长陪着一起玩游戏等。

Q6 每天玩一小时的游戏和只允许周末玩游戏的提案哪一种更好？周末不限制时间可以吗？

A 家长要事先规定孩子玩游戏的时间，比如，什么时间可以玩、玩多长时间等等。如果孩子玩游戏的欲望强烈，可以让孩子每天玩一小会儿；如果孩子的自控能力强，可以允许他每周末玩1～2小时。从游戏中挤出来的时间，不能要求孩子学习，而应该让孩子进行踢足球等活动。如果孩子遵守了约定，应该表扬孩子，让孩子充满自信，这有利于孩子对游戏以外的其他活动产生兴趣。总之，在游戏时间的安排上，家长要避免和孩子产生矛盾。

Q7 孩子的爸爸下班后，不是在电脑上检索资料，就是利用电脑玩长达 12 小时的游戏。每次限制或禁止孩子玩电脑时，孩子就会说：“为什么只允许爸爸玩，不允许我玩？”真不知道怎么办才好。

A 孩子是最善于模仿家长的。改变孩子的不良行为时，如果家长无意识中做一些不规范的举动，孩子会怎么想呢？孩子会觉得冤枉，从而产生一种反抗心理。这时，最好制定爸爸妈妈都能共同参与和遵守的规定。允许孩子在学习或查找资料等必要的时候使用电脑，并限制爸爸查找资料之外使用电脑的频率。如果家长玩电脑游戏，最好和孩子一起玩，当然，要玩老少皆宜的益智游戏。

Q8 口口声声称电脑有利于学习，缠着家长给他买，请问能不能满足孩子的要求？

A现代社会的很多领域都用到电脑，所以掌握一定的电脑知识显得非常必要。但是，作为家长也不能忽视电脑的危害性（沉溺游戏、沉溺网络或容易接触到淫秽内容）。家长应该无微不至地关心孩子，对孩子进行谆谆教诲。

购买电脑之前，应首先和孩子一起制定使用电脑的各项规定。比如，在使用用途、使用时间、放置场所和限制游戏等方面达成一致协议，事先制定违反规定时的处理方案。买来的电脑要放置在固定场所，家长要随时监督孩子使用电脑的情况。

Q9 孩子考试成绩优异或完成作业情况良好时，能不能作为奖励，让孩子玩电脑游戏？

A作为奖励，让孩子玩电脑游戏，有助于形成良性的激励机制。但对于意志薄弱、轻易痴迷的孩子，这种做法也许会诱引孩子沉溺电脑。所以，家长应该判断孩子的自控能力，再作出决定。

Q10 我们是双职工夫妇，孩子自己在家时，经常观看数字电视播放的动画。就算是看过的节目，他也会不厌其烦、津津有味地反复看。打电话催孩子关掉电视，他虽然嘴上答应得好好的，可从不付诸实际行动。

A双职工夫妇或单亲家庭的孩子，因为缺乏家长直接的监督和管制，容易养成自由散漫的坏习惯。如果孩子能控制自己并合理有效地分配时间，当然是值得欣慰的事情。但这种难能可贵的品质与孩子从小受到的恰当训练、科学教育和与生俱来的心理特质有密不可分的关系。家长不在身边时，不妨改变一下孩子接触的环境，比如掐断数字电视或处理电视，用有益的书籍布置客厅或房间。如果家里的经济条件允许，不妨找一位胜任育儿工作的保姆。

Q11 孩子不愿意看童话书，只爱看漫画书。家长本来想制止，但又认为看总比不看好，就默许了。现在孩子已经上小学高年级了，真想制止孩子看漫画书的习惯，让他多看一些有益的书籍。

家长应该怎么做呢？

A 家长要一本一本处理购买时间较长的漫画书，然后给孩子买符合年龄特征的书籍，并鼓励孩子每天至少读一篇文章。家长不妨做一个小板报，每当孩子表现好的时候，就奖励一个小粘贴。小粘贴达到一定数量之后，把这些小粘贴兑换成孩子喜欢的物品，从而鼓励孩子对读书产生持续的浓厚兴趣。

通过阅读迅速掌握其内容的能力，对孩子学习能力的良性发展起到举足轻重的作用。所以，最迟要在小学高年级时养成孩子多读书、善于了解和掌握文章内容的好习惯。

Q12 孩子痴迷卡片，动不动就纠缠家长给他买。家长拒绝时，孩子连最基本的作业也不想写，补习学校也不肯去。在迫不得已的情况下，家长只能暂时满足孩子的要求。如果以后还经常发生这种情况，家长应该怎么办呢？

A 家长要坚决把卡片扔到垃圾箱，然后给孩子营造有利于阅读、进行体育活动的环境。

Q13 小学低年级的孩子，一再纠缠父母给他配备手机。他说：班级里的学生几乎人手一部。家长应该买给他吗？如果不买，应该怎样说服孩子？

A 大部分学校都以不利于学习为理由禁止孩子使用手机，而孩子要手机的目的，往往是为了结交朋友，或者是为了方便地跟其他同学交流。如果从小孩的自控能力方面考虑，尽量不买为好。如果孩子执意要，那么家长首先应该制定相应规则，在利用手机上网、利用手机玩游戏和手机费用等方面做出明确限制，并要求孩子只在紧急情况下使用手机。放学回家后，要求孩子尽量使用座机打必要电话，以此来控制孩子无休止使用手机的现象。家长应该让孩子明白，手机只是紧急状况下的联络手段，并非是玩具或游戏工具。

Q14 我是一个中学生家长，看到孩子因整天忙于回复短信，正常学习受到影响之后，曾狠狠地训斥过孩子。可孩子却说：不回复短信，同学们就会讨厌他、排斥他。听到这番话，我多多少少能体谅孩子的心情，但是看到随时随地收发短信的孩子，难免产生担忧心理。我该怎么办呢？

A有必要制定一系列规定，禁止孩子在晚上十点之后使用手机。为了避免产生误会，不妨事先告诉同学们使用手机的时间。如果孩子违反了使用规定，第二天就应该制止孩子使用。第三天，依然要求孩子遵守以前的规定，以这种方式训练孩子自觉遵守。最重要的是让孩子学到一种自我调控的能力。仅仅依靠禁止和限制等外部力量培养不了孩子的自我调控能力，所以父母要多给他（她）一些机会。

Q15 什么情况下，孩子应该到医院接受沉溺行为的治疗？

A家长认定孩子有沉溺倾向，于是试图进行改变，可事实上问题并没有得到一丝改善；孩子逃学，在网吧通宵达旦地玩游戏；因过于沉溺电视或电脑游戏，基本睡眠和吃饭受到影响；家长制止时，对家长采取粗鲁的行为或进行谩骂。如果孩子不能自如地控制自己的情绪，出现上述情况，家长就应该立即和小儿精神专科医生进行商议。

Q16 如果沉溺现象得不到解决，大了之后会引发什么问题？

A所谓的沉溺，用一句话讲，就是不能很好地进行自我调控的情况。如果孩子改变不了沉溺倾向，说明孩子没有或缺乏相应的自我调控能力。这样的孩子长大后，很容易沉溺酒精、毒品、赌博和购物。除了毒品和赌博受到法律制裁外，其他方面没有法律上的干预或制止，所以，会导致更加严重的问题。最终，孩子由一种沉溺转向另一种沉溺，一生都将在沉溺中度过。

WOW!
DADDY

PART 02

散漫

妈妈的来信 1

院长：

您好！孩子上小学之前，我并没有发现孩子身上有什么大问题。虽然有点缩手缩脚，社会适应能力稍差，但和其他孩子相比，学习能力还是较强的。

自从上小学之后，孩子变得判若两人。管理不好物品，常常丢三落四，懒得做该做的事情；脑子里不知想什么，全然不知自己前一刻做出的行为；刚刚拿在手里的东西也不知放在哪里，经常手忙脚乱；跟别人说话时，注意力极易分散，记不住别人讲的内容。学校的老师也反映：孩子集中注意力的时间短，极易丢失物品，缺乏对他人的关怀，动作也比其他孩子慢半拍。

面对判若两人的孩子，我心如刀绞，应该怎么办呢？

妈妈的来信 2

院长：

您好！我是小学五年级孩子的妈妈。自从孩子蹒跚学步，我发现孩子一刻都静不下来，脚上像挂着马达，不停地跑、跳、蹿……我时刻都担惊受怕，为孩子不能自控的行为捏一把汗。只要孩子动起来，整个屋子瞬间就变得乱七八糟，书本散乱着，所有的玩具都倒在地上，简直像受到炮击的战场一样杂乱无章。幼儿园老师给孩子起了一个“十人份”的外号，因为孩子一动，就像十个孩子来回跑。

本来想用爱心、耐心、恒心好好抚养自己的亲骨肉，但是孩子像匹小野马，不停地东跑西颠，四处破坏，所以我经常在不经意间大发牢骚，甚至大喊大叫：“安静点，安静点！”我一直期待孩子到小学之后，能有所改变，但到了小学他还是老样子，坐不住板凳，就算坐在椅子上也是东倒西歪动胳膊动腿，一刻都静不下来。就连吃饭时也不能老老实实地坐在一个地方，总是拿着饭盒来回蹿。甚至在课堂上，也控制不住地来回跑。

我很茫然，也很害怕，如果孩子长大以后，这种情况还得不到改变，我该怎么办呢？难道孩子是得了什么病吗？

回信

像上述两封信中所提，最近有很多不能持续集中注意力、极易冲动、做出过激行为的孩子。缺乏注意力、散漫、行为过激、自控能力较差的情况，我们称之为“缺乏注意力、过激行为障碍症”，简称为 ADHD。

像来信 1 中的孩子一样，“缺乏注意力”指集中注意力的时间短，不能有始有终地做事情。如：忘带物品；做题时落步骤；看起来好像在思考问题，实际上呆呆发愣，沉浸在空想中。

像来信 2 中的孩子，“冲动性”指脑子里闪现某种想法的同时做出某种动作；提问还没有结束，就迫不及待地回答；因缺乏自我调控，微不足道的小事情也要大发雷霆，甚至大动干戈；孩子多愁善感，很容易感伤，有点高兴的事，也表现得欣喜若狂。

“行为过激”指像来信 2 中的孩子，不仅一刻也静不下来，而且经常做危险动作，经常受伤，经常打碎和损坏身边物品，经常惹是生非。

孩子具有上述问题，很多家长不以为然。家长认为孩子性格不稳重、毛手毛脚、性格急、单纯不成熟，这些只是微不足道、鸡毛蒜皮的小问题，用不着小题大做。小学、初中和高中时期的孩子处于学习知识的黄金时期，如果有上述倾向，很容易虚度年华。这种孩子懒惰、没有眼力、好撒谎、暴躁，最终被打上无礼、“问题孩子”的标签。ADHD 极易激起孩子的情绪障碍或性格障碍，而使孩子受到莫大苦痛。如果孩子有这种倾向，父母千万不要麻痹大意，必须帮助孩子及时接受治疗。

患有 ADHD 症状的孩子，想集中注意力、不乱动都很难做到。这不单纯是性格或家庭教育的问题，父母和老师首先应该体谅并理解孩子为何做出以上举动，然后帮助孩子积极改变。

孩子最盼望家长说出暖心窝的话：“你现在感觉很疲惫吧？让我来帮助你。”家长应掌握并正确实施符合孩子特性的恰当的教育方法，帮助孩子避免出现性格或情绪上的障碍。家长和老师可以说是孩子最亲近的人，他们能保护孩子，并给予孩子无微不至的关怀和照顾。他们比谁都了解孩子，是解决孩子困难的最佳人选。

散漫，不能集中注意力的孩子

孩子不能老实坐在一个地方吗？孩子玩过的地方乱七八糟吗？孩子的行为总要先于思考吗？孩子写作业磨磨蹭蹭吗？

如果孩子的行为属于上述情况中的一两种，家长就应该认真考虑，孩子是否有些散漫？当然，并不是说，孩子静不下来、不停地上下蹿、不能集中注意力或者有冲动倾向，都是散漫的。就算是正常孩子也很难长时间老老实实坐在一个地方，写作业有时也会磨磨蹭蹭。别说是小孩子，就算是大人，有时也会冒出一两句不可思议的话；做事情时，经常转移注意力；想问题时，思绪突然变得支离破碎、不完整、不清晰。这种轻微的正常范畴内的散漫不管是小孩子还是大人，偶尔都会出现。所以，看起来散漫的孩子，并不都是散漫的，而散漫也不一定都导致 ADHD 症。

孩子为什么会变得散漫?

过于喜欢活动，过于主动，具有强烈好奇心的孩子看起来很散漫。恶劣的家庭环境中长大的孩子，对父母不满的孩子，试图反抗的孩子，也是看起来散漫不堪的。患有精神肢体障碍，有脑损伤或癫痫的孩子也会出现散漫倾向。患有学习障碍，消极对待学习，情绪上忧郁或不安的孩子也会表现为散漫。父母或爷爷奶奶去世，父母离婚或父母失业的孩子也会突然变得散漫不堪。当然，有 ADHD 症的孩子也散漫不堪。

怎样区分一般的散漫和 ADHD 症?

怎样区分正常范畴内的散漫和需要接受治疗（ADHD）的散漫?

不停地来回跑，动不动就打碎东西吗，芝麻大的小事也大动干戈，把父母的话当成耳旁风，这些情况若是偶尔出现，属于正常范畴的散漫，没有多大问题。但如果不分场合，在家、学校、补习班甚至到朋友家或亲戚家时，也经常出现上述情况，家长就不能马虎大意。因为孩子不分时间、地点和对象，表现上述不良行为，患有 ADHD 的可能性是很大的。如果家长盲目、乐观地认为小孩子都那样，大了就好了，便从此放之任之，那么随着时间的流逝，孩子的这种症状所带来的压力就会越来越大，最终弄得父母和周边的人都疲惫不堪。

为什么患 ADHD 症呢?

孩子身上存在某些问题，或者和其他孩子相比不太正常时，很多人会认为这是家长的教育方法不妥当造成的。大多数人都认为家长的价值观和教育态度对孩子的影响最大、最直接，所以，孩子患 ADHD 症时，家长总要担心自己的教育方法有问题。如果妈妈在妊娠过程中饮酒、吸烟、铅中毒或者过多摄入食品添加剂，也会导致孩子患 ADHD 症。

孩子的成长过程中家长的教育态度、教育方法和家长营造的教育环境显得尤为重要。所以，家长必须明确这些方面跟孩子的 ADHD 症有没有因果关系。学术界一致认为：ADHD 症的发病几率跟社会、环境以及家长的教育态度没有直接关系。科学也证明，遗传和神经生物学原因才是诱发 ADHD 的主因。如果家长不懂这些，一味把孩子患 ADHD 症的原因归咎于自己，就会产生一种负罪感。有时家长难免想："孩子怎么能这样呢？"于是，情不自禁地向孩子发脾气或粗鲁地对待孩子，以致给孩子带去心灵的创伤。如果家长了解孩子患 ADHD 的原因，明白孩子并不是有意做出这种行为时，就应该以更宽宏大度的胸怀理解孩子，并客观地看待这件事情。所以，父母越是了解 ADHD 的相关知识，越能明智地对待患 ADHD 症的孩子。

家长怎样帮助散漫的孩子？

● 属于正常范畴的散漫时。

如果家长从关心和爱护的角度细致观察孩子，就能轻而易举地掌握问题的症结所在。分析原因之后，家长要适当地改善产生问题的环境，教育孩子关心他人，并教会孩子得体的礼仪。对忧郁和不安的孩子，家长要从精神上给予无微不至的关怀，让孩子感到舒适和安全，这有利于孩子减轻散漫倾向。

采用这种方法后，如果问题还得不到充分解决，就应该找一找小儿精神专科医生。家长会学到多种多样的行为修正法、娱乐方法和训育方法。家长可以从中选择最适合孩子的方法，来改善孩子的散漫倾向。

● 患 ADHD 症时。

治疗 ADHD 很难用特定的一种方法。一定时期的药物治疗可能有显著效果，但根据症状的特点和并发症，应采取多种多样的方法。比如实施综合性的药物治疗、精神治疗、认知行动治疗、行为修正、社会技术训练、家长的教育和对话式教育等。

家长一定要坚信 ADHD 症是能够治好的，只是时间问题而已，所以要有足够耐心，切勿急躁。

治疗 ADHD 的终极目标并非为了提高孩子的学习成绩，也并非让家长从此高枕无忧，而是为了孩子能舒舒服服地过每一天，让每一天都充满快乐和幸福。

孩子患 ADHD，是遗传吗？

前面已经提到遗传因素会诱发 ADHD。俗话说“种瓜得瓜，种豆得豆”，一方家长，或双方家长身上都可能存在和孩子相似的问题。所以父母不应该对孩子谩骂或大发雷霆，反而要理解孩子、体贴孩子。

患有 ADHD 症的家长，对待孩子的问题时主要有两种类型：

一种人认为：自己的成长过程充满痛苦，不能再让孩子承受同样的苦痛，所以尽快给孩子找医生。

另一种人认为：我小时候也那样，现在不也没什么事吗？找什么医院！因此把问题简单化，采取不以为然的态度。

患 ADHD 症的人群中，少数人不经过治疗，也能慢慢痊愈。但患 ADHD 症的孩子在智能、解决问题能力、性格等方面，都存在细微差别，所以自然痊愈的几率其实是非常低的。在治疗 ADHD 症的问题上，家长最好不要盲目乐观，更不能抱有侥幸心理。

有的家长会想：我小时候也那样，现在不也好了吗？你可能自己没感觉，但周围的人已经目睹了你努力理顺诸多冲动的事实。其实这属于当局者迷，旁观者清。

如果家长认识不到自己的努力，就很难分析孩子的情况。为了我们可爱的孩子，为了帮助孩子解脱 ADHD 的苦痛，父母首先应审视自己。

那么，我们先来看为人父母的“我”的散漫指数达到何种程度吧。查对自己的 ADHD 症状，家长会有所醒悟的。

以下是成人患 ADHD 的有关选项。
请查对自己的状态。
读下面的内容，选择符合自己或伴侣的选项。

0 分 = 完全没有　1 分 = 很少有　2 分 = 偶尔有
3 分 = 经常有　4 分 = 次数很频

注意：不能光靠这个测试结果，轻而易举地下任何结论。实际的诊断结果应来自临床经验丰富的医生。

√ 我的身上有这种倾向。

过去

Check01* ____ 儿童时期患过 ADHD。主要表现为注意力不集中，或者注意力集中时间短暂、容易冲动、不沉稳，到 30 岁左右时，这些症状才得到改善。

Check02 ____ 虽然有潜力，但是在学校或工作单位成绩不是很突出（成绩单或评价单上有这样的评语：虽然有潜力，但成绩不理想）。

Check03 ____ 上学时有过问题行为（主要指男性）。

Check04 ____ 过了五岁，曾有过不能自理小便的经历。

Check05 ____ 家族成员中有患 ADHD 症、存在学习障碍、患忧郁症、乱用药物的人。

集中注意力时间短，容易分散

Check01* ____ 除非对某件事情具有浓厚兴趣，否则集中注意力的时间太短暂。

Check02 ____ 注意力易分散，做某件事情时，不能投入所有精力。
Check03 ____ 因注意力容易分散，不能做琐碎、细腻的事情。
Check04 ____ 不能认真倾听注意事项。
Check05 ____ 随处乱放东西。
Check06* ____ 看书时经常跳行、落行，或先读后面，再读前面，很难按照顺序一行一行地读下去。
Check07* ____ 因为记不住顺序，很难学到新的游戏方法。
Check08 ____ 发生性行为时容易分散注意力，经常中断或暂时休息片刻。
Check09 ____ 缺乏认真倾听他人说话的兴趣。
Check10 ____ 轻易变得不耐烦。

缺乏沉着冷静

Check01* ____ 静不下来，不是动胳膊就是动腿，坐立不安。
Check02 ____ 思考问题时，得来回走动。
Check03 ____ 不能老老实实坐在一个地方。
Check04 ____ 总有一种不安感，神经过于敏感。

冲动

Check01* ____ 有过冲动性的言语和行为。
Check02 ____ 不考虑影响或后果，想说什么就说什么。
Check03 ____ 不能按照已确立的体系，有条不紊、按部就班 地从事某件事情。
Check04 ____ 缺乏忍耐性，哪怕是小小挫折也很难承受。
Check05 ____ 轻易卷入瞬间发生的事件。
Check06* ____ 经常违反交通规则。
Check07* ____ 经常冲动性地换职业。
Check08 ____ 经常让他人难堪。
Check09 ____ 冲动性地撒谎或偷窃。

做事情缺乏体系

Check01* ____制定不好计划。
Check02 ____整理不好办公室或居住空间，也很难保持整洁。
Check03 ____约会经常迟到或为了赶约会时间手忙脚乱。
Check04 ____周围经常堆满乱七八糟的杂物。
Check05 ____日常生活中经常感觉有压力，或产生重压感。
Check06* ____理财方面存在问题（经常有不必要的支出）。

做事开头难，就算开始做了，也很难坚持到底

Check01* ____做事有拖延的习惯。
Check02 ____做事缺乏恒心。
Check03 ____做事三分钟热情、虎头蛇尾、有始无终，就算完成了也是马马虎虎、敷衍了事。
Check04 ____做事效率低，耗费时间过长。
Check05 ____成绩不稳定（缺乏一贯性）。

消极

Check01* ____没有成就感，认为很孤单。
Check02 ____自尊心不强。
Check03 ____总有不幸会来临的预感。
Check04 ____情绪波动大。
Check05 ____消极想法多。
Check06* ____经常有不合伦理的想法。

处理不好人际关系

Check01* ____维持朋友关系或维持亲密关系时，总感觉有障碍。

Check02 ____ 维持恋爱关系有障碍。
Check03 ____ 处理人际关系有不成熟的倾向。
Check04 ____ 以自我为中心。
Check05 ____ 不太重视他人的言行举止。
Check06* ____ 缺乏和他人的沟通。
Check07* ____ 用语言摧残他人。
Check08 ____ 经常歇斯底里。
Check09 ____ 回避集体活动。
Check10 ____ 经常和权威人士发生冲突（经常和父母、老师、上司产生矛盾纠葛）。

勃然发怒

Check01* ____ 对芝麻大的小事，也表现得过于敏感。
Check02 ____ 突然发脾气。

寻找刺激

Check01* ____ 寻找刺激（喜欢参与赌博、竞赛，憧憬压力大的职业，总想一下子完成很多事情）。
Check02 ____ 经常找茬，不轻易认可他人，喜欢争论，经常吵架。

有沉溺倾向

Check01* ____ 有杞人忧天的倾向。
Check02 ____ 对饮食、酒精、药物有沉溺倾向。

表现不稳定

Check01* ____ 写数字、文字、词汇时经常丢三落四。
Check02 ____ 交谈时，经常说一些莫名其妙的话。

写字费劲，身体的协调能力差

Check01* ____ 写字不规范（字迹不工整、大小参差不齐）。
Check02 ____ 写字费劲。
Check03 ____ 协调能力差（眼睛和手、左手和右手的协调能力差）。

越是认真对待，越把事情搞砸

Check01* ____ 压力越大，越做不好事情。
Check02 ____ 有考试不安症，或考试过程中感觉脑子一片空白。
Check03 ____ 越是努力，越是糟糕。
Check04 ____ 他人提问时，经常发呆。
Check05 ____ 一拿书就发困，或感觉疲倦。

入睡困难，起床费劲

Check01* ____ 想法太多，很难入睡。
Check02 ____ 早晨不愿意起床（不喝咖啡就提不起精神）。

精力不充沛

Check01* ____ 有时精力不充沛（清晨或下午，时常感觉精力不充沛，做事缺乏动力或活力）。
Check02 ____ 经常感觉疲惫不堪。

过于敏感

Check01* ____ 经常一惊一乍。
Check02 ____ 对噪音、光亮和衣服特别敏感。

结果

测试结束后，请核算总分。

3 分以上的选项总和：__________

第一项的分数：__________

第六项的分数：__________

第七项的分数：__________

说明：如果 3 分以上的选项超过 20 个，很可能属于成人型 ADHD。

带有 * 的是重要的诊断选项。

孩子身上体现的散漫倾向都有哪些？

测一测孩子的状态

√ 孩子身上有这种倾向

日常生活中显而易见的注意力不集中及过激行为

Check01____ 做数学题时失误很多，经常看差符号，或解题过程虽然正确，但结果常常写上毫不相干的答案。→ P45

Check02____ 上课时经常发呆、走神、乱写乱画，记不好笔记。→ P50

Check03____ 就算看着孩子的眼睛和他说话，孩子也是一副心不在焉的样子，记不住讲过的内容，翻来覆去地讲，才能勉强听懂。→ P54

Check04____ 不能很好地完成学校作业或家长交代的任务。→ P57

Check05____ 满口应允的事情，经常忘得一干二净。→ P59

Check06____ 做作业时拖拖拉拉、磨磨蹭蹭，需要其他孩子双倍的时间，而且完成一项作业，需要提醒好多次。→ P59

Check07____ 不会制定计划，学习或做事情时不能按照顺序有条不紊地进行，经常丢三落四。→ P60

Check08____ 不会整理书桌或物品，屋子总是乱七八糟。→ P63

Check09____ 早晨上学总是磨磨蹭蹭。→ P65

Check10____ 不喜欢动脑筋深入思考问题，不喜欢或回避需付出努力的事情。→ P68

Check11____ 经常丢失玩具、铅笔、书本，经常忘记学校作业，有时甚至把书包都丢在学校。→ P71

Check12____ 学习时稍有外界干扰，就分散注意力。→ P72

Check13_____健忘症严重，经常忘记补习时间或约会时间。→ P74

Check14_____不能老老实实坐在椅子上，就算坐在椅子上了，也经常动胳膊动腿，或者摆弄书桌上的物品。→ P76

Check15_____不管是公共场所还是课堂，不能老老实实坐在一个地方，总是来回蹿。→ P79

Check16_____因经常在学校走廊乱跑而挨训，需要随时提醒。→ P81

Check17_____做作业或做事情时有急躁倾向。→ P84

Check18_____静不下来，不停地动弹，玩的时候也显得很吵闹。→ P87

Check19_____话多，不分场合地吵闹，整天不停地自言自语或哼哼唧唧。→ P89

Check20_____没等提问结束就迫不及待地回答问题，或者还没提问就抢先回答。→ P90

Check21_____参加课外活动或做游戏时不能按照规则有条不紊地进行，不懂得排队或者经常加塞。→ P93

Check22_____他人说话时，不认真倾听，经常插嘴；他人做事时，经常妨碍；他人玩耍时，经常捣乱。→ P94

学校生活中表现出来的注意力不集中及过激行为

Check23_____上学时因磨蹭经常迟到。→ P96

Check24_____上早自习时，不是发愣就是昏昏欲睡。→ P97

Check25_____上自习时，不是乱走动就是干扰其他同学学习。→ P98

Check26_____集体讨论时，没轮到自己发言也经常插嘴而影响整体讨论；或者自己该做的事情不做，专管别人的闲事。→ P98

Check27_____不愿意参加集体活动，要么干坐着，要么做别的事情。→ P99

Check28_____做事情慢慢腾腾，总让别人等待。→ P99

Check29_____记不好记事本。→ P100

※ 查对孩子的症状，找到相应的页码。好妈妈的心灵处方恭候您的光临。

针对
散漫孩子的处方

如果想治疗孩子的 ADHD 症，最好跟小儿精神科医生商议具体方案和计划，当然，也要考虑药物治疗和治疗机关的专业程度。

这一章节主要记述适用于家庭生活的内容。正在接受治疗或打算治疗的家长，如果参考我的处方，会得到一定帮助。

日常生活中显而易见的注意力不集中及过激行为

Case01

做数学题时失误很多，经常看差符号，或解题过程虽然正确，但结果常常写上毫不相干的答案。

不要责难孩子，要让孩子知道：失败是成功之母。

教导孩子时，最容易犯的错误是脑子里想着忠告，可实际却说出一堆指责的话。其实，忠告、充满爱意的批评和指责是截然不同的。如果家长不去区分，孩子一辈子都不懂得接受忠告和充满爱意的批评。所以，家长要让孩子明白发自内心的忠告和批评是很重要的。参加考试之前，和父母制定几项规则，会有一定帮助。参加重要学习或参加考试时，应该遵守的规则是：正确审题，不做口算，抄写时小心谨慎。考试之前和父母一起读规则，并记在脑子里。

在家时的心灵处方

事例 01 读错数学符号和数字的情况很多。比如把“+”号看成“-”号，把数字 1114 看成 114。

注意力不集中的孩子，很难持续思考一个问题，而且因为粗心大意，经常在听和看的过程中漏掉相关信息。

解数学题时看错符号的现象，说明孩子具有注意力不集中和粗心大意的特点。

请你这样告诉孩子

做错题时，如果家长说“我就知道你会这样”，“每天都做的题，为什么还要做错？”孩子就会认为家长在指责自己。

正确的说法应该是：“这道题你分明会，为什么要做错？如果你不会，错了也就错了；但明明会的题，因读错数字而失误，多可惜呀！如果你总这样，长大之后也处理不好任何事情。从现在开始和妈妈进行正确审题的练习好吗？”

数学是由符号和数字组成的。告诉孩子只有正确使用符号和数字，才能取得好成绩。

请你这样做

为保证孩子正确读每一行文字，家长可以用白纸、手指头或铅笔挡住下面的文字，一字一字地读。读书时减少视觉上的分散范围，也有助于防止串行。

排列数学题时最好一行排列一道。

事例 02 做数学题时因口算有误，经常出错。

漫画、电视、电脑游戏都是以画面的形式向大脑传递信息的，这种视觉刺激，让人理解起来很容易。而看书就大不一样。文字信息传达到大脑之后必须要转换成语言信息，孩子才能理解内容，而注意力不集中的孩子经常在处理信息的过程中受到阻碍。口算也是一样的，首先用眼睛看或耳朵听，把信息储存在大脑里，然后再把数字从记忆中提取出来进行统合。用眼睛处理信息的过程都这么复杂，用大脑进行的口算，当然就更难了。

＋ 请你这样告诉孩子

不要威胁或吓唬孩子，与其鼓励孩子快速说出答案，不如告诉孩子学会正确处理计算过程的方法。

“口算是最容易出错、最容易失误的，边写边算准确性高，又便于验算，何乐而不为呢？做错题，还得重新做，这只能缩短玩的时间，还不如做第一遍的时候，稳稳当当地做，你说呢？”

＋ 请你这样做

这类孩子最大的特点是讨厌用笔。所以，学习的时候，家长一定要培养孩子握笔的良好习惯。

做题时尽量不要让孩子说出答案，而让孩子详细记录解题过程。

事例 03 注意力不集中，经常解错题，可一旦家长发牢骚，让他重新做时，大部分都能做得很准确。有没有一开始就能让孩子做得准确的方法？

＋ 请你这样做

做题之前一定要提醒孩子并和孩子约好：“这些题需要你独立完成，就算你不做，它也不会像烟一样消失。迟早要做的，何不早点做呢？不会或做错时，妈妈会教你。如果图快而出现错误连篇的情况，我会让你重新做。”

完成一道题，紧接着完成第二道题时，家长要表扬孩子，这有利于引起孩子的注意力。或许有的家长认为不可思议，做第一道题时，已经告诉孩子注意事项了，为什么还要重复。其实，无论你怎样告诉孩子或者和孩子达成协议，注意力不集中的孩子都是很容易忘记的。所以每次写作业时，应该提醒孩子，让他牢牢地记在心里。

也可以和孩子达成协议，每完成一项任务给一定奖励。这种方法会有一定帮助的。

给孩子留题时，避免一次留得过多，最好是一次少留，多留几次。

要求孩子重新做题时，如果孩子做对了，家长应该计算好重新做题时所需的时间，然后跟孩子说："刚才要是做对了，你就能多玩这些时间。"家长要让孩子明白重新做题所消耗的时间，其实完全可以用到玩和休息上。很多孩子认为：就算我做对了，妈妈也会要求我学到几点几点，我还是慢慢做吧。所以，每当孩子做对的时候，家长应该让孩子休息一段时间。

最后，家长要让孩子通过比较马虎做的题和做对的题，找出错误原因。

在校时的心灵处方

事例 01 **在演算纸上解题时随便乱写，所以计算较复杂的问题时，反而弄得自己一塌糊涂。**

这是因为散漫的孩子不能按顺序有条不紊地做事情或不懂得整理。

＋ 请你这样做

孩子平时在家学习时，家长要进行合理使用演算纸的练习。练习时规定空白处的使用顺序，让孩子按照"从上到下，从左到右"的顺序使用空白处，便能防止混乱。

患 ADHD 症的孩子写字时，大部分都里出外进、错落不齐，所以进行训练时不妨让孩子在空白处写一些整齐小字。

事例 02 **看到和以前做过的类似的习题时，嘴上念叨着"哎呀，这是以前做过的题"，便不假思索地写上和以前一模一样的答案。**

这是孩子想法超前的缘故。看到和以前做过的类似的题目时，患 ADHD 症的孩子来不及读完，就做出"和以前的题一模一样"的判断，然后出于快速写出答案的冲动，随意作答。

＋ 请你这样做

这是因为孩子的性格过急，看到一小部分就认为看到了全部。家长要坚持不懈地对孩子进行读完整的题的训练，要让孩子知道，看起来一样的题不一定是一样的，绝对不能只看一部分就草率做出判断。

事例 03 **在演算纸上计算的时候做得准确，但抄写到试卷上时，经常写一些毫不相干的答案。**

➕ 请你这样做

这是抄写过程中，视觉上的注意力集中度下降而导致的失误。告诉孩子，可以用手指着演算纸上的答案和试卷上的答案，一一查对，这样就能防止视线分散，从而减少错误。

当然，也要确认演算纸上的题号。脑子里要反复想着答案，抄写答案时不停地默念。例如，心里不停地想“第二题是三”。

事例 04 **审题不准确，经常做错题。比如，把“找出错误的选项”看成“找出正确的选项”，“找出两个答案”看成“找出一个答案”。**

➕ 请你这样做

应该做完整细致读题的练习。一直读到句号、问号等符号，并且用圆圈进行校对。

事例 05 **题干稍长时，孩子经常落掉一行或中途走神，有时读了一遍，也不清楚叙述内容，需要重新再读。这是由于题干较长时，孩子不能长时间维持注意力，走神而致。**

➕ 请你这样做

一行一行读的时候，不妨用白纸挡住下面的文字，这可以防止换行时发生串行。另一种方法是，用手指头或者用铅笔边指边读。

平时可以让孩子大声读，考试时让孩子在心里默默跟读。

题干过长时，不妨在重要的部分画横线或画圆圈，以便集中注意力。

Case02

上课时经常发呆、走神、乱写乱画，记不好笔记。

在家时的心灵处方

事例 01　孩子在房间里学习，家长觉得太静，进去一看，发现孩子在呆呆发愣。

注意力不集中的孩子身上，经常出现上述现象，这样的孩子完成某一件事情之前，总有停滞或准备时间过长的特点。孩子的脑子一片空白，不知道应该做什么。在孩子本人看来只是一小会儿，但其实已经过了很长时间。

请你这样做

缩短准备时间是核心问题。家长应以积极姿态，把孩子领到桌前，一边说着“开始！”一边轻轻地敲打孩子的后背，给孩子一些刺激，帮助孩子尽快进入状态。

事例 02　孩子坐在书桌前学习时，经常喜欢做别的事情。比如：蹭出橡皮，把它们团成一团，或者整理铅笔盒，甚至破天荒地整理起书桌。

请你这样做

家长最好坐在后面。为了防止孩子产生被监视的感觉，应该说清楚坐在后面的理由，最好征得孩子同意。发觉孩子注意力不集中时，可以简单地提示孩子：“快做吧。”“正在做吗？”书桌上面，最好不要放书架和文具。

事例 03　孩子总是碰掉铅笔等文具。

请你这样做

如果马上捡，会分散孩子的注意力，尽量让其做完事情后再捡。然后，查一查掉下的铅笔总数，如果掉在地上的数目与日减少，就奖励孩子小粘贴，以示鼓励。

事例 04 **孩子打瞌睡。**

活动的时候不打盹儿，一坐下来就开始打瞌睡。

十 请你这样做

在家学习时，可以让他在屋子里来回走着看书。每次发困时洗一把脸，或喷点水，也是一种有效办法。

在学校时，如果孩子发困，可以允许孩子轻轻地把肩膀向后倾或做一会儿伸展运动，在老师许可的范围内动一动身子，能有效驱赶瞌睡虫。

事例 05 **经常看和眼前的学习没有关系的书。**

有些孩子，上语文课时看数学书，上数学课时又翻看科学书。表面看来好像在看书，其实是因为孩子看不进去书，才装模作样。家长应该及时矫正这个问题，这样才能培养孩子处理事情时，根据重要程度确定先后顺序，做好每一件事情的能力。否则，就算再努力，也不会得到实际成效。

十 请你这样做

这时，家长不能大声喊叫“你在干什么？”或抢孩子的书。应该跟孩子说：“你能看书是一个好习惯。但是，你更应该明白，要根据场合、时间的不同，确定所看的书的种类。好好想一想，这个时间你应该看什么书？”给孩子一定的思考时间，如果孩子想通了就跟孩子约好，等孩子学习完了，再把书还给他。

在校时的心灵处方

事例 01 **在书上乱写乱画。**

十 请你这样做

回到家以后，领着孩子复习当天学习的内容，看到孩子乱写乱画的地方，要求孩子用橡皮或涂改液擦掉。因为孩子乱写乱画，会分散注意力，导致其无法跟随老师的进度。家长要告诉孩子，上课时应该看着老师的眼睛，认真倾听老师的每一句话。

事例 02 望着窗外，呆呆地发愣。

＋ 请你这样做

孩子发愣时，老师不要单独指明哪个孩子，应该提醒全班同学。可以用稍大一点的声音，轻轻敲讲台："大家一起看一看吧。"或者让孩子们伸伸懒腰，互相敲打肩膀。

班主任应在开学初就制定好规则（认真倾听老师讲课，认真完成作业，不随随便便串桌等。把规则贴在墙上，随时读），如果学生不遵守，老师要提醒孩子，让他时时记着规则。

事例 03 孩子走神，记不好记事本。

＋ 请你这样做

家长和老师之间，最好准备一本学校同家庭之间的联系本或者传达本。老师每天检查孩子写记事本的情况，如果没写，放学后要留下来补上。孩子到家之后，家长首先查看记事本，然后，准备好第二天要带的物品。通过这样的方式,孩子能养成记录记事本的习惯，每次留下来写记事本时，孩子就会产生好好写记事本的想法。班主任在学校检查，家长在家检查，双管齐下效果会更好。

事例 04 虽然记录记事本，但速度过慢，记不完整。（全班学生的速度都慢。）

＋ 请你这样做

写记事本时，每次都需要其他孩子等你家孩子，那么会给你家孩子打上讨厌、碍事的烙印。这时既要培养其他孩子的爱心，也要帮助孩子尽快做好自己的事情。

让孩子认真完成自己分内的事情，并在此过程中培养孩子的责任心是至关重要的。更重要的是，不能让其他孩子的不满情绪集中在一个孩子身上，以致引起孩子的情绪障碍或者性格障碍。

事例 05 **规规矩矩地坐在椅子上，脑子里却想着别的事情，听不进去老师的讲课。如果问他：“今天学什么了？”他的回答一般都是“不太清楚”或“不知道”。**

属于典型的注意力不集中或想入非非的孩子。

学校老师请你这样做

老师最好把这样的学生安排到第一桌，否则孩子听不清老师讲课，或容易受其他孩子的干扰。

老师不时地提高嗓门，或者用稍大的声音提醒走神的孩子。

上课之前，可以告诉学生，下课之前老师会提问，这样孩子会紧张起来，认真倾听老师讲课。

为了激发学生的学习动力，上课时老师适当采用娱乐方式。下课前五分钟，可以提问学生所学内容，答得好的孩子，可以奖励小粘贴、学习用品等。

事例 06 **孩子像做梦一样，呆头呆脑地坐在那里，如果老师提高嗓门给他强烈刺激，或者敲打桌子，孩子都会吓得一愣一愣。**

散漫的孩子集中注意力的时间普遍很短，过不了一小会儿，他们就会发呆、走神。老师不妨让他们动动胳膊，动动腿，或者动一动椅子。

家长请你这样做

孩子学习时，家长要坐在孩子的旁边，时不时地拍一拍孩子的肩膀，或者偶尔点一点孩子的姓名，或者提醒孩子：“往这里看一看。”这几种方法都有助于孩子集中注意力。

学校老师请你这样做

单独点孩子的姓名，不如提醒全体学生“现在开始讲重要内容”，以此提醒散漫孩子集中注意力。

事例 07 孩子不做笔记，练习本很干净。

学校老师请你这样做

虽然麻烦，但最好把学生留下来，把没写完的部分写完整。如果所需时间过长，可以在学校写一部分，回家再补一部分。当然，老师也可以和家长联系。

不管什么情况，一定要让孩子明白，当天的事，当天一定要完成。

Case03

就算看着孩子的眼睛和他说话，孩子也是一副心不在焉的样子，记不住讲过的内容，翻来覆去地讲，才能勉强听懂。

这种孩子的共同特点是虽然坐着想入非非，但误认为自己听得很认真。实际上，思想交流并不仅仅限于理解对方所说的话，而是要看着对方的眼睛或者表情，进行感情交流。这样交流进行得顺利，不会产生任何问题，否则很容易引起误会，出现问题。

交流时，如果孩子不认真倾听，或做别的事情，对方会认为你家孩子是一个没有诚意的人。如果这种情况反复，孩子就很难和他人保持良好的人际关系。告诉孩子，和他人交流时，一定要看着对方的眼睛认真倾听。

在家时的心灵处方

事例 01 训斥孩子时，如果孩子总是东张西望或者看别的地方，给人反抗或不理不睬的感觉，家长很容易被惹得火冒三丈。

忠告孩子时，如果家长表情麻木或者氛围压抑，孩子就会感觉很不舒服。当然，大部分孩子此时都不敢看家长的眼睛。等孩子稍大一点时，逆反心理增强，受到家长训斥，更不愿意看父母眼睛。

＋ 请你这样做

可以温柔地对孩子说："不是妈妈想训斥你或者发牢骚，我只是想把自己认为重要的说给你听，认真倾听之后，再付诸行动，好吗？"减少孩子的紧张感和反感情绪后，家长可以再接着说："和他人交流时，如果你东张西望或者看别的地方，爸爸妈妈是能接受的，因为我们非常了解你。但别人不了解你啊，他们会认为，你在漠视他们。如果别人说你是一个没礼貌的孩子，爸爸妈妈心里会很不好受。从现在开始，和他人交流时，认真倾听好吗？看着对方的眼睛，这样你更容易领会对方的话。"

事例 02 **训斥一通之后，对孩子说："我们一起努力好吗？"可孩子却表现出很不情愿甚至不耐烦的神色。这时，家长感觉被孩子泼了一头凉水。**

＋ 请你这样做

不要发脾气，最好表达家长的遗憾之情："爸爸妈妈发自内心的、推心置腹的话，你却没听懂，真让人难过。一想到你漠视爸爸妈妈，就让人生气。但是，如果你想再听一遍我刚才说的话，我可以再说一次。"

事例 03 **孩子能把家长的肺气炸。家长和声细气地说，孩子好像听不进去；瞪大眼睛、大喊大叫或者重复几遍同样话题，好像才能听懂。可以理解家长的心情，但是从孩子的反应中可以知道，家长曾经大发雷霆，或大喊大叫着训斥过孩子。曾经受到强烈刺激的孩子，对小小刺激的反应当然是很慢的。**

＋ 请你这样做

如果孩子对和声细气的说话方式表现得无动于衷，家长可以轻轻抚摩孩子的身体或者抓住孩子的胳膊，帮助孩子集中注意力。说话时，不妨时时问孩子："你在听吗？"如果孩子不愿意回答家长的提问，家长可以给孩子一定时间，并告诉他："妈妈很重视你的想法，我会等你的，你再好好想一想好吗？"如果孩子依然马马虎虎，不能集中注意力，家长可以采用悄悄话的方式。

这样的方法需要耐心，有时还需要忍气吞声，所以并不是一个简单的方法。对孩子来讲，父母是最重要的存在。所以当家长大喊大叫时，孩子当然会做出快速反应。这并不是因为孩子理解妈妈的心情或者知道自己做错了事情，孩子仅仅是因为害怕，有顾虑，才照着妈妈的话做。所以当事情过去之后，这种顾虑淡漠了，家长的教训和指示也就忘得一干二净了。家长要明白，教育孩子需要耐心和时间，最好采取温柔、平和的态度。这种方法虽然短期内不会有立竿见影的效果，但从长远看是最好的方法。

事例 04 **朋友说话时，孩子望着别的地方不认真听，导致和朋友之间产生误会。**

散漫的孩子虽然喜欢朋友，但如果朋友的话题没有意思或不是自己感兴趣的就不认真倾听。这不是孩子有意不听，只是因为他年龄太小，不知不觉中走神，但对方会误认为孩子没有诚意或者不喜欢自己。如果经常出现这种情况，会给孩子交朋友和维持良好的人际关系带来一定困难。

请你这样做

不管是否对对方的话题感兴趣，家长都应该强调，要懂得看着对方的眼睛，不妨在家里和孩子一起进行看对方眼睛说话的练习。

事例 05 **朋友说话时想入非非，经常东问西答；听取他的建议时也只会回答"是啊"或者"不知道"，结果把气氛弄得很尴尬，从而疏远了彼此间的关系。**

听到孩子的这番话，朋友该有多失落啊。说了肺腑之言，对方却说："啊？""什么？""不知道啊！"这明显是在敷衍了事，要知道孩子的这种表现会让人产生失望感。

请你这样做

如果孩子有这方面的问题，应该训练孩子。就算孩子没听清楚朋友的话，也应该选择不伤朋友心的说话方式。比如，朋友是一副悲伤表情时，可以说："真的感谢你对我的信任，我能帮你做些什么呢？"或者说："咱们是好朋友，我会成为你力量的源泉。"如果朋友高兴，可以说："你一定很高兴吧？"这些话会有助于维持和谐的人际关系。

事例 06 大伙一起聊天时，孩子因走神错过了故事的脉络，不断地问大家。

孩子不像大人，别人没听懂的时候能进行再次说明。大家一起聊天，如果孩子不断提问，孩子们会冷落他，"你不知道也无所谓"，或者"以后再告诉你吧"。

请你这样做

家长应该告诉孩子：没听清楚大家的话题时，与其说"为什么？""怎么了？"等提问式的话语，还不如保持沉默。如果真想知道话题内容，事后可以问其中关系较好的孩子。

Case04

不能很好地完成学校作业或家长交代的任务。

事例 01 他人进行指点或说明时，孩子一个耳朵进，一个耳朵出，马马虎虎地回答，事后又记不住，总是问对方。

如果孩子身上经常有这种情况发生，就不要期盼孩子按指示去办事，而应该不断提醒孩子办事的细节和方法。在这个过程中，孩子会明白家长在积极地帮助自己。从家长的角度，也可以减少发牢骚和等待过程中的精神疲劳。

心灵处方——和孩子制定约定语句。

和孩子制定表示开始的约定语句，始终一贯地使用，会有一定的帮助。比如"来，开始"，并轻轻地拍打孩子的肩膀。

事例02 **该做的作业实际不是很多，但总感觉有沉重的负担，“这么多，什么时候能做完？”“该做的为什么那么多？”可能是“万事开头难”，孩子总是怕开始做某件事。**

做事之前便感觉有负担，这是很不舒服的事情。如果孩子有这样的负担，家长怎么说服，孩子都很难接受。看着自己该做的作业，孩子唉声叹气，然后说“哎呀，我不管了”便放弃了。家长可以根据作业的种类，让孩子估摸大约所需时间，并明确完成作业的结束时间，这样可以减少孩子不必要的负担感。

心灵处方——布置作业时，最好分批布置。

布置作业时不要一下子全布置下去，最好分批布置。比如，六张作业，不要一次性布置，分六次安排。

事例03 **该做的作业，总是推来推去，“一会儿再做”或者“以后再做”。最后，发牢骚说自己太困做不了，结果完不成作业。**

心灵处方——不能强行说不行。

该做的事，孩子经常往后推，不愿意做。此时家长千万不要横加指责或大发雷霆，更要避免讥讽和嘲笑孩子。

家长可以跟孩子说:“一会儿做也好,现在做也好,这是你的自由。但是你要知道，睡觉之前一定要完成。”然后接着说 :“往后推延之后,你有没有按时完成过作业？”如果孩子想起以前零星完成的记忆，就会理直气壮地说 :“有过。”

此时家长可以这样说 :“我不是说你每次都不完成。往后推延之后，你不认为没完成的次数，比完成的次数还要多吗？”给孩子一点思考的时间，对孩子说 :“迟早要做的作业，不困的时候，先把它做好，多好啊！”通过这样的规劝教育，孩子会明白当天作业当天完成，不能总往后推的道理。

Case05

满口应允的事情，经常忘得一干二净。

心灵处方——把任务写在纸上，或者布置任务之前事先强调。

布置任务时，家长最好边说边写在纸上，完了之后，可以反问孩子："我说什么了？"

站在远处，对着孩子的后脑勺布置某项任务，是不可取的。因为孩子很容易一个耳朵进，一个耳朵出。越是重要的事情，越应该接近孩子，最好是事先强调之后再告诉孩子："现在开始，我要说重要事情。"布置任务时最好用简短、明确的语调，否则孩子心不在焉，听完就忘。

Case06

做作业时拖拖拉拉、磨磨蹭蹭，需要其他孩子双倍的时间，而且完成一项作业，需要提醒好多次。

事例 01 **孩子不能稳当坐在一个地方写作业，就算开始写了，也总是做一会儿作业出去喝一口水或者看一会别的书，甚至每看一行字，上一趟卫生间。**

写作业之前，事先告诉孩子完成作业的重要性。

请你这样做

事先制定孩子写作业时的规则。比如，是从学校回来之后马上写作业，还是休息一会儿再写，都要有一个明确规定。可以把孩子开始写作业的时间和预测的结束时间写下来，放在书桌旁边。

一旦孩子开始写，不允许他在一节课的时间内（小学生 40 分钟，初中生 45 分钟，高中生 50 分钟）分散注意力。如果孩子遵守规定了，奖励一个小粘贴或给予表扬。

心灵处方——请你这样说。

如果孩子从座位上站起来了，家长就不要强行地命令或发牢骚，可以说：“看一下表，你写作业用了多长时间？”这样能给孩子思考和改正的机会。

事例 02 **孩子和家教一起学习，或家长坐在后面看着时，完成作业情况良好。但如果让孩子单独完成，做一天也做不完。**

心灵处方——家长不要扮演监视者的角色，要扮演协助者的角色。

孩子学习时，家长坐在后面看书或做别的事情，会有一定帮助。可以事先向孩子说明，家长并不是为了监督。

注意力易分散的孩子，虽然答应得很爽快，但大部分都做不到，以致经常被父母训斥。如果经常出现这样的情况，家长会变得疲惫不堪，所以要减少训斥的次数。做作业时，家长最好在旁边监督和帮助孩子。

这样的孩子如果和大多数孩子一起学习，上课极易走神。所以，与其选择人多的补习班，不如选择人数少的小组补习或者个人辅导。

Case07

不会制定计划，学习或做事情时不能按照顺序有条不紊地进行，经常丢三落四。

事例 01 **孩子的一天要做很多事情：作业要写，游戏要玩，又要去补习班。有时孩子分不清先做什么后做什么，或者判断不了哪个更重要。孩子不能预测做什么大概需要多长时间，所以常常是赶到哪做到哪，想到哪做到哪。**

散漫的孩子总是把自己想做的事情放在首位。所以，让他写不愿意写的作业或让他学习时，孩子很不乐意，再三往后推延。他不会根据作业的种类制定计划，常常不假思索地回答：“我都能做。”所以，就算孩子制定出计划，因为不具体、粗枝大叶，他很快会感觉不耐烦。

制定计划，然后按照计划一项一项地完成是很重要的。在实践过程中，孩子既可以体会到成就感，又可以获取自信心。同时，也能知道事情的重要与否，从而决定优先顺序，有计划地处理每一件事情。

心灵处方——让孩子制定计划。

看完下面的计划表之后，让孩子制定计划并去实施。

1. 罗列该做的事情和想做的事情。想做的事情可以包括游戏或者足球等运动。
2. 给每一件事情后面标上所需的大概时间。
3. 按照重要程度调整该做的事情和想做的事情的顺序。孩子可能会把家长认为不重要的事情排在首位，就算那样家长也不要强求孩子改正过来，因为在实践过程中，孩子自己也能悟出顺序的对与错。

该做的事	所需时间	顺序	想做的事	所需时间	顺序
打扫房间	30 分	1	游戏	3 小时	3
学校作业	1 小时	2	足球	2 小时	4

制定计划的目的，是为了让孩子知道该做的事情，有必要调整想做的事情的时间和顺序。做某件事情或某个行为，要制定标准。在实践过程中孩子会明白预想的时间和实际时间的差异，也会明白排列不好顺序，会影响事情的前后衔接。通过这些训练，能培养孩子审视自我行为的能力。需要注意的是家长不能一味地责备孩子，而应该起到参谋作用。可以用商量口吻建议孩子："再考虑考虑这一项的时间安排吧。"散漫的孩子制定时间，最好不要超过 30 分钟。制定计划时，首先想一想实践的可能性。有些贪心的人制定计划时从来不想可行性，每天都是认认真真地制定计划，但是付诸于实践的可能性很小。有时，实践效果不好，孩子也会受到挫折。付诸实践要比制定计划重要得多，所以，家长要帮助孩子制定可以实现的

计划。制定计划时最好匀出当天完不成任务时可以进行弥补的时间。

事例 02 **孩子落实任务的时候，调整不好时间。比如完成作业时，有时时间不够，这时孩子应该加快速度，但孩子做不到。**

心灵处方——训练孩子调整完成任务的时间量。

完成作业时，分配好所需时间。比如，打算一小时之内做四张卷子时，可以在第二张的下半部写上 30 分钟。然后每做完一张卷子，在下面写上所用时间。这样就能时时提醒自己，并做好调整速度的练习。

事例 03 **学校安排考试，孩子不知道先学哪科，怎么分配复习时间。**

没有人一开始就能制定好计划。制定的计划，施行一段时间后，看一看实施效果，然后再根据实施效果制定适合自己的计划。但是，很多小孩都不愿意经历这样的过程。

心灵处方——帮助孩子自行制定计划，并时时补充不足。

考试时，家长为了让孩子取得好成绩，从头至尾给孩子制定计划或者指示孩子如何做。这样很难养成孩子自行制定计划的习惯。但如果一开始就让孩子自己制定计划，孩子可能会很慌张，也容易遭受失败。所以，家长要详细地指导孩子，并和孩子一起制定计划。

等孩子稍微熟悉制定计划的步骤，可以让孩子自己制定计划。家长不能介入或主宰孩子，要耐心地注视孩子，善于等待。孩子按照家长的要求制定计划时，就算做得再好，毕竟不是自己制定的，孩子也不会有自豪感，如果效果不好，还会怪罪家长。所以，制定计划时，不要光看眼前的分数，要有长远性。家长要让孩子自行思考，把想到的纳入到计划之中，并去实践，这样的学习过程尤为重要。

实施一段时间之后，家长要和孩子一起回顾当初制定的计划，一起检查其中的不妥之处，然后明确制定下次计划时，需要补充和注意的方面。

Case08

不会整理书桌或物品，屋子总是乱七八糟。

爱护学前班孩子的心灵处方

事例 **玩完玩具，不知道收拾。**

大部分的孩子玩玩具时，经常把屋子弄得乱七八糟。他们从来没有收拾或者归置的想法。这时不能盲目训斥孩子。

如果让孩子一下子整理过多物品，孩子会感觉很为难。

当孩子认为不是自己弄乱的，不愿意整理时，家长不要强迫孩子收拾，否则孩子会产生被家长操纵的感觉。

请你这样做

给孩子分配一定区域，赋予孩子一定权利："这一部分你来收拾吧，其他的妈妈来帮你。"

孩子和弟弟一起玩玩具时，不能用命令口吻对哥哥说："弟弟小，你来收拾吧。"家长应该说："知道不是你自己弄乱的，但咱们都是一家人，一起来收拾吧。下次你有事情时，让弟弟也来帮助你。"这样孩子就不会感到委屈。

应该告诉孩子随时整理的方法。与其用语言指示，不如直接示范给孩子。

如果孩子太小，应该准备一个大桶，让他把所有玩具都放到桶里，之后，再确认玩具有没有少。

针对小学生的心灵处方

事例 01 **孩子不收拾屋子。**

大部分的孩子都不会收拾屋子，其中，散漫的孩子表现尤为突出。患 ADHD 的孩子，如果让他整理东西，他会感觉负担过重，因为他们缺少成体系的思考能力。

大多数家长为了培养孩子整理屋子的好习惯，直接命令孩子"把这个挂上去"或者"把这个东西放到那里吧"。如果孩子按照家长的意思去做，很多家长认为孩子已经掌握了整理屋子的方法。其实孩子只是盲目地服从家长，并没有自己的想法。想好之后付诸行动的做法和只是遵从指示的做法有本质上的区别。家长的命令和发牢骚有碍培养孩子的思考能力，也会影响孩子的大脑发育。

请你这样做

房间凌乱不堪，家长把孩子叫到身边，指着乱七八糟的东西跟孩子说："你看这里是不是很乱啊？看一看有没有你能做的事情？"听到家长的这番话，大部分孩子都会欣然同意整理物品。

如果需要整理的东西多，孩子感觉吃力时，家长可以提示孩子做力所能及的事情，家长可以跟孩子说："你来整理这些吧，剩下的妈妈帮你整理。"向孩子交代需要做的全部事情，并告诉孩子哪些可以先做，哪些可以后做。通过这样的练习，孩子会学到按照一定顺序收拾屋子的方法。

如果孩子收拾完屋子，家长要尽情称赞孩子，这样孩子会有一种满足感和自豪感。孩子收拾屋子时，家长要尽量避免说长道短。当然这并不是让家长保持沉默，如果孩子做错事情，家长应及时给予纠正和激励，偶尔也要讲讲收拾屋子时需要遵循的原则和方法。

有时家长要求孩子看一看凌乱的屋子时，孩子会脱口而出："什么呀？"或者："我不愿意收拾屋子。"这时如果家长大声训斥或者大发雷霆，孩子会产生逆反心理，感觉万分沮丧，甚至想逃离那个环境。家长应该用温柔而坚决的态度明确地告诉孩子："这些都属于你力所能及的事情，你完全能做好。"需要注意的是语气要"坚决"。当然，这并非让你大发雷霆或恐吓孩子，要慈祥而温柔地让孩子感觉到理应由孩子自己完成的必要性。

事例 02 书包凌乱不堪，试卷或油印文件揉搓之后随便放置。

对这些行为如果放任不管，孩子就会拿着空书包往返于家和学校，有时还会把书包里所有书本都放在学校。

请你这样做

让他每天整理书包。

如果孩子每天都整理书包，那么需要整理的东西就不会很多，可以缩短整理的时间，找必需品时也能立即找到。养成一个好的习惯对孩子来讲是非常重要的。

整理试卷或油印文件时，用不着弄得特别干净或过于细化。准备一个大盒子，把试卷或油印文件都装到里面，没用的统统扔掉，最后找试卷或油印文件时找那个盒子就可以了。

事例 03　在学校，孩子的书桌周围凌乱不堪。

十 请你这样做

告诉孩子，一节课结束之后，把书本全部放到书桌洞里，垃圾不要随意丢到地上，也应一起放到书桌内，放学后将书桌里的东西整理一下，需要带回家的放在书包内，废纸和垃圾丢到垃圾桶里。

如果孩子感觉分开垃圾是一件吃力的事情，那么让他把垃圾也带到家里，这样就能简化孩子要做的事情。

Case09
早晨上学总是磨磨蹭蹭。

事例 01　早上无论家长怎样喊叫，孩子不是装作没听见就是大动肝火，所以叫醒孩子特别困难，有时好不容易叫醒了，他又跑到其他地方躺着或接着睡觉。

这种现象在患有 ADHD 症的孩子身上表现得尤为突出。早上想叫醒孩子的家长和不愿意起床的孩子之间的矛盾是导致彼此关系恶化的主要原因。患 ADHD 症的孩子，小时候起得很早，还经常不睡午觉，但一到十岁左右，就有不愿意起床、白天打瞌睡、晚上难以入睡的倾向。

患 ADHD 症的孩子，他们负责注意力集中的脑部位发达情况不是很好，很难从睡眠状态回到清醒状态。所以，早晨无论大人怎样叫喊都会听不到，或在睡梦中责备家长，或踢被褥以示抗议。这样的孩子就算已经醒了一个小时，大脑还处于半昏睡状态，必须等到大脑完全清醒时，才能集中精力做其他事情。但孩子却认为，家长叫起床的时候自己很快就起床了，所以，对家长三番五次的催促表示反感。有没有什么好方法不费吹灰之力叫醒孩子呢？

心灵处方——试着刺激孩子的触觉。

散漫的孩子的听觉和注意力一般都很差，所以听不清家长叫醒的声音和定时起床的闹铃声。因为叫喊等听觉上的刺激效果不明显，所以最有效的方法是刺激他们的触觉。比如往他们脸上喷水或者把沾湿的毛巾盖在孩子脸上，或者把冰块轻轻地贴在孩子脸上，打开窗户换室内空气也有一定帮助，起床之后洗头或冲澡不失为一种有效方法。

如果想试用以上方法，家长要事先和孩子进行商量，并取得他的同意，否则会让孩子产生逆反心理。

事例 02 孩子虽然起床了，但不做上学准备，而是玩玩具或者看其他书，让他到洗漱间洗漱，他非但不洗脸反而往镜子上喷水或挤牙膏。

早上孩子起床后，很多妈妈对着孩子的后脑勺喊：“快点洗漱做上学准备吧。”孩子嘴上应着，实际上在开小差。如果此时妈妈用更大的声音喊：“我不是要你快做准备吗？”孩子依然我行我素，不听妈妈的话。此时如果妈妈对着孩子大发雷霆，被训斥的孩子会觉得委屈而哇哇大哭。如果每天都这样，妈妈会变得疲惫不堪，母子之间的矛盾也会越来越深。

心灵处方——积极帮助孩子保持注意力。

患 ADHD 症的孩子，集中注意力的时间短，记忆力也差。所以妈妈让他洗漱时，首先映入他眼前的是镜子，他随即产生擦掉镜子上脏东西的想法，看到牙膏的时候产生刷牙的思维，但是摸到牙膏的瞬间感觉软软的触觉很有意思，就把刷牙的事情忘得一干二净，然后不停地拿着牙膏玩。对这样的孩子训斥或发脾气是没有效果的。

孩子醒后，家长应干脆把孩子带到洗漱间，一直等到他做完该做的事情，而不是一一交代孩子应做的事情。孩子进洗漱间后，家长可以采取反问的形式，让孩子自己动脑筋想，首先应该做什么。然后再提醒孩子下一步该做的事情，从而有效防止孩子分散注意力。

有些家长认为用这种方法，有碍于培养孩子独立自主的能力。

实际上，家长积极帮助孩子，既能减少责骂孩子的次数，也有利于消弭彼此之间的心理隔阂。

事例 03 **孩子早上起床到上学这一段时间，家里就像战场。孩子又喊又叫、又哭又闹，嘈杂得让人心烦意乱，等孩子上学后家长会感觉筋疲力尽。**

心灵处方——协助孩子做好上学前的准备。

患 ADHD 症的孩子，从起床到上学之前，常常会闹得家里人仰马翻。不管是谁家，早上的时间都很匆忙，如果笔者对家长说协助孩子做好上学准备，那么很多家长会说：早上还要做早餐，还要做上班准备，还要帮助其他几个孩子做上学准备，时间很紧没有多余的时间和精力。

如果家长协助孩子做准备，就会减少孩子问题行为发生的几率，避免浪费时间。两个孩子的家庭，夫妻可以分别负责一个孩子，帮助他们做上学准备。对乱蹦乱跳喧闹的孩子大喊大叫是不会有任何效果的。

事例 04 **具体指导孩子的每一个行为。比如让孩子去洗脸，那么孩子就会光洗脸，不知道刷牙；如果让孩子去穿裤子，他只会穿裤子而不知道穿上衣。**

心灵处方——指示孩子时，最好采用提示的方法。

早晨起来孩子的思维可以说是很凌乱的，就算聪明绝顶的天才儿童有时也会做蠢事。患 ADHD 症的孩子并不是头脑笨，只是理论付诸实践时感觉很吃力，特别是在早晨这一时间段。家长应该做具体指示，指示时不应让孩子盲目跟从，而应该让孩子有所想法。比如，与其指示孩子穿完裤子再穿上衣，还不如反问孩子穿完裤子了吗？下一步该做什么？这样孩子就能动脑筋想自己该做的事情，效果会更好。

一一提示孩子每一阶段的行为，未免太耽搁时间。所以，家长每天只提示孩子做一个阶段的事情就可以了。这样就能保证孩子不迟到。家长应该根据孩子的好转程度，调整提示次数。

事例 05 **孩子吃早饭时间太长，或坐在饭桌前看书，有时还喋喋不休。为了节省时间，大多数家长采取喂孩子吃饭的方式。**

心灵处方——给孩子营造舒适安静的吃饭氛围。

早饭时间不应该让孩子看电视或者听录音机。喜欢读书的孩子有时把书拿到饭桌，很多家长却认为这是一件好事，其实那个时间段吃饭比任何事情都重要。孩子吃饭慢的原因有很多，嘴里含着饭发愣、光顾着说话没时间吃东西、来回跑着玩耍等。

就算上述原因导致孩子吃饭慢或没吃完，到了上学时间就应该让他上学。因为家长要教会孩子遵守日常生活规则的必要性。家长用不着担心孩子饿肚子，到了中午孩子自己就能好好吃午饭的。

Case10

不喜欢动脑筋深入思考问题，不喜欢或回避需付出努力的事情。

事例 01 **孩子不愿意做程序复杂的应用题或需要投入很长时间才能解开的问题；经常说不知道或者懒得做，甚至轻易放弃。这种行为不仅体现在学习中，还体现在日常生活中。**

懒散的孩子不愿意做事的主要原因是太懒。很多家长担心：孩子是不是得了忧郁症？孩子是否脑萎缩？虽然个别孩子身上存在以上的可能性，但绝大多数孩子并不是没有能力才做不好事情。他们总是一而再再而三地放弃或逃避，最终导致什么事也做不好。

随着年龄的增长，每个人需要做的事情也越来越多。其中有很多事情，只有经过循序渐进的复杂过程，才能完成。如果孩子从小消极做事，那么随着年龄的增长，只能越来越讨厌按照程序有条不紊做事的方式。但如果强迫孩子认真对待每一件事情，孩子会发脾气或大动肝火。

不能因为孩子发脾气就对孩子放之任之，这样会剥夺孩子系统思考问题的机会，也会给孩子的生长发育造成一定障碍。家长应该帮助孩子做些力所能及的事情。

心灵处方——完成任务之前，和孩子约法三章，并让孩子保证信守诺言。

处理复杂问题之前要指导孩子。首先与孩子达成协议，要求他信守约定。记住，家长千万不能采取强硬措施或说有伤孩子自尊心的话。

如果孩子按照约定，已经做好完成任务的心理准备，家长应确认孩子所承担的任务是否太艰巨，难度是否太大。家长必须让孩子知道，就算不愿意做或懒得做，也要勇敢面对。因为不去做事，问题将始终得不到解决，始终会困扰孩子。家长可以再三强调，如果做得不好还得重新做，所以一定要让孩子认真、慎重地做每一件事情。家长要给孩子一种期待，虽然做的过程很劳累，但只要集中精力去做，就能增加玩和休息的时间。如果按照约定按时完成任务，就要大加赞赏地鼓励孩子，并允许孩子做自己喜欢做的事情，以此让孩子得到满足感和成就感。

事例 02 **感兴趣或喜欢做的事情孩子会集中注意力专心地做，但不愿意做的事情，就很难集中注意力。比如喜欢玩电脑的孩子，玩几个小时的电脑都不会感觉疲劳，但如果让他学习，立刻就会感觉眼睛疲乏，四肢无力，连五分钟都坐不住。**

心灵处方——让孩子正确对待喜欢做和不喜欢做的事情。

在我们的周围随处可见这样的情况：让孩子学习，他会两眼浑浊，立刻无精打采地趴在书桌上，但如果让他玩电脑，他会两眼放光，神采飞扬，连脚步也变得轻盈。

看到孩子的这种表现家长会火冒三丈，于是讽刺、挖苦、指责孩子。特别是考试成绩不理想时，家长会说："我早就猜到这个结果了。如果你把玩游戏的劲头用在学习上早都排第一名了。"其实，自控能力差的孩子，他们最需要的是家长的监管和帮助。

家长应坦诚地对孩子说："你对学习和玩游戏的态度，为什么会有天壤之别呢？其实，谁都喜欢做自己感兴趣的事，但是如果不做自己必须做的事，即使得到暂时的逃脱，迟早不也是要面对吗？从现在开始，我们一起努力好吗？”

孩子做不喜欢做的事情时，家长不能强求孩子做出感兴趣的样子。家长的这种强求，很容易让孩子产生负担感。家长要反复强调：认真做喜欢的事情，但是不喜欢的事情也要做到一定程度，这样就能缩短它们之间的差距。

审视自己的所作所为是一件很难的事情。如果条件允许家长应该把孩子的一言一行都记录下来，然后让孩子从旁观者的角度，审视自己的日常表现，这比家长的唠叨更有效果。等孩子了解了自己的真实状态，再对孩子提出忠告，孩子会欣然接受。

事例 03 没有耐性和韧劲，做事三分钟热情。

心灵处方——家长要分阶段地提示孩子应做的事情。

要求孩子坚持不懈地做一件事情，他会感觉很吃力，特别是需要长时间才能出结果的事情，更难坚持。比如，当孩子做超过三页以上的作业时，每做完一页，孩子会急着查看还剩几页。特别是看到一个类型的题，孩子会产生厌烦心理，他会不耐烦地自言自语：“真烦人，怎么又出现这道题了？”然后扭动身体，表示反感。这时，如果家长再三强调全部完成，孩子会变得沮丧，于是马虎了事，做错不应该做错的题。

这样的孩子普遍讨厌写字，他们认为写字是单调、乏味、费力的事情。散漫的孩子不会一笔一画认真书写，他们经常很难辨认 0 和 6。

其实，这就是我们平时所说的意志力差的表现。说的再专业一点，这样的孩子不知道怎样投入精力。散漫的孩子遇到问题，很难投入精力，相反遇到自己喜欢的事情就截然相反。人的精力是有限的，如果把所有精力都投入到自己喜欢的事情上，那么，做其他需要耐性和韧劲的事情时，孩子就会感觉吃力，于是变得轻易放弃。一次性地给孩子分配太多任务，孩子会感觉有压力，反而什么事情都做不好。所以，家长分配任务时，最好分几个步骤，一点一点地提示，如果按照计划完成了任务，家长应该立即表扬。

如果想培养孩子的耐性和韧劲，家长应该具备更多的耐性和韧劲，实时观察并不断地指导孩子。

事例 04 **孩子的成绩不稳定，同样的科目有时得 60 分有时得 90 分。周围的人都表示遗憾，说孩子应该考得更好。**

心灵处方——赋予孩子一定动机。

家长很难定位散漫孩子的学习成绩。有时难度大的题，孩子会完成得很出色，而最基础的问题，反而做得一塌糊涂。有的家长问：给孩子一定奖励，孩子是否能完成得更出色？笔者不否认，物质上的奖励有时能起到一定的激励作用，但是，如果给孩子应该做的最基本的事情都附上补偿或代价，那么，时间一长就会引发很多问题。根据孩子兴趣和动机的不同，其发挥能力的程度也是有所差别的。有的家长表示遗憾：孩子要是再用点功该多好。其实，这就是孩子缺乏动机的问题。家长应该根据事情的重要与否赋予孩子学习动机，但如果家长总是根据兴趣赋予动机，那么，最终会导致孩子心态的不稳定。

Case11

经常丢失玩具、铅笔、书本，经常忘记学校作业，有时甚至把书包都丢在学校。

事例 01 **早晨上学时明明带了六根铅笔，可晚上放学回家，一根铅笔都没有，橡皮也不知丢到哪里去了。**

心灵处方——培养孩子善于观察的习惯。

每次离开座位时，家长都应该让孩子仔细检查书桌周围。对散漫的孩子说一百遍“晚上不要忘了，把东西都带回家”也无济于事。家长还不如培养孩子离开座位时有意识检查书桌的习惯。

事例 02 **经常丢课本，经常把同桌的课本拿回家。**

心灵处方——家长不能轻易地抚慰孩子。

晚上放学时，如果孩子没带回课本，家长不能心软，应该让孩子回学校取课本。如果找不到，家长应该再给他准备一本。家长可以领孩子到大型书店购买课本，以此让孩子体会购书的辛苦。家长要告诉孩子，对学生来讲，课本犹如上战场的士兵的枪支。

事例 03 **孩子经常把书包落在游玩的场所。**

心灵处方——孩子要时时查看有没有落东西。

每次离开座位、游玩场所时，孩子都要有意识地查看有没有落下什么东西。习惯成自然，就能经管好自己的物品了。

事例 04 **上学时经常忘带东西，不是中途回来取就是让家长送到学校。**

心灵处方——培养孩子事先做准备的习惯。

早晨的时间是很忙乱的，所以，最好前一天晚上就准备好第二天要带的东西。出门上学前，孩子不妨自问：有没有落下的东西？东西准备得全不全？最好在门的把手上，贴个警示条让孩子再对照一遍。

事例 05 **因经常忘带作业本而受到老师的批评。**

心灵处方——家长陪着孩子一起检查书包。

睡觉之前家长要和孩子一起检查书包，并把书包放在门口，这样可以减少漏带的行为。很多孩子把作业本放进书包之后，有时为了确认某件事情，再次拿出来，之后就忘了把作业本放进书包。出门之前，家长最好再检查一遍有无落下的东西。

Case12

学习时稍有外界干扰，就分散注意力。

在家时的心灵处方

事例 01 **只要听到电话铃响，孩子就会急切地问谁打来的电话。家长在客厅谈论事情时，他也会走出自己的房间不停地参与。**

＋ 请你这样做

单独给孩子安排一间书房。如果没有条件就单独划分一个清静的空间。这个空间不宜放置电视机、电脑等物品。书房最好安排在阳面，选择一个没有轱辘的舒适椅子。书桌上如果堆积太多的东西，会分散孩子的注意力，所以最好不要放置任何东西。电视应该放在远离书房的地方，免得分散孩子的注意力。孩子轻易受外界干扰时，家长可在书桌上放一个闹钟，每次当他分散注意力时，让他自行确认学习时间。

家长要训练孩子学会暗示：现在对我最重要的事情是什么？是倾听外面动静还是写作业？对,应该是写作业。通过这样的心理暗示，让他学会即时调节注意力的方法。

事例 02 **孩子经常一边学习，一边听音乐。家长问孩子：放音乐能集中注意力吗？孩子却说：听音乐，才能高度集中注意力。**

＋ 请你这样做

有的孩子经常受周围细微动静的影响，所以总想用音乐切断一切干扰。其实，这是孩子不能集中注意力的一种表现。

家长如果想改掉孩子边听音乐边学习的习惯，最好分几个阶段进行。刚开始可以让孩子听没有歌词的节奏缓慢的音乐，然后慢慢地习惯没有音乐的环境。如果感觉困难重重可以使用耳塞来阻断外界干扰。

在校时的心灵处方

事例 01 **上课时间不注意听讲。同学窃窃私语，他也会分散注意力。**

＋ 请你这样做

让孩子制止跟其他同学的吵闹，是一件非常困难的事情。上课时如果其他小朋友跟孩子搭话，就让孩子用眼睛暗示小朋友保持安静，或直言不讳地压低声音跟小朋友说："现在是上课时间，最好不要说话，一会儿下课再说吧。"

如果周围的吵闹声分散孩子的注意力，家长应该教导孩子懂得自行理清思绪：对我来说，现在最重要的是听同学吵闹还是听老师讲课？家长要告诉孩子时刻把视线集中在老师身上，这样才有利于孩子集中注意力。

事例 02 **考试时，如果同桌把橡皮弄掉地下，孩子会扭过头看或帮同学捡；上课时，如果有人从走廊路过，孩子也会伸长脖子往外看。**

请你这样做

做自己该做的事情时，如果受到干扰，孩子有必要想一想自己的主要任务。这种做法不但能赋予孩子学习动机，同时也能防止孩子分散注意力。孩子可以托付同桌，每次他走神溜号，让同桌即时提醒。

● 对学校老师的嘱托。

学校老师对每一个孩子都很上心，但有时因方法不妥或者做不到因材施教,常常收到适得其反的效果。虽然老师出于好意提醒孩子，但有时常常引起其他同学的不满。学生溜号时，如果老师把全体同学当做提醒对象，而不指名道姓效果会更好。

组织班级比赛时，老师经常奖励胜的一方，惩罚输的一方打扫教室。散漫的孩子因想法和行动较其他孩子缓慢,经常影响团体成绩。如果碰上好胜心强的孩子，散漫的孩子难免要受到攻击或孤立。所以每次组织团体活动时，老师要慎重考虑患 ADHD 症的孩子，以免他受到其他同学的嫌弃或排斥。

Case13

健忘症严重，经常忘记补习时间或约会时间。

散漫的孩子集中注意力的时间非常短暂。虽然他们对自己感兴趣的事情表现得专心致志、聚精会神，但做其他事情却很难集中注意力。他们经常把很多事情忘得一干二净，就连深埋在记忆深处的刻骨铭心的事情，有时竟也想不起来。

事例 01 **没有时间概念，想不起该做什么。如果没人提醒，经常遗忘补习时间和约会时间。**

心灵处方——如果妈妈是专职的家庭主妇不妨这样做。

妈妈可以和孩子一起制定课程表并把它贴到醒目的地方。比如需要 4：30 到达补习班时，如果有 10 分钟距离，根据孩子的行走速度多留出 10 分钟时间，明确写上 4：10 出发的字样。妈妈可以把孩子每天的日程制定成表格形式，贴在墙上以便孩子随时查看。如果孩子遵守情况良好，就给孩子一定的精神鼓励，或奖励几个小粘贴。小粘贴攒到一定数目之后，可以按照事先约定，给予孩子物质奖励。

家长要反复教育孩子，让孩子明白遵守时间和完成任务的重要性。

心灵处方——上班族妈妈可以这样做。

家长可以给闹铃定时。有的孩子听不到闹铃声音，而有的孩子感觉闹铃的声响太刺耳，故意把闹铃放在书包或裤兜里面。离开妈妈视线范围的大部分孩子，看电视时几乎没有时间概念。所以，家长去上班时最好给电视和电脑装上自动关闭装置，不允许孩子随便打开。缺乏时间概念的孩子，家长可以按照日程表上的计划提前 5 分钟给他打提示电话。

健忘的孩子有时把时间写在手心上，一出汗手心的字迹就变得模糊不清，所以不要把字写在手心上，最好写在手背上，这样效果会更好。

事例 02 **自认为重要的事和感兴趣的事，记得很牢，反之就算是刚刚说过的事，转过身就会忘到九霄云外。**

心灵处方——向孩子说明道理。

孩子的注意力，其实不是很差，因为他们的注意力有选择性，所以进入大脑的信息也是有选择性的。无论什么人做喜欢的事情时，都能表现出高度集中，记得快，记得牢；反之做不喜欢的事情或者不感兴趣的事情时，注意力很难集中。能集中注意力的人，他们之间的差异是微不足道的，所以都能做好力所能及的事情，也能充分发挥自己的能力。

患 ADHD 症的孩子就大不一样了。因为他们很难集中注意力，经常做不好该做的事情，或者干脆不做应该做的最基本的事情。人的一生不可能只做自己喜欢的事情，所以根据孩子的不同兴趣缩短集中注意力的差异至关重要。

如果不得不做不感兴趣或不喜欢的事情，家长一定要向孩子说明做的必要性，并让孩子明白完成任务的重要性。

事例 03 **容易忘记数学公式、单词、日期。**

患 ADHD 症的孩子，执行记忆力很差。执行记忆力和学习有密切的关系，它是导致孩子学习成绩下降的重要原因之一。

执行记忆力指能记住同时提供的众多信息，并完成某项事情的能力。做一项同时需要注意很多方面的事情时，执行记忆力作为重要的精神机能，是注意力的重要组成部分。比如解一道复杂的口算题时，首先要倾听整个算式，听完题之后动员所有数学操作机能，进行计算，计算时需要记住一连串的数字。

执行记忆力欠缺的孩子，能理解所有的内容和概念，但背诵很吃力。如果提问前一天晚上背诵的内容，孩子会一问三不知，无言以对。

心灵处方——告诉孩子多种多样的背诵方法。

背诵时，不能光用眼睛看，要边写边背，或者大声背诵。背完之后闭上眼睛回想刚才背过的内容效果会更好。

Case14

不能老老实实坐在椅子上，就算坐在椅子上了，也经常动胳膊动腿，或者摆弄书桌上的物品。

事例 01 **上课时用脚踢前面同学的椅子，或者翻看同桌的书和本子，或者乱翻老师的物品。**

散漫的孩子，因为大脑发育情况极差，不能充分发挥大脑机能，不能有效控制不必要的行为。这样的孩子大部分都认识不到自己的身体处于什么状态，做出怎样的行为动作。当老师提醒孩子“坐好”的时候，他们立刻回答“我已经坐好了”其实也是这个原因。他们根本认识不到自己的所作所为给别人带来的妨碍和伤害，而且因为他们不是故意的，就算别人提醒，他们照样会采取同样的行为举止。所以老师经常给这些孩子贴上“捣蛋鬼”的标签。

心灵处方——家长要让孩子自我观察自己的所作所为。

1. 家长要培养孩子自我观察和认识自己行为的能力。

孩子只有认识到自己的问题行为，才能产生改掉毛病的想法，才能欣然接受家长的要求。那么，怎样观察和认识自己的行为呢？

很多家长经常提醒孩子，或者采取训斥的方法来引起孩子的注意。其实，这些都不是最佳方法。家长最好用录像机录下孩子的一举一动，然后让孩子自我观察，或者让孩子通过镜子观察自己的一举一动。

2. 家长要端正孩子的坐姿。

家长让孩子端坐在镜子面前。刚开始孩子可能会顽皮地伸舌头、抠鼻子、扮鬼脸。等孩子的调皮劲稍微得到缓解之后，家长要指示孩子端端正正地坐在椅子上，看自己镜中的坐姿。起初孩子可能做得不好，但经过反复练习，能够端正坐姿。家长就可以强调：你看，这就是最正确的坐姿。这样孩子就能把最正确的坐姿牢牢地刻印在心中。之后要求孩子闭上眼睛，回答以下的提问：“你现在是弯着腰呢，还是挺着腰呢？”“张着嘴呢，还是闭着嘴呢？”“大腿乱动了吗？”“手指头动没动弹？”通过这样的提问，孩子就能强化端正坐姿时的身体状态。

事例 02 **孩子虽然坐在椅子上了，但一点都不老实，来回扭动屁股，抖动大腿，用手转动铅笔，可能是身体发痒，还挠来挠去。**

心灵处方——要及时帮助孩子，以免错过最佳时机。

散漫的孩子活动量远远多于同龄的正常孩子，甚至睡觉时也不停地扭动身体。

转动铅笔、挠身体的某个部位、摸头发等行为，不只发生在散漫的孩子身上，正常孩子有时也做这种动作。所以，家长有时感觉不到他们的散漫。如果年龄小的孩子，一时都静不下来，到处乱跑；稍微大点的孩子坐不住凳子，就算坐在板凳上了，也总是扭动身体的话，都属于散漫的孩子。

有人误认为，随着年龄的增长散漫的孩子身上的这些问题，都能得到解决。比如，小时候经常做过激行为的孩子，随着行为强度的减弱和动作幅度的减小，散漫症状得到好转。虽然孩子不再像从前那样乱串，但是如果不断扭动身体，说明这只是动作形态的变化，散漫问题依然存在。如果家长认为问题已经得到了改正而放任自流，就会错过最佳的改正时机。

培养孩子观察自己的行为，提高孩子的认识能力，有助于帮助孩子减少不必要的动作。给孩子看摄像片段，或者把大镜子放在醒目地方，随时让孩子看到自己的动作，都有助于孩子减少不良的行为动作。

事例 03 孩子的手一刻都闲不下来，咬手指甲、用手指头抠鼻子、抠耳朵、薅头发。

散漫的孩子中，有些孩子做自己喜欢的事情时，能长时间地集中注意力。看到这样的一幕后，家长可能认为孩子集中注意力的情况很好。

其实家长仔细观察这些孩子，就会发现，虽然他们能集中注意力，但是方式很不稳妥。比如，孩子做作业时，咬衣服上的线头或者让学习不学，而长时间地对魔方。这种类型的孩子，总把精力投入到某一件事情上，否则感觉无所事事、无聊透顶。画画时，他能拿出全部热情认认真真地画，可一旦画完，嘴上就会不停地念叨：“无聊！真无聊！”接着就开始咬手指甲、抠鼻子、抠耳朵。

这不同于因深感不安或神经敏感而去咬手指甲的行为。当他们静下来时，如果不动手指或者把精力投入到某一件事情上，他们就很难观察周围的一切。如果什么都不让他们做，他们会感觉无聊透顶。

这时，如果对孩子说："你能不能安静地坐一会儿。"孩子会感觉很为难。但是如果放之任之，孩子很难处理好各种人际关系。如果一开始时就不许孩子乱动手指，是得不到任何效果的。家长一定要分阶段慢慢改掉孩子的问题行为。

心灵处方——指导孩子把精力投入到其他事情上。

首先不能让孩子的手闲下来，家长可以让孩子握着橡皮或者铅笔等物品。如果外出时间长，可以给孩子准备他喜欢的东西，比如少儿书、小粘贴等等。这种方法不宜长期使用，家长要指引孩子善于思考和观察。

咬手指甲时家长与其大声训斥，还不如转移他的注意力。家长可以把孩子对某件事情的执拗转化为一种思考能力。

Case15 不管是公共场所还是课堂，不能老老实实坐在一个地方，总是来回蹿。

事例 01 在公共场所来回蹿、来回跑、来回疯。

到一个崭新环境时，大部分孩子都有摸一摸、跑一跑的冲动。特别是同龄孩子聚到一起时，只要一个跑，其他都跟着跑。一个笑，其他也会跟着笑。很多家长害怕带孩子外出或参加亲戚朋友的聚会就是这个原因。每当周围的人把目光投到疯玩的孩子身上时，家长就感觉很难为情，慌里慌张、不知所措。可以说孩子完全成了搅乱家长人际关系的妨碍物。

如果孩子只是在家做出这种表现，家长还能勉强理解。但是一到外面，孩子就像脱了缰的野马，来回跑、来回蹿，甚至打翻别人餐桌上的水，这时家长感觉无地自容，有个耗子洞都想钻进去。

每个家长都想把孩子培养成懂礼貌、不给他人带来伤害的好孩子。但是，不管妈妈怎样提醒，孩子还是要触及耐性的底线。这时，如果爸爸能帮助妈妈解围，妈妈可能会好受一些，但是爸爸却若无其事地坐在那里，又是吃饭又是看电视，弄得妈妈完全崩溃。

好奇心强的孩子一到新环境，就会变得散漫不堪。因为好多疑团没解开，他们的好奇得不到消解。如果强制性地制止孩子，孩子会虎视眈眈地窥视各种机会，伺机惹事。

心灵处方——请尊重孩子的好奇心。

家长可以提前半小时到达约定地点，先让孩子熟悉环境。这样就能减少孩子的好奇心，从而有效防止做过激行为。

事例 02 孩子脑子里闪现新想法的同时马上付诸行动。比如，上课时突然想起胶水，就迫不及待地站起来找胶水。

这样的孩子很容易冲动。冲动是指脑子里闪现某种想法时，不经过大脑思考，马上付诸于行动的行为。比如，看到电视上吃汉堡包的场面之后，立刻产生想吃的念头，满脑子除了汉堡包就是汉堡包。这时，无论家长怎样说服孩子，在吃到汉堡包之前，孩子的想法不会有任何改变。如果家长及时满足孩子的愿望或者给强大刺激（比如，在喜欢电脑的孩子面前摔碎键盘，或恶狠狠地对孩子说："明天开始什么好吃的也不给你买！"），都不是好办法。

心灵处方——给孩子充裕的思考时间。

容易冲动的孩子，只要脑子里闪现某种想法，都会立刻"Go"。失败或者付出惨痛代价时，才能"Stop"。

家长不妨把孩子的"Go-Stop"转换成"Stop- Go"

孩子想做某件事情，或闪现某种想法时，不要马上"Go"，而是先想一想为什么要做那个行为。经过深思熟虑觉得有必要，再"Go"也是可以的。改变孩子习以为常的行为习惯，并非简单的事情，有时需要很长时间。家长不要训斥或发牢骚，幽默地对孩子说："Go？Stop？"既能缓解孩子的紧张，也能鼓励孩子。

老师要区别对待不停地来回蹿、来回跑、来回疯的孩子和做自己喜欢的事情时专心致志，而一旦有新想法时立即付诸于行动的孩子。后者找胶水时，与其提醒孩子："××× 别来回走。"还不如问孩子："这个时间听老师讲课重要，还是找胶水重要？能不能暂时停下来？"如果给孩子一定的思考时间，大部分孩子都会明白应该怎么做。之后老师要明确地对孩子说："对呀，快回到座位上吧！"

Case16

因经常在学校走廊乱跑而挨训，需要随时提醒。

事例 01 课间休息时间，因总在走廊里跑来跑去，常被老师训斥。

具有过激行为的孩子，活动量与活动欲望远远超过一般孩子，但是调控能力比一般孩子差得多。不仅如此，因为好动，几乎一刻都闲不下来，而且说动就动，速度非常迅速。

有时，看见其他孩子在走廊跑，他们也会控制不住地跟着跑。同样是跑，但因为动作幅度比其他孩子大得多，所以很容易被老师发现，被老师批评或惩罚。在家里他们或许都是家长的掌上明珠、心肝宝贝，但在学校被老师训斥如同吃家常便饭，久而久之，自尊心受到伤害的孩子，会慢慢失去自信心。

老师普遍认为，这些孩子并不是弱智，也不是特别讨人厌烦，但他们专做老师禁止的事情，常常惹是生非。于是老师逐渐对这些孩子产生偏见，而且经常担忧他们做出危险事情。老师不会特别喜欢这些孩子，有时出于愤怒，还会大喊大叫或惩罚孩子。

就算这些孩子的所作所为让老师烦恼，让老师生气，但有一点是非常明确的，那就是具有过激行为的孩子，自控能力都比较差，他们经常在无意中做出常人无法理解的过激行为。孩子有这种过激行为并非像老师所想，有什么不良企图。这是因为孩子平时总处于一种兴奋状态，难以理智地控制情绪的缘故。对处于兴奋状态的孩子大喊大叫，只能越发激起他们的兴奋点；采用惩罚手段，效果也不会太理想。孩子无法认识到自己目前所处的状态及其后果，惩罚不仅不利于他们自我反省，反而使他们的兴奋度急剧上升，更加难以控制自己。

心灵处方——稳住孩子的情绪，并给孩子讲正确而又简单的规则。

首先，老师要有效控制孩子的兴奋度，并且耐心告诉孩子不该做某些行为的道理。需要注意的是，老师所讲的道理要通俗易懂。此外，训斥之前给孩子一定时间，让他们安静地闭一会儿眼睛或进行几次深呼吸，以便稳住他们的兴奋状态，进行下一步教育。教育孩子时，不少老师采用大喊大叫或歇斯底里式的愤怒的言辞。其实，若改用温柔语调耐心劝说，并且用充满期待的眼神注视孩子，会得到截然相反的良好效果。

散漫的孩子有一个特点，那就是他们很难持续地记住某个要求或指示。不要以为昨天给他讲了道理且已郑重地向他提出了要求，他今天就能乖乖地按照你的要求做。实际上，他今天还会重蹈覆辙，有可能还会变本加厉。所以，需要持续的教育和疏导。老师应在每天的午休时间或课间休息之前，提醒他们不要在走廊跑来跑去。

心灵处方——让孩子认识到自己的行为，并学会积极思考。

父母听到孩子因在学校走廊来回跑而被训斥的消息，应该对孩子进行适当的思想教育。不要只针对跑来跑去的行为而做简单责备，而要引导孩子对自己的所作所为有一个明确认识。家长可以问孩子："据说，你总在学校走廊里跑来跑去，是真的吗？"如果孩子说"不知道"，那么家长就要把老师的意见讲给他听，并且告诉他总在走廊里跑来跑去是很危险的事情。如果孩子质疑说："不单是我一个人跑，别的孩子也在跑。"那么家长首先要表现出十分理解的态度，然后再讲道理："你可能觉得很委屈，别的孩子也跑了，而挨说的只有你一个人。但是毕竟你也做错了，既然错了就没必要计较。禁止在学校走廊里跑，这是原则，希望你能遵守。"

当家长说在走廊里跑来跑去很容易受伤时，孩子马上反驳："我不可能受伤，我的运动协调能力多好呀。"孩子认为只有自己亲身经历过的事情才是值得信任的、正确的，对于尚未经历的事情，他们难以进行正确的预测或估计，也就考虑不到受伤害的可能性。此时，家长千万不能急于责备孩子，而要先认可孩子的想法。如果家长不认可，孩子就会以自己的运动能力发达为由固执己见，那么家长就没办法再与孩子交流下去了。这时，家长要讲通俗易懂的道理："妈妈知道你的运动能力很发达，但事故的发生往往不是你所能控制的。比如，即便你再小心谨慎，别人的失误有时也能导致你受伤害。"虽然孩子不会因妈妈的一句话马上放弃做这种危险动作的念头，但至少听完妈妈的建议后会产生一定想法。

事例 02 如果孩子经常在家来回跑，那么楼下的人也会抗议。

如前所述，散漫的孩子活动量远远大于一般孩子。即使是两个孩子在玩，其吵闹和喧哗程度也绝不亚于十个孩子。他们会到处扔玩具，而且玩一玩就会因动作幅度过大而引起摩擦，甚至大打出手。因此住楼房的人家，经常会受到楼下的指责。

心灵处方——把孩子领到外面，让他尽情宣泄。

孩子处于极度兴奋的状态时，如果家长想通过强迫手段使之安静，效果不会太理想。孩子的自控能力较差，如果试图用言语纠正并规范孩子的行为，的确不是很容易的事情。这时，家长可以把孩子领到附近的学校操场或游乐场，让孩子换一个相对自由的环境，尽情地奔跑和大声喊叫。当孩子的宣泄心理得到满足，家长也就能稳住孩子的情绪了。事实证明，这是极其简单且效果明显的办法。如果让孩子每天参加跆拳道、剑道或散打等有规律的体育运动，也能减少孩子的冲动性行为。

此外，家长不能大声斥责孩子随便乱跑，而应该温柔地说："现在开始是走路时间，慢慢地走好吗？"虽然这等于向孩子提出了要求，但由于家长采用了规劝和建议的方式，其性质与效果远远不同于训斥和责骂，孩子会产生被尊重的感觉。

家长千万不要认为，这样就可以马上改变孩子的错误行为，因为教育孩子需要家长长期的耐心疏导。当孩子从操场或游乐场尽情玩耍后回来时，可能还处于兴奋状态，所以，孩子回到家时，家长要给孩子一定的自行稳定情绪的时间。

心灵处方——入睡前的 20 ~ 30 分钟，孩子应保持身心安定。

入睡前 20 分钟至一小时之内，家长要禁止孩子观看电视或做游戏。家长应让孩子慢慢地稳定情绪，否则孩子将很难入睡。

心灵处方——深夜应禁止孩子做激烈运动。

尽可能的情况下，不能让孩子在夜里做激烈运动。如果到了深夜，孩子还处于兴奋状态，大喊大叫或东跑西颠，那么与其训斥孩子，不如转移孩子的注意力让他迅速从兴奋状态中走出来。家长可以给他讲他爱听的故事，或者领着孩子去散步、逛市场，这样，就能改变孩子所处的活动范围和环境，使之渐渐地安静下来。

心灵处方——无法抑制孩子的兴奋状态时，家长最好保持沉默。

不管怎样制止，孩子的兴奋状态仍得不到抑制时，即使妈妈大喊大叫，也很难让孩子平静下来。当所有办法都失去效力，家长不如改换保持沉默的策略。每天大声制止的家长突然有一天沉默不语了，孩子会感觉很纳闷、很好奇，他会主动停下来，忍不住问妈妈："妈妈，你今天怎么了？"当孩子站在妈妈身边望着妈妈时，如果妈妈说："孩子，我在等你安静下来。"那么其效果会超出你的想象。

Case17

做作业或做事情时有急躁倾向。

事例 01 **不管做什么事情，都应该三思而后行，但很多孩子不愿意多想，做事也是马马虎虎、敷衍了事。**

具有这种特征的孩子，做事时总是迫不及待地想看到结果。其实，做什么事情都有一定程序，只有经过必要的过程才能得出适当的、正确的结果。但是那些急于求成的孩子却总想越过必要的过程，直接获得最终结果。他们全然不知有些事情需要认真思考，需要倾注较大努力，需要投入艰苦付出。对于一个急躁而缺乏忍耐力、注意力又不能集中的孩子，按照这种过程有条不紊、循序渐进地做事情，简直是一个疲倦不堪、难以忍受的煎熬。所以，孩子总是急于看到最后的结果。

这种倾向在做题时表现得尤为明显。他们不愿意按照程序一步一步地列式、计算，而想用口算一下子得出结论。做某件事情，如果需要十个阶段，他们恨不得省去前几个阶段，一跃而过以至一步到达终点。从某个角度看，省去某些过程尽快过渡到下一个步骤具有一定的积极意义，但是从最终的结果看，还是循序渐进、踏踏实实学习的孩子，学得多、学得扎实。所以，从总的学习时间和最终的学习效率来看，急躁的孩子普遍处于落后状态。

心灵处方——和孩子商量，并制定有效规则。

对此类孩子，家长要主动和孩子商量或共同探讨对策。家长可从以下几方面约法三章，并把约定写在卡片上，贴在孩子容易望见的地方。

例如：

第一，自己的事情自己做，不许让别人替代。

第二，需要独立完成的事情，禁止马马虎虎，而应认真对待。

第三，与其反反复复地做，不如一次就做好。

孩子做某件事情之前，家长有必要让孩子先回想这几条规则，然后再付诸行动。这样就能慢慢改变孩子的急躁心理。

如果想改变孩子做题马马虎虎、一口气做完的习惯，不论孩子怎样吵闹或反抗，父母都应该详细说明道理，并且帮助孩子纠正错误。通过这种反复做题的训练，孩子会逐渐认识到：若一开始就抱着随便应付、马马虎虎做题的想法，到头来得花费更大的力气去改正，所以更麻烦。

另外，让孩子拥有自己的座右铭，也是一个不错的办法。

Tips

我的座右铭

需要独立完成的事情，应该以愉快的心态，尽力地、认认真真地、一步到位地完成。

事例 02 有了自己想做的事情之后，做其他事情更心不在焉、能对付则对付。

如果家长答应孩子写完作业后可以玩游戏，那么为了早点玩游戏，孩子会随随便便、马马虎虎地写作业。如果让孩子重新写作业，孩子会大呼小叫："妈妈是个大骗子，明明答应我写完作业后可以玩游戏，怎么说话不算数啊？"

心灵处方——告诉孩子，凡事都有顺序，做事一定要按照事情的先后顺序做。

要做的事情，首先按照一定顺序进行排序，然后再按照排序依次完成。可以说，这是培养孩子独立处事能力的重要程序。家长要让孩子明白:决定事情顺序的依据，不是先做自己喜欢或想做的事情，而是先做重要的事情；为了顺利地过渡到下一件事情，先前的事情也应该做好。

家长更要好好引导患 ADHD 症的孩子。这些孩子做某件事情时，把所有心思都放在那件事情上，因此会变得火急火燎、坐立不安。如果家长指责孩子做事不认真，孩子就会理直气壮地顶撞父母，说父母说话不算数，甚至产生敌对心理，讨厌父母、怨恨父母。

家长有必要明确地告诉孩子：一定要把该做的事情做完、做好。如果有不会的，应该重新学一学；明明会而做错的，应该认真地再做一遍。如果孩子屡犯同样错误，家长务必指出，否则孩子怎么方便怎么做。

另外，家长还要强调一点:不管做什么，只有尽心尽责、认真完成，才能得到想得到的东西。

Tips

让孩子学会“眼耳并用”的方法

如果想提高孩子的自控能力，可以让孩子试着学会“眼耳并用”的方法，即同时运用视觉上的信息分析通道和听觉上的信息分析通道。用语言提出要求，所采用的是听觉上的信息分析通道。对于散漫的孩子，家长的劝说极易成为耳旁风，孩子很可能一只耳朵进，一只耳朵出。如果劝说的时间再长一点，孩子就会认为家长在发牢骚。这种情况下，家长可以把要求简明扼要地写在卡片上，让孩子同时运用眼睛和耳朵提高自我约束能力。例如：

> **·做事应该遵循的顺序：**
> **①作业 → ②游戏**

（①和②指的是进行的顺序，箭头表示实行的方向）

Case18
静不下来，不停地动弹，玩的时候也显得很吵闹。

事例 01 看起来很忙叨、缺乏耐性，一会儿摸这个，一会儿碰那个，一种玩具玩不了多长时间，就得换另一种玩具。

散漫的孩子活动量和活动幅度明显大于一般孩子。他们通常不能对某一种玩具产生持久兴趣，通常是看一看、摸一摸就把玩具甩到一边，很容易“喜新厌旧”。看到这种表现家长很生气，也很难受。但是家长只能耐着性子，憋着一肚子气去收拾弄得乱七八糟的玩具。如果家长一声不吭地收拾玩具，那么孩子不但不会感受到父母内心的失望，反而会认为家长在妨碍他们、干涉他们，不愿意再跟父母玩，甚至有意避开父母。

心灵处方——和孩子玩耍之前，先制定游戏规则。

玩游戏之前，家长可以启发孩子：“今天咱们玩什么游戏呢？好好想一想吧。”如果一种游戏没玩完，孩子急着换别的游戏，家长就可以说：“刚才的游戏，咱们还没玩完呢。等玩完了，咱们再玩更有意思的游戏吧。”

事例 02 玩玩具时，不是一个一个地拿出来玩，而是把所有玩具统统倒出来玩。

对孩子来讲，最愉快的莫过于玩玩具。如果家长紧跟在孩子的屁股后面发牢骚，或者让孩子一边玩一边收拾，或者只允许玩完一个再拿出来一个，那么孩子会觉得很痛苦。在他们看来妈妈不再亲切可爱了，而简直像个女魔头。

心灵处方——家长应该允许孩子把所有玩具全部拿出来玩。

孩子玩玩具时，家长应该让他尽情地玩，玩够之后再收拾。如果需要收拾的量太大，孩子会望而却步，索性不动手。此时，家长要灵活地给孩子划分他能承担的、适合他能力的收拾范围，其他可由家长帮忙收拾。孩子一旦明白玩完玩具需要自己整理的事实，就不会再弄得乱七八糟，反而会适当减少把所有玩具统统倒出来玩的次数。

孩子无理取闹时，家长不能以大喊大叫的方式制止他。孩子会说："你让我安静，你怎么那么大声呢？"面对这种情况，家长应该尽量压住心中的怒气，同时也要压低声音，并把食指放到双唇上示意他安静下来。"此处无声胜有声"，或许这种手势胜过大喊大叫。如果孩子仍处于兴奋状态，一时无法平静下来，还有可能进一步做过激行为时，家长应该马上把孩子领到室外，让他自由地活动一番。

事例 03 孩子不愿意坐着安静地玩，而是愿意跑来跑去。

就像人的长相千差万别一样，每个人的性格也各不相同。和别人谈话或者交往时，如果事先了解那个人的性格特点，则有利于我们采取相应的交际策略，也有利于疏通彼此间的感情。有的孩子天生就是内向性格，喜欢安安静静地坐在一个地方看书或者玩，但是，有的孩子却天生好动，喜欢一刻不停地跑来跑去。对于具有过激行为倾向的孩子，如果家长试图强行地控制他，他就会有一种被一根绳索捆绑的压抑感觉。假如父母强行控制了孩子，从表面上看孩子是安静下来了，父母也得到了暂时的胜利，但事实上孩子的逆反心理在急速增长，也许会越来越厉害。

心灵处方——需要父母采取一定的宽容和许可态度。

对这样的孩子，家长应该允许他在一定空间范围内较为自由地活动，随意地打闹。但家长一定要严格限制放松时间，要让孩子明白：只能在规定时间内随便打闹。

另外，孩子若真的不喜欢安安静静地坐着玩，家长就不必强迫孩子。因为这只能助长孩子的逆反心理和敌对情绪，他会更加厌烦学习或看书等需要安静才能完成的事情。对于这种孩子，家长可以让他玩保龄游戏，因为保龄游戏是集趣味性和规则性于一体的游戏，既能提高孩子的运动协调能力，也能培养孩子的忍耐力和注意力。当人们按照一定顺序依次进行保龄游戏时，孩子能学到等待自己顺序和控制自己情绪的能力。

Case19

话多，不分场合地吵闹，整天不停地自言自语或哼哼唧唧。

事例 01 周围的人普遍反映孩子废话多。

就像好动的孩子从早到晚不停地活动一样，有的孩子非常喜欢说话，从早晨睁开眼睛，一直说到晚上闭眼睛睡觉。他们不是说自己的感受，就是提出各种问题，嘴一刻都闲不下来。这种孩子一旦闪现想说的念头或者产生一闪即逝的想法，不说出来就感觉难受。他们整天说这说那，很多时候都在说没必要也没有多大意义的废话。具有这种性格的孩子，往往只顾自己说话而不会认真倾听或者理解别人的话，所以上课时经常被老师批评。

从心理学的角度看，这些孩子的行为意识往往先于思维意识。他们总是在不知不觉中做出某种反应，而这种反应表现为多种形态，或表现为行动，或表现为言语。

心灵处方——减缓孩子的反应速度。

孩子没经历过的事情，就算家长反反复复地说，孩子也很难理解和接受。所以，要让孩子明白行动先于思考的危害性，家长应该在平时就注重训练孩子开口说话之前用脑思考的习惯。比如，实在憋不住想说时，可让孩子把舌头伸到牙齿中间双唇用力稍作停顿，并想一想到底有没有必要说那句话。

如果孩子稍微忍了一会儿，没有马上说出话来，家长应该表扬孩子："以前你是想说什么就说什么，现在你懂得先思考不急着表达。你最近努力地控制自己，尽量不去说废话，妈妈觉得你的进步真的很大。"

需要留意的是，绝不能因为孩子的废话多，就给孩子泼冷水："你怎么那么多废话，真是啰嗦。"如果妈妈经常说这种话，孩子会真的变成啰里罗嗦的人，而且自己也会觉得很差劲。家长一旦给孩子贴上"差劲"的标签，所有教育将会变得更加麻烦。

事例 02 **上课时间总爱喧哗。**

心灵处方——告诉孩子上课的内涵和意义。

家长要告诉孩子，上课时应该认真倾听老师的讲解。如果有想说的话，即便再重要，也要等到老师讲完之后再说出来。因为打断老师的话，不但会影响讲课进程，还会妨碍其他孩子听课。

家长要让孩子明白，即使有想表达的建议或想提出的问题，也不能马上说出来。也许孩子会质疑："如果想起来时不马上说，很快就会忘掉的。"家长不妨告诉孩子，可以把自己的想法记到笔记本上，等老师讲完课之后，或等到老师允许提问的时候再说出来。

上课途中，如果有人同孩子搭话，孩子要懂得看着同学的眼睛示意"等一会儿"或者"下课再说"。

事例 03 **孩子喜欢一整天都自言自语或哼哼唧唧，如果不让孩子说话，一首不完整的歌，他也会不停地哼哼着。**

心灵处方——表扬和训练要"双管齐下"。

首先对孩子进行安静下来的训练，也就是规定一天中的某一个时间段内，不说话静静思考问题。当然，要逐渐禁止孩子说话的时间，可由少到多慢慢增加。如果一开始就禁止孩子长时间不说话，孩子一定会憋不住，这样就无法配合家长坚持训练。

Case20

没等提问结束就迫不及待地回答问题，或者还没提问就抢先回答。

事例 01 **有的孩子一旦闪现想说的欲望，哪怕是不该说话的场合或者时间也要插上一句。比如，老师刚说"今天我们一起来学一学雨后的彩虹是怎样形成的吧"，话音未落，孩子马上联想到英语课上学过的英语单词，便问老师："老师，彩虹用英语拼写是'Rainbow'吗？"**

散漫的孩子，如果遇到自己希望做的事情或者遇到盼望已久的事情时，会迫不及待地满足自己的愿望。所以就像上述事例中的孩子那样，一旦有了想说的话，不管是不是该说的，都会一吐为快。“一心不可二用”，如果家长不制止孩子，孩子就会因为一门心思只考虑自己想说的话而忘掉其他重要的事情。平心而论，如果孩子真的想抓住某个机会一吐为快，这也是值得庆幸的事情。因为如果孩子不说出来，他就会一直战战兢兢地寻找说话的机会，这将导致他整堂课都心不在焉，从而浪费整整一堂课的时间。

心灵处方——制定恰当的规则。

散漫的孩子，往往很难弄清什么事情重要什么事情不重要，也不明白应该先做什么事情后做什么事情。人们往往评价这种孩子“容易冲动”或者“很难控制自己”，其实，说白了就是“缺乏耐心”。家长要教导这些孩子，就算有想要的东西也要懂得等待；有想说的话也要事先再三斟酌，看场合再说。这些都是教育孩子时最基本也是比较重要的内容。

如果孩子缺乏耐心，家长就有必要对孩子进行认真细致的观察：是不是大脑发育有问题？是不是因为性格急躁所致？是不是父母教育不当？ 如果孩子的大脑发育有问题，比如常常伴随呆滞、注意力不集中或行为过激的现象，家长就可以怀疑孩子患 ADHD 症，有必要询问这一方面的医生或专家。如果属于后两种原因中的某一种，家长就要投入精力培养孩子学会等待和忍耐的习惯。也就是说，当孩子想得到某种东西时，家长应该让孩子学会忍耐和控制，千万不能允许孩子为所欲为。家长可以巧妙安排某种情境，让孩子亲身体会。只有经过一番苦苦等待，得到自己所盼望的东西时，孩子才能深刻体悟“等待”的真正含义。

没有耐心的孩子一旦有自己想要的东西，一心只想尽快据为己有；倘若得不到，孩子将会受到比一般孩子更为沉重的打击。

如果想培养孩子的耐心，家长一定要及时表扬或充分肯定孩子的优秀表现。耐心是指做某种动作或反应之前先思考的心理素质。培养孩子的耐心，就要在孩子做某种行为之前，引导孩子去预测或估计这种行为所能引起的结果。

孩子想玩其他小朋友的玩具时，往往不会友好地借，而是一把抢过来。大多数家长的第一反应都是大声训斥或干脆给他一巴掌。笔者认为，培养孩子的耐心最为关键的是，家长首先要具备一定的忍耐力。最好的办法是家长把孩子拉到身边，严肃而诚恳地要求孩子换个角度想问题："如果你的朋友抢你的玩具，你能高兴吗？"通过这种换位思考，孩子多多少少能体会他的无理行为给朋友带来的不愉快，从而终止抢夺行为。单单体会到这一点是远远不够的。家长还要进一步启发孩子："玩具是别人的，可是你很想玩，你怎么做小朋友才能让你玩呢？"如果孩子能说出妥善办法，家长一定要鼓励孩子；如果孩子答不上来，父母应该教孩子"能不能把你的玩具借我玩一会？"等恰当的请求方式，从而帮助孩子做出符合那个年龄段的具有耐心的交际行为。

事例 02 从不考虑后果，毫无掩饰地表达自己的所思所想。

朋友戴了一顶新帽子，问他好不好看时，孩子直言不讳地说："太土了，真难看。"虽然他并非有意伤害朋友，但是过于直接、过于尖刻的话语，与朋友期待的评价完全相悖，因此，弄得朋友很不开心。

这种孩子往往不经过大脑的缜密思考，想说什么就说什么。所以，突然冒出的一两句话，很容易在不经意间伤害他人。据我们观察，具有这种性格的孩子，很难同他人建立并维持亲密关系。愿意说话且喋喋不休地说废话的人，因为经常把自己看到的和听到的事情统统说出来，所以难免对朋友或亲戚说一些不该说的话，尤其是道听途说或者断章取义之辞，经常造成亲友或家庭间的矛盾和不和。

心灵处方——要告诉孩子，不经过思考的话将会给他人带来伤害，所以说话之前要想到不理智的说话方式可能造成的后果。

有的家长认为孩子的这种行为算不上什么大问题，不必大惊小怪。但有必要引起家长重视，正确引导孩子，以免情况进一步发展。当然，唠唠叨叨地埋怨或者长时间地说教，都是无济于事的。比较有效的办法是制定规则，每当孩子做出某一个动作时，都要事先想到这个规则，并且按照规则办事。

例如，孩子和别人谈话时，要求听完对方的话之后，想好了再说。此外，还可以制定"神奇的咒语"。比如，孩子无意间打断别人的谈话时，家长立刻说一句"成为瘪嘴"或"拉链"。听到这样的"咒语"孩子会立刻改变态度。因为孩子和家长之间有个约定，一旦听到家长的“咒语”孩子就得马上闭上嘴巴，不能捣乱插嘴。制定这种有趣的规则，孩子会在轻松的氛围中慢慢改变爱说话的特性。

Case21

参加课外活动或做游戏时不能按照规则有条不紊地进行，不懂得排队或者经常加塞。

这种孩子玩游戏，很少遵守游戏规则和顺序。让孩子在食堂、卫生间或售票口等需要排队的地方自觉排队，孩子很难做到；参加学校活动时，也往往等不到自己的顺序，时不时地插嘴。

实际上，这也属于散漫、忍耐力差的表现。这些孩子跟着妈妈上银行时，只要排队时间稍长一点，就会大声嚷嚷，甚至连哭带闹。孩子肚子稍微饿一点、天气热一点、食物有些腻味，同样也忍受不了。根源在于缺乏忍耐力的孩子，往往自控能力较差，难以及时、正确地把握自己的情绪。家长教育这些孩子,大多数情况都以不愉快而收场。轻易冲动的人，事情得不到立即解决时，等待过程中就会产生马上要爆发的冲动或念头，所以他们经常发脾气或大喊大叫。如果孩子以这种性格对待亲人或朋友，而不及时改变自己，那么不仅得不到别人的喜欢和尊重，反而会受到他人的反感和厌恶，最终变得孤独和孤僻。

心灵处方——通过一起做游戏的形式，培养孩子遵守游戏规则和先后顺序，从而培养耐性。

玩游戏时，家长一定要带头遵守规则和顺序。如果有外人参加，也应该要求外人一同遵守规则,以免孩子产生不公平或受委屈的感觉。

如果孩子没有耐心，等不到自己的顺序而发火时，家长千万不能强行压制孩子：“不许发火！你要是发火，我以后再也不领你出来了。”家长要以商量的口吻说：“是不是感觉等待很辛苦啊？但是现在除了等待之外没别的办法啊。如果你实在等不了,那咱们就回去吧。你看，怎么办好？”如果需要等待的事情是非做不可的事情，那么家长的语气就应该坚决:“除了等还得等,就算你哭,也没有别的办法。既然得等，那咱们能不能耐心地慢慢等呢？”家长要鼓励孩子，让孩子继续等下去。即便孩子嘟嘟囔囔、絮絮叨叨，家长也不能轻易动怒。因为孩子本来就缺乏耐性，再看到父母暴跳如雷的样子，更容易模仿家长的冲动。所以，家长一定要沉住气，冷静地处理问题。如果实在是忍无可忍，就应该保持沉默、一言不发。

如果孩子还很年幼，那么等待的时间稍长，孩子就会觉得很无聊、辛苦，等待的耐性也会逼近底线。这时，家长绝不能袖手旁观，最好采用一些有效的措施转移孩子的注意力。例如，可以让孩子想象一下自己最喜欢的五种食物，想象其颜色、气味及味道；设想下个星期天要和父母一起玩的游戏，在哪里玩、怎么玩等；还可以回想自己看过的童话书或玩过的游戏机等等。这样，孩子就会忘记等待的无聊和烦闷，在轻松快乐的气氛中不知不觉等到自己的顺序。

有的家长对孩子极为严厉。当孩子提出期望的事项时，家长就以“你首先要……然后还要……”的方式向孩子提出相应要求，以此作为孩子实现愿望时所应付出的代价。如果这种要求过高、过于苛刻，孩子会望而却步。这种类型的家长主要是考虑到如果孩子的愿望轻而易举地得到满足，那么孩子以后会变得更加自以为是、为所欲为。其实，过高的要求难以起到激励作用，反而更容易挫伤孩子的希望和信心，给孩子带来挫折感和失望感，甚至由此引发的愤怒和不满足也会转而表现为一种扭曲的心理和行为。所以，刚开始的时候，家长应该把要求定得稍低一点，然后再根据孩子的心理状态和接受能力慢慢地提高。

Case22

他人说话时，不认真倾听，经常插嘴；他人做事时，经常妨碍；他人玩耍时，经常捣乱。

事例 01 只要有想说的，不管三七二十一，一吐为快。

容易冲动的孩子往往性急，想说的话和想做的事情，都会毫无遮掩地表现出来，否则心急如焚、坐立不安。他人谈话时，他们也忍不住说出和话题没有多大关系的话，常被人取笑没有眼力。

心灵处方——让孩子学会尊重他人。

告诉孩子要学会认真倾听对方的话。勇于说出自己的想法固然很重要，但是一定要让孩子明白，和他人交谈时，如果不改变以自我为中心的谈话方式，而一味强调自己的主观观点，即使到了成年，也很难做一个受人欢迎的人。

事例 02 喜欢干涉别人或妨碍他人做事。

再散漫的孩子，也渴望和朋友打成一片。但是容易冲动的性格，很难让他们处理好朋友之间的关系。他们全然不顾他人的想法和感受，以自我为中心，为所欲为。面对这样的孩子，其他孩子经常会感到不知所措。如果这种状况进一步恶化，他会被其他孩子视为另类而被孤立起来，孩子自己也会产生挫败感，时而因烦恼而无端地发脾气，时而因生气而激动异常。

情绪过于亢奋的人，难以有效进行自我调解，他们常常毫无顾忌地表达自己的想法或表露自己的情感。例如，随便丢给别人玩具，或向别人扬沙子，或对别人说粗俗的话，总之，很难维持友好的朋友关系。

就算孩子有机会和朋友们一起玩，也会因不能遵守游戏规则而引起他人的不满和反感，久而久之，朋友们会渐渐地疏远他，觉得和他玩没有意思，以后不再跟他玩。

心灵处方——告诉孩子具体而直接的解决办法。

孩子融入新结交的朋友群时，作为家长有必要教给孩子如何同别人相处的方法，如何获得别人的喜欢和尊重的方法。若只告诉孩子“想跟他们好好相处，那就先去邀请他们吧”，这种肤浅的、没有体现任何技巧的话对孩子毫无借鉴意义，对孩子交际能力的提高也没有任何帮助。家长应该教授具体的说话方式和所应采取的具体行动：“到他们跟前站着，一直看着他们，这样小朋友们就会认为你很关注他们，就接受你了。这时，你再跟小朋友说‘我叫某某，我很想跟你们一起玩儿’，如果小朋友同意，你说声‘谢谢’后，跟他们一起玩；要是小朋友不同意，那么你也不能说气话，你应该说‘那好，那就以后再带我一起玩吧’。”

家长要知道，孩子最希望和小朋友一起玩耍，但是家长也要告诉孩子，如果小朋友不把孩子当做朋友或不带他玩儿，他也不能生气，因为生气，以后就更难结交朋友了。家长要教给孩子具体而直接的处理方法，让孩子掌握控制情绪的方法后，再进入下一阶段的训练。

Tips

过激行为和冲动性

有过激行为的患 ADHD 症的孩子，通常总处于奔跑状态，或经常做危险行为，或到处乱扔东西，或肆意弄坏物品，或难以保持安静状态等等。总之，这种孩子不断地惹是生非。照顾这种孩子，不仅家长累，连周围的人也会感到紧张和不安。

其实，患 ADHD 症的儿童，他们的种种过激行为并非是有意的。就算他们想安静下来、不再动弹，也经常控制不住自己。开始过集体生活时，患 ADHD 症的儿童，为适应环境所付出的努力要远远大于其他孩子。严格的作息时间和规章制度，都将成为约束孩子的羁绊。另外，他也会同其他孩子闹出矛盾，这样，就更难适应集体生活。

如此看来，这样的孩子所承受的伤害和压力是巨大的。家长和孩子身边的亲人，都应该充分理解孩子的性格，并给予孩子真诚的、适当的帮助。此外，还要积极探索引导孩子的正确方法。

学校生活中表现出来的注意力不集中及过激行为

Case23

上学时因磨蹭经常迟到。

心灵处方——向孩子强调，严格遵守到校时间。

准备上学时孩子应该站在家门口读一读和家长约定的几条规定，并按照规定执行。

例如：

1. 直接到校。
2. 碰见有趣或感兴趣的事情，也应该视而不见。
3. 上学路上不能和小朋友们玩耍。
4. 不能逛道边的文具店或其他小店。
5. 走路时一定走人行道。
6. 过马路时等到绿灯亮再通过。

除以上几条规定之外，可以根据具体情况适当增减相关内容。当然，孩子的毛病不是一朝一夕就能得到改变的，因此，孩子形成良好的基本习惯之前，家长都要发挥指导和监督作用。例如，孩子上学时，家长可以让孩子先行，自己紧跟其后。

孩子上学的原则应该是，不管吃没吃完早饭，也不管是否做好了准备，都要无条件地按时出门。有些家长认为，不吃早饭孩子会没有精神头，所以宁可让孩子迟到也要让孩子吃完早饭再出发。当然，对处于快速成长期的孩子，早餐至关重要，这是无可争议的。然而不能因为注重早餐而淡化孩子的时间观念，况且几天不吃或不好好吃早餐对其发育和成长不至于构成什么威胁。如果家长总是担忧，那么培养孩子良好习惯的计划将会功亏一篑。最好的办法是，让孩子比平常稍微早起，这样磨磨蹭蹭的孩子就有了吃饭的时间。就算孩子没吃好早餐，等到午餐时多吃一点也是可以的，家长大可不必过于心疼。

另外，关于孩子到校时间，家长一定要强调比学校要求的时间提前5分钟。不管有多重要的事情，也不论什么理由，必须要求孩子严格遵守这一规定。家长要根据家和学校的具体距离和孩子行走的大体速度，再加上另外可能消磨的时间，来统筹规定每天上学的出发时间。

散漫的孩子中，有一些仅仅在早晨上学时让人操心。不仅叫醒他们费劲，就算起床了，也磨磨蹭蹭，光是洗脸的时间就长达20~30分钟。吃饭时慢慢吞吞、磨磨唧唧的孩子其实也属于这一类。大多数家长会不断地催促孩子快点儿或者忍不住大声地责骂孩子，但统统无济于事。如果孩子早晨迟到的主要原因是上学准备不够积极、迅速，那么，家长就要紧跟在其后，一项一项地帮他完成，或者事先为他准备好。要想让孩子习惯成自然，最好选择在他头脑清醒、思维活跃的时间段进行教育。所以，早晨这段急迫的时间内家长尽量避免同孩子发生冲突，而要积极地帮助孩子。

Case24

上早自习时，不是发愣就是昏昏欲睡。

心灵处方——通过递眼神或刺激的方法，让孩子清醒过来。

首先，可以让孩子在教室来回走动五次左右，然后让他到洗手间用凉水洗脸。这种做法，对迷迷糊糊、昏昏欲睡的孩子有一定的提神效果。

Case25

上自习时，不是乱走动就是干扰其他同学学习。

心灵处方——上自习课时，班主任最好亲自看管学生。

即使是品学兼优的孩子，如果大人不在场，也会轻易变得放松和懒散。当然，这些孩子具有一定的纪律意识和自觉性，尽管偶尔散漫，也能及时调整过来，不会给别人添太大的乱子。问题是，那些散漫成性的孩子却难以控制自己，经常做出破坏班级自习纪律的言行，大大地影响别人的学习。其实，对散漫的孩子，如果教师能敏锐捕捉孩子的闪光点进行适当表扬，那么，其效果将远远超过大喊大叫式的训斥。老师多次干预后，一旦发现孩子不随意走动了，或者看到他安静地坐在椅子上学习，就算孩子有可能是装模作样，或许孩子刚坐好还不到一二分钟，老师也要及时表扬。例如“你做得不错！”“比先前有很大进步！”等等。另外，对那些总坐不住板凳的孩子，老师也可以找个借口让孩子到隔壁班级为老师跑跑腿。这样，可以让孩子通过走动调节自己的情绪，还可以让孩子明白怎样做才是不违反规章制度、不妨碍他人的行为，同时也给了孩子一个表现自我的机会，让孩子获得心理上的满足。

Case26

集体讨论时，没轮到自己发言也经常插嘴而影响整体讨论；或者自己该做的事情不做，专管别人的闲事。

心灵处方——集体讨论时，拟定讨论的原则和规约。

集体讨论时，老师最好提前制作一个顺序启示板，让大家了解自己以及其他人的顺序。如果中间有人插嘴、抢话题，那么老师或其他同学可以小声提醒他看启示板，以便让他做到自行控制。

上课时，老师也可以用大号字把课堂进程的基本原则写在黑板上或贴在较为醒目的地方。例如，“一、活动前要认真听取老师的说明；二、尚未完成自己任务的同学不得擅自离开座位；三、做完自己的任务后，可以适当帮助其他同学”等等。

如果孩子没完成自己该完成的任务而随便走动，教师就要询问孩子任务完成到什么程度，并且提醒孩子及时完成自己的任务。这种方式带来的效果，将远远胜过教师在众多学生面前大声批评孩子。

Case27

不愿意参加集体活动，要么干坐着，要么做别的事情。

心灵处方——采用各种方法，唤起孩子的注意力。

有些孩子，不论做什么事情，都不能集中注意力，常常做着这件事，却又不知不觉中想起那件事。教师要努力帮助这些孩子，把他们的思路及时拉到目前的活动或课题上。例如，老师喊一句“2 年 3 班！”全班同学就要随着节奏拍拍手或者同桌之间轻轻拍打彼此的肩膀，这样走神的孩子才会立刻集中注意力参加眼前的活动，从而恢复学习状态。

Case28

做事情慢慢腾腾，总让别人等待。

如果孩子做事的速度一向比别的孩子慢，那么老师就不要让其他孩子等他做完。因为漫长的等待，会让其他孩子感到不耐烦，而把行动缓慢的孩子视为不聪明、不伶俐，从而轻视那个孩子。

心灵处方——不要急于督促孩子，而要耐心地鼓励孩子做到最后。

规定完成任务的时间一到，老师就要面向全体同学说：“不管做到哪里，不管做到什么程度，请大家先交上来吧。”待孩子们交完以后，老师就要根据完成的情况，把没做完的同学单独留下来指导。如果时间不充裕，就让孩子回家再做。另外，留家庭作业时，老师一定要让学生把作业内容写到记事本上。

Case29

记不好记事本。

心灵处方——利用网页通知各项信息，以此补充记事本。

要求孩子把每天的注意事项都记录在记事本上，如果孩子没写好，就禁止他回家，直到孩子写完为止。另外，老师还可以利用网络手段，把学校和班级每天的事项及今后的要求全部传输到网上，让孩子和父母及时阅览、确认。这样，没有记好记事本的学生以及不小心把记事本落在学校或丢失的孩子，可以通过阅览班级网页了解各种信息，家长也可以坐在家里掌握学校和班级的动态，并及时督促和帮助孩子。

如果老师太忙无暇顾及，那么可以让记事本记得较好的孩子帮助记不好的同学。

Case30

管理不好物品。

心灵处方——家长和老师的沟通至关重要。

家长和老师之间准备一个联系本，老师把孩子管理物品的具体情况如实写在联系本上，并且及时查阅家长是否签字。当然，这样做会增加老师的工作量和工作难度，但是只有采取这种学校和家庭双向联系的方式和措施，才能更好地帮助孩子改变不良习惯，养成自觉管理物品的良好习惯。只有学校和家庭共同合作、配合默契，孩子的教育才能获得更理想的效果。

Case31

不按时完成作业。

心灵处方——老师和家长通力合作，及时进行跟踪监管。

对这种孩子，老师也有必要准备一个联系本。要让孩子理解并铭记：完成作业除了能巩固当天所学的知识以外，还能培养孩子良好的学习习惯和学习态度，以及信守承诺的品质。

当然，老师要及时发现并评价全班孩子完成作业的态度及表现情况。对一名老师，这的确是很辛苦的事情，尤其是事务较多的开学初更是如此。但付出一段时间的辛苦之后，孩子会习惯成自然，到时就用不着老师天天检查作业，孩子也会自觉完成作业。

作业主要是在家里完成的，所以家长的监督和管理也必不可少。有责任心的家长，应该每天都检查孩子完成作业的情况。

如果孩子下课后还上校外补习班，可能会觉得学校作业无关紧要，而补习班的作业才更重要。其实，学习的真谛并不仅仅在于学到一定知识、获得一定信息。家长中即使上学时学习成绩顶呱呱，但如今连简单的数学方程式或化学元素周期表都忘得一干二净的人不是随处可见吗？因此，家长要引导孩子把复习的重点放在学校作业上，而最重要的莫过于让孩子感受到学习的快乐。

Case32

课桌总是很杂乱。

心灵处方——告诉孩子收拾物品的方法。

每一节课结束后，老师要让孩子把下一节课使用的课本、铅笔、橡皮等学习用品拿出来放到桌子上，再把上一节课已使用完的课本放到书桌里面。老师不能想起来就提醒，想不起来就不提醒。每节课前老师都要不厌其烦地强调：除了上课必要的物品之外，其他物品一律放到书桌里面。强调一段时间之后，孩子会渐渐养成习惯。即使偶尔犯错误，老师也不能马上动怒，更不能板着脸命令孩子马上收拾，而要心平气和地启发孩子：“书桌上面应该怎么样呢？”这样一问，孩子自然会明白，马上收拾书桌。

Case33

上课时因大声喧哗经常挨说。

心灵处方——赏罚要分明。

上课时间不得起哄、喧哗，这是学生必须遵守的课堂纪律。因此，老师要在开学初明确规定遵守课堂纪律和违反课堂纪律时的奖赏和惩罚制度，并坚持实行。当然，奖赏应该是最大化的，而惩罚应该是最小化的。

Case34

不顾老师的指示，我行我素。

心灵处方——老师要下达明确的指示和要求。

老师应该下达明确的指示和具体要求。例如，不使用“好不好”这样的语气，而使用“做一做吧”或者“做呀”之类的语气。下达完毕后，老师还要进一步确认孩子是否理解清楚。可以问：“老师刚才说什么了？”如果孩子的确听进去了，老师应该给予肯定和表扬。

Case35

和其他孩子相比，学习效率低。

心灵处方——根据孩子的实际能力而选择不同的作业和学习任务。

如果孩子的学习速度一向很慢，可以适当减少学习任务。为了避免给其他孩子留下不好印象，没能完成的任务，可以允许他带回家继续完成。

Case36

上课时间发呆。

心灵处方——用各种方法引起孩子的注意力。

讲课时要求全体学生一起回答，或者轻轻敲打讲台，以便引起孩子的注意。讲解时，故意提高嗓门或压低声音，或者讲究抑扬顿挫增加感召力。一旦发现发呆的孩子，可以让他暂时伸伸懒腰，提提神。

Case37

课间休息后再上课时，经常迟到。

心灵处方——让孩子铭记学校规则，表扬先于惩罚。

临下课时，可以让全体学生齐声背诵“竖着耳朵听铃声，听到铃声进教室”等学习顺口溜。

孩子经常迟到时，如果老师三番五次批评，孩子就会被同学孤立起来，很难顺利改正错误。就算孩子改正过来了，心理上也会受到一定伤害。

Case38

课间休息时在走廊大喊大叫或跑来跑去。

心灵处方——循循善诱，规劝胜于训斥。

如果不允许在走廊乱跑，孩子就会认为老师在压制自己的自由。为了不至于产生误会，老师要详细地说明不能在走廊来回跑的原因。要让孩子明白，走廊有很多来来往往的人，稍不留神就会碰撞他人而引起事故。比如，亲眼见到正在走廊里跑来跑去的孩子时，最好先压住怒气，与其命令孩子不要跑，不如轻轻地对孩子说：“在走廊慢慢地走吧。”这样，学生就会感受到老师对学生的爱惜和呵护，也会有意识地听从老师的规劝。

Case39

经常和同学吵架。

心灵处方——认真倾听双方的理由，并给予正确忠告。

如果两个学生当着老师面吵架，老师的立场会很尴尬。如果老师不分青红皂白狠狠批评吵架双方，也许当时压住了场面，但其实矛盾仍没有得到解决，孩子还会伺机闹出矛盾。若在没有调查清楚吵架原因的基础上，主观地偏袒某一方，不仅会导致另一个孩子心存不满和怨恨，也会让班级其他学生产生老师不公正、不合理的印象。最好的方法是严厉制止吵架的双方之后，继续上课或组织自习，不要急于在课堂上解决矛盾。放学后，再把吵架双方一个一个叫到办公室，分别了解吵架原因。了解之后，不要劈头盖脸地批评他们的错误，而是要耐心进行说服教育。不仅要指出吵架给班级带来的不良影响，还要指出这种行为对他们各自的性格发展所造成的不良后果。老师要明确指出他们需要改进的地方，也要给予严厉忠告。忠告必须是中肯的，而且是通俗易懂的，因为只有这样才能使吵架双方心服口服地接受老师的裁决和忠告。

有的孩子攻击性较强，三天两头和同学产生摩擦。对吵架次数频繁的学生，老师应该找恰当机会，和孩子的家长沟通，了解孩子在家中的表现以及其他方面的一些情况。如果老师和家长一致认为，孩子频繁吵架的行为已经超出正常范围，就要找专家咨询。

Case40

中午在食堂打饭时经常不排队。

心灵处方——要让孩子知道，别人不会容忍这种错误行为。

一旦发现孩子不排队而加塞的情况，老师要马上让孩子站到最后一排，从而让孩子明白别人不会容忍这种行为。家长还有必要让孩子想：如果每个人都不排队而去加塞，那么后果将会怎样？

Case41

吃饭时跑来跑去。

心灵处方——告诉孩子饮食方面的礼节。

如果发现这种情况，老师要严厉制止，并且告诉孩子，来回串桌不利于消化，而且也会影响别人的正常就餐。更重要的是，来回串桌时所扬起的灰尘会飞入食物中，随着食物进入消化道，对人的身体健康非常不利。孩子可能一下子难以改掉这种习惯，但是经老师反复说明和提醒，就能牢牢记住。

饮食方面的礼节是不容忽视的重要内容之一。每次吃饭时，家长或老师都应该不厌其烦地教孩子使用筷子和饭勺的正确用法，还要告诉孩子不能剩饭，能吃多少就盛多少，吃饭要端端正正坐着吃。

Case42

吃饭速度过慢。

心灵处方——要考虑好个人和集体的关系。

集体就餐时吃饭速度过慢的孩子，老师可以根据具体情况灵活处理。不能因为关心个别孩子，就让其他孩子都等他一个人。偶尔一两次，其他孩子也许还能理解和接受，但是每次吃饭都让大家等他一个人，肯定会引起其他孩子的强烈不满。不仅如此，吃饭过慢的孩子也会在无形中产生自卑感和愧疚感，给心理蒙上一层阴影。

老师可能是出于关爱孩子，想让孩子在细嚼慢咽中摄取均衡营养,其实,中午没能吸取的营养,完全可以通过晚餐得到补充。另外，吃饭速度也可以通过平时有意识的练习得到提高。同学之间的感情一旦出现裂痕，就很难再修补。因此，老师要根据具体情况灵活处理。

Case43

不遵守卫生间或走廊等公共场所的纪律。

心灵处方——不断加强纪律教育。

纪律教育尤其秩序方面的教育需要长期、反复加强。最好让孩子在潜移默化中耳濡目染、习惯成自然，并且尽量给孩子创造遵守纪律的良好环境。例如，低年级学生使用的卫生间，可以在地面贴一些脚丫形状的粘贴画，虽然看起来没有多大含义，但是可以让孩子认识到按先后顺序依次排队的道理，久而久之就能逐渐培养排队的良好习惯。

Case44

在卫生间往其他同学身上泼水或者窥视他人解手。

学校的卫生间既是公共场所，又是个人空间。由于使用的人很多，因此不可能像自己家那么自由、方便。再加上有些淘气孩子，经常窥视别人解手或者往别人身上泼水，弄得其他学生深感不安和不便。

正因为如此，有的孩子不愿意在学校解大便。因为解大便会有臭味，别人会给他起“狗屎”的外号，而这样的外号有可能一直伴随他直到毕业。所以，这样的孩子经常在学校忍大便，时间一长，很容易引发便秘或者腹痛等慢性疾病。

心灵处方——卫生间礼节，可以说是最基本的礼节，家长要让孩子明白排泄的重要性不亚于进食的重要性。

就像很多人都讲究在优雅环境中就餐一样，在舒舒服服的环境中排便也是有利于健康的。所以，有必要让孩子掌握在卫生间应该遵守的各种礼节。

Case45

过分调皮，参加课外活动时总搞个别行动。

心灵处方——需要老师和家长互相配合，及时引导。

郊游时，如果孩子脱离集体搞个别行动，那么，有可能引发一系列意想不到的安全问题。所以，对这类调皮而胆大的学生，很多老师都感到头痛和不安。

如果是低年级孩子，老师可以亲自带领，并随时监督他们的一举一动。如果班级的学生多，一个人管理不过来时，老师可以邀请孩子的妈妈也来参加。老师可以把一部分爱搞个别行动的孩子委托给责任心较强的家长监管，让他们助老师一臂之力。

如果是高年级孩子，那么可以让一个遵守纪律的学生做老师的伙伴。为了让这个伙伴起到带头作用和监督作用，老师要不时地激励孩子，让孩子有一种为其他同学做好事的满足感和成就感。对于那些曾经有“前科”的孩子，只要他表现出稍微努力的倾向，就应该及时表扬。

Case46

郊游时不听老师指示，做危险的动作。

心灵处方——让孩子们充分了解有关郊游的相关规则。

郊游之前，老师应该制定详细的相关规则，出发前，还要让孩子们大声地背诵一遍。规则的内容可以包括以下几个方面：

第一，不准到野外单独行动。

第二，服从老师的安排。

第三，在老师的视线范围内活动。

第四，去解手时要请示，回来后要及时告知老师。

请再告诉我！ Q&A

Q1 孩子注意力不集中时，如果不及时接受治疗会引发哪些问题？

A 如果孩子患有ADHD症，那么，他在集体生活中会遇到很多问题。孩子的父母因为整天和孩子较劲，也会觉得筋疲力尽。但是如果家长放任自流，将会引发以下诸多方面的问题。

● **造成学习障碍、学习能力低下等学习上的困难。**

只看到孩子每天按时上学、放学，家长很难理解孩子在学习上遇到的各种困难，因为这只是表面现象，家长发现不了什么问题。其实，如果仔细观察，就会发现很多不容忽视的问题。例如，患ADHD症的孩子难以集中注意力做某件事情。和自己的意志无关，患ADHD症的孩子很难专心致志地完成某一件事情。上课时由于不认真听讲、爱搞小动作，学到的东西可以说寥寥无几。如果把智商比做一个碗，那么智商高的孩子犹如一个美丽而结实的好碗，但是患ADHD症的孩子，就像是有豁口的碗，装什么食物、装多少食物都会装不满。智商高的孩子，再怎么调皮也能勉强维持基本的学习水平和状况，但是普通智商的孩子，却会引发这样或那样的问题，弄得孩子和家长疲惫不堪。

我们可以设想，患ADHD症的孩子，学习时可能会遇到诸多问题。首先，字迹混乱不堪、大小不一，听写时也很难记住稍长一点的词组或句子。听课时，经常是左耳朵进、右耳朵出，或者边听边走神。有一部分孩子视觉上的注意力较差，经常会落题或审错题。

容易冲动的孩子读书时，常常指着上一行，眼睛却盯着下一行，因此经常串行。做难度较大的数学题时，他们所列的算式都是正确的，但是因加法或减法上的马虎，最终得出的答案十有八九是不正确的。再加上他们不愿意动脑筋思考问题，事情稍微复杂一点就会觉得头昏脑涨、思路不清。

患ADHD症的孩子，虽然做题时间长，但是效率不高，做同样的题，也要花去比别人多得多的时间。低年级时，由于学习科目少、学习任务不重，即使做题所需时间长，总体上也能跟上。但是到了高年级，随着学习科目的增多和学习任务的增加，即使孩子一再减少休息时间和睡眠时间，也经常“捉襟见肘”。好不容易完成了这项任务，还有那项任务等着。实际上，这些孩子真正用于学习的时间并不是很多，但是感觉他们一整天都坐在桌前，一整天都在学习。由于收效甚微，这些孩子会慢慢厌恶并惧怕学习。人的一生要经历几个不同的学习阶段，如果仅在学习的初级阶段便承受如此的劳累，就是一件非常遗憾的事情了。

● 遇到行为障碍。

如上所述，患ADHD症的孩子较难控制自己的行为，所以，他们的行动总要先于思考，思考也总是不够全面。他们不仅动作较快，动作幅度也大，常常无意中碰撞他人，不经意间说出一些让人不满或误解的话。这类孩子给人的印象始终是幼稚、鲁莽的，而且他们同别人的关系也始终不太融洽。如果不及时改正这些毛病，孩子会在集体生活中受到排斥，成为不受欢迎的人。

● 人际关系面临挑战。

这些孩子的所作所为，常常和他们的意志力无关。明明不是存心的，却总是在溜号、走神。不管别人怎样绘声绘色地描述，他们都很难集中注意力去听，尤其是对方谈论比较深刻的话题时更是如此。试想，对方正在郑重其事地对你说话，你却总在东张西望、抓耳挠腮，对方怎能对你产生好感呢？此外，患ADHD症的孩子很容易走神，因此，总让人感觉他们“没有眼力”、“答非所问”。正因为他们很难集中注意力，而且经常说一些与当前话题并无关联或者不着边际的话，所以经常遭受他人反感，使人际关系变得一团糟。

Q2 ADHD症，是大脑神经引发的问题吗？

A是的。很多研究结果表明，ADHD症是由大脑神经系统中的神经传达物质引发的疾病。

Tips

引发 ADHD 症，同大脑发育迟缓有密切关系

患 ADHD 症的孩子，其行为动作反映的智商程度相当于比他们小几岁的正常儿童。心理学表明，这些孩子的运动协调能力明显低于正常儿童的协调能力，而且正常儿童和患 ADHD 症儿童的大脑生理结构区别细微，外观上难以识别差异之处，因此很难说这属于大脑发育中的异常现象。

医学界普遍认为患 ADHD 症的孩子缺少传达神经细胞之间信息的神经物质。治疗注意力不集中的患儿时，医生刺激患儿的中枢神经物质，这种中枢神经刺激物质，对神经传达物质产生一定影响，从而有效治疗孩子注意力不能集中的问题。我们通过对动物的实验得知，中枢神经刺激物能增加多巴胺和去甲肾上腺素等神经传达物质的数量。

到目前为止，医学界普遍认为多巴胺的机能低下，能引发过多的活动量；而去甲肾上腺素的机能低下，则有可能引发注意力缺乏现象。当然，这些理论还没有得到最后证实，而众多神经物质之间的相互作用纷繁复杂，很难把 ADHD 症的原因简单地归咎于几种神经传输物质的异常。

Q3 怀孕或分娩时的并发症是不是引发孩子 ADHD 症的诱因？

A 有的报告指出，孩子的ADHD症和母亲的妊娠中毒、难产，以及孩子出生时的低体重有密切关系。但有的报告却否认这一点。相关的研究成果表明，十多岁的低龄产妇、长期吸烟或喝酒的产妇生下的孩子，比正常产妇生下的孩子引发ADHD症的比例高得多。怀孕期间，孕妇及其伴侣经常吸烟或喝酒，会使胎儿的大脑发育受到一定程度的影响，从而导致某些病变。

Q4 心理因素能导致孩子患 ADHD 症吗？

A 过去很多人曾提出过这样的疑问，现已得出较客观的结论，认为心理原因不是诱发ADHD症的重要因素。

Q5 铅中毒是否也能引发 ADHD 症？

A 患ADHD症的孩子中，一部分孩子的血液中，的确含有较高的铅量。但研究证明，铅中毒的孩子大多数没有出现ADHD症状，而且患ADHD

症的大多数孩子的铅含量也不是很高。

Q6 治疗 ADHD 症的药物属于何种药物？

A治疗ADHD症的药物，属于刺激中枢神经的药物。

Q7 能否说明药物的效果和作用？

A 服用药物的效果如下：

第一，孩子过激行为的次数减少了很多，并且能够较长时间地稳坐在一个地方，话多的现象也有了明显改善。

第二，能持久地集中注意力做某件事情，而且集中程度也有明显好转；能耐心地倾听他人讲话，不仅失误的次数少了，而且能有条不紊地完成某一件事情。

第三，冲动性明显减少，能耐心等待自己的顺序，并且能较好地遵守公共秩序；对某些事情的直接反应减少了，能做到“三思而后行”。

Q8 药物有没有副作用？

A药物具有一定的副作用，例如食欲减退、睡眠障碍、腹痛等，但不是很强烈。这些副作用，如果注意以下几个方面就能得到缓解。

第一，饭后服药能把副作用减少到最低。这种副作用持续3~4个月后自然得到缓解。

第二，服药时间不要选择后半夜，这样就能避免出现睡眠障碍。

第三，有关头痛、腹痛等副作用，只要适当调整服药量就能减少。

第四，种种敏感性反应，只是服药初期所出现的暂时现象。

比起青少年和成年人，儿童服药后出现的副作用要少得多。有些家长出于疑惑和恐惧，想根据自己服药后的亲身体验再决定是否给孩子用药。一旦感觉不舒服了，马上停药，也拒绝给孩子服药。其实，这种做法算不得明智。如果觉得实在不妥，可以向专家咨询。

Q9 药物对孩子成长是否有不利影响？

A用药初期出现的食欲减退、睡眠障碍等副作用，让很多家长担心服药会给孩子的身体发育带来不利影响。如同大多数家长担心的那样，药物的确对孩子的成长具有一定影响。但是如前所述，只要减少服用量或者调整服用时间，这种副作用就不会成为大问题。尤其是食欲不振等症状，主要出现在药物治疗的前两三个月，如果调整服用量并且适当选择服药时间，相当一部分人的副作用都能得到明显改善。不是接受治疗的所有孩子都出现食欲不振的副作用，有的孩子可能一点副作用也没有。还有的孩子接受治疗之前就过于肥胖、贪吃，所以家长都希望孩子能节食，但是这样的孩子，在服药期间依然保持了相当旺盛的食欲。

副作用因人而异。有的家长从网络上得知服药之后孩子不爱吃饭或者睡眠不好等传闻，便对治疗产生消极想法。如果为孩子的将来着想，这种想法并不是合理的。我们虽然可以从网络上轻而易举地获取大量信息，但是信息的正确与否却很少有人过问和证实。其实，网上的有些共享信息未必都是准确的、科学的，有时反而起妨碍作用。

专门研究孩子成长的医学部门指出，持续用药一年以上，会使孩子少长1厘米左右。如果就因为少长1厘米或担忧一时的食欲不振而不进行药物治疗，那么孩子的ADHD症将很难得到根治，实在是等于“丢了西瓜捡了芝麻”。

Q10 停药之后，病情还会复发吗？

A 短期服药后停止用药，可能会复发。但是若按疗程服用一定时期后再停药，就不会复发或恶化了。

Q11 应该服用多长时间的药？

A 至少需要两年的治疗期。不能因为孩子的症状有所好转就马上停止用药，虽然具体情况因人而异，但是一般情况下需要两年的治疗期。为了孩子的身心健康和将来幸福，家长必须付出努力。

Q12 服药后过多长时间才能出现效果？

A 一般情况下，服药30～60分钟之后，会出现效果。但是为了找到适合个体的服用方法和服用量，最好观察几周时间。

Q13 随着孩子的成长，要改变服用量吗？

A 不一定。治疗ADHD症的药物中，最常见的药物是刺激中枢神经的药物。这种药物和其他药物有所不同，与人的体重没有多大关系。所谓最适合的服用量指的是副作用最小而药效最佳的量。服用刺激中枢神经的药物时，即便孩子们的体重都一样，也要根据每个孩子具体的体质和吸收药物、排泄药物的特点而有所区别地服用。一旦确定下来之后，数年间无需再改变服用量。

刚开始用药时，有的孩子即使量不多也能见到一定效果，但是过一周或一个月之后，还得适当增量。不过不必担心增加药量，因为每个人的药量都是根据个人的症状和体质决定的，无需跟其他孩子的服用量相比。

Q14 长大成人之后，也要接受药物治疗吗？

A 不一定。症状一旦完全消失，可以随时停止药物治疗。ADHD症状因人而异，但ADHD症通常属于慢性病，患ADHD症的儿童中67%的孩子到了青春期还留有疑似症状。对这样的孩子，需要进行持续的药物治疗，同时还要结合多种治疗方法。

Q15 只是上学时服用药物吗？

A 药效不仅显现在上课时，和朋友相处、郊游，以及和家人共处等所有时间段都可能显现。此外，药物治疗对孩子参加体育活动以及需要集中注意力的其他活动都有一定帮助。

以前，人们提倡周末暂时停止用药，但现在普遍提倡持续用药。因为药物治疗并不只是为了孩子学习好或不妨碍他人，而是为了帮助孩子顺利度过每一个成长阶段。为了让孩子成为受人尊重、快乐自信、能进行自我调节的正常孩子，周末也不能停止药物治疗。

Q16 如果中枢神经刺激药物和抗抑郁药物均对孩子没有疗效，应该怎么办？

A 可以同时服用其他两三种药物。如果单一服用某一种药物无法收到满意疗效，那么根据孩子的具体病症，可以同时服用多种药物，有可能产生较好效果。有些情况下，孩子的症状相对严重一些，或者还存在其他的干扰因素，如周围环境、心理素质等，都能导致药物失效。这时，需要家长、医生、老师一起协作，共同研究更加理想的治疗方案。

如果使用多种药物后仍不见疗效，那么就要考虑医生的诊断是否有误，或者是否还存在其他影响药效的因素。

Q17 服用神经刺激药物的孩子长大后，是否存在乱服药物的可能性？

A 经研究表明，这样的可能性非常小。据研究，一个十岁时患上ADHD症，而十二岁开始吸烟的孩子，十多岁时乱服药物的可能性更大。患ADHD症而没有及时接受治疗的孩子，比正常的孩子染上酒瘾、毒瘾的可能性更大。所以，及早发现孩子身上的问题，使孩子接受恰当治疗是至关重要的。如果孩子能到正规医院接受准确诊断，再坚持服用医生开的处方药物，一般情况下不会发展为药物中毒。

Q18 据说，治疗 ADHD 症的药物属于麻药的一种，服药会不会有什么问题？

A 就目前来说，国家对麻药、抗神经性药等特殊药物实行严格、规范管理。治疗ADHD症的药物中，有一些药物属于抗神经性药物，虽然它们也属于麻药类，但这种分类并不是根据药物的成分或效果来具体划分的，而是为了便于商品流通和药物管理而进行的简单、粗略的行政性分类。属于麻药类的药品并不一定都是麻药，只要是正规医院的医生对症下的处方药，就不会有什么大问题。

Q19 能不能对学校老师如实说出孩子的症状和服药情况？老师会不会戴有色眼镜看人？

A 关于孩子的病症，家长可以向老师坦诚交代，以便获得老师的理解和帮助。家长只有及时、经常和老师沟通，才能准确了解孩子在学校期间的种种表现，进而采取更加有效的措施。

有一些家长担心跟老师如实反映孩子的病情之后，老师会用另一种眼光看待孩子，并在其他小朋友面前说："他有病，你们平时少惹他。"这样，孩子就会被其他孩子当成"怪物"而被孤立起来。若经过一段时期的治疗之后，孩子的病症得到明显好转，有的老师就认为孩子其实没什么问题，是他们的家长小题大做，没事找事。老师会自信地告诉家长，他可以用他的关爱治疗孩子的ADHD症，不必再给孩子服药。有的家长轻易听从老师的建议，未经医生允许的情况下擅自停止服用药物。

老师也和家长一样，非常关心孩子，只是他们对ADHD病症缺乏必要的了解。老师应该怎样看待ADHD症，应该怎样教育患此病的孩子，这些只能通过老师长期的教育生涯慢慢地摸索和了解。

Q20 用不用如实告诉孩子的爷爷奶奶孩子服药的情况？他们会不会有别的想法？应该如何向他们解释？

A 如果一味隐瞒事实，孩子会觉得患这种病是一件很羞耻的事情。如果家长对ADHD症有较多了解，就能对家人进行详细说明。家长可以告诉孩子的爷爷奶奶，有很多孩子都有类似症状，而且不少药物都有不错的疗效，最重要的是治疗这种病需要全家人一起努力等等。有一部分孩子特别讨厌接受治疗，感觉很丢脸。这是孩子在治疗初期正常的心理变化，主要是由于家长没能对孩子进行详细说明，造成了孩子的偏见。消除这种偏见，最好的方法是家长同孩子一起参与治疗的全过程，患难与共、同舟共济。孩子若在接受治疗的过程中看到疗效，偏见就会自然消失。

PART 03

攻击性

妈妈的来信

院长：

您好！儿子上小学三年级，可脾气却异常暴躁，弄得我每天都在为他提心吊胆。儿子几乎每天都要打架，而且打架时，脸不红心不跳，又掐又挠、又踢又踹，前两天还差点儿从窗户跳下去。

从孩子入小学开始，这类事情就成为家常便饭。不是挑衅闹事，就是找理由殴打其他孩子，有时还在走廊里跑来跑去或者爬窗户，甚至上课时间也不按时进教室。

孩子是不是应该到医院接受药物治疗？我在电视上看到很多孩子的症状比我儿子严重，可都说不属于病态，这是真的吗？我应该怎么办呢？

回信

孩子的暴力行为，是因为不能很好地调节情绪而引起的，同时，也是“以自我为中心”的思考方式导致了沟通障碍。这种冲动性，同孩子的性格和生活环境有密切关系，如果严重，应该到医院接受药物治疗。

不能因为攻击性强，就认为孩子具有暴力倾向。有时，性格内向的人身上更容易出现暴力倾向。

有的父母认为，孩子暴躁、攻击性强主要原因是性格过于外向导致的。有的父亲毫不在意地说：“我小时候也这样，但长大了就没事了。”随着年龄的增长，孩子的病症也许会有所好转，但是，孩子生活的这个社会却不会接受和允许这种行为。如果大多数人都认为孩子有问题，那么，这样的评价对他的成长会产生不小的负面影响。

好动的孩子，他的体能也许很好，但是智能却不见得特别好。所谓智能，指的是思考问题、推理问题并且得出合理结果的思维能力。如果孩子的行为总是先于他的思维，那么，他的智能就不会有太大提高。所以，这类孩子有必要接受思维先于行为的训练。

对具有暴力倾向的孩子，父母首先要做的事情是客观接受孩子具有暴力倾向的事实，其次要经常抚慰、引导孩子。刚开始效果可能不是很明显，但是，孩子一旦明白父母站在他那边时，就等于是迈开改进的第一步了。

暴力倾向有很多种，根据不同症状，治疗方法也是有所不同的。

有暴力倾向的孩子

大多数孩子过了一周岁就能蹒跚走路，过了两周岁就能开始说话，从这时起一直到上小学，孩子是家长的“开心果”，给家长带来了无穷快乐。毫不过分地说,孩子对家长的孝顺这时就已经尽一半了。因为孩子的纯真、可爱，让家长感受到了人间的天伦之乐。

如果纯真可爱的孩子，经常殴打别的孩子，打完还不知羞耻地推卸责任，作为老师或家长，就会犹豫是否应该教训孩子，是否应该睁一只眼闭一只眼。其实，面对这样的孩子，家长担心的不是眼前的粗暴行为，而是暴躁脾气在日后引发的祸患以及孩子不确定的未来。尤其担心的是，如果孩子长大之后仍然改不了这种暴躁脾气而到处惹是生非，那么家长该怎么办呢?

家长首先要清楚，这种攻击性属于成长阶段的正常现象。尤其六岁之前的孩子，因为无法较好控制情绪，经常会做出乱打乱踢、又咬又掐的粗暴行为。这种特定时期表现出来的暴躁行为，会随着年龄的增长而慢慢好转。所以对于家长，最重要的是弄清楚孩子做出这种行为的原因，然后，教孩子正确表达情感的方法。下面，就来分析孩子打人的理由和家长应该进行的具体教育吧。

? 孩子为什么会充满暴力？

攻击性是孩子争强好胜、获取心理独立的极端表现。

对每一个孩子而言，成长都是十分艰难的过程。每个孩子都有特定年龄必须经历的心理变化和所要解决的人生课题，而这种心理变化和人生课题，有时也给孩子带来精神负担。换句话说，经历这种特定的年龄阶段，需要一定的能量。那么能量来自何处呢？

“那个孩子很粗暴，攻击性很强。”当家长听到这句话时，会产生什么感觉呢？是否感觉孩子很难教育？其实，攻击性并不像我们想象的，只具备否定意味，它还具备推陈出新的必要能量。随着成长，也随着孩子自立能力的增强，孩子会需要更多的这种能量。所以，孩子的攻击性和心理上的独立性、自觉性是有密切关系的。

孩子的成长过程中，会面临形形色色的事情。为了更加顺利地度过这个时期，有时需要把精力投入到别的事情上面。相比之下，控制和调节情绪方面，孩子的投入可以说是少之又少的。

世上的人都不能孤立地生存和生活，所以，不仅要懂得控制和调节情绪，也要学会调节情绪的方法。孩子也不例外。由于年龄小的缘故，很多孩子不能有效控制自己的情绪，从而有效应对周围发生的各种事情。孩子殴打其他小朋友的原因，也许是控制情绪的过程中在他人面前表现自我的一种现象，所以，家长不能全盘否定孩子的攻击性行为。

? 孩子实施暴力的主要根源在哪里呢？

首先，我们要知道，暴躁孩子并不都是喜欢攻击他人的。实际上，孩子也愿意融入到集体之中，也喜欢受到他人的关爱。

有时，孩子一时把握不好同他人进行交流和沟通的切入点，会觉得紧张、惊恐，从而感受到一种较强烈的孤立感。这时，孩子会对周围的人做出带有攻击性的举动，但是这种举动只不过是一种偶然的粗暴举动。

例如，三岁的孩子会产生这样的想法："妈妈走了，她肯定是不喜欢我的。她把我送到幼儿园，把我赶出这个家。我该怎么办呢？我自己是没法生活的，可妈妈又不喜欢我。哎呀，哲洙来了，看起来他很幸福啊！他为什么能那么幸福呢？"出于这种嫉妒心理，孩子会伸手打哲洙。另外，孩子试图亲近一个人遭到拒绝而感到孤立、绝望时，会跑到自认为亲近的人身边开始号啕大哭或者大声尖叫。这样的孩子感到惊恐不安、不知所措，或者孤立无援时，也会动手打人。

让家长感到不可思议的是，对孩子越好，孩子越显出害怕的样子，并且经常做出暴力行为。如果仔细观察孩子，家长就能发现，使用暴力之前，孩子会变得面无表情。这是因为孩子感到惊恐和孤独，全然不知该做出怎样的表情。也许他在想："谁都不关注我，谁都不照顾我。"

即使家长对孩子再好，孩子也会产生被孤立的感觉。很多孩子身处陌生环境，或者目睹家长吵架，或者和亲近的人离别时，都会产生恐惧感和孤独感。甚至父母出去上班，也会觉得恐惧不堪。

没有自信心的孩子，有时为了得到他人关注，明知不妥也故意使用暴力。

哪些行为属于暴力行为？

勃然大怒、打骂他人、乱摔东西、威胁逼迫、残酷虐待小动物都属于暴力行为。下面，根据暴力行为的类型分析了具体原因，并制定了合理处方。如果您的孩子具有暴力倾向，不妨参考。

不如自己的意愿时，孩子怎么做？是否变得很粗暴？

测一测孩子的状态

√ 孩子身上有这种倾向。

Check01_____不能随心所欲就动手打人。→ P124
Check02_____无缘无故谩骂父母或小朋友。→ P130
Check03_____要求得不到满足，就胁迫父母。→ P132
Check04_____大喊大叫进行反抗。→ P134
Check05_____经常在幼儿园或学校折磨其他小朋友。→ P138
Check06_____父母稍微说两句，就往墙上撞头。→ P139
Check07_____把折磨小动物当做乐趣。→ P142
Check08_____乱扔东西。→ P144
Check09_____经常咬人、掐人或挠人。→ P147
Check10_____不能为所欲为时，经常吐口水。→ P152

※ 查对孩子的症状，找到相应的页码。好妈妈的心灵处方恭候您的光临。

针对暴躁的处方

Case01

不能随心所欲就动手打人。

最近有很多家长向笔者反映，他们的孩子变得越来越暴躁。让人不可思议的是，这些孩子并不是处于青春期的孩子，而是2至6岁的小朋友。

● 孩子为什么会动手打人？

1. 因生气。

感觉疲劳、痛苦或无法进行自我调节时，小孩子常用“生气”来表达自己的情绪。意愿得不到满足时，因不能充分理解当时情景，也会感到悲伤和难过。孩子并不懂怎样才能更好地表达自己的悲伤和难过，只会用打人等暴力方式发泄自己的情绪。从表面上看孩子的行为很无理、粗暴，但我们一定要理解掩藏在粗暴行为下面的绝望、痛苦心理。如果这时家长严厉训斥或大喊大叫，那么孩子会变得更加粗暴和冷漠。因此，家长首先要从理解孩子的心态出发，同时要及时查找让他动怒的根本原因。可以说，这是解决问题的关键所在。

这时家长可以这么说：“看来你很生气，但是我不能眼睁睁地看着你发脾气。”

孩子的暴力行为，是处于特定成长时期孩子身上表现出的正常行为。但是，我们绝不能允许孩子一生气就动手打人。家长要严肃地告诉孩子，他完全可以用其他更恰当的方法表达自己的情绪。

2. 因好奇。

满18个月至满3周岁的孩子，对运用肢体打人的行为深感好奇。对于这种好奇心理，家长不能一笑了之，或者只是敷衍地说一句:“你打人很疼。”孩子看到家长没有做出制止反应，会认为这是可行行为，进而会接二连三地做出类似举动。因此，家长要义正词严地制止孩子打人的行为。

3. 因受到挫折和压力。

孩子经常受到训斥和压制，或者要做的事情和要遵守的规矩太多时，会感到焦躁和郁闷，从而会做出打人的行为。有些家长为了把孩子培养成有礼貌、懂礼节的孩子，制定很多规矩。例如，这个不行，那个也不行；这个要这么做，那个要那么做等等。所以，孩子经常承受巨大的心理压力，而这些心理压力积聚到一定程度，也会诱发孩子的暴力行为。

家长想把孩子培养成有礼貌、懂礼节的想法是无可厚非，也是值得肯定的。但是如果家长急于求成，设定种种规矩，让孩子事事都按照规矩去做事，却很少考虑到孩子的内心感受，会让孩子觉得家不像家而像学校，父母也不像父母而像老师。家长一开口说话，孩子就误认为家长要训斥他，所以从心里排斥家长，家长也很难和孩子进行坦诚的交流。如果孩子把家长视为喜欢训斥他的人，那么，家长就有必要好好反省自己。家长要仔细地想一想，长期以来对待孩子的态度和教育中，哪些属于失败的，哪些应该改正。如果家长找出了自身原因，就要诚恳地表示道歉，并告诉孩子：“虽然我们的方法不妥，但我们也是出于对你的爱和关心，如果我们采取的措施伤害了你，那就请你多原谅吧。希望你也能改正自己，做出符合自身年龄和能力的举止来。我们一起努力吧。”

“人非圣贤，孰能无过。”家长再努力，再爱孩子，也不可能事事都做得完美无缺。但是孩子一旦受到伤害，家长就要诚心诚意地道歉，宽慰孩子受伤的心灵。只有这样做，才有可能消除孩子对家长的怨恨和遗憾。

向孩子承认错误，表示道歉，并不等于输给孩子，或者家长颜面扫地。实际上，坦诚地对待孩子，有错就改，绝不会有损家长在孩子心目中的权威性和影响力。

4. 因自我为中心的自私想法。

在孩子眼里，整个世界都是以他为中心而存在的。所以，在挥拳打人的时候，他不可能理解别人的心情，他只会觉得别人是供自己玩耍的玩物而已。

关爱他人、换位思考的能力，只有到一定年龄段，才能具备。因为大脑中负责这一方面机能的神经细胞，只有成长到一定年龄之后，才能完全成熟，才能发挥作用。所以，这些神经细胞成熟之前，让孩子做出关爱他人、理解他人的举动是一种过分的要求。

有的家长为了让孩子体验挨打的感觉，故意打孩子。其实，家长一定不要采取这种做法。

另外，动手打人是一种不好的行为，因此，如果孩子当着家长的面打人，家长一定要毫不犹豫地制止。

5. 因不能控制自己的行为。

有些孩子明明知道不能动手打人，却因无法控制自己的行为而不知不觉中动起手来。

不能控制自己行为的孩子，其行为动作总是先于思考。对于这种孩子，家长应该事后和孩子一起回顾动手打人的前因后果，了解不能控制自己的原因。

同时，要教给孩子如何宣泄情绪：忍不住发脾气时，记录自己的情绪；实在无法忍受时，撕掉自己不用的本子。通过这样的方式，孩子可以明白，宣泄情绪并不一定要动手打人，还有其他更好的方式。

6. 攻击性太强。

产生恐惧心理或感觉到竞争的必要性时，孩子会动手打人。这种条件反射式的攻击性，大多数情况下会随着年龄的增长而慢慢地得到调整，但是个别孩子却很难调整过来，这需要家长具体、集中的教导。

第一，要不厌其烦地教孩子最基本的秩序和规则。

针对孩子的某些攻击性行为，有些家长制止一两次之后，就误认为孩子已经明白自己该怎么做了。其实，就算孩子当时很明白，要把规则和规范内化，也需要一定时间和实践。当孩子照例实施咬、掐、踢等攻击性行为时，家长不妨这么说："你咬弟弟，是不是又生气了？"这种委婉的表达，能让孩子顿时停止自己的行为动作，并认真审视自己的所作所为。时间一长，孩子就会预测到自己的行为所带来的不良后果，从而会有所收敛。

如果孩子在公共场所实施了攻击性行为，有些家长会因惊慌失措或无地自容而胡乱地训斥孩子，或者干脆一言不发地拉着孩子逃离现场。其实，这些做法都不妥当。当周围的人把目光投到家长身上时，家长可以说："小孩子嘛，不太容易控制自己。"然后把孩子拉过来，像平时一样进行教育。

第二，教育生气的孩子时，不应该使用粗暴方式。

如果孩子在气头上，最好先耐心地等待孩子冷静下来，再心平气和地和孩子一起回顾和分析刚才的一幕，然后告诉孩子，生气是一种正常的情绪表现，但通过踢、掐、咬等暴力行为宣泄是不可取的。家长要让孩子明白，就算生气，也尽量用语言表达自己的情感，这是比较理智且有效的方式。

第三，限制孩子收看电视的时间。

孩子喜欢看的动画片中，有很多都有大量的暴力场面，如大喊大叫、暴跳如雷、威胁逼迫、殴打谩骂等。所以，家长事先要了解孩子喜欢看的动画节目是否有益，从而避免孩子做出粗暴行为。家长和孩子一起收看电视节目时，如果出现暴力场面，与其指责或者漠视，不如平静地说："一生气就采取暴力行为，好像不是什么好办法。是不是？"

包括韩国在内的大部分国家的小儿精神医学会，一致认为禁止2周岁以内的幼儿看电视是最好的措施。

第四，攻击性较强的孩子应该增加活动量。

攻击性较强的孩子如果不能有效散发能量，就很有可能闹出乱子、惹是生非。对精力过分旺盛、攻击性强的孩子，应该让他们多做户外活动，以此来削减攻击性。

第五，家长付出了艰苦努力，而仍然无法改变孩子的暴力倾向时，应该毫不犹豫地咨询专家。

7. 想得到他人关心。

家长的关心和呵护，对孩子来说是至关重要的。大部分孩子都喜欢采用积极方式，本能地为博得父母的欢心而努力。如尽情地撒欢，想方设法让父母开心等等。

但有时他们也采用消极方式。比如，家长不是很关注、很体贴，他们就会通过惹出事端的方式引起家长注意。尽管家长生气，甚至瞪大眼睛大喊大叫或严厉训斥，孩子也觉得比漠不关心强得多。对于孩子，家长的关心和呵护好比植物所需的养分。如果孩子想博得家长欢心的欲望得不到满足，就会产生一种挫折感，甚至想用动手打人来引起家长的关心。孩子的这种想法让人心痛，但又让人产生怜悯之情。

做出肯定性行为时，如果家长无动于衷，孩子就会做出否定性行为来吸引家长的视线。如果家长对孩子的问题行为做出过分强烈反应，会怎么样呢？家长的强烈反应就像强化剂，会使孩子的问题行为越来越严重，如同火上浇油。

8. 孩子的表达方式不够成熟。

韩国有一句谚语，即“六七岁的孩子狗都嫌”。从另一个角度理解这句话，我们不难得出这个年龄段孩子的家长是最劳累、最辛苦的事实。这个时期的孩子想法很多，这个也想知道、那个也想了解，这个想摸摸、那个也想碰碰。所以，他们会勇敢地把筷子插进插座里，会奋不顾身地从高处往下跳，会好奇地伸手摸一摸劈啪作响的烟花，也会专拣危险的地方攀爬。可以说，他们想做的、想知道的，觉得好玩的、神奇的东西简直是太多了。

和五花八门的想法相比，他们所具备的沟通能力却微乎其微，他们很难准确传达自己的想法和意愿。家长感到危险而制止孩子，他们就会认为家长不理解他们的心情，从而用耍赖、对抗，甚至是打人的行为来宣泄怒气。

如果孩子不能很好地用语言表达自己的情感，家长可以替他表达。有些家长担心，怎样才能更好地了解孩子的心情和想法？其实，只要仔细观察，多少能看出孩子的需要、所处的心理状态、发火的原因。比如孩子想买玩具而不能如愿时，孩子就会生气、叫喊、乱扔东西。这时家长可以透过表面行为，读懂孩子的内心世界：“哎呀，事与愿违，真是痛苦，简直要气死我了。”当家长替孩子说出这些心里话时，孩子就会认为家长理解他的心情，从而减少了暴力行为。从另外一个角度看，家长的这种教育方式，也有利于提高孩子的语言表达能力。

如果和年龄相比，孩子的语言表达能力极差，那么就有必要求助于专家。因为这种状况得不到改善，也许很长时间都要承受攻击性过强、容易冲动等性格带来的痛苦。

9. 想试探家长。

少数孩子只是出于试探家长。他们会想，如果自己犯下错误，家长是否会真的按规定惩罚？所以，有时会故意找茬动手打人。

在平时的生活中，如果家长没能严格地执行规定，出尔反尔，或者经常根据自己的情绪对待孩子，那么孩子就会认为家长的规定都是活的、是可以改变的，从而产生打破这种规定的念头。这时，家长可以用温柔而坚决的态度给孩子讲解原则，同时努力起到表率作用。

心灵处方——从家长做起，重视情感表达。

1. 不要打孩子。

孩子打其他小朋友，如果家长用殴打的方式进行教育，效果只会适得其反。教育孩子的目的是为了让孩子明白不能动手打人的道理，可家长动手打孩子，这种做法本身就是自相矛盾的。要知道，孩子的模仿能力是非常强的，家长一定要努力成为孩子效仿的对象。

2. 表扬和奖励孩子的肯定行为。

这种做法，对仅仅为引起家长注意而去打人的孩子是最有帮助的。

3. 孩子打人时，家长应该立即制止，同时试图揣摩、理解孩子的心情。

家长揣摩、理解孩子的心情，对稳住孩子的情绪是很有帮助的。如果孩子打人的原因是别人抢夺了他的玩具，那么你可以告诉孩子：“你的玩具被抢了，我可以理解你的心情。要是我的玩具被人抢了，我也会很生气。但是你采取动手打人的方式是不对的，你可以叫小朋友还给你，或者请求我们的帮助。”在现实生活中，家长培养孩子用语言表达自己感情和意图的习惯是至关重要的。

4. 了解孩子的状况。

事先了解孩子疲倦、饥饿或病痛等生理状况。孩子处于异常兴奋的心理状态时，家长要严禁孩子参与容易产生摩擦或分歧的游戏或活动，家长不妨让孩子参加父母能有效进行监督的其他游戏。

平时，尽量避免孩子接触暴力性的电视节目、电影或漫画书。

如果孩子偶尔有打人行为，就不必过分担心；但是家长要让孩子知道动手打人是错误行为，自己或别人都有受伤的危险。如果孩子在幼儿园或学校经常打人而家长又难以控制孩子的行为时，最好咨询小儿神经科医生，以获得帮助。

Case02

无缘无故谩骂父母或小朋友。

在孩子大量聚集的操场或游乐场，我们可以经常看到大孩子或小孩子之间互相谩骂的情形。孩子是从哪里学会骂人的话呢？如果家长经常说粗俗的脏话，还有情可原；但是大多数孩子的家长或兄弟姐妹都不怎么使用粗俗语言。

● 孩子们为什么会骂人呢？

在学话阶段，孩子并不清楚脏话的真正意思，他们只是觉得说脏话的时候，家长或幼儿园老师的反应很好玩，所以故意说出骂人的话。要知道，家长或周围人对孩子脏话的不恰当反应，能强化孩子的骂人行为。

孩子心情不好或生气时，也会把脏话当做表达心情的手段。另外，想加入到某个小群体时，他也会学同龄人经常爱说的脏话。

心灵处方——要提醒孩子，骂人是不好的行为。

不想让孩子说脏话，家长首先要使用文明语言而不要使用粗俗语言。孩子是最善于模仿家长的，家长不知不觉中说出的一句话，孩子也会试着去模仿。

三岁以下的孩子，他们不知道自己说的话是不是脏话，所以，就算孩子说了脏话，家长也不要做出强烈反应，家长的淡然态度，反而有利于孩子少说脏话。

如果孩子已经到了能识别文明语言和脏话的年龄而总说脏话，家长就应该坚决告诫孩子："不能再说这样的脏话了，这会让对方感到不舒服和不愉快。"如果孩子还不改正，可以禁止孩子玩他最喜欢的玩具或者游戏；再大一点的孩子，可以把他关在自己的屋里，不让他到户外或者朋友的家。

穿衣服的时候，系好第一个纽扣是非常重要的。同样，有效制止孩子说脏话的最佳方法，是抓住孩子第一次说脏话的机会，进行有效的教育和引导。

学话的某个特定时期，如果孩子偶尔说一句脏话，家长也许认为是正常的，但是，一定要明确告诉孩子，有些脏话连家长也接受不了。家长不妨这么说："你说那样的脏话，妈妈真的很伤心。你要是再说，我就捂着耳朵什么也不听了。能不能使用文明语言？"然后，教育孩子，即使再生气也要使用别人能接受的语言表达感情。

如何劝解说脏话的孩子

不正确的处理方法	正确的处理方法
大声训斥孩子："你还说？我不是不让你说了吗？"	家长先冷静下来，然后对孩子说："你每次说脏话，妈妈都很生气。可是从现在开始，我不想生气，也不想大喊大叫。妈妈真的很伤心，你能不能用其他语言代替？"
"你知道你在说多么难听的话吗？"然后一针见血地指出孩子的问题行为，直至孩子羞愧地低下头。	尽量去理解孩子的心情："这个玩具组装得真好，只可惜让弟弟给弄坏了。要是我，也会很生气的。骂人是错误行为，以后别再使用脏话好吗？"

Case03

要求得不到满足，就胁迫父母。

也许大家半信半疑，孩子怎么能胁迫父母？事实上，有些孩子确实是毫不含糊地，而且是明目张胆地威胁自己的父母。例如，“我要从楼上跳下去了”，“我死了得了”，“我会把家里的东西全部砸光”等等。对孩子毫无顾忌地脱口而出的这些话，家长可能会觉得万分惊讶和恐惧。

● 孩子为什么会威胁家长？

1. 青春期的孩子，总想显示自己的强大，以此让对方感到胆怯。

面对孩子的威胁，大多数家长都会想：“要是现在输给孩子，以后就更管不住了，没准还得挨揍。”于是，为了消减孩子的锐气，对孩子采取更强硬的措施。面对家长强硬的态度，孩子感到屈辱的同时，也会认为自己有必要采取比父母还要强硬的手段，从而做出更具胁迫性和更加极端的行为。如果总是持续这种恶性循环，家长和孩子之间的关系将不可避免地趋向疏远，甚至破裂。有了这样的经历之后，一旦面对更具权威性的对方，孩子就会做出更具威胁性的行为。

如果家长和孩子处于以上关系，与其急于消减孩子的锐气，不如先认可孩子的攻击性或者力量。这里说的认可，并不是让你听之任之，而是懂得去“尊重”。比如当孩子说“把家里的东西全部砸光”时，家长可以说：“能把家里的东西砸光，说明你长大了。但是长大不仅要长力气，想法也要成熟。力气已经是很大了，那以后咱就努力让想法也更加成熟好不好？”

由儿童期过渡到青春期的孩子，误认为说出这种威胁性的话或者做出带有威胁性的行为，自己更加潇洒或更像大人。因此，认可孩子长处的同时，家长也要讲清楚：虽然在动物世界，具备强大力量是最重要的；但在人类社会，最强大的不是力量，而是智慧。

2. 为了引起家长的关心。

就像植物离不开阳光和水分一样，孩子也离不开家长的爱和关心。有时，家长没有及时对孩子的言行做出恰如其分的反应，或者没能给予孩子一如既往的关心，为了引起家长的关心，孩子也会故意做出问题行为。在众多的问题行为中，威胁或胁迫的力度是最大的，它能引起家长即刻反应。换句话说，只有采取这样的行为，家长才能做出反应，才开始关注他。为了改善以上状况，家长要一如既往地给予孩子关心和呵护；孩子胁迫家长时，家长最好淡然处之，不能表现出特别关心的样子。

3. 出于对家长的逆反心理。

如果孩子曾经受到过创伤，遭受过拒绝或者攻击，那么孩子的内心一定会充满了委屈和怒气，并且自尊心也受到了极大伤害。这种情感日积月累、反复发作，孩子将很难把它深埋在心里，总想用某种方式表现出来。这时，孩子十分需要家长或者其他长辈的积极帮助。接受班主任或者社会青少年服务中心持续的谈话疗法，也是有好处的。通过谈话，可以找出造成孩子心理创伤的各种症结，如果原因在于家庭，家庭成员就应该给予积极帮助。

如果某一方家长具有酒精中毒、暴力倾向或者精神疾患等症状，应该让孩子接受积极治疗，让孩子参加学校或社会组织的各项活动，以此让他感受新的人际关系。想发泄心底愤怒，不妨让孩子参加拳击等体育运动。通过这类项目的比赛，在遵守规则的条件下，孩子可以把愤怒情绪转换为能量发泄出去。如果孩子的心理创伤转换为胁迫行为，说明孩子的心理压力已经超过了他所能忍受的界限。所以，这个时候的孩子，尤其需要家长及时地介入和帮助。

心灵处方——经常和孩子进行平等对话，比任何补救措施都重要。

大部分孩子只是要挟，并非真的去实施胁迫行为。但是，如果孩子反复说，家长就不能马虎大意，而应该立即进行交流和沟通。拒绝沟通，一味表现出过分偏激、过于警戒的态度，或者不断做出暴力行为时，家长应该马上联系精神科医生，检查孩子的健康状况，看一看孩子是否存在其他心理问题。如果这种要挟属于抑郁症等病态范畴，就应该立即确诊并制定切实可行的治疗计划。

如果孩子严重威胁或要挟，就有必要审视孩子的生活经历，留意孩子平常行为举止以及观察最近有没有承受巨大压力等。如果问题严重，而孩子本人和家庭成员都拒绝接受治疗，就千万不能视而不见、置之不理，要及时联系 120，在医护人员的帮助下尽快把孩子送到就近的急诊室接受诊断。这样做，不仅能抑制问题行为的发生，也能防止悲剧的发生。

Case04

大喊大叫进行反抗。

孩子在公共场所大喊大叫，大多数父母都担心给他人带来消极影响。面对孩子大喊大叫的行为，有的父母会变得敏感，继而采取殴打或严厉斥责的方式镇住孩子。

● 孩子为什么会大喊大叫呢?

孩子并不是为了让家长生气或难堪而大喊大叫的。感到幸福和高兴，想试探自己的叫喊声所具有的穿透力和影响力，想了解叫喊后的结果，想知道叫喊声能否给他带来实惠时，孩子都会情不自禁地喊出声来。

孩子特别喜欢在超市、银行、大中型浴池等宽敞场所喊叫。这些场所有回音，而孩子们普遍觉得回音很神奇、很好玩，总想不断喊叫。有时，无意中在公共场所喊一声，可家长却做出强烈反应马上禁止孩子喊叫，或者干脆把孩子抱到另外的一个地方。经历这样的一件事情之后，孩子会认为喊叫也是引起家长关注的强有力的一种手段。

自己的意愿得不到满足时，孩子也会大声喊叫，以此表达：爸爸妈妈，快看看我，答应我的要求吧。

当家长要求孩子做他不愿意做的事情时，出于逆反心理，孩子也会大喊大叫。也许孩子在想:“我就要这么做，偏偏不听你们的话。”

除此之外，平时看惯了家长大喊大叫的孩子，出于模仿心理，也会大声喊叫；而有的孩子则在耍赖、发泄时故意大声喊叫。

Tips

需要治疗的要挟行为，有如下几种：

- 因无法控制而发泄愤怒之情。
- 曾经有过暴力行为或攻击行为。
- 以自杀威胁家长。
- 家族内部存在暴力行为或自杀倾向。
- 对自己的行为不负责任而愿意指责他人。
- 最近遭受过屈辱、羞耻或拒绝。
- 遭受过性侵害、性虐待或精神虐待。
- 在家中目击过虐待或暴力性场面。
- 沉溺于电视、电影、音乐、杂志或网络上的暴力场面或节目。
- 有抑郁症或精神疾患，曾有过威胁或要挟他人的行为。
- 在学校或小区内不遵守规矩或秩序。
- 做过不法行为。
- 折磨同龄人，或者残暴虐待小动物。
- 有过纵火行为。
- 很难合群而经常被孤立。
- 身边缺少帮助、指导及监督的家长或大人。

心灵处方——平时要仔细观察孩子的一举一动。

孩子大喊大叫，大部分家长都会说："小声点儿，安静！"但是，实际效果并不明显。有时，家长把食指贴到嘴唇上，示意他"安静点儿！"孩子却提高嗓门儿，使劲儿喊叫。

减少孩子在公共场所大声喊叫的次数，最好的办法是仔细观察并了解孩子叫喊的处境，以便控制喊叫场面的出现。孩子大声喊叫时，马上转移孩子的注意力，也不失为好办法。

下面，我们做一做具体分析。

在大型超市或卖场喊叫的孩子。

领孩子到大型超市或者卖场，有意识地让他们跑跑腿。根据孩子的年龄，让他从货架上取出放在一定高度的、重量不沉且体积不大的商品。通过选货过程，孩子会逐渐明白超市或者卖场是人们购买货物的地方，而不是人们随意大声喊叫的地方。去之前，家长应该让孩子上完大小便，最好再吃点东西，以免饿肚子。

在超市或卖场，家长要尽量让孩子感受到购物的乐趣。就像玩游戏一样，可以让孩子拎体积小的东西。如果孩子东张西望，家长可以说："找一找牛奶在哪儿？"然后，慢慢走向牛奶货架，这样孩子就会先跑到牛奶货架前取下牛奶，并得意地望着家长。通过这些过程，孩子会明白帮助家长购物比喊叫更有乐趣。

出门在外时，经常喊叫的孩子。

如果孩子经常喊叫，不妨把他领到喧闹的商场或饭店。身处来来往往的人群中，不必提心吊胆地看着别人脸色，也用不着绞尽脑汁哄孩子。

孩子大声喊叫时，家长担心和紧张的并非只是孩子，更在意的是周围人的看法。那么，我们来看一看两种类型的家长面对孩子的喊叫而具有的不同表现吧。

第一种家长：孩子喊叫时，不急于观察他的情绪或状态，只关注周围人的反应。

第二种家长：不太在意周围视线。孩子在安静的西餐厅或书店等地方喊叫时，的确会给别人带来影响。这时第二种类型的家长会把孩子暂时领到外面，转移孩子的注意力或者把孩子领到就近的马路、市场等不怕喊叫的地方。可见，第二种类型的父母是很有办法的。

● 把喊叫当成乐趣的孩子。

对这样的孩子厉声责骂或批评，都是没有任何用处的。家长还不如对孩子说："不要喊，就像在家一样说话，好吗？"当然，家长说这些话的时候，也绝不能大喊大叫。如果家长压低声音说话，孩子也会跟着家长压低声音回答。

如果孩子仍然不停地喊叫，家长也可以这样说："你一喊，妈妈就脑袋疼。能不能停下来？"然后接着说，"现在开始，咱俩比一比谁的声音更小，谁更会说悄悄话吧。"这样就能转移孩子的注意力而使孩子不再喊叫。

● 通过喊叫引起家长的关心或者让家长满足自己要求的孩子。

家长应该随时了解孩子的精神状态及心情。孩子有所求或想引起家长的关心时，也会大声喊叫。这时，家长一定要仔细问孩子，到底需要什么，哪里感觉不方便等等。如果困扰孩子的是环境因素，家长也要尽量满足孩子的要求。例如，孩子厌烦嘈杂的大型超市而表现出不舒服或疲乏的神情，家长就要马上领孩子离开那个场所。以后再逛超市，要根据孩子不太喜欢大型超市的特点，选择规模较小的、略显安静的商场；如果不得不光顾大型超市，就找一个顾客相对少的时间。只要家长及时掌握孩子的身体状况或心理需求，就能减少孩子喊叫的次数。

● 在外时间过长时，因感觉劳累或无聊而喊叫的孩子。

家长认为孩子因厌倦、无聊而喊叫，就可以说："我知道你现在很想回家，但是马上就要结束了，能不能再等一会儿？"听到这句话，孩子会想："妈妈已经知道我累，那就再等一等吧。"妈妈的这种说话方式可以教给孩子表达情绪或心情的技巧。

● 自己的意愿得不到满足时喊叫的孩子。

孩子想吃饼干而妈妈偏偏不给买时，有些孩子就会大声喊叫。即使孩子喊叫，家长也千万不能满足他的要求。如果因为孩子大喊大叫而满足了孩子的要求，那么，下一次他还会采用这种方式实现自己的愿望，或许还会采取更强硬的行动。家长可以这么说："你现在想吃饼干啊，但是我们得先完成这件事情。等完事了再给你买好吃的饼干，到时任你挑选。好吗？"

● 耍赖、发火时喊叫的孩子。

有些孩子在耍赖或发火时大声喊叫。这时，孩子发出的叫喊声跟平常发出的声音不同，不是发自腹部的声音，声音也异常洪亮。一旦开始发火，很多家长就会顺着孩子。其实，家长应该明白，孩子喊叫的行为属于破坏性、攻击性发火的一个环节，所以不应该置之不理、视若无睹。

家长可以讲一讲全家人应该遵守的规则："咱们在家说话时，不都是轻声细语的吗？你现在要么笑着说话，要么回到你的房间。"如果孩子继续喊，可以把孩子送到他的房间，每隔四五分钟打开房门，跟他说："希望你能马上稳住情绪安静下来。等情绪稳定了，再出来吧。"这种方式意在提醒孩子，他也是家庭中的一员。

如果孩子出来之后，又开始喊叫，就要毫不犹豫地再次把孩子赶到他的房间。这时，有的家长忍不住对孩子大声责骂，这种做法反而更容易让孩子模仿家长。所以，家长应该平和地、温柔地对待孩子。

Case05

经常在幼儿园或学校折磨其他小朋友。

孩子折磨他人的原因很多。最常见的原因是为了引起家长的注意和关心，明明知道折磨他人会受到家长责骂，还要明知故犯。

有的孩子是出于模仿心理而折磨他人的，在幼儿园、学校有意识地模仿那些施暴者，在家里也刻意模仿父母。

还有的为了显示自己属于某一特定的小团体，或者为了炫耀自己而去折磨他人。每当这时他会认为自己是何等的帅气和洒脱。

另外，无法理解并接受不了他人和自己的差异。比如，在身材、学习、肤色等方面同自己存在明显差异，就会采取取笑或折磨的方式对人。

充满暴力和色情场面的节目以及取笑他人、折磨他人为主要风格的电视、漫画及电脑游戏等节目，都会给是非辨别能力较差、不谙世事的孩子带来消极影响。

喜欢折磨人的孩子，往往通过这种方式感受自身的优越性和力量。他们经常折磨比他软弱或幼小的孩子，而他们却从不考虑惨遭折磨的孩子的痛苦心理。

心灵处方——家长要漠视孩子折磨人的行为。

Tips

针对折磨人的孩子，主要有两种教育方法：

第一，先了解和孩子行为相关的信息，即孩子折磨的对象、地点及方式等等。只有对这些情况了如指掌，才能找出孩子折磨他人的原因及相应对策。

第二，看到孩子折磨他人时，家长不宜做出过激反应。比较乖僻的孩子，当周围的人不再聆听自己的话或者对自己行为干脆视而不见，他就会自行停止折磨、捉弄他人的行为。尤其是那些有意逃避家长视线而折磨人或捉弄人的孩子更是如此。对这种孩子，家长装作不知道或远离孩子的视线范围，是较为明智的做法。

Case06

父母稍微说两句，就往墙上撞头。

有一天，一个 15 个月月龄男孩的妈妈满脸忧愁地来找笔者。她说，她的孩子突然往墙上撞脑袋，真不知怎么办才好。这位妈妈懂得一定的育儿知识，也能揣摩孩子的心思。她说：“有一天，看到孩子把玩具放到嘴里，我就让他把玩具拿出来。没想到孩子突然把脑袋撞在墙上，一次又一次不停地撞。刚开始我还以为是孩子起了痉挛，吓了一大跳，简直不知所措。后来我发现孩子是故意把脑袋撞到墙上的。这是为什么？到底怎么回事？”孩子的妈妈的脸色煞白、声音颤抖。我完全可以猜想到事发时她惊恐不安的样子。

孩子无缘无故地把脑袋撞到墙上或地板上，家长就会担心孩子是不是出了什么问题，是不是很严重？实际上，没有必要想得太可怕。

满 6 个月至 4 周岁的孩子身上，发生这样的事情是很正常的。这时期的孩子不会进行合理思考，也不懂得如何表达情感，只能采取这种方式。但话又说回来，往地板或墙上撞脑袋毕竟是危险行为，所以，我们有必要了解具体原因。

孩子为什么会撞脑袋？

1. 为了稳定情绪。

为了稳定情绪，缓和紧张心情，有时孩子会把脑袋撞到墙上或地板上。刚开始你可能并不了解，但是看到孩子睡觉之前有节奏地晃动脑袋，或想到我们坐在安乐椅上前后摇晃时舒服的感觉，你就能明白孩子的所作所为。其实，孩子也是在撞击过程中感受一种节奏感，这种节奏感有利于孩子稳定情绪，让他们感到心情舒畅。

就算孩子能得到稳定感，对孩子撞脑袋的行为，家长也是不能放任自流的。那么，有没有更好的对策呢？简便而有效的方法之一是利用一定节奏的拍子。家长可以打开音箱，让孩子伴随音乐拍拍手，也可以教孩子用手拍打节拍，还可以买一个打洋鼓的布娃娃，或者把学钢琴时帮助打拍子的节拍器放到卧室里，让孩子边听节拍边休息，都有一定帮助。另外，加大孩子白天的运动量，这样，筋疲力尽的孩子一到晚上马上会进入梦乡。

把脑袋撞到墙上或地板上的行为看起来危险，也让人担忧，所以应该马上制止。但是，如同孩子在不安或紧张时情不自禁地吮自己的手指头，以缓和紧张情绪一样，这种行为也具有一定程度的镇定作用。所以，从某种角度讲，这种行为有其值得肯定的一面，不能一概认为是不好的行为。

2. 还没有学会表达挫折感或怒气的方式。

还没有完全掌握语言表达能力的孩子，很难充分表达内心的怒气或者挫折感，所以采用撞脑袋的方式。

孩子耍赖、发火时，通过这种方式消解压力，从而稳定情绪。等到孩子能完整表达自己的感受或者能适当地控制情绪，完全掌握自我调节能力时，撞脑袋的行为自然会消失。

孩子挣扎着往地板或墙上撞脑袋，很容易受伤。这时，家长要迅速观看周围有没有危险物，以确保孩子不受伤害。

有意思的是，即使孩子挣扎着往地板或墙上撞脑袋而受伤，也只会是轻伤，不至于受到惨重伤害。这说明，孩子采取这种行为时，自己也非常注意调节动作的力度，不至于“搬石头砸自己的脚”。

家长没有必要一概制止孩子往地板或墙上撞脑袋的行为。如果强行制止，孩子会出于一种逆反心理，会更强化这种动作。所以与其制止，还不如教孩子表达自己心情和感受的方法，以及有效降低由各种挫折感引发的负面影响的方法。下面，介绍几种家长应当掌握的教育方法。

第一，和孩子进行肯定性对话。

孩子玩积木、玩游戏时感到不顺心而大发脾气，家长就会说：“只是游戏而已，何必大动肝火？”也许在家长眼里，积木没搭好算不得什么大事，也没必要太伤心，但是对于孩子，这番话就和没说一样，根本没有任何帮助。家长最好说这样的肯定性话语：“我看你真生气了，难道真的搭不起来？但是，能不能用语言表达怒气呢？”

第二，先了解生气理由，再进行引导。

有时，家长感到不安或生气，也说不清具体原因。同样，孩子有时也不清楚自己发火的理由，不清楚该怎样表达自己的感受，于是就无缘无故地往墙上撞脑袋。家长一定要先查明孩子发火的具体原因，然后再循循善诱地进行开导。

第三，给孩子充分的时间使之平静下来。

直到孩子完全稳住情绪，让孩子暂时放一放手中的一切。家长可以说：“看来你真生气了。暂时不玩积木，想一想别的事情好吗？”同时，家长要告诉孩子，这样做有利于稳定情绪。大部分孩子当他们的妈妈提出诚恳邀请时，都能很快找到心理的安慰平静下来。

3. 为引起父母的关心。

撞脑袋的行为，也是试图引起家长关心的一种手段。看到孩子的这种行为，大多数家长都会惊慌失措、担心不已，而家长做出这种反应，恰恰就是孩子所希望的。所以，孩子撞脑袋时，家长可以装作看不见。另外，孩子以不再撞脑袋为条件，提出种种补偿或奖励时，家长千万不能说：“好，好！你的心情我明白了，求你不要再撞了！”等话语，因为这更能激发孩子的胜利感和满足感，他会继续这种行为。

当然，家长也不能做出过激反应。实际上，当孩子“咣咣”往墙上撞脑袋时，家长很难做到视而不见。但是，千万不能大发雷霆或者粗暴地惩罚孩子，因为这样做反而会带来事与愿违的结果。

4. 患有发育障碍或某种疾病。

患有发育障碍或某种疾病时，孩子也易有这种行为。特别是失去听力或者视力时，由于缺乏来自外部的刺激，孩子会以撞击脑袋的行为刺激自己的感官，以此获取外界信息。

5. 为了忘却肉体上的疼痛。

身体不适时，为了忘却肉体的疼痛，孩子也会故意把脑袋撞到墙上。特别是当孩子患有中耳炎、脑瘤、身体浮肿等疾病或者出血、疼痛不堪时，会通过撞脑袋的节奏感来获得情绪上的稳定。所以，孩子经常有此种行为，就应该到正规医院接受诊断。

心灵处方——对错误行为，做出漠不关心的样子。

孩子撞头时，家长要走出房间，离开孩子的视线范围。这样，就可以减少孩子撞头的次数。相反，如果强烈制止孩子，孩子就会更来劲。所以，这时家长要给孩子留下对他的这种行为并不感兴趣的印象。

孩子撞脑袋时，家长要注意以下几点：

1. 不要搭理，也不要给他任何东西。
2. 不要同情或者抚摸他。
3. 要做出漠不关心的样子。

Case07

把折磨小动物当做乐趣。

所有家长都希望把自己的孩子培养成具有高尚品格的人。孩子小的时候，只要孩子能合群，不欺负其他弱小的孩子或不折磨小动物，家长就觉得很欣慰。

家长看来，学习好不好那不是主要的，只要孩子懂得关心他人、心地善良就可以。但是有一天，家长突然发现孩子在残忍地折磨家里的小动物。这时，家长该怎么办呢？也许家长的心理落差大，觉得不可思议。这是从哪里学的呢？为什么那么残忍？于是，家长便回过头来，用半信半疑的眼光观察和自己孩子接触过的每一个小朋友。

● 孩子为什么会折磨小动物？

折磨或抽打小动物的行为，是孩子内心深处的敌对心理或者攻击心理引起的。以前曾受过精神上的摧残或者身体、性方面的虐待，或者家长过分放任孩子的言行举止，这些因素都可能诱发孩子的敌对心理和攻击心理。

● 什么样的孩子喜欢残忍地抽打或折磨小动物？

这种行为主要发生在男孩子身上，而且经常发生在曾遭到过拒绝、受到过虐待，或者目睹过摧残场面的孩子身上。这样的孩子，几乎没有自尊心可言，他们没有好朋友，经常旷课等。

心灵处方——引导孩子善待小动物。

● 看见孩子折磨小动物时，应该怎么办呢？

看到孩子折磨小动物时，家长应该主动找孩子谈一谈他之所以有这种残忍行为的原因。另外，向孩子的老师、朋友进行多方了解，也会有一定帮助。家长要告诉孩子生命的尊严，培养孩子具有善心和同情心。如果孩子严重虐待小动物，就应该领孩子看一看心理医生。

● 看见其他孩子虐待小动物，家长应该跟自己孩子说什么？

孩子虐待小动物，说明孩子身上存在严重问题。所以，家长要当即给孩子讲授道理。看到周围虐待小动物的孩子，或者看到虐待小动物的场面，孩子当时所承受的内心痛苦和心理煎熬简直无法言喻。所以，作为家长应该及时帮助孩子消解这种痛苦和煎熬。

● 我家孩子很优秀，但偶尔喜欢折磨小动物。我应该怎样理解这种行为呢？

可以说，这种行为源于孩子单纯的好奇心，属于“无罪性探险行为”。只要告诉孩子这样做不对，孩子就会马上改正过来。

● 怎样区分无罪性探险行为和虐待行为？

无罪性探险行为，来自单纯的好奇心；虐待行为，则来自妨碍他人、破坏他人的欲望。刚开始可能出于好奇心，到后来经过反复的虐待行为之后，再看到痛苦不堪的小动物就会变得麻木不仁，甚至产生愉悦心理。如果孩子身上出现这种倾向，家长一定要及时介入并加以引导。

● 怎样教育孩子，他才能明白生命的宝贵而不再虐待小动物呢？

家里养个小宠物，或者和孩子一起拿着宠物饲料到动物园去玩。再积极一点可以让孩子参加营救小动物的组织或活动。总之，要让孩子多接触小动物。如果孩子已经上小学高年级，家长可以在报纸或网络上找一些有关虐待小动物的报道，和孩子一起探讨、一起评价。当孩子能从动物的立场想问题时，家长应该给予表扬和激励。

Case08

乱扔东西。

不少家长因孩子有乱扔东西的习惯而苦恼不堪。玩具、杯子、碗筷、钥匙以及电视遥控器，甚至是食物，只要在视线范围内，拿起来就扔。且不管孩子是出于生气扔东西还是出于解闷儿扔东西，只要是乱扔东西，家长就会提心吊胆，担心孩子受伤，担心伤着别人等等。有时，看到弄得乱七八糟的屋子，也确实让人心烦。

对 18 个月至满 3 周岁的孩子，扔东西是一种很稀奇好玩的游戏。这时期的孩子想把东西扔出去，起码要经历这样的几个发育过程：

首先，张开手指，抓住要扔的东西。只有小肌肉发达，才能做出这种动作。其次，手和大脑的协调能力也要发达。眼睛看到物体之后，大脑迅速地发出指令，命令手动用肌肉和韧带把东西拿起来。

孩子能抓住以前没能抓住的东西时，表明他又获得了一种新技能。2 至 4 岁的孩子好奇心强，他们在身体的各个发育阶段，处处想试一试自己所学的新技能，并以此获得乐趣。

扔出东西后，看见东西掉在地上，感觉很稀奇，因为他不懂这是物体受重力的原因。总之，扔东西的过程，也可以说是学习的过程。

心灵处方——要让孩子分清可以扔的东西和可以扔东西的场所。

家长要让孩子知道，有些东西可以扔，而有些东西则是不可以扔的；有些场所允许扔，而有些场所不允许扔。比如在操场可以随便踢足球,但是和小朋友一起玩的时候乱踢小朋友是不可以的。当然，把一些可扔东西，扔到允许的一定场所内，是孩子经过多种发育阶段才具备的判断能力和运动机能。

我们接下来看一看，孩子乱扔东西的理由以及家长应当采取的具体对策。

● 觉得扔东西好玩。

如果孩子扔东西没伤着人，就不要执意阻止孩子。本来孩子觉得挺好玩的，可是一看到家长大发雷霆或者要惩罚自己的样子，孩子就会受到惊吓或者变得垂头丧气。

家长把可扔的东西拿给孩子，并明确告诉孩子哪些东西可以扔而哪些东西不可以扔。这样，孩子就能在适宜的场所，扔一些可以扔的东西。比如孩子想扔鞋子的时候，家长可以立即把鞋子收起来："这是不可以扔的，你扔这只球吧。"盲目地制止孩子，不如给孩子拿一个替代品，以满足孩子的要求。

● 一生气就乱扔东西。

要制止孩子出于攻击性目的而乱扔东西的行为。情况不太危险的时候，对孩子乱扔东西的行为置之不理也是一个好办法。因为有些孩子看到家长对自己某些行为的强烈反应，往往觉得有趣，从而一再重复那种行为。如果孩子因为生朋友的气而把东西扔向朋友时，就要把孩子叫到没人的地方，坚决而清楚地告诉孩子这种行为的危险性。

孩子在家里生气而乱扔东西时，家长可以心平气和地对孩子说：“不扔东西，用语言表达你生气的情绪好吗？”要记住，不管家长有多生气，千万不能大喊大叫或者打孩子，而要耐心地教孩子表达心情的其他方法。

● 耍赖或发火时扔东西。

家长不要做出过激反应，而要坚决而严厉地告诉孩子不可以这么做。

● 为引起家长的注意而扔东西。

如果平时没有及时倾听或满足孩子的需求、愿望，孩子会感觉缺乏家长的关爱。于是，会通过扔东西引起家长的注意。因为扔东西有响声，家长会抛开手中的事情赶忙跑过来看究竟。

一旦觉察孩子仅仅是为了引起家长的注意而做出如此举动，就要做出淡然、无所谓的表情。但是，如果孩子三番五次反复做这种举动，家长就应该坚决制止。孩子会根据家长音调的细微变化而判断家长的情绪，随即调整自己的行为。

● 为解决问题而扔东西。

对方构成威胁或妨碍自己时，为了阻止对方靠近自己，孩子也会以扔东西的举动来保护自己。具体来说，有如下几种情况。

Tips

1. 妈妈事事干涉，孩子始终处于被动地位。

妈妈事事干涉，不是提出这个要求就是限制那个事情，使孩子处于被动境地，让他生气、烦恼、沮丧。那么，我们来分析这一刻孩子的心情吧：

孩子的心情：妈妈总是折磨我、妨碍我。

孩子的行为：扔易碎的玻璃框架或者玻璃碗看看妈妈的反应。

孩子的意图：玻璃碎了，妈妈就不到我这儿来，也就不能侵占我的地盘了。

How to 这时，家长应该怎么做呢？最重要的是，要给孩子充分的自主空间。例如，和孩子一起玩耍时，不要习惯性地命令孩子，而要跟在孩子后面，耐心等待孩子做出自己的选择。孩子想玩什么游戏，家长就跟着玩什么游戏，尽量让孩子感觉到自由和快乐。

2. 爸爸经常殴打孩子。

为了坚守属于自己的领域，也出于对父亲的逆反心理，孩子以扔东西的方式进行反抗。

How to 这时，家长应该先向孩子道歉，并且答应以后不再打孩子。孩子的行为存在问题，如果家长跟着孩子做问题行为，这和年幼的孩子有什么区别呢？

3. 家长吵架。

有的家长相处得并不融洽，平时吵吵闹闹不说，隔三差五还大吵一场。身处这样的家庭环境，孩子会觉得厌烦、孤独和害怕，希望家长能早日改变家庭氛围，使之和谐融洽。那么，我们来分析一下这时孩子的心情吧：

孩子的心情：要是爸爸妈妈不再大声吵架就好了。

孩子的行为：扔到地上的东西发出巨大响声，或者干脆伤着我好了。

孩子的意图：把爸爸妈妈的注意力转移到我的身上，他们就不会吵架了。

How to 夫妻双方应当明白事态的严重性，并且共同努力及时调整夫妻关系。只有这样，孩子才能停止扔东西的行为，才能从心理上真正感觉到安定和平静。

Case09

经常咬人、掐人或挠人。

一周岁之前的孩子，尤其是长乳牙的孩子喜欢咬东西。因为长牙的时候牙床痒痒、敏感，所以这时期的孩子不管三七二十一，只要能拿起来的东西就把它放到嘴里啃咬，有时还咬人。

18 至 30 个月之内的孩子，有时也咬人。这时期的孩子并不理解被咬的人会疼痛。

入学之前的孩子，时常有咬人行为，这也属于正常现象。这时期的孩子，大部分都有咬人经历，至少咬过一次。随着年龄的增长，这种现象将会逐渐好转。

孩子比较集中的幼儿园或者游乐场，孩子之间互相啃咬的事情频频发生。咬人会给他人带来疼痛，所以为了报复对方，双方打得更为激烈。如果这种行为过于频繁，会给同龄孩子留下可怕印象，继而造成一系列问题。

孩子咬人的原因是什么？

无法充分表达自己的心情，也不懂得采用正确方法与人交流，所以，当孩子感到愤怒、兴奋或者有挫折感时会做出咬人行为。

1. 感到恐惧、生气、兴奋或受到某种刺激时，无法克制情绪或者无法独自应付眼前事态时，会做出咬人行为。

2. 无法控制冲动情绪，就去咬人。

五六岁的孩子善于打架。当他们挨打或者挨咬时，出于本能回应，也会去打对方或咬对方。觉得某人对自己构成威胁时，也会去咬对方。幼小的孩子咬人，可以说是一种自我防卫的方式。

3. 攻击性的表现。

生活发生重大变化时，孩子会变得忐忑不安。比如，弟弟出生、搬到新家或者父母离异等等情况，都会让孩子闷闷不乐。因此，会做出攻击性行为。

4. 为引起家长的关注或试探他人，也会去咬人。

心灵处方——要理解孩子的心情。

想制止咬人行为，首先要理解孩子的心情。孩子咬人，有时不是因为讨厌朋友，而是从心底里想和朋友一起玩却不懂得表达，所以去咬人。

感到愤怒、兴奋或者感受到挫折感时，因为不会正确表达心情，又不会与人进行恰当的交流，所以咬人。

孩子咬人时，很多家长不知所措，等他们回过神之后，第一个反应就是严厉地训斥孩子。其实，这种盲目训斥对孩子没有丝毫帮助。

如果孩子经常咬人，那么我们建议家长利用一周左右的时间紧紧跟在孩子左右。这不是让家长监督孩子，而是让家长观察孩子在什么情况下咬人。如果家长在场的时候孩子咬人，家长就可以即时介入，对孩子说："不要咬人，会伤着人。"如果孩子听家长的话不去咬人，应该给予表扬。然后再耐心地告诉孩子用不着咬人也能很好表达心情的方法。

● 试探性地咬人。

婴幼儿有时试探性地咬他的妈妈或者其他照顾他的人。这时，家长要做出及时反应，制止孩子。

随着脑神经和运动神经系统的日益健全，这时期的孩子试图不断满足自己的各种好奇心。因此，咬人行为可以说是孩子满足探险心理的一种表现。家长可以给孩子准备色彩鲜艳或者形状各异的玩具，以满足孩子五花八门、层出不穷的好奇心。

长牙的时候，孩子也会经常咬人。这时，家长可以把安全的东西递给孩子，任孩子随便啃咬。

孩子咬人时，家长首先应该弄清楚咬人的原因，然后再积极介入，以帮助孩子改正自己的错误行为，从而让孩子慢慢地成熟起来。

孩子偶尔也打人、挠人或拽他人的头发。这时，家长不要做出过激反应，而要轻轻地对孩子说："那样做不好。"一定要记住，千万不要对孩子进行长时间的说教，简单明了的一两句话就可以了。这样，孩子更能迅速而正确地领会家长的意思。

心灵处方——孩子咬人时，不妨这么做：

1. 先把两个孩子分开，看一看有没有受伤。
2. 不要责骂或惩罚孩子，而要心平气和地对待。

看到孩子咬人，有些家长很生气，也很担忧。但是如果惩罚过重，孩子的内心深处会充满怒气和怨气，而这种怒气和怨气容易生成敌对情绪，等它达到一定程度，就会更加频繁地发泄出来。

3. 被咬的孩子和咬人的孩子，都需要家长的关心。

先看一看被咬的部位需不需要接受治疗。需要注意的是，关心挨咬的孩子时，千万不要忽略咬人的孩子。要记住，咬人的孩子也同样需要关心。

4. 家长要告诉孩子，当自己痛苦、生气或者不舒服时可以向老师或家长求得帮助。

这些话不应该是表面上的话。孩子遇到困难寻求帮助时，家长或老师一定要全力以赴、尽心尽责，以最大限度稳住孩子情绪。

5. 和孩子说一说发生过的事情。

如果想和孩子谈话，就应该先稳住孩子情绪，然后再进一步和他谈。谈话时，家长可以采取做游戏的方式和孩子进行交流。

例如，让孩子说出周围的饭桌、玩具、杯子、铅笔以及椅子等等物品的名称，并让他区分可咬和不可咬的东西。在区分过程中，不要只觉得孩子的想法很荒唐，而要认认真真地告诉孩子并引导孩子。比如你可以把汽车、小型吸尘器或鞋子等玩具一一摆出来，并饶有兴趣地问孩子："难道这些真能咬？"如果孩子点头或表示疑惑，家长就可以笑着说："你咬咬试试？"这样，孩子可以在轻松愉快的游戏中自然而然明白哪些东西可以咬而哪些东西不可咬。

如果孩子在幼儿园把别的小朋友咬伤了，那么家长要及时跟老师沟通，了解孩子生气时的表现、特点等等。通过与老师的沟通，家长可以了解有关孩子的更多信息。除此之外，也可以和老师谈一谈应付咬人行为的对策，这对于改变孩子的问题行为有一定帮助。

有时，家长会问："你咬人，想过他人感受吗？"这种谈话方式，有时会滋长孩子的不良心理，即"我的攻击性行为，能引起妈妈关心，她能和我进行亲密谈话"。可见，围绕问题行为和孩子进行谈话本身，能让孩子得到心理上的满足，而这样的经历，也会纵容孩子继续做出咬人行为。所以和孩子进行谈话时，家长一定要注意孩子的心理变化。

心灵处方——因咬人被拉到一边的孩子，试图再咬人，家长不妨这么做：

1. 了解孩子咬人原因和咬人状况。

如果家长及时掌握孩子咬人时的各种状况，就能防患于未然。一帮孩子一起玩耍时，因别的孩子拽他、推他才咬人，还是因为孩子们围得太多而感到不安咬人，还是咬了幼儿园新来的小朋友等等，家长应该弄清楚。

2. 近距离观察孩子。

如果平时仔细观察孩子，就能准确判断咬人之前的各种征兆。

比如了解到通常在哭闹、喊叫或者跺脚之后咬人的特点，就可以有效防止咬人行为再次发生。

3. 如果孩子想再次咬人，就应该及时制止。

孩子再次靠近朋友试图咬人时，家长应该温柔而坚决地制止："不行，不能咬。"防止孩子再次咬人，是比较困难的事情。因为老师或家长大声呵斥或者强行制止，很容易激起孩子的逆反心理。家长抱住或摁住孩子，不让孩子再次咬人，哪怕是一小会儿，家长也要通过身体把爱传达给孩子，让孩子感觉到家长多么喜欢自己。只有这样，孩子才能在乱踢乱蹬、用力挣扎的过程中感受到家长的情感，随即会投入家长的怀中哭诉自己伤心的原因。

其实，很多家长都能做到一两次。但是孩子咬人的行为却不是一朝一夕能改变的，直到孩子学会有效控制自己情绪为止，哪怕是几十次、几百次，家长也要不辞辛苦、全力以赴，更要持之以恒。

心灵处方——孩子咬家长时，家长可以这么做：

家长可以坚决而明确告诉孩子："不能咬，会伤到别人。"如果是抱在怀里的孩子咬家长，应该马上把孩子放到一边，表明家长的态度。如果孩子还想咬家长，那么，家长可以采取如下措施。

第一步 紧紧盯着孩子的双眼。

第二步 用坚决的语气对孩子说："不能咬。"如果家长笑嘻嘻地说话，孩子不但不会听，反而会觉得好玩。

第三步 对孩子说："如果你再咬妈妈，妈妈就这样对你。"然后，把孩子轻轻推到一边。如果家长恶狠狠地推开孩子，孩子就会认为家长讨厌他、排斥他，从而会受到心灵的创伤。

第四步 家长绝不能反咬孩子一口。因为这样做，等于是告诉孩子，咬人行为是表达情感的唯一的、最恰当的方式。

第五步 控制住情绪，安静而平和地说话。千万不能给孩子留下生气或惩罚的印象。

第六步 就算咬伤了家长，孩子也不会理解家长的难过心理，所以，不会用"对不起"来表达歉意。如果家长提高嗓门训斥孩子，孩子可能会因害怕哭起来。

Tips

孩子咬人时，家长绝不能采取的做法：

1. 反咬一口孩子，让孩子也感受疼痛。
2. 采用“暂时出局”的方法，惩罚孩子。
3. 每次咬人时，把辛辣的、苦涩的刺激性强的东西贴到孩子舌头上，以此惩罚孩子。

Case10

不能为所欲为时，经常吐口水。

30 个月大的孩子动不动就吐口水。让他做事，不愿意做时；妈妈说他两句时；想让爸爸跟他一起玩，可爸爸因为有事不能马上跟他一起玩时；甚至在大街上，有些小姑娘夸他漂亮时，孩子都会吐口水。每当这时,家长不止一次感到难堪和丢人。家长有时不能理解，不大点儿的小孩子哪来的那么多口水，而且瞄的又那么准。

吐口水的行为，比扔东西的行为更让人反感和厌恶。虽然不给身体带来任何疼痛，但是让人感觉很脏，谁都本能地躲避。

然而，三岁孩子是无法知道这些情况的，他们只会觉得好玩。为了吐口水，孩子首先利用嘴里的舌头和肌肉把口水攒起来，然后再通过张嘴、抿嘴等嘴部动作把口水送到外面。如同管弦乐协奏，这一系列过程需要嘴里各个器官通力合作、配合默契。从孩子角度看，看到吐出的口水百发百中，又看到对方惊慌失措、东躲西闪的样子，是何等有趣的事情！如果偶尔有一两次吐口水的行为，家长就不必太紧张，也用不着执意去改变。过了三岁，等到孩子明白人和人之间有多种多样的接触方式，明白自己的行为给他人带来的不舒服感，自然会停止这种行为。

如果总在持续吐口水的行为，家长就应该从多个角度好好找找原因。

● 孩子为什么会吐口水?

1. 觉得好玩。

先用舌头把口水攒起来，再使用舌头和嘴唇把口水吐出去，看到飞到远处的口水星子，孩子感觉整个过程充满了乐趣。

2. 表示发火或者表现敌对心理。

就像有的大人生气时吐口水一样，孩子生气或者讨厌对方时，也会用吐口水来表现自己的敌对心理。

3. 是一种习惯性动作。

吐一两次口水之后，孩子会逐渐习惯成自然，只要嘴里有点唾液，就会无意中吐出来。这是一种习惯性动作，也可能是面部痉挛的表现。

4. 恐惧不安的表现。

忐忑不安或者他人命令自己、靠近自己时，出于恐惧和不安心理，孩子会产生想吐口水的冲动。

心灵处方——如果孩子把吐口水视为乐趣，家长不妨这么做：

不要发火，也不要强行制止。因为对孩子来说，学会一种新技能是一件非常有趣的事情。看到家长对自己大喊大叫、厉声训斥，不但不会理解家长动怒的原因，反而会受到惊吓。尽管吐口水是成长过程中自然表露出来的好奇心，但不能一直默许。

应该教给孩子除了吐口水之外，使用舌头和口腔肌肉的方法，比如吹气球、吹小乐器等等。防止蛀牙或肥胖的前提下，适当给孩子吃软糖，也是一种较好方法。

心灵处方——生气或者表现敌对心理时吐口水，家长不妨这么做：

攻击性强、容易生气的孩子，有时也会吐口水。等到孩子的语言表达能力得到提高，能用言语自如表达自己情绪，自然会减少这种行为。有些性急的家长，不管三七二十一，先严厉制止孩子吐口水的行为，再问孩子的感受。事实上，这种做法很容易引起孩子更大的火气，因为孩子觉得家长不懂得他的心思，无比遗憾和委屈。最正确的做法是，先理解孩子心情，然后坚决地说："无论如何，不能采取吐口水的方式！"

心灵处方——如果孩子习惯性地吐口水，家长不妨这么做：

孩子不像生气的样子，也找不出吐口水的其他理由时，家长就认为这是孩子习惯成自然的行为。其实，这并不是孩子习惯性动作，而是孩子面部痉挛的一种表现。这种行为没有任何目的性，也不是有意的，所以不管家长怎样发牢骚、怎样制止，都是毫无用处的。这时，家长不妨采取满不在乎的淡漠态度，默默地注视孩子。当孩子要求家长不要施加压力或训斥时，有些人可能会说："我没跟孩子说什么呀？"也许家长真没说过什么话，但是看到家长的斜视或者不满的眼神，孩子也会感到压力重重。

心灵处方——如果孩子因恐惧或不安而吐口水，家长不妨这么做：

胆怯的、容易受惊吓的、动不动就觉得不安的孩子，一旦受到外界刺激，就会立刻紧张起来。直到完全了解情况为止，孩子会把对方视做敌人，表现出极度警惕的样子。对于这样的孩子，即使有的大人觉得他可爱，想伸出手去抚摸，孩子也会认为这是对他的攻击。所以，出于自我防卫，孩子会采取应对措施——吐口水。

看到对方为了躲闪飞来的唾液而闪开身体时，孩子认为自己的攻击晚了一步，会感到懊悔。所以，想用唾液筑成防御战线的孩子会不停地吐口水，这样，孩子就觉得自己已经做好了他人无法逾越的防线。

如果大人靠近这样的孩子，并对他说："你看，我是喜欢你才去摸你的呀！"那么，这一番话反而会引起孩子的警惕心理。所以，家长不要再靠近这样的孩子，而要和孩子保持一定距离，以便给他安全感。也就是说，当孩子吐口水时，家长赶紧往后退一步，然后，耐心等待孩子安静下来。

请再告诉我！ Q&A

Q1 孩子动不动就生气，不是打弟弟就是打朋友。怎样帮助这样的孩子？孩子需要接受治疗吗？

A 攻击性行为会给他人带来伤害。这种敌对心理、抵抗心理或爆发性心理，如果过分强烈，就需要接受治疗。药物治疗有时能起到一定效果，家长不妨短期使用，以便缓解病症。

Q2 什么情况下，应该把往墙上或往地板上撞脑袋的孩子送到医院？

A 大部分时间都在撞脑袋，或者有受过伤的经历却仍然不断地撞脑袋时，应该找医生看一看。患有肺部疾病或者存在其他发育障碍时，孩子的内心充满种种不满与怨恨，也会做出攻击性动作。例如，不满意自己的长相，或难以适应周围环境，或觉得自己很不争气，或感到抑郁、烦闷等等。

Q3 孩子乱扔东西，经常把屋子弄得乱七八糟。这时，让孩子自己收拾，是否有利于增强孩子的责任感呢？

A 和孩子一起收拾屋子吧。如果让孩子自己收拾，孩子会感觉有负担，或者干脆放弃收拾的念头。即使让孩子整理自己扔的东西，也要看这一要求是否符合孩子的年龄和他实际的做事能力。

和孩子一起收拾时，可以做一些简单游戏。比如，收拾写有数字的积木时，可以和孩子比一比看谁能更快地找出特定数字。

Q4 怎样防止孩子乱扔东西？

A 希望父母能起到榜样作用。请家长回顾自己打扫屋子时，是否曾经把靠垫扔到沙发上或者把衣服扔到床上？家长可以告诉孩子，哪些东西可以扔，哪些东西不可以扔。家长用不着一本正经地告诉孩子，而要寓教于乐。比如当孩子说“地上的废纸可以扔”时，家长一边说“说得好”，一边做出投篮动作：“哇，投中了！”

Q5 吃饭时，孩子经常扔食物、摔盘子或者摔杯子，我该怎么办呢？

A 请家长和孩子一起就餐吧。吃饭时，家长要温柔而坚决地告诉孩子：不能乱扔食物或餐具，盛饭时不要盛得太多。只要家长细心观察，就能发现没吃饱之前，孩子是很少乱扔食物的；等孩子吃饱了、觉得无聊了，就会开始扔东西。这是向大人表示他已经吃完了。这时，家长可以让孩子离开饭桌。不管是不是有意，有时孩子会剩饭菜，有时弄得周围都是小饭粒，但家长也不能大声训斥孩子，也不能折腾孩子。因为我们大人吃饭，难免也会掉东西。

Q6 玩着玩着，孩子就开始扔沙子、扔积木。想制止吧，觉得孩子玩得挺高兴的，怕扫他的兴；想置之不理吧，又觉得不可以。我应该怎么办呢？

A 家长要明确告诉孩子，哪些东西可以扔，哪些东西不可以扔。比如玩沙子或积木时，乱扔沙子或积木是绝对不可以的。但是有些东西，如皮球之类的，就应该鼓励孩子不要抱着玩，而要扔来扔去地玩，因为只有这样玩，才更有意思。除了皮球之外，也可以玩丢沙包或者往水里丢石子的游戏。如果家长陪着孩子一起玩，孩子会觉得更有意思。

Q7 挨咬的伤口肿得通红通红，只抹药膏，可以吗？

A 挨咬的孩子，一想到自己受到攻击的事实，就感觉痛苦，所以首先要稳住孩子情绪，然后再观察挨咬的部位。用香皂洗净伤口之后，再用已消毒的绷带把它包上。如果伤势较重，就应该到医院接受治疗。

Q8 什么样的环境促使孩子咬人呢？

A 如果仔细观察咬人的孩子，就能掌握诱发孩子攻击性行为的特定环境和时间因素，从而有效回避特定环境和时间段。比如，孩子喜欢在人多的地方咬人，就把孩子送到人少的幼儿园；孩子总是咬某一个特定的小朋友，就把他俩分开；刚开始玩的时候好好的，玩着玩着就开始咬人，就有意缩短玩耍时间。等孩子再大一点，语言表达能力会得到增强，解决问题的能力也会得到进一步提高，那么，咬人行为就会自然而然消失。因此，家长不必过分担心。

Q9 孩子咬人是家长没教育好的缘故吗?

A如果孩子出现咬人等过激行为，有人就说："这孩子是怎么教育的?怎么总咬人呢?"每当这时，家长会感到很苦恼，认为自己家教不严、教子无方。其实，这不全是家长的责任。但是家长要做个好榜样，坦率地向挨咬的孩子表示歉意。这样，孩子就会知道自己的行为给爸爸妈妈带来了麻烦，从而减少问题行为的发生。

Q10 觉得孩子可爱时，家长可否轻轻地咬一口孩子?

A觉得孩子可爱时，有些家长就忍不住轻轻地咬一口孩子，这种举动有时会促发孩子咬人行为。所以尽管出于喜爱的感情，家长也绝对不可以咬孩子。

Q11 不管怎样警告，只要看到像人体肌肉的软绵绵的东西，孩子就情不自禁地咬，该怎么办?

A可以找个替代品让孩子咬，比如，给孩子拿苹果。看到自己的牙齿能咬进果肉里，孩子会有一种满足感。另外，每次孩子想咬人的时候，可以让孩子走一走或跳一跳。

PART 04

调控情绪

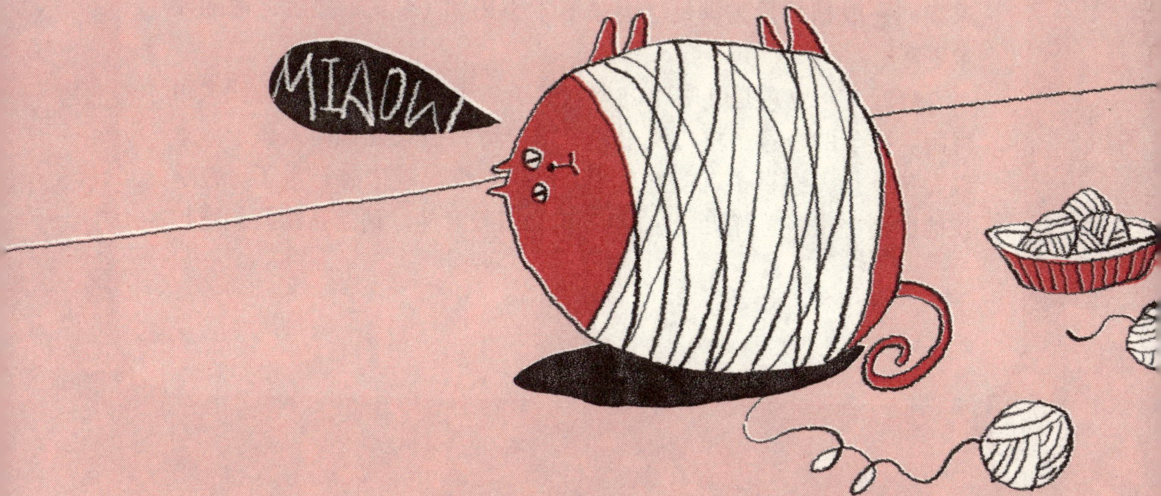

妈妈的来信

院长：

您好！最近，我总感觉对孩子的教育一塌糊涂。经历了一番挣扎，终于鼓起勇气给您写信，以求得您的帮助。

我儿子是初中二年级的学生，因过分贪婪、倔强，从小就让我吃了不少苦头。只要不听他说话，孩子就会没完没了地磨人，而最近他动不动就大发脾气、使小性子。有第二个孩子之前，孩子的要求我们一般都尽量去满足。但是有了小弟弟（5岁）之后，他的要求更甚了。

最近，家里总是乱哄哄的。大孩子事事磨人，稍不如意就大声哭闹。孩子的爸爸虽然口头上说应该严厉，但处处偏向大孩子。本以为孩子长大懂事了就能好起来，没想到情况越来越严重了。在学校他也经常和同学打架，我真不知该如何教育他。请您帮帮我们吧！

回信

人类之所以能进化为最出色的灵长类，是因为具备了调控情绪的能力。也就是说，人类能理性地思考问题，理智地对待自己的情感。

这种调控能力不是与生俱来的，它可以通过接受教育和训练来完成。但是有很多人由于性格原因、气质原因，不善于调节、控制情绪。

婴幼儿时期调节不好情绪的孩子，如果不接受适当的抚养和训练，长大之后会成为极易冲动的人。所以，与其先教孩子英语、奥数，还不如教孩子调节、控制情绪的方法。

这里所说的调控，并不是说把自己的悲伤、愤怒等情绪隐藏起来，装得若无其事或神态自若，而是在表露感情时，懂得合情合理、适当地表达。

不过，毕竟是小孩子，在情感调控方面显得生疏也是很正常的。但是，如果调控能力太差，就应该及时引导孩子。

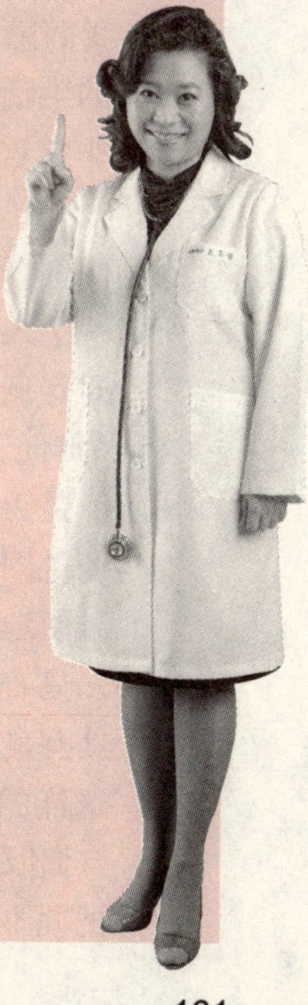

不懂得
调控情绪的孩子

调控情绪为什么对孩子显得尤为重要？

我们感觉到的喜怒哀乐，用一句话概括就是“情绪”。情绪，在我们的生活中能起到类似润滑剂的作用。从引发问题的根源看，情绪是非常重要的。从事某一重要的事业时，先有了动机之后，才能开始投入，而动机又始于情绪。情绪是幸福和不幸的源泉。感情得到满足时，会感觉幸福；相反，得不到满足时，我们会觉得不幸。所以一个人情绪的反应同他的人格有密切关系。

拥有良好情绪的人，能很快适应周围环境的各种变化，并且始终认为自己是一个非常幸福的人。我们发现，这样的人能活得非常快乐。是否具有良好的情绪和情感，是决定一个人是否幸福的标准，也是衡量国家或社会是否幸福的标准。

透彻地了解自己的情感，就能合理调控，这对孩子的成长至关重要。只有做到这一点，孩子才能成长为健康的、适应能力较强的人。

具有良好情绪的人，是指了解自己的情绪并能做到合理调控的人。这样的人既能广交朋友，少患疾病，学习也是非常优秀的。家长经常慨叹：“怎样做，才能真正了解孩子？”“孩子的心像六月的天，总是把握不好。”

如果家长能准确地了解孩子的情绪，就不会和孩子产生太多矛盾，反而能轻松引导孩子。事实上，如果家长不了解孩子，会感到憋气、窝火。了解孩子的情绪并无特别秘方，只要从接受孩子、认可孩子开始就可以。不随便指使孩子、支配孩子是能让孩子坦诚地向家长敞开心扉的第一步。在此基础上，家长可以实施下面的几个措施。

● 引导孩子进行情绪调控的五个步骤：

1．家长要掌握孩子的情绪状态和表现。

家长不但要掌握孩子生气、受到挫折、兴奋等状态下的各种表现，还要掌握孩子处理情绪的具体方式。

2．告诉孩子，合理的情绪表现有利于和他人建立密切的人际关系。

不管是积极还是消极的情感，家长都要鼓励孩子勇敢地表现出来，而不能犹犹豫豫、遮遮掩掩。孩子表达自己的消极性情感或者大使性子的时候，有些家长觉得没什么大不了的，就装作不知道或者干脆不理睬。如果孩子还没有学会表达自己的消极情感的方式，问题严重之前，就应该多和孩子谈一谈家长的感受。

3．家长要摸透孩子的心思，和他产生共鸣，并认可他的情感。

抚养孩子时，家长会发现，孩子有时会用不起眼的姿态或不经意的话表达自己的情感。如果家长想读懂孩子的心思，首先应该鼓励孩子，毫无顾虑地敞开心扉。这样，不管是生气、心烦还是讨厌某一个人，孩子都能坦然地、毫无隐瞒地、放心大胆地表达自己的情感。就算它不是很高尚的、很积极的情感，只要孩子表达出来，家长就应该告诉孩子那是正常的情感表露。

4．帮助孩子用恰当的语言表达情感。

用语言表达自己的情感是很重要的，但是有些孩子却感到难为情。因此家长要教孩子用来表达情感的词汇。通过反复学习，积累一定经验之后，孩子就能自如运用语言这一手段，恰当地表达自己的情感。

5．教孩子解决问题的多种方式。

孩子很容易用行动表达自己的情感。比如，一生气就挥拳打弟弟或者朋友。孩子有了某种感受时，家长首先要告诉孩子解决问题的多种方法，同时，还要教孩子根据具体情况恰当处理问题的方法，并鼓励孩子试一试。有了这种成功经验，孩子不论身处什么情况，都能恰到好处地处理好自己的情感。

孩子很难调控自己的情感，家长应该怎么办？

测一测孩子的状态

√ 孩子身上有这样的倾向。

Check01_____经常生气。→ P165

Check02_____在外面表现非常好，可是一回到家就对爸爸妈妈或弟弟发牢骚、耍脾气。→ P176

Check03_____情绪波动大。→ P176

Check04_____爱发牢骚，动不动就哭鼻子。→ P178

Check05_____经常发脾气。→ P178

Check06_____伤心时，就往墙上或地板上撞脑袋。→ P183

Check07_____嫉妒心太强。→ P184

Check08_____竞争心理太强。→ P187

Check09_____讨厌某个人。→ P191

※ 查对孩子的症状，找到相应的页码。好妈妈的心灵处方恭候您的光临。

针对不懂调控情绪的处方

Case01

经常生气。

在日常生活中，我们难免要接触称为“怒气”的情感。有时我们自己在默默感受怒气；有时完全表露出来；有时我们看着别人发怒；有时我们自己成为别人发怒的对象。当自己的内心有一股怒气时，是要忍气吞声呢，还是毫不隐藏地全部表现出来呢？

怒气，不能说是一种好的情感，但也不能说是一种必须忍耐的不好的情感。当怒气作为一种能量，赋予孩子动力时，可以说它是好的；但是当它表现为耍赖、大发雷霆或欺负弱小者的攻击状态时，却是需要改正的不好情感。

很多家长都无条件地认为发火是不好的，所以，觉得孩子不应该发火。事实上，管教发怒的孩子是一件很难堪、很为难的事情。孩子发怒时，如果家长怒气冲冲地说“别发火”，那么，虽然当时可能有一定效果，却绝不是明智的态度。孩子用“怒气”表露自己的情感，是孩子所感受到的真实的情感，如果强行压制它，就如同压制情感自身。孩子发怒时，明智的家长应该接受孩子的“怒气”，但是要教孩子释放“怒气”的适当方法。

也就是，要引导孩子不采取攻击性的、破坏性的方法表露“怒气”，而要采取有利于自身的建设性的方法表达。

● 孩子为什么会发怒呢?

“怒气”是来自外界或内在的刺激而产生的兴奋状态。孩子得不到想要的东西或者实现目标过程中遇到障碍时，都会用“怒气”表达情感。害怕受到伤害而极力躲避时，作为一种防御手段，也会以发怒表现情感；被别人轻视或者想和同龄人玩却遭到拒绝，也会因受到伤害而发怒。

不懂得如何维护自尊心的孩子，更容易发怒。小朋友取笑他、挖苦他，和他开个玩笑或者叫外号，孩子也会发怒。

懂得维护自尊心的孩子，也极易发怒。受到朋友欺负或者受到家长、长辈体罚，感到孤独或遇到自己解决不了的问题，感到不安或想依靠家长却得不到支持时，孩子都会发怒。

引发孩子“怒气”的理由很多。只根据可视的、外在的现象而指责或漠视孩子，都是不可以的。

从表面上看孩子只是生气而已，但内心可能充满了悲伤或忧愁。所以，家长要了解孩子的情感，并尊重孩子。这是不容置疑的。

孩子生气时，往往做出怎样的举动?

1. 怒目斜视，紧蹙眉头，或者哭泣、嘟囔。
2. 表现出拒绝上幼儿园或学校，不愿意跑腿，乱写乱画等非攻击性行为。
3. 表现出打、骂、扔、喊等攻击性行为。
4. 表现出面无表情、静坐等被动行为。

心灵处方——家长要理解孩子的怒气。

“怒气”是挫折感产生的一时的情感状态，没必要想得太严重。如果根据孩子的发怒理由，准确而迅速地把握孩子当时状况，就可以减少孩子日后发怒的次数。但是，一定要控制孩子伤害他人或破坏物件等攻击性行为。

1. 要记住，家长的干预是出于更好地保护孩子。

家长应该铭记：管教发火的孩子不是为了惩罚，而是为了保护、稳定孩子的情绪。

2. 告诉孩子，释放怒气的方法有很多种。

家长和老师要告诉孩子，除了发怒之外，释放怒气的方法还有很多种。同时，还要明确表示家长能接受孩子的怒气。

3. 家长要成为行为典范。

家长要时刻谨记，惩罚孩子并不是目的，也不是最有效的手段。最有效的方法是教孩子正确的行为规范的同时，以身作则、身体力行。家长要自行进行平息怒气的训练，生气时，可在心里数十个数或者做深呼吸。看到家长平息怒气的调节方法，孩子也会模仿家长。

4. 明确告诉孩子，允许和不允许怒气之间的区别，并及时指导孩子。

家长可以允许孩子用乱写乱画、听快节奏音乐、跺脚、给朋友打电话聊天等方式发泄怒气。但是要严厉禁止孩子说粗俗语言或做出无礼举动，尤其要禁止孩子打人、乱摔玩具或无理耍赖等行为。

5. 保持理智，冷静地处理问题。

就算孩子对家长大发雷霆，家长也要保持理智。当然，这说起来容易，做起来难。即便如此，只要家长努力，就不是不可能的。孩子发火或谩骂时，家长要保持理智，冷静地处理问题，而不能和孩子一起发火。

6. 不要使用命令口吻。

孩子因生气而扔积木时，家长不要大喊大叫发脾气。家长不妨这么说："不要扔积木，万一伤着你怎么办？积木是用来盖房子的，咱们一起来盖房子好吗？"稳住孩子的情绪之后，通过一起玩游戏或谈话逐渐了解孩子发怒的原因。

7. 抓紧引导。

孩子生气时，家长可以和孩子做"电梯游戏"。"电梯游戏"，是指把生气的程度比做 10 层电梯，并从最顶层开始往下数，如"10 层、9 层、8 层……1 层"。随着电梯层的减少，孩子会慢慢感到怒气逐渐平息，当电梯数到达 1 层时，孩子的怒气也就基本平息了。

8. 让孩子多活动。

活动活动身体，有助于孩子把积压在心底的某种感情，如愤怒、伤心、敌对等情绪发泄出去，或把处于兴奋或激动状态的情绪平息下去。

心灵处方——根据不同的发怒原因，找出相应对策。

● 得不到想要的东西或因计划落空而产生挫折感时，发怒。

事例 **四年级学生英民很喜欢踢足球。有一天上课时，因为同组的两个学生打闹，他也受到了牵连，放学后不得不留下来打扫教室。那天恰巧是学校足球队选队员的日子，于是英民找足球老师说了实情，但是老师并没有按特殊情况处理而给他一个机会。最终，英民未能入选学校足球队。接下来的几天，英民天天发牢骚或发脾气："简直太不公平了，气死我了。"英民的家长也认为足球老师的处理方式不公平，觉得能理解孩子的心情。他们对英民说："英民，我们知道你很委屈、很失落。要是换了我们，也会生气。可是，你天天没完没了地发牢骚、发脾气，我们会感觉筋疲力尽。"**

就像上述例子，孩子受到挫折而发怒时，家长首先要表示他们能理解孩子心中的怒气，然后再告诉孩子，虽然他们能教给他表现怒气的方法，但是最终用什么样的方式处理，还在于他自己。同时，还要给孩子分析他发怒的前因后果。等到孩子能理解发怒的原因，产生挫折感的原因，就不会再无缘无故地发牢骚或发脾气了。

● 不懂得维护自尊心，经常因琐碎小事而大发雷霆。

为了把孩子培养成有知识、有能力、懂礼节，不给他人带来伤害的人，有些家长非常严厉地管教孩子。可以说，这些家长对孩子的教育是毫不含糊、不遗余力的。有的家长为了刺激孩子更加奋发图强，当孩子发火或做错事情时，会含沙射影地数落孩子。比如，孩子从小就想当警察，当他打了弟弟或者大发雷霆时，家长就会说："别说当警察了，我看连流氓都当不上。""还警察呢，连警察的脚后跟都赶不上。""你看你那样儿还当警察呢，连门都没有。"这些家长认为，他们这样说能起到激励孩子的作用。然而，事与愿违，这些话只能成为对孩子的语言虐待。诚然，家长说这些话的目的并不是虐待孩子，但是在孩子的眼里，家长却在百般地挖苦他、嘲讽他，让他难受。更可怕的是，家长若经常采用这种说话方式，会导致孩子慢慢成为一个不懂得维护自尊心的孩子，即没有自尊心的人。一个没有自尊心的孩子，不管别人怎样责难、戏弄，他都会表现得无动于衷、我行我素。所以，平时要告诉孩子，在家长眼里他是多么重要的存在，是多么值得尊敬的人，并以此鼓励孩子塑造一个更加自信、更加完善的自我形象。

● 感到孤立无援而发怒。

走到孩子身边，温柔地与孩子进行身体接触，也有助于平息孩子的怒气。长辈走近孩子，表示他们关心孩子，而这种关心足以让孩子平息怒气，稳定情绪。

孩子对家长的行为和对他们所做的事情感到好奇，是与生俱来的。孩子们总想参与家长的事情，但是很多家长却因忙于自己的事情而感到不耐烦。他们会说："你到那儿玩一会儿好吗？""没看见我忙吗？上一边呆着去。""真是碍手碍脚。"本来，孩子是想表示自己对家长的关心，可未曾想反而遭到了家长的冷落和拒绝。于是，他们就认为家长不理解他们的心情，顿生一种疏离感和孤立感。这时，孩子会一边发脾气，一边故意弄坏玩具或家里的什么东西。如果家长对孩子说："你玩的是什么游戏呀？和我一起玩好吗？"孩子则会渐渐平息怒气。

大点的孩子，因为要做的事情很多而不能经常和家长在一起，所以他们感受到的疏离感和孤立感更为强烈。比如孩子为迎接期末考试而做数学习题时，看到家里的其他成员都围坐在一起有说有笑地看电视节目，就会产生一种强烈的疏离感。有的家长会问：孩子学自己的知识，哪来的什么疏离感？但事实不是那样。家长可以走近孩子，并对他说："你真行，自己也能学这么好。等你学习结束后，咱们一起吃水果吧。这些题有没有不会的？"

● 遇到自己不能解决的问题时，感到不安而发怒。

如果遇到了自己无法解决的问题，孩子一边说"你让我怎么办啊？"一边发脾气。从某种角度看，这些孩子用不安和担忧表现自己的怒气。在日常生活中，我们大人有时也会经历这样的事情。比如，孩子的学习成绩并不理想时，大多数家长因担心孩子考不上好大学而对孩子说："就你这么学习还想上好大学？还不给我赶紧进去学习！”很少有家长心平气和地对孩子说："这样学，上好大学是很困难的，爸爸妈妈真的替你担心。"其实，发怒并不能减轻内心的不安，相反大发雷霆之后产生的一系列问题，才让人担心。

因此，家长要理解孩子的不安心情。"我看你好像很担心。到底什么事让你愁眉不展、闷闷不乐？让我们一个一个解决好吗？"同时，家长要告诉孩子，有些事情不论孩子怎么努力、怎么尽力也是无法解决的。家长可以这么说："只要你尽了最大努力，就不要太着急了。我们先来等一等、看一看事态的发展吧。不管以后出现什么问题，我们都会全力帮助你。"这样，不仅有助于了解孩子不安的原因，也能有效解除孩子的不安心理。

● 因悲伤或忧郁而发怒。

悲伤和怒气是孪生姐妹般分不开的两种感情。有些大人悲痛欲绝或抑郁不畅时，就会用怒气表现自己的情感。成人抑郁时，虽然有时不太表现自己的感情，但事事不如意时，他就会想："今天谁要是再让我不高兴，我就跟他没完。"于是，把满腔的抑郁表现为怒气。感情不太成熟的孩子，就更容易把悲伤表现为怒气了。如果家长不去关心孩子生气的原因，只是看到他发火的表面现象而大喊大叫，那么孩子的内心该有多悲伤？孩子本来是想得到家长的安慰，结果安慰没得着，反而被家长大骂一顿。需求没有得到满足，孩子就会感到委屈，进而变得抑郁。

这时，家长不能只看到表面现象，而要仔细观察孩子做出那种举动的原因。责怪孩子之前，应该问一问孩子生气的原因，并创造孩子能坦诚说出理由的环境。家长无微不至的关怀和诚恳的态度，会让孩子说出发怒的真正原因。

● 想得到家长的关心而发怒。

孩子表现出不适当的行为时，家长不能表现出过分关心的样子，因为有时"漠视"反而比"重视"起到更好的效果。但是说出"漠视"这个词，应该慎而又慎。因为这种"漠视"并不是让你漠视孩子自身的存在，而是让你漠视孩子不适当的行为。很多家长不仅漠视孩子的不当行为，而且还漠视孩子自身的存在。实际上，家长可以漠视孩子不当的行为和需求，但是，应该对孩子表现出无微不至的关怀和爱护。

对孩子视而不见或者冷落孩子或者让他一个人孤零零地独自留守，都是不可以的。

另外，因一时怒气对孩子不闻不问，可心血来潮时对孩子又搂又亲，这些做法都不属于教育性的“漠视”。如果家长正确调整自己的心情，始终一贯地漠视孩子某些不当的行为，孩子就会慢慢体会到自己行为的不妥之处。

可以说家长是孩子的一面镜子，家长的一言一行、一举一动都会给孩子留下深刻影响。因此，想让孩子学会正确调控情绪的方法，家长的示范至关重要。家长越是发脾气，孩子越会变得暴躁。

对于爱发脾气的孩子，最好的调教方法是家长始终保持亲切温和、明确而坚决的态度，并做到以身作则。

不妥的调教方法，指的是大量使用体罚或其他惩罚手段。惩罚次数越多，惩罚手段越狠，其结果越是适得其反。不仅如此，根据家长的情感状态而无标准、无原则地乱用惩罚手段，实在不是好对策。

Tips

孩子发火，家长该怎么办呢？

Q 我是小学二年级孩子的妈妈，我每天都像念经一样嘱咐孩子不要发怒。孩子的班级有一个同学天天打人，我家孩子好像天天挨揍。虽然我跟孩子说不要生气，但是一看到垂头丧气的孩子，又觉得可怜、可气。我是应该让孩子跟那个同学一起打架呢，还是应该让孩子继续忍气吞声下去呢？

A 即使是具备优秀品质的家长，看到孩子挨揍回来时，也会心如刀绞、愤愤不平。虽然明知不可以，但有时也恶狠狠地说：“你也和他一起打，打伤了由妈妈负责。”我们不能不说这是一件痛心的现象。我们能理解家长的心情，但是要知道，与其使用拳头解决问题，不如用语言表达自己的怒气，严肃地警告对方。例如，其他小朋友要打孩子，可以让孩子注意说话声音的高低强弱的同时，和对方说三句话。第一句：“我讨厌你打我，不要再打了。”如果对方仍然打，那么把语气变得再强烈一点：“我生气了，你要再打，我就不饶你。”如果对方还不罢休，第三次就说：“我已经忍无可忍了。但是打人是不好的行为，我是不会打你的。”说完之后，可以求得老师或同学的帮助。

当然，不能光嘴上教，还要像演剧一样进行分角色练习。通常情况下，只有练 200 次左右，才能说得比较自然。练习时，不要只练习说话内容和表情，还要练习说话声音的高低强弱。只有这样，才能使说出来的话显得不拘谨、不生硬。

另外，用录像机把练习过程录下来，家长和孩子一边观看一边修改，也是一个好办法。

Q 孩子大发雷霆时，惩罚孩子可以吗？

A 惩罚孩子，要采取谨慎态度。有时惩罚的确能起到一定效果，但是因惩罚所失去的远比得到的多。如果家长非要实行惩罚手段，先调节好情绪，再进行惩罚也不迟。不过，尽量不要使用惩罚这一手段。

Q 我家孩子比较优秀，也比较能忍。每次其他同学招惹他，他都能忍下来。孩子回家，向我诉说苦衷时，我说：“你就直言不讳地说你不喜欢他这样，如果再招惹，你会生气。”可孩子万般无奈地说：“说了也没用。”每当看到孩子那副无能为力的样子，我的心就像刀割一样难受。我甚至想过：“我是不是不应该让孩子忍着，而应该让他跟别人打架？”我到底该怎么办呢？

A 在竞争激烈的现代社会，一味地教孩子忍气吞声，是一件很难的事情。因为这样做孩子处处吃亏，家长心里自然很不舒服。但是不论到什么时候，我们都要正确地指引孩子。如果鼓励孩子处处跟同学对着干，从眼前看来，的确能少吃不少亏，但是从长远的利益看，最终吃亏的还是孩子自己。

正确的做法应该是不断强调不能使用暴力，而应该用语言表达自己的感受。例如，某个同学三番五次向孩子借铅笔，可每次都有借无还，那么你可以告诉孩子这么说：“我不喜欢你跟我借铅笔，何况我今天带的铅笔少。我不想借你。”如果孩子说：“那么说也没用。”这时，家长可以对孩子说：“你心平气和地表达你的心情，不是为了改变对方的言行，而是为了明确表达你自己的想法。这是非常重要的，就算对方还做出同样的举动，你也要继续用语言表达你的心情。”

Q 我家孩子是11个月大的婴儿，每当孩子表示不愿意时，总是攥紧拳头红着小脸大喊大叫。刚开始，我觉得孩子生气的样子很好玩便一笑了之，可现在我开始有点担心了。他发脾气时，简直像大人一样，那眼神让人毛骨悚然。我故意做出教训他的样子，孩子却暴跳如雷。孩子还小，理解能力比较差，所以我觉得不能随便训斥孩子。家长应该怎么办呢？我真的很苦恼。

A 小孩子发脾气时，周围的人总觉得很好玩，便表现出开心的样子。所以，孩子会认为自己的举动很好，故意重复那个动作。如果孩子刚开始做这种动作时，家长用严厉的表情和语气表示不允许，孩子就会想："我的家长不喜欢我这样。"家长不要经常在孩子面前发火或吵架，而要做到自我约束，因为孩子会在暗地里模仿家长。

孩子发怒时，家长千万不能表现出太敏感或感兴趣的样子。不管是肯定的还是否定的动作，一旦孩子觉察到家长感兴趣了，就会反复做出那个动作，以便博得家长的关注和欢心。

Q 孩子发怒时，家长要教孩子用语言表达自己情感，那么，都有哪些具体方法呢？

A 调教生气的孩子时，最主要的措施应该是帮助孩子如实而平和地表达自己的感受和情绪。下面，我们一起来看一看几种具体的方法吧。

1. 提问时，尽量避免孩子能用“是”或“不是”来回答的问题，以便和孩子进行更长时间的谈话。比如："课间休息时间你都跟谁玩了？""今天你最高兴的事是什么？"

2. 如果孩子不愿意跟家长说话，就不要强求孩子，而要耐心等待。"看来你现在不愿意说话，等你想说了，就告诉我一声吧。"

3. 认真倾听孩子说话。当孩子和家长说话时，不要急于插话，也不要听一半就急着表态。要凝视孩子的双眼，鼓励他继续说下去。家长可以这么说："听你这么一说，你今天过得好辛苦啊。后来怎么样了？""你俩为什么打起来了？"

4. 和孩子一起坐车时，尽量不要使用手机。虽然车里的空间很小，但是这个特定空间很少受到外界干扰，很适合和孩子进行深入交谈。作为家长应该好好把握这种谈话机会。

Q 谁要是动自己物品，孩子就会暴跳如雷。弟弟玩他的玩具或同学摸他的玩具，他都会发脾气。家长应该怎么办呢？

A 应该留意孩子所处的周边环境。如果孩子所处的环境使他不由自主地经常发怒或者做出粗暴行为，那么就应该尽早改变那个环境，或让孩子暂时离开那个环境。比如，孩子能和一个小朋友玩得很好，可一旦孩子多起来，就爱发怒。这时，最好让孩子只跟一个小朋友玩。另外，可以先收起来孩子喜欢的玩具，然后告诉孩子收起来的玩具要和弟弟或同学一起玩。虽然在短时间内难以改变孩子，但是不断地教孩子同他人分享的方法并使之付诸实践，那么，其成效迟早会在孩子的品格中得到体现。

Q 孩子不愿意做洗脸、刷牙等最起码的事情。家长让孩子做，孩子就发火。我们怎么做孩子才能不发火，乖乖听从我们的要求？

A 孩子听从家长，家长就应该不失时机地表扬孩子，然后再告诉孩子，他的所作所为给父母带来了多么大的快乐和幸福。如果表扬及时，孩子将做出肯定性努力以博得家长的褒扬，而这样的努力有助于孩子保持冷静的头脑，同时孩子也不会发脾气，而顺从父母的意愿。如果家长仔细观察，就会发现，其实在我们的日常生活中，表扬孩子的机会是非常多的，而很多家长却是那样吝啬。那么，家长应该如何进行恰当的表扬呢？

“啊呀，是你自己坐到饭桌上的？真了不起！”

“你可能很着急到外面去玩，可是能不能先把你的衣服挂到衣柜里面？真是太感谢你了！”

“妈妈接电话的时候你能够耐心地等待，妈妈真的很感谢你！”

“能把饼干分给弟弟吃一点吗？看着你们一起吃，妈妈觉得好开心啊。”

“你这么小就懂得为别人着想，妈妈真的很自豪。”

“你能把事情的来龙去脉详细地说给妈妈听吗？谢谢你了！”

Q 孩子发怒或者走极端，父母应该怎么办？我们有些控制不住孩子。

A 孩子发怒时，有时会完全失去自控能力，这时，家长首先要控制住孩子的身体，以免他做出不理智的行为伤害自己或他人。等孩子稍微冷静下来之后，赶紧把孩子领出去。

家长应该清楚，先控制住孩子的身体，然后再把孩子领出去是完全出于教育的目的。家长要坚决而明确地告诉孩子，这样做是为了保护他而不是为了惩罚他。家长看到孩子发怒的态度或行为之后，若因为控制不住自己的怒气而大发雷霆或者干脆视而不见，那么，孩子就会感觉家长讨厌自己，心灵会受到严重创伤。因为在孩子眼里，家长的所作所为都是对自己的一种惩罚。

Q 请告诉我应该如何调教正在气头上的孩子，行动指南是什么?

A 1. 首先要理解孩子的心情。如果不承认、不接受孩子发怒的事实本身，就很难改变眼前状况。

2. 让孩子想一想他发怒的原因。

3. 让孩子稳住自己的情绪，通过做深呼吸、听音乐、写字、画画、睡觉或者通过和理解自己的人进行谈话等方式，学会平息怒气。

4. 家长的怒气可以用“我的传达法”(message)来表现出来。例如，“妈妈已经跟你说好几次了，怎么还不写作业呢? 你不听妈妈话，妈妈真的生气了。妈妈是担心你，因为你不写作业，老师会把你看成一个没有责任心的孩子。”这种说法同另一种说法，即“你为什么不写作业，让妈妈生气? 就因为你总不写作业，别人才把你看成没有责任心的孩子”相比，“我的传达法”更多地表现出了家长所感受到的心情，即感受主体——家长。这种方法可以适当减轻孩子的负罪感。

5. 如果发生了问题，家长不要一味地指责孩子，而要先从自身找原因。

希望孩子做某件事情，而没有及时说明具体要求，只是强行要求孩子服从，而导致孩子发火时，家长应该主动向孩子表示道歉。比如，家长没有心平气和地对孩子说“明天上爷爷家，今天先把作业写完吧”，而是以责备口吻对孩子说：“你为什么还不写作业? ”孩子就会感到极度不快。这时家长要敢于承认自己的错误，并向孩子道歉。如果家长无缘无故向孩子发了火，就更应该对自己没能耐心地进行说明而无端发火的行为表示诚恳的歉意。

Case02

在外面表现非常好，可是一回到家就对爸爸妈妈或弟弟发牢骚、耍脾气。

有些孩子在外面的表现非常好，可是一回到家就像变了个人似的爱发牢骚。究其原因，这些孩子大部分都不太会表达自己的情感。在丰富多彩的情感世界中，他们尤其不能自如地、平和地表达愤怒、挫折、嫉妒等消极情感。主要有以下几个方面的原因。

第一，表现消极情感的方式曾受到过妈妈的否定，所以，没有自如表达过消极情感的经历。在妈妈面前表达这种情感都很费劲，何况在他人面前呢？

第二，总想给别人留下好印象。他们最担心给别人留下不好印象，所以从不把消极情感表现出来。而对于自家人，孩子有一种放松感和安全感，觉得不必过于防范，这样就能把心底压抑已久的情感毫无顾忌地发泄出来。因为压抑程度过甚或者压抑时间太长，这种表现往往显得非常激烈。

第三，不管是谁，只要想到将要表达的消极情感，自然会变得紧张和不安。孩子就更不用说了。大部分的孩子表达否定情感时，因过分紧张而变得惊慌失措，结果一句话都说不上来，反而感觉更压抑。回到家之后，又感觉委屈，所以只能对好说话的家庭成员发牢骚、使性子。

心灵处方——要让孩子原原本本地表达自己的情感。

就算是消极情感，当孩子进行表达时，家长也要理解孩子，并给孩子信任感和安全感，然后再告诉孩子处理感情的方法。如果颠倒这个顺序，先告诉孩子不应该发怒，那么孩子就会关闭心灵的窗口。所以，家长首先要读懂孩子的心思，然后再去考虑如何教育的问题。

Case03

情感波动大。

无关紧要的小事情，也能让孩子大呼小叫、暴跳如雷，可是过一会儿却好像什么事情都未曾发生过似的，有说有笑。一些微不足道的小事情也足以让他心烦几天，有时还突然流出豆大的眼泪。

假如情感是可以盛载的物质，那么人们的内心就是盛载情感的玻璃瓶。有时这个玻璃瓶能把情感收禁在里面，抑制它流向外面；有时也能把情感珍藏在里面，以防它在不知不觉中流失殆尽。如果我们把全部的情感都塞进这个瓶子里，一味地抑制它而不让它释放出来，那么我们迟早会得心病。不管采取什么方式，情感总是要释放出来的，即使得不到释放，情感也不会顿时消失得无影无踪。尤其是那些消极情感，总有一天会突然以惊人的方式爆发出来。

长期被压抑的情感，有时会表现为似乎与这种情感毫无关联的蹊跷状态。例如突然做出某种意外举动，或者身体虽无明显异常，却有种莫名其妙的疼痛感，或者积压已久的情感在若干年后不经意间表现出来，而让人不知所以然等等。

相反，把情感装进瓶子后马上又把它倒出来，也会引发各种问题。就像喝滚烫的开水，晾一会儿喝不会被烫；又像拔凉的冰水，经过加温变成温水之后再喝不会闹肚子一样，感情有时也需要中间的处理过程。越是小孩，越会把自己体会到的情感原原本本地、大大方方地表达出来。随着年龄的增长，有了叫“想法”的滤纸以后，他们就不会像以前那样单纯地处理感情，而是通过情感过滤装置把自己的情感做一番调整之后再表现出来。这种处理能力不是与生俱来的，而是通过教育，通过自身坚持不懈的努力练就的。当然，在这一训练过程中家长的影响是最大的。

如果家长不能教给孩子调控情绪的方法，或者家长自身不能很好地调控自己的情绪，那么孩子当然也就不善于调控自己的情绪了。在日常生活中，家长所表现出来的情感必须是经过调节之后的情感，只有这样做，才能给孩子树立一个榜样，做到以身作则。

心灵处方——帮助孩子坦率而贴切地表现自己的情感。

所谓感情丰富，是指能够淋漓尽致地体会到多种多样的情感类型。感情丰富的人能很好地调节自己的感情，并且进行积极的展现。对家长而言，最重要的是教授孩子体会不同类型的情感，并且以符合年龄特征的贴切方式表现出来。缺乏注意力或具有行为障碍的孩子，在情感调控方面很容易出现问题。如果孩子的情感波动过大，很难集中注意力完成某一件事情，那么就有必要咨询小儿精神科专家。

Case04

爱发牢骚，动不动就哭鼻子。

当孩子对家长有所求，或者想得到家长的关心时，经常会嘟嘟囔囔地发牢骚。孩子总发牢骚，时间一长家长就有些嫌麻烦，会多多少少地满足孩子的需求。就算因孩子发牢骚而惩罚孩子，孩子也会认为那是妈妈关心自己的表现。孩子不懂得恰当表达自己的需求，也会唠唠叨叨地发牢骚。所以孩子发牢骚，绝不是想故意折磨妈妈，或给妈妈制造麻烦，而是因为确实不懂如何表现自己的想法和情感。

心灵处方——先看一看孩子的需求。

首先，家长要弄清孩子发牢骚或哭鼻子的真正原因。如果因为孩子发牢骚而讨厌孩子，或对孩子大发脾气，或用可怕的话语吓唬孩子，都只能使孩子变本加厉。所以家长要亲切而温和地询问孩子的需求。如果孩子的要求合情合理，就要立即满足他；如果不合理，就要对孩子进行耐心说服，直到孩子想通为止。如果孩子相信妈妈关心自己、爱护自己，那么孩子就会明白，虽然妈妈暂时不能马上满足自己的需求，但那只是时间问题，妈妈早晚会满足自己的需求。不仅如此，在这一过程中孩子也会明白，要想得到心仪的东西，必须学会耐心等待。

Case05

经常发脾气。

妈妈忙着准备晚饭时，六岁的女儿却不停地缠着妈妈一起画画。这时，大部分的妈妈都会说："没看见我忙吗？等妈妈做完饭再跟你一起画吧，你先自己画。”听到这句话，女儿的心情会怎样呢？实际上忙得不可开交的妈妈，恨不得来个分身术，一边做饭一边和孩子玩。可是孩子很难理解大人所处的无奈状况和复杂心情。所以孩子会想："妈妈什么也不想跟我做。"于是，生气的孩子气汹汹地跑进自己的房间。本来这件事情算不得什么大事，可孩子却感到遗憾而一下子发起了脾气。

“生气”，具有被动攻击的特点。生气的人虽然不正面表达自己的意图，但是总想操纵他人，使之向自己所希望的方向发展。而且孩子一生气，对方就会感到对不住他。这种生气不同于喊叫、发火或扔东西，有时反而会让人觉得很可爱。在成长过程中，很多时候孩子得不到自己想得到的东西时，他们备感失落，但是也不能因此回回都生气。孩子生气时，家长要引导孩子使用其他方法表现自己的感情。引导孩子的时候，家长不能大声喊叫、大发雷霆，而应该充分发挥家长的权威性和引导作用。

心灵处方——不伤害自尊心的前提下调教孩子。

1. 宽慰孩子失望的心情。

家长有必要让孩子知道，妈妈非常理解孩子失望的心情。比如，当孩子和妈妈一起到朋友家里做客且正值孩子玩得高兴时，妈妈要求他回家，孩子就会很生气。这时家长不妨这么说："你玩得正尽兴，可妈妈却要你回家，你是不是有点生气了？其实，妈妈也理解你的心情，但是已经到了回家的时间，咱必须得回去呀。"在这句话里，妈妈提及了孩子失望的感受，也让孩子明白了妈妈对他的理解。对孩子来讲，需要的并不只是家长无原则地满足他所有要求，而是家长努力揣摩孩子、理解孩子的可贵心意。

2. 给孩子选择的机会。

日常生活中，如果孩子感到无能为力，他就会用被动攻击的方法来表达自己的心情。被动攻击主要包括生气、发牢骚或一吐不快等等。家长要给孩子行使自己的权利、进行自由调控的机会。比如当孩子长时间地观看电视时，有的家长会说："好了，别看了！"然后就把电视机关掉。其实，正确的做法应该是对孩子说："看的时间太长了，咱们别看了。和妈妈一起去散步呢，还是和我一起和面？"

这样，孩子就自然放弃观看电视的念头，而选择做其他事情。

3．鼓励孩子拥有积极心态。

看到杯子里有半杯水，人们的反应大致有两种。持有消极心态的人说："什么呀？怎么少了半杯？"而持有积极心态的人则会说："还剩一半呀！"对孩子来讲，最重要的莫过于具有积极心态，所以，家长应该努力培养孩子的积极心态。比如，孩子放学回家，家长不应该先问："今天没在学校打架吗？""没挨老师说吗？"而应该问："今天有什么好事吗？""今天最有意思的事情是什么？"最好的教育方式，是家长举出日常生活中活生生的事例，对孩子进行详细说明或者让孩子亲身体验。与其在孩子面前说三道四、打抱不平，不如给孩子找一些生活中的小乐趣，多说一些"有盼头"、"活得有意义"等积极话语。

4．不要追究责任，应该探寻问题的解决方法。

孩子身上出现这样或那样的问题，或者孩子做错了某件事情时，如果家长一味追究责任，指责、抱怨孩子，那么孩子就会变得事事没有信心，越来越不如以前。这时与其追究责任，不如先想一想解决问题的方法。如果在孩子小的时候就开始进行疏导，把教育重点放在掌握解决问题的方法上，那么孩子即使遇到问题，也不至于绞尽脑汁去辩解或者完全撒手不管，而会想方设法把事情引向有利方向。

5．家长要理解孩子的心情。

孩子过分担忧某件事情，也会表现为发牢骚。例如："我不上他家。""我为什么要学游泳？""我不喜欢那个体育馆。空气不好，气味不好，那里的人我也不喜欢。"

从表面上看，孩子是在发牢骚，然而这种牢骚却表达了孩子对串门、学游泳或上体育馆等事情的不满，以及深藏在心底却难以告知大人的担忧和恐惧感。这种担忧和恐惧感得不到及时排解，就会发展为生气和发牢骚。家长要懂得判断孩子是在生气还是在担心某事。不仅如此，家长不能对孩子嚷嚷，也不能进行概论性的说教。家长要尽量避免用"是"或"不是"来回答简单提问，而应该用开放型提问揣摩孩子的心思。比如："为什么不愿意上他家？""为什么不喜欢游泳？”等等。

孩子生气时，家长千万不能威逼：“你能不能马上停止？”“看你的嘴撅得都有三尺长了,还不给我收回去？”当孩子说“我生气了，不跟妈妈说话了”时，你不能说:“为什么？为什么不跟妈妈说话？为什么呀？”因为孩子生气时，如果家长表现得泰然自若，不做出任何过激反应，孩子就会悄悄收回自己刚才说的话。因为他没有看到他所期待的大人的反应，于是觉得自讨没趣。

绝不能因为孩子生气而表现出过分担心的样子，也不能采取过激反应或高压政策。

心灵处方——孩子生气时，请你这么做。

1. 不要一味地容忍孩子。

不能因为爱孩子，就满足他所有要求，这是绝对不容许的事情。

2. 不要把孩子培养成刁蛮无礼的公主或王子。

有些家长出于对孩子的爱，对孩子百依百顺。

孩子要什么玩具，就给他买什么玩具。不管贵不贵，也不管该不该买，只要是孩子要求的，就千方百计地满足孩子。这种娇生惯养的孩子是不懂得向他人妥协的。当他面临不如意的处境，很可能连一点点的挫折或失败都承受不了。因为他不懂得如何克服挫折和失败，也不善于和他人融洽相处，从而引起一系列问题。

3. 不要让孩子产生挫折感。

孩子做错某事，有的家长为了让孩子改掉错误行为，会说这样的一席话：“你那么做，弟弟不也跟着你学了吗？”听完这番话，孩子也许能按照家长的希望去做，也许顿生挫折感。

但是，孩子会很快学会并模仿家长的这种说话方式。他会用同样的方式对妈妈说一些让妈妈产生挫折感的话语。比如：“妈妈什么时候真正理解过我的疲惫不堪？”“你什么时候喜欢和我说话，你不是更喜欢和邻居家阿姨说话吗？”

家长让孩子产生挫折感的话语还有哪些呢？下面是具有代表性的例子：

1. 谈论孩子过去的错误或失败的经历。
2. 拿孩子和其他同学或兄弟姐妹进行比较。
3. “为什么不认真听？”“你到底怎么了？”“如果爷爷知道你这样，他会怎么想呢？”等等。

Tips

家长要善于从孩子的话语中，揣摩孩子的心情

1. 一个生气的女孩对妈妈说：“我好像从来没有痛痛快快地玩过。”“我这辈子，好像没人给过我快乐。”

孩子的心情：我真的很伤心。

家长经常表现的不适当反应：“不是吧？我看你在操场上玩得很高兴啊？”或者非常认真地说：“其实不是那样，因为你自己有时可能感觉不到快乐。昨天你在超市拐弯处的食品品尝区吃饱喝足时，不是表现得很开心吗？只不过自己不知道而已。”

How to 最佳回答：“哦？我现在很想给你读故事书，可不知你最想和妈妈一起看哪一本？你去选一选吧。你选书的工夫，我赶紧把洗出来的衣服晾上，晾完了马上给你读故事书。”

2. 妈妈让孩子赶快去睡觉时，孩子说：“太过分了。我那么求你，你也不同意，还让我赶紧去睡觉。可哥哥呢，干什么都说可以……妈妈分明是更喜欢哥哥。”

孩子的心情：爸爸妈妈忽视我。

家长经常表现的不适当反应：“不是的，你们两个我一样喜欢。”

How to 最佳回答：“听你这么一说，我真的很伤心哦。等你平静下来之后，我再和你谈一谈你说的那些话吧。”

3. 妈妈不同意孩子的要求时，孩子说：“我讨厌妈妈，我再也不和你说话了！”

孩子的心情：妈妈对不起我。

家长经常表现的不适当反应：“怎么这么没礼貌？还不给我住嘴？”

How to 最佳回答：“等你安静下来之后，咱们再好好谈一谈。”

4. 由于考试，补习班要加课了，星期天孩子也要去补习班，于是他就生气："为什么星期天也要上补习班？"

孩子的心情：这太不公平了。

父母经常表现的不适当反应："补习班老师让你去，你去就是了，怎么这么多话呢？"

How to 最佳回答："别人都休息，可你却休息不上，有点伤心了吧。是不是在补习班遇到什么难题了？跟妈妈说说呀。"

5. 孩子不愿意参加学校举办的克己修炼会，他说："我坚决不去，谁要是让我去，我就不跟他说话，讨厌他。"

孩子的心情：不知道为什么，我觉得克己修炼会有点害怕。

家长经常表现的不适当反应："克己修炼会多有意思啊，到那里之后，还能和同学们一起玩游戏、做运动，肯定非常有意思。"

How to 最佳回答："你强烈要求不去，可能有自己充分的理由吧。不过，妈妈得先知道你的想法，这样咱们才能想出好办法呀。能跟妈妈说你不想去的理由吗？"

Case06

伤心时就往墙上或地板上撞脑袋。

伤心时，孩子很难做到自我安慰或自我调节，岁数越小，越难做到。所以，家长要想其他办法宽慰孩子，或帮助他稳住情绪。当孩子往墙上或地板上撞脑袋时，其目的就是想把自己的身体紧贴于狭小空间，以便找到一种安全感。孩子伤心却又不善于表达自己的心情时，多半采取这种方式。可以说越是消极的、谨慎的孩子，越是严重。

心灵处方——拥抱孩子，并抚慰孩子。

家长真诚地拥抱孩子并安慰孩子，可以让孩子找回平静和安定。拥抱孩子，主要是让孩子感受到妈妈的温暖，同时，还要温柔地告诉孩子：生气和伤心都是人的一种正常心理，不应该把它憋在心里，而应该表现出来。为此，家长平时要善于观察孩子，琢磨孩子的心思，要让孩子感觉到自己的父母能接受孩子的任何情绪，这样，孩子就会对家长产生一种深深的信赖感。

Case07

嫉妒心太强。

● 什么是嫉妒心？

嫉妒心理，是人类所具有的多种心理特性中的一种消极情绪。俗话说："看着邻居盖楼房，感觉心里直发痒。"

嫉妒心理是人们普遍具有的一种情感。嫉妒心强的人看到别人幸福、优秀、舒服或拥有好东西时，最初是非常羡慕的，但是不久心态就会大变，即暗暗地希望那个人失去他所拥有的一切东西。

● 嫉妒心理会产生哪些影响？

嫉妒心强的人，由于妒火中烧，不管白天还是黑夜，都不能快乐地生活。他们感觉不到生活的乐趣，经常在怨恨、诅咒的世界中挣扎，最终把自己的人生推向绝望的深渊。嫉妒心还能动摇人的信念，使人产生不信任感，甚至导致犯罪行为。我们经常听到的各类案件，尤其是杀人案，其中有很多惨案都是嫉妒心理引发的。嫉妒心强，虽然不至于构成犯罪，但可能由对自己羡慕的人眼红进而发展到散布谣言、诽谤他人、贬低他人，甚至想方设法诋毁他人。嫉妒心理滋生的这种消极影响，我们身边也不乏其例。

● 嫉妒心理和竞争心理有什么区别？

嫉妒心理和猜忌心理是不必要的消极情感。竞争心理如果表现得不太过分，能推动竞争双方共同发展；而嫉妒心理和猜忌心理太重，就不能向好的方向发展；竞争心理能使人发愤图强，因此适当的竞争心理是心态健康的一种表现。

● 为什么会产生嫉妒心理呢？

有一个孩子嫉妒心比较强，经常猜忌他的弟弟对他不好。一次，孩子的父亲感慨道："看看我的孩子们，再回首我走过的童年岁月，真是感触颇深啊。我有一个比我大三岁的姐姐，小时候，比起姐姐，父母更疼爱我。他们经常满足我的各种要求，而且经常表扬我，可是他们对姐姐却总爱说消极的话，并且要求她一再忍让。每次父母出差时，姐姐都要招惹我，不是掐我、挠我，就是弄坏我的玩具。她好像无法接受我幸福的样子。小的时候我真的不理解姐姐为什么这般讨厌我、折磨我。我甚至想：我到底做错了什么，姐姐这么厌烦我？她是不是天生就有一副坏心眼？等我长大了，我才明白，姐姐错误的行为并不是因为姐姐天生的不良性格，而是由于父母在姐姐的心里埋下了嫉妒的种子。父母自认为他们是始终疼爱姐姐，但他们万万没有想到是他们让姐姐产生了这种可怕的嫉妒心理，而姐姐的嫉妒心理又让她滋生了强烈的复仇心理。成人之后，姐姐还是看不惯别人比自己好，别人若有什么好事，她总要说三道四、说长道短，说完又懊恼、发火。父母教育的不当和不公平，使姐姐产生了嫉妒心理，而这个嫉妒心理却折磨了姐姐整整一辈子。"

实际上，每个人多多少少都具有嫉妒心理，嫉妒心理是人近乎本能的情感。但是根据家长教育方式的不同，有时它能向好的方向发展，有时也能向罪恶的方向发展。嫉妒心理，往往成为消极情感的导火线，一个人若被嫉妒和猜忌弄瞎了眼睛就很难快乐起来，总认为自己是不幸的存在。如果您的孩子嫉妒心理过重，不妨先回顾您作为家长是怎样做的。

● 孩子嫉妒别人时，应该怎样引导呢？

嫉妒心理虽然是一种消极情感，但也是人的一种本能情感。孩子嫉妒他人时，家长可以这么说："妈妈有时也嫉妒别人。"这样，就能防止孩子产生一种罪恶意识，也能拉近与孩子交谈的距离。

如果大孩子嫉妒弟弟或妹妹，就要从理解的角度出发和孩子好好谈一谈。"当姐姐不容易啊，又要让着弟弟妹妹，又要受委屈，是吧？但是也有好处，弟弟得早早睡觉，可是你可以晚睡，这样就能和妈妈好好地聊天啊。"

心灵处方——及时介入，教会孩子调控情感的方法。

最好在孩子的嫉妒心理膨胀到不能自拔的程度之前，及时介入进行疏导。孩子越小，需要家长介入的时间就越早。家长要注意自己的言行，要向孩子表示适当的关心和重视，这样，就能防止嫉妒心理向严重方向发展。

Tips

为避免引发孩子的嫉妒心理，家长要遵守的行动指南：

1. 不要把孩子和兄弟姐妹进行比较。

如果家长公平、公正地对待几个孩子，就能防止他们产生嫉妒、猜忌心理。即使发生了什么事情，孩子也能互相协作、共同努力，让事情向最好方向发展。为此最基本最重要的做法是，家长不要把几个子女放在一起进行比较。有的家长出于好意，把几个子女放在一起比来比去，想通过比较的方式让子女认识到自身的不足，以便今后更加努力。虽然初衷是好的，但是被比较的子女的心情却不舒服，家长的这种比较容易引发孩子的嫉妒心理。

2. 不要和其他孩子攀比。

家长要切记：不能在表扬其他孩子的同时，将他们和自己孩子进行比较。下面的话语虽然不是直接比较，但同样能给孩子带来伤害："邻居家的孩子又懂礼貌，又能自己完成作业，还能乖乖地听他妈妈的话。他妈妈让他跑腿，他从不发牢骚。唉，他的妈妈多么幸福啊？"要知道，这种说话方式将给孩子带来极大冲击，使孩子的自尊心严重受挫。结果由于强烈的嫉妒心理和猜忌心理，孩子听到这句话之后不但不反省，反而唱反调和父母对着干。

3. 不要让孩子感觉到自己从父母的言行中受到了惩罚。

家长也是凡人，膝下有多名子女时，自然有特别宠爱的孩子，难以做到绝对的公平和公正。俗话说，"十个手指，咬哪个都疼"，但是当其中的某一个孩子特别有能力，而且漂亮、聪明、听话时，家长当然更宠爱那个孩子。虽然家长时刻留意不把这种偏向和宠爱表露在外，但孩子们是敏感的，他们十分在意家长的每一个表情、每一个举动。孩子意识到家长喜欢其他孩子胜过自己时，内心就会感觉到强烈的嫉妒。

为防止出现这样的局面，家长应该力求公平地对待每一个孩子，并且要拿出一定时间和每一个孩子进行单独的接触和交流。时间可以不必太长，30 分钟左右就足矣。但在这 30 分钟的时间里，家长只能对一个孩子表示关心和呵护。久而久之，孩子就会明白，兄弟姐妹应该共同分享父母的爱。

Case08

竞争心理太强。

适度的竞争心理，有助于孩子成长。如果孩子在竞争中成功了，那么他既能获得自信心，又能增强自尊心。问题是很多家长很少考虑到孩子的实际能力和状况，就盲目地把孩子推向竞争当中。邻居家的孩子买了成套的故事书，那么自己孩子也要买；邻居家的孩子学钢琴，那么自己家孩子也要学。

孩子处于快速成长的阶段时，充分的休息和尽情的玩耍，不仅有利于孩子的身体发育，而且对调整孩子的情绪和塑造孩子的性格均有好处。看到孩子一整天都无拘无束、无忧无虑地玩个不停时，妈妈不免产生焦躁不安的心理。因为妈妈担心孩子只顾玩而不学无术。每天教点什么，孩子学点什么，她心里才觉得踏实。于是，她就领着孩子忙忙碌碌地穿梭于各种补习班和特长班，经常把孩子置于不是竞争的竞争之中。这些家长没有任何明确的目标和意图，只觉得别的孩子在学，自己的孩子也得学。如果家长疏忽这种强迫式的竞争意识，就很容易误导孩子。

● 有竞争心理，好还是不好？

竞争能使人产生一定的紧张感，从而极大地激发个人的创造性，从而提高生产效率。有时，它还能起到催化剂的作用，让人生充满情趣。但是，竞争过于激烈，有时将适得其反。因为竞争太激烈，竞争心理容易变成一种毒瘤，扭曲人的心灵。即使战胜了对方，自己也不会感到轻松和快乐，甚至惶惶不可终日；如果再受到挫折，内心将变得极度绝望，甚至失去生活的勇气。

当然，竞争心理不一定都是不好的。人人都羡慕成功人士，却不知他们是经历多少次竞争之后才脱颖而出，也并不了解他们是经过怎样的磨难之后才做出惊人业绩的。但是，我们不能忘记“成功的竞争”有时也能成为两面刀。就像“熊掌和鱼不可兼得”，竞争中的胜利和竞争后和谐美满的人际关系很难兼有。有时，即便是在竞争中取胜的人，也会感觉人生酸苦、孤独。

这样的竞争不仅存在于社会中，也存在于家庭中。最具代表性的要数兄弟姐妹之间的竞争了。如果兄弟姐妹之间的竞争不是激烈竞争，而是温和、友好的竞争，那么兄弟姐妹之间能互相学到分享资源、奋发向上、超越自我的美德；但是如果竞争过于激烈，那么无疑会给彼此带来疲倦和苦恼，有可能还留下痛苦回忆。

● 通过竞争能学到什么?

竞争有时能给人带来紧张感和压抑感，有时还能诱发焦急心理。所以很多家长从心疼孩子的角度出发试图保护孩子，不希望孩子过早跳进竞争的海洋。但大部分孩子在很多情况下都处于竞争状态，家长想让孩子处于完全的非竞争状态是不太现实的。大多数家长不希望孩子逃避和害怕竞争，所以对家长来说，让孩子在竞争过程中学到必要的经验和教训是非常有意义的。那么通过竞争，孩子们能学到哪些经验和教训呢?

1. 学会规则。

一旦到了五周岁，孩子就能明白所有的比赛和游戏都有一定规则，并且也开始了解遵守规则的重要性。越是认识到遵守规则的重要性，就越能和其他孩子打成一片。

2. 要么成为有素质的赢家，要么成为有风度的输家。

有素质的赢家，不会因为自己赢了就自以为是、洋洋得意；有风度的输家，也不会因为自己输了而变得垂头丧气、哭天喊地。小孩子在玩石头剪子布游戏时输了，闹点情绪，属于正常现象，但是十五六岁的孩子因为在足球半决赛中败北而大闹情绪，却是不能容许的。父母要让孩子早一点学会如何才能成为有素质的赢家，又如何才能成为有风度的输家。因为随着年龄的增长，这种能力将变得越来越难以掌握。

3. 尽最大的努力去完成某事，是很有价值的。

比起结果，竞争过程也很重要。当家长尽最大努力完成某事时，尽管输了，家长也不会觉得遗憾，因为毕竟努力了、尽力了，无怨无悔。赢的时候，家长也可以回首望一望自己走过的路程，在感到自豪的同时，也会得到自信心。

为了让竞争有利于我们的学习、工作和生活，我们要懂得尽最大的努力去获取成功的道理，而不是一味地为了成功而不择手段，甚至窃取。

● 在激烈的竞争中孩子难以做到自我调控，应该怎么办？

有时竞争太激烈，就会出现孩子无法自我调控的局面。比如，孩子们在玩游戏时，其中的某一个孩子不断地变换规则，蒙骗其他孩子，还拒绝其他孩子跟他一起玩等等。这时应该立即结束游戏，引导孩子选择猜谜语、成语接龙等所有人都能参与并且能尝到成就感的游戏。

● 过于激烈的竞争对孩子有哪些影响？

一个孩子如果过分执迷竞争，将很难正确评价自己。比起百分之百的把握，就算有百分之九十的把握孩子也不会满意。过分在乎胜利的人，容易因小失大。也就是说，孩子为了追求百分之百的完美胜利，将不惜撒谎、诓骗以及把规则改为利于自己的规则等等，这样，孩子最终会变成为了胜利而不择手段的人。

孩子们普遍认为，万一在竞争中输掉，别人是不会喜欢自己的，反而还会嘲笑自己。于是，他们对竞争产生一种深深的恐惧感。例如当孩子的哥哥姐姐学习成绩都比他优秀且都考上了名牌大学时，或者他们在某些方面所具有的特长令孩子无法赶超时，在孩子们看来，竞争或竞争的结果是令人恐惧的，也是令人厌烦的。所以，家长要仔细观察孩子，看看孩子平时是不是为了模仿或超越哥哥姐姐而付出超负荷的努力。

如果孩子过分追求竞争中的胜利，那么家长就要帮助孩子把眼光从单一的树木移开，投向更广阔的大森林。家长要教孩子一个道理，即，若干次的失败不能支配一个人的一生，也不能表示人生就要以失败告终。家长要让孩子懂得审视自己优秀的一面，同时还要让孩子想一想未来自己所能做的更加美好的事情。一定要告诉孩子，不管是什么人，也不管在什么时候，都不可能把事情做得绝对完美。

● 如果孩子处于不得不与他人进行竞争的处境，家长应该怎么办？

孩子玩电脑游戏或者其他游戏的时候，如果需要进行比赛，家长就要积极地鼓励孩子参与比赛，同时家长要强调：玩得高兴远比比赛结果更为重要。还要告诉孩子，过分追求取胜的人，不论玩什么游戏，都找不到真正的乐趣。即使在比赛中输给对方，只要自己玩得开心，就无所谓。另外，家长也要告诉孩子，就像每个人的长相不同，每个人所具有的长处和优势也是不同的，所以，家长要改变“胜者为好人”的错误认识。

● 玩游戏时，若弟弟总输给哥哥，家长应该怎么办？

假如我问弟弟：“你为什么总输给哥哥呢？总输的原因是什么？”那么，大部分孩子会毫不犹豫地回答：“因为哥哥玩的次数多，比我熟练。”这样的回答是把自己的行为合理化的做法，也是不服输的表现。这时家长可以把兄弟俩叫到身边，让他们在父母面前再比一次，并且要求哥哥先让弟弟几招。通过这样的引导，弟弟会恍然大悟：“原来，先让几招也是游戏的一种方法啊！”这样，孩子就会明白和比自己小，而且能力也不如自己的人玩游戏时，适当照顾一下，才是最公平的玩法。

心灵处方——家长对待竞争的想法和态度，对孩子产生巨大影响。

如前所述，过分激烈的竞争不利于孩子的身心健康，但是，适当的竞争有利于激发孩子的紧张心理，成为孩子奋发图强的动力。人的一生中，难免要与他人竞争，关键是竞争的尺度。当孩子面临升学、体育等方面的竞争时，家长不仅要指导孩子不能过于在乎胜负，而且要以身示范。因为在平时的生活和工作中，家长也要面临种种竞争，而竞争的结果，有时让他们陶醉在胜利的喜悦中，有时却沉浸在失败的痛苦中。家长有意无意间表露出来的竞争意识，很有可能成为孩子日后面对竞争时所采取的态度。从表达胜利的方式到遭受失败时的言行，孩子会受家长很大影响。如果家长在失败之后变得郁郁寡欢、喜怒无常或一蹶不振，不仅对他本人的生活和工作产生消极影响，也对孩子的性格和情感发展产生无法挽回的恶劣影响。所以，面临失败时，家长一定要保持积极健康的心态，不仅要勇敢地承认失败，而且要打起精神重新开始。看到如此坚强的家长，孩子也会树立健康的竞争意识，也就能心平气和地面对任何竞争。

Case09

讨厌某个人。

孩子讨厌他人的理由很多，主要有如下几种情况：对他人抱有敌对心理；认为对方瞧不起自己或不认可自己；他人在众人面前曾藐视过自己或侮辱过自己；他人对自己不公平等等。

另外，虽然对方没有做错什么，但是因为他在各个方面都很优秀，孩子不由自主地嫉妒；对方明显不如自己；对方自高自大、傲慢无礼；对方给自己带来伤害；对方动手打人，这些都会让孩子产生厌烦心理。

由于导致孩子产生讨厌心理的因素很多，我们很难一言以蔽之：“这样做，就可以避免产生讨厌心理。”

心灵处方——适当减轻孩子讨厌心理的方法。

1. 引导孩子坦率地表达自己的真实感受，发泄自己的消极情感。

自从有了弟弟，有些孩子特别讨厌和嫉妒弟弟。这时很多家长都会说：“你不能那样，说那些话的孩子不是好孩子。”“你会受到惩罚，别再说那样的话。”听到家长的这一番话，孩子会更讨厌弟弟，此后也不会再对妈妈说心里话。孩子表达消极情感时，家长不应该一棒子打死或用滔滔不绝的言辞堵住孩子的嘴巴，而要试图理解孩子的心情，家长可以问一问：“你认为弟弟很讨厌？为什么呢？”这样孩子就可以在轻松的气氛中，把深藏在内心的不快和不满坦率地向父母表达出来。

2. 让孩子感觉到父母的公平与公正。

家长不应该偏爱或宠爱某一个孩子，而要一视同仁地对待所有孩子。家长的偏向，往往是孩子对兄弟姐妹产生厌烦心理的催化剂。

3. 为了让孩子发挥更大潜力，有时需要家长使用激将法。

比如："那么做能行吗？""你？你行吗？"这种带有怀疑、否定性质的话语，很大程度上会伤害孩子的自尊心，久而久之，孩子就会在比自己强大的对手面前产生一种不必要的自卑感和嫉妒心，而这种自卑感和嫉妒心理正是催生厌烦心理的根本原因。所以，与其说不冷不热的风凉话，不如直接地、积极地鼓励孩子奋发图强。如果孩子做得比较好，就应该及时给予表扬。这些做法均能起到明显作用。

4. 引导孩子从容地思考问题，并且从多个角度全面地考虑问题。

5. 引导孩子和他人产生共鸣。

家长要让孩子学会站在对方的立场考虑问题，并且懂得怜悯对方的不幸遭遇，懂得理解和关心对方。只有学会慢慢理解他人、关心他人和体贴他人，才不会轻易地讨厌他人。

请再告诉我！ Q&A

Q1 如何才能培养具有健康情绪的孩子？

A 面对即将出世的孩子，准妈妈们都精心准备各种婴儿用品，如尿布、衣服、被褥、玩具等，生怕准备得不全。他们还到处收集信息，希望这些大量的育婴信息能帮助他们更好地养育孩子。遗憾的是，大多数家长竭尽全力准备的，都只是物质方面的东西。对于如何培养孩子的情感，他们却很少下工夫研究。殊不知，情感发育是孩子健康成长的原动力，对孩子的一生至关重要。

● 要把孩子培养成具有良好情感的人，家长要做好如下准备：

1. 为了让孩子具有健康思想，家长首先应该关注孩子的情感世界。

情感发育不亚于身体发育和智能发育，也是孩子成长中的重要方面。

2. 要想培养思想健康、善于控制自己情绪的孩子，家长要跟孩子保持亲密关系。

经常和孩子一起玩耍，或者和孩子一起度过有意义的时光，都有助于形成密切的亲子关系。

3. 根据孩子的情感特点和情感表现，正确调整自己的情绪。

家长要努力地去理解孩子，同时，不论快乐还是悲伤，都要和孩子一起分享或承担。家长同孩子保持和谐亲密的关系，有利于孩子的情绪向健康轨道发展。

4. 教孩子用积极态度表达感情。

我们经常说孩子是家长的一面镜子。的确家长对孩子的影响是最直接的、最深刻的，也是最长久的。因而在孩子的成长过程中，家长的教育占非常重要的地位。家长的举手投足，会成为孩子学习的内容；家长的一笑一颦，也会成为孩子模仿的对象。自然，情感也不例外。孩子会细心地观察家长表达情感的方式，慢慢地，他会用类似的方式表达自己的情感。

5. 教孩子处理消极情感的方法。

人的一生中，会遇到各种各样的境遇，也会经历丰富多彩的情感历程。因此，不能因为是消极情感，就试图躲避。实际上，躲避并不一定是好办法。妥善处理消极情感的能力，并不是与生俱来的，也不是轻而易举能获得的。如果学不好处理消极情感的方法，就很难协调我们所要经历的大大小小的问题。如果孩子感觉到了自己的消极情感，首先就应该让他把内心的消极情感释放出来。之后，家长要试图去理解孩子的心理，并和孩子产生共鸣，寻找对策。出色的家长能直言不讳地说出孩子内心的各种体验和感受，包括消极情感在内。家长要鼓励孩子把内心的消极情感轻松地表达出来，只有这样，家长才能培养孩子调节情绪、控制感情的能力。只要家长耐心聆听孩子的倾诉，就能了解孩子产生消极情感的原因，一旦掌握了原因，就能摸索恰当的处理方法。为此，在平时家长就要经常和孩子进行沟通和交流。

Q2 要把孩子培养成善解人意，并且能控制、处理好感情问题的人，家长应该怎么做？

A 就像在Q1所谈到的那样，要经常和孩子沟通，及时了解孩子的情感世界。不仅要倾听孩子的故事，还要和孩子一起分享父母的故事。这样，孩子就会渐渐具备调控自己情感的能力和妥善处理各种人际关系的交际能力。

● 和孩子成功进行交流的方法。

1. 请仔细观察孩子的行为。

只要注意观察孩子的一举一动，家长就能通过这些表面行为，探知孩子内心的情感和情绪。比如孩子跑进自己的屋子反锁门，家长就能猜出孩子生气了。

2. 多问一问孩子的心情。

多向孩子提出问题，家长就可以及时了解孩子在学校的表现、他和朋友的关系以及他和其他家庭成员之间发生的问题等。但是要记住，孩子不愿意马上说出令自己难堪或让自己不舒服的事情。例如，三岁的小孩突然把娃娃扔到地上，皱着眉头坐到妈妈大腿上的时候，如果妈妈问：

“你生气了？”孩子就会说：“没有。”但过一会儿妈妈再问：“你伤心了？”孩子就会说出实情：“姐姐把玩具抢走了，不让我玩。”因此，多问问孩子的情绪，就能及时了解孩子身上发生的问题，并且能迅速对症下药。

3. 教孩子准确认识并表达自己的感受和感情的方法。

小孩子有时并不清楚自己的真实感受和感情，也不清楚应该怎样表达。如果家长想准确了解孩子的感受和感情，不妨把孩子可能想表达的情感用具体的语言和表现形式一一列举出来，例如：“你生气了，还是伤心了？是不是有什么事情发生了？是不是弟弟可气啊？”这样，孩子就能在家长所列举的各种语言和表现形式中选出和自己目前的感受和状态相符合的言辞。经过几次这样的训练，孩子会逐渐掌握准确认识并表达自己感受和感情的方法。

4. 倾听孩子的心声。

准确地认识到自己的情感状态之后，如果家长再问孩子发生了什么事，孩子就会一五一十地说出原委。切记，这时千万不要打断孩子的话，而要认真地倾听孩子的心声，了解引发孩子目前情感状态的事件。大部分孩子觉察到家长想了解自己情感状态的诚意之后，就会认为家长是在关心自己，从而能够坦率地说出自己的心里话。

5. 和孩子进行心与心的交谈。

听完孩子的心里话，家长要拿出一定时间和孩子谈一谈孩子所经历的事情。家长要告诉孩子，产生那种感受和情绪是很正常的，也是很自然的。在交谈过程中，家长要谨防孩子对自己目前的感受和情绪产生自卑心理和自责心理。如果孩子的情绪看起来不是很好，还可以问一问怎么做才能让他心情更好。

6. 理解他人，和他人产生共鸣。

家长要让孩子明白，即使所处的环境相同、所面对的境遇相似，每个人的想法也不会一致，感受也不会一样。家长和孩子交谈的时候，一定要把“认真倾听孩子的话”作为必须遵守的原则。理解孩子情感的同时，努力和孩子产生共鸣。这样孩子会在同家长交谈的过程中感受到家长对自己的理解，以及在某个问题上产生的共鸣。有了多次这种体验，孩子会慢慢具备理解他人、和他人产生共鸣的能力。

7. 帮助孩子在自己的情感世界中树立信心。

有了信心，孩子就能更好地调控自己的情感，并能自如处理与感情相关的各种问题。当家长和孩子之间的沟通变得更为融洽时，孩子的信心就能大幅增强，也会再次认识到自己所感受到的情绪和情感的重要性。更重要的是，孩子能体会到家长接受并容纳自己情感的事实。

Q3 作为家长，只希望孩子拥有积极情感，而远离愤怒、厌恶等消极情感，要想做到这一点，我们应该怎么办?

A所有的孩子都会感受到喜怒哀乐，就如同他们的父母。有些家长经常苦恼，不知道自己怎样做才能使孩子更加快乐。他们无时无刻不在努力，为的是给孩子创造更好的生活条件。也许是因为家长的这一片苦心吧，这些家庭的孩子所感受到的幸福感都很强，他们也非常乐意和别人接触，并且博得别人的欢心。

很多家长都有一个致命弱点，那就是没有把孩子视为一个独立而完整的人格体，而是试图面面俱到地把每一种情感的表达方式都教给孩子。当然，并不是说孩子的各种感受和情感不重要，而是这种教育方式缺乏自主性和效率性。因为针对孩子生气、伤心、失落等各种消极情感，与其一一地教孩子生气时应该这样做、伤心或失落时应该那么做，莫不如把孩子视为一个独立的情感主体，把总体原则和方法告诉他。

情感分为积极情感和消极情感。积极情感包括幸福感、愉快感、自信感、安全感，以及他人关心或尊重自己时所感受到的愉悦感和发现意外收获时所感受到的惊奇感等等。积极情感较为发达的孩子，即使遇到消极情感，也能恰当地处理好。人的消极情感则包括担忧、嫉妒、厌烦、恐惧、失望、不安等等。要知道对人类不仅积极情感重要，消极情感也是同样重要的。家长教育孩子时，只让孩子经历积极情感而回避消极情感的做法，并非是明智做法。因为人的一生中，避免不了产生这样或那样的消极情感。当孩子产生消极情感时，如果让他采取埋在心底、一味躲避的方式，那么等到孩子长大成人之后，也很难适应突如其来的各种消极情感，哪怕是一点点的消极情感，也足以让他跌入万丈深渊。

比如，有一个妈妈抚养两个孩子，大的五岁，小的三岁。为了纠正大孩子在作业本上写的错别字，妈妈招呼大孩子过去。当时两个孩子正玩游戏，玩得热火朝天。大孩子被妈妈招呼走了，剩下的小孩子非常不高兴。然而妈妈的态度非常明确，即不能只顾三岁孩子的快乐，而耽误五岁孩子的学习。

家长有责任和义务对孩子进行情感教育。把孩子培养成懂得感受幸福的孩子是非常重要的。除了懂得感受幸福和快乐之外，具备正直、无私的品格，或者懂得揣摩人意、自我调控情感、自得其乐、遵守原则和顺序、具有忍耐力的孩子，也是重要的。然而，视消极情感为洪水猛兽，有意识躲避的人，很难处理好愤怒、失望、矛盾、挫折等各种各样的消极情感，结果反而会变得更加不幸。为了不使孩子成长为不幸孩子，家长要不断地教育孩子、告诫孩子：每一种情感都有它存在的价值，关键在于怎样看待并处理。需要强调的是，不能一一灌输孩子处理消极情感的所有方法，而要把孩子当做独立的情感主体来对待，多发掘其自主性和能动性。

COOL!

PART 05

和家长的关系

妈妈的来信

院长：

您好！我是小学二年级女孩儿的妈妈。我是一个全职太太，除了远房的奶奶帮我带过两年孩子之外，一直都是自己带孩子，这些年来我一直一心一意、尽心尽力地伺候孩子。

女儿平时很不喜欢我发牢骚或干涉她的一举一动，但最近表现得尤为明显。以前她没有的坏习惯，时不时地冒出来一两个。特别是家里来客人时，顶嘴现象更为严重，不知情的人还以为她在故意找茬和我打架呢。

本以为孩子小，睁一只眼闭一只眼算了，但感觉如果放之任之，不理不睬，孩子会变得更加肆无忌惮、目中无人，所以，这几天严厉地训斥了几次孩子，结果事与愿违，事态发展更是糟糕。孩子的变化，真是让人担忧。

回信

孩子也和大人一样，有悲伤、忧郁、心情不舒畅的时候。这时，孩子也要找一个宣泄对象，宣泄自己的情感。那么，孩子会以什么样的方式，向谁宣泄自己的不快呢？对孩子来说家长是世界上最亲近、最舒服的存在。所以家长理所当然地、无可厚非地成为孩子宣泄的对象。

因孩子尚小，不太会表达自己的情感，所以，经常采取大声喊叫、发火、瞪眼睛、顶嘴等表达方式。如果家长训斥孩子或表现得冷若冰霜，那么以后孩子再也不会向家长宣泄情绪了。

大部分的家长都希望不喊不叫、不伤和气、优雅地、理智地养育孩子，做一个温柔的、和蔼可亲的、慈祥的妈妈。所以每当孩子跟家长顶嘴、瞪眼睛时家长就格外难受。特别是家里来客人时，如果孩子不听话、没礼貌，家长就感觉无地自容，有个耗子洞都想钻进去。如果家长想改变显露在外的孩子的问题行为，只能和孩子发生一场世界级战争。

透过孩子外在的问题行为，家长要看到孩子内心的不安、担忧、悲伤、孤独并试图去理解孩子的心情，这样才能找到问题的解决方法。谴责孩子的顶嘴行为之前，家长首先要想一想孩子是否对家长有不满情绪。家长要告诉孩子，顶嘴会伤对方的心，所以尽量心平气和地说话。

家长有必要反省，是否过多干预了孩子的生活或强制性地牵着孩子的鼻子。就算是母女之间交流情感，也要饱含对彼此的关爱。如果家长希望孩子学会心平气和地表达情感，家长应该起到表率作用。

跟家长
顶嘴的孩子

抚养孩子是家长难以攻克的课题？

只要是生过孩子的人都不会忘记，第一次面对孩子时的那一份快乐，那一份惊奇，甚至不知道用什么样的语言形容自己当时的心情。

感受那一份快乐、惊奇的同时有的家长不免开始担心：“我能不能抚养好孩子？”“怎样才能养育得更好？”“我能不能做一个称职的家长？”

据统计数据表明，彼此深爱的青年男女结婚，人口由两人增加到三人时，他们要承受巨大的压力。因为面对重重的矛盾和巨大的压力，孩子出生 1 ~ 2 年内的离婚比例是最高的。知道这样的数据意味着什么吗？它说明抚养孩子跟家长的为人、文化程度没有多大关系，是一件精神上肉体上都很疲惫不堪、让人心力交瘁的事情。

现在是信息爆炸的时代，很多信息像洪水猛兽一样奔涌而出，这导致孩子和孩子之间不可避免地处于相互攀比的可悲境地。爱子如命的家长，谁都不想让孩子尾随在他人后面，一心只想让孩子出人头地，让他人刮目相看。于是，想培养好孩子的欲望只能越来越膨胀，而这膨胀的欲望，让家长不得不面对与日俱增的巨大压力。可以说“为人父，为人母”就是一种压力的延续。

在这一章节里主要讲一讲养育孩子的过程中父母经常会遇到的各种困苦以及明智的应对方案。在进入本论之前，先来看一看以下的事例。

事例 **六岁的孩子大发雷霆、暴跳如雷。他软磨硬泡缠着妈妈给他买棒棒糖，而妈妈斩钉截铁地表示拒绝。妈妈说：“马上就要吃晚饭了，吃了糖还能吃进去饭吗？”孩子开始顶嘴：“妈妈，你真坏，你每次都要一口否决我的要求。”**

记一记家长有可能对孩子说的话和采取的行动。

____

____

____

从下面的选项中，选择和家长的反应最接近的选项。

1. 警告孩子：“你怎么能那么没礼貌？你对妈妈无礼，妈妈再也不给你买好吃的东西了。”
2. 对孩子说：“我像你那么大的时候，从来就没说过不文明的话。”
3. 惩罚孩子：“赶紧回屋反省反省，没想好之前不要出来。”
4. 告诉孩子礼貌做法，并希望孩子跟妈妈说：“知道了妈妈，下次再给我买吧。”
5. 调整好情绪之后，对孩子说：“不给你买想吃的东西，是不是很难受？”
6. 让孩子知道妈妈的感受：“你那么说，会给妈妈带来伤害的。”

1. 警告孩子："你怎么能那么没礼貌？你对妈妈无礼，妈妈再也不给你买好吃的东西了。"

这样的家长纠正孩子的问题行为时，以胁迫和警告的方式来达到控制的目的。对孩子来说家长是最重要、最必要的存在，所以，家长的胁迫和警告能起到立竿见影的效果。但是这种方法只能控制一时，不能彻底改变孩子的问题行为。使用胁迫和警告的次数越多，家长越和自己心目中的好孩子失之交臂。

2. 对孩子说："我像你那么大的时候，从来就没说过不文明的话。"

孩子的行为，如果不符合家长的标准，家长就接受不了。抚养孩子时，每个家长都有各自不同的标准、价值观和知识。如果一味地强调这些，家长就会在不知不觉中把重心放到孩子的问题行为上，而忽略理解孩子的心情，就不能和孩子产生共鸣。努力改正孩子身上的问题，明确掌握育儿标准，这是家长义不容辞的责任和义务。改正孩子问题行为的道路不是一帆风顺的，在向目标前进的过程中，难免有时倒退一步，有时走岔道。一味强调标准的家长经常使用"绝对、再也、天天"这样的词汇，如果标准太苛刻，很容易压得孩子喘不过气来。这样孩子就不能轻松接受自己应该遵守的社会规范和标准，反而觉得那是一种束缚、一种负担。

3. 惩罚孩子："赶紧回屋反省反省，没想好之前不要出来。"

家长有必要想一想，是否过于频繁地使用"暂时出局"的方法。遇到孩子的问题行为，与其发火、喊叫、恶语中伤，还不如使用"暂时出局"的方法。孩子的成长过程中表现出来的问题行为五花八门、多种多样。就算是表面上看起来一样的问题行为，每次的理由、原因、解决方法都是千差万别、各不相同的。学习"暂时出局"的方法并有效使用，也许有一定的帮助。但家长有必要慎重地想一想，"暂时出局"的方法并不适用于每一种状况。

4. 告诉孩子礼貌做法，并希望孩子跟妈妈说："知道了妈妈，下次再买给我吧。"

这类家长能告诉孩子正确做法，并能指明发展方向。很多家长经常犯的错误之一就是虽然能一语道破孩子身上的问题，但从来不考虑怎样才能更仔细、更亲切地给孩子讲解正确的做法。他们经常义正词严、严肃地跟孩子说："那不是好办法，别做！"而从来不会温柔地、循循善诱地对孩子说："这是好办法，下次你不妨试一试？"对孩子来讲，家长是指明前进方向的指明灯，仔细地、详细地给孩子讲解正确的做法是非常必要的。

5. 调整好情绪之后，对孩子说："不给你买想吃的东西，是不是很难受？"

这类家长不但善于理解孩子的心情，也善于调节自己的情绪。与其指责孩子身上的问题行为，声色俱厉地命令孩子改变，不如想方设法理解、接受孩子的心情。

6. 让孩子知道妈妈的感受："你那么说，会给妈妈带来伤害的。"

这类家长能给孩子回头审视自己行为举止的机会。孩子的调控能力较差，不像大人能自如地调节好自己的情感和行为。有时，孩子会毫无顾忌、肆无忌惮地说出让对方伤心的话。这时，如果训斥孩子、指责孩子，孩子就会在不知情的情况下失去表达感情的自信心。家长大发雷霆、大喊大叫等于在孩子面前亲自示范用攻击性方式表达自己不快的感情，反而有百害而无一利。

很多的育儿书，上面明确地写道："家长应该这么做，不应该那么做。"很多家长照本宣科、依葫芦画瓢，照着书一项一项地实施，但效果并没有预期的好。于是，很多家长失落万分，并产生负罪感。他们感叹自己无能的同时也伤透了心。"别的妈妈，能轻轻松松地养孩子，我怎么就这么费劲？"

最了解孩子的、最疼爱孩子的莫过于家长自己。家长能长时间地引导孩子，有无穷的力量和聪明才智，所以有时不必太在意育儿书上的几行字，以免产生不必要的负罪感。

告诉家长这么做不可以，那么做有问题，并不是让家长产生负罪感。当家长发现孩子身上的问题行为时，就应该积极去改变。如果家长都对孩子失去信心，那么谁还能比家长更尽心尽力地教育你的孩子？所以这是千万不该采取的育儿态度。家长知道自己的抚养方式存在问题时，既不能拘牵于负罪感责怪自己，也不能训斥孩子。只要家长切实感受到改正的必要性，就应该立刻踏踏实实地去实践。

想一想孩子的平时表现。

测一测孩子的状态

孩子身上有这样的倾向。

※ 查对孩子的症状，找到相应的页码。好妈妈的心灵处方恭候您的光临。

针对顶嘴孩子的处方

Case01

打电话时插嘴或干扰。

家长打电话时，孩子妨碍吗？因孩子插嘴，谈话经常被中断吗？爸爸妈妈做事情时，孩子好像有什么急事一样，经常介入、干预，但问他有什么事，却又满脸疑惑、直愣愣地看着家长，让家长不可思议、哭笑不得！家长和其他孩子说话时，孩子总打搅吗？如果孩子身上有上述问题，家长就有必要好好读一读这一部分内容。

我们经常看到家长接电话或做某件事情时，孩子总在旁边缠着家长，要这个、要那个，弄得家长不得不中断电话或放下手中活计的情景。比如妈妈打电话时，孩子总是问这个、问那个，或要求妈妈给他做某件事情。刚开始时，妈妈心平气和、和声细语地说："你安静点儿，一会儿给你做。"但是孩子没完没了地磨人："给我做这个。""那个在哪？"而且说话声音一次比一次高，一次比一次不耐烦。这时，忍无可忍的妈妈就会喊："静一静，能不能让我消停接个电话？"可孩子好像根本就不理会妈妈，闹得越来越凶。最后无可奈何的妈妈只能急匆匆地撂下电话。

家长打电话或做事情时，孩子捣乱的原因是什么？

1. 为了博得家长关心和疼爱。

孩子是很敏感的，只要感觉家长的关心不在自己身上，他们就会惊恐万分。比如打电话时家长过于聚精会神、全神贯注，孩子就会认为自己已经脱离了家长的关心范围。于是慌里慌张、惊慌失措的孩子，会找寻一切可行不可行的理由，想方设法把妈妈的眼球吸引到自己身上。

2. 家长做重要事情时，就算有什么要求，孩子也应该等到结束，这是最起码的礼仪。但是，没学到这种基本礼仪的孩子，家长做事情时，会若无其事地、无所谓地进行妨碍。

3. 冲动引起的。孩子想做某件事情时，首先想到满足自己的欲望，所以，自然而然把妈妈的事情推在后面，先满足自己的欲望和愿望。

4. 以自我为中心的想法引起的。孩子认为世上的一切都是以自己为中心的。在这种想法的支配下，孩子理所当然地、若无其事地去妨碍家长的电话。

心灵处方——接打电话时，家长要使用手机。

家长都有深刻体会：孩子小的时候，不受孩子干扰接打电话是一件很难的事情。在这种状况下，有几种方法能有效教育孩子。

1. 使用手机。如果使用手机，既能腾出一只胳膊抱住孩子，也能来回走动。这样妈妈就能从这间屋子走到那间屋子，随时满足孩子要求。

2. 打电话之前，先想好要说的话，然后嘱咐孩子，妈妈打电话期间看书、画画或稍坐片刻等着妈妈。

3. 拿出孩子喜欢的玩具或教具，以便孩子在妈妈接电话时拿着玩。

4. 接电话时，如果孩子妨碍，家长就说："好，妈妈一会儿帮你，但是打完电话,我才能帮你！"然后要求孩子理解妈妈接电话的行为。

5. 与其警告孩子，不如引导孩子协助妈妈。家长与其说："妈妈接电话时，不要死缠乱磨好不好？"不如说："妈妈和奶奶通电话时，谢谢你能耐心等待。"

6. 兄弟姐妹之间如果互相干扰，就应该教他们懂得互相尊重。家长要仔细回想，除了妨碍妈妈接打电话之外，他们之间是不是也相互干扰？如果是，那么首先应该制定不允许互相干扰的家庭规则。

7. 妈妈打电话时，如果孩子妨碍，与其说："你总是妨碍妈妈！"

不如说："你想说什么妈妈很想听，但现在是通话中，能不能等到通话结束再说？"

8. 对孩子的期望值不宜过高，要符合孩子的年龄。

孩子总是以自我为中心，总是从自己的角度看待问题，这是无可厚非、理所当然的事情。妈妈通话时，如果希望孩子说："妈妈打电话，我应该等等妈妈。"那么这说明家长的期望值过高了。孩子总是希望自己盼望的、急需的事情马上得到解决。如果家长要求这样的孩子耐心等待，就等于是给孩子上刑。家长千万不要异想天开地相信孩子会保持长久的耐心。

发生以下情况时，家长怎么做才是正确的？

事例 **因业务关系，妈妈得给公司主管打20个左右的电话。恰巧赶上保姆有事，妈妈只能带着孩子打电话。打通第一个电话时，孩子就摇摇晃晃地贴在妈妈身上，缠着妈妈。"妈妈，妈妈……"孩子继续要赖，要这要那。因为妈妈正在通话中，怕对对方失礼，只能轻轻地对孩子说："嘘，安静点！"**

不要这样做	请你这样做
警告孩子："能不能静下来？再闹妈妈就揍你了。"	打电话之前问孩子："妈妈要打15分钟到20分钟的电话，你能不能耐心等待？"并求得孩子的同意。如果给孩子播放他喜欢的电视节目，孩子就能把注意力从妈妈身上转移到电视节目上。
置之不理、不理不睬，只等孩子安静下来。	一手抱着孩子，一手拿着手机来回走着打电话，或者紧紧跟住孩子的视线，即时给他拿他所需要的东西。
打重要电话时，在没有挂断电话的情况下，对死缠乱磨的孩子大声喊叫："赶紧给我出去，别妨碍我。"	告诉孩子妈妈打电话所需要的时间，然后跟孩子说："你想跟妈妈说的事情，妈妈很想听，但是等妈妈打完电话再说好吗？"

Case02

不听妈妈的话，妈妈说东他就说西。

不听话的孩子，他们的表现各不相同、千差万别，通过下面的事例，了解家长的应对方案吧。

● 妈妈领着孩子到外面办事，孩子处于亢奋的状态，乱跑乱跳。

事例 01 **妈妈领着 5 岁的孩子来到儿科诊室，妈妈和医生商谈时，孩子在诊疗室里来回跑，一会儿穿着鞋爬到床上，一会又爬到医生的桌子上。妈妈生气了，严厉地对孩子说："我不是让你好好坐着吗？是不是不听妈妈的话？你再不听，我就收拾你了！"**

? 问题的焦点 孩子在和妈妈较劲。这种较劲只能让孩子坚信，妈妈是一个事事阻止的魔女或敌人。

+ 请你这样做 首先要终止较劲，想一想大家都能胜利的方法。家长不妨问问自己："我怎么做才能和平解决这个问题？"通过这样的疑问，也许能想到更多的好方法。

● 孩子跟好长时间没见面的表弟抢玩具，并软磨硬泡死缠着妈妈给他买玩具。

事例 02 **节假日，孩子和妈妈一起到爷爷家串门。在那里，孩子抢表弟的玩具，并把表弟打哭了。一时生气的妈妈，一手把玩具抢过来，拿给了表弟。这样一来，孩子就开始缠着妈妈给他买跟表弟一模一样的玩具。妈妈大声训斥孩子："能不能老实点？还不赶紧把玩具还给表弟？你怎么一出门，就惹是生非？"**

? 问题的焦点 这位妈妈平时只知道发牢骚、埋怨孩子、数落孩子，没完没了地唠唠叨叨。

请你这样做 家长要明智处理这种战斗状况。其实，仔细一想，不可能一次性解决好让她变得敏感的所有状况。不妨从所有的状况中，先选择一项优先处理。

● 兄弟之间斤斤计较，经常打架。

事例 03 **上小学一年级和三年级的兄弟在车里打起来了。刚开始还只是吵架，后来竟动起手来。挨揍的弟弟嘤嘤哭起来，而哥哥还在奚落弟弟。这时妈妈喊："你俩再不静下来，我就不领你们去购物。答应给你们买的东西，一样都不能买！"**

问题的焦点 不去弄清楚打架原因，只知道大喊大叫。这样的妈妈只能让孩子学会面对利益时，要小聪明、要鬼把戏。

请你这样做 妈妈不能威逼或警告孩子，要告诉孩子具体的行动指南。"我想知道打架原因，能不能跟妈妈说一说？谁先来？"

● 吃饭之前吃饼干或玩长时间的游戏。

事例 04 **孩子本来就不爱吃饭，但饭前执意要吃一盒饼干。妈妈明确告诉他不可以，但等妈妈干完活回到屋里时，发现孩子已经吃了半盒饼干。生气的妈妈大声喊叫："你还吃？还不赶快给我收起来？你再吃我就把你锁起来！"这时，玩电脑游戏的大女儿也映入妈妈的眼帘。大女儿明天要参加学校统考，可已经玩了三个小时的电脑。火冒三丈、忍无可忍的妈妈大发雷霆："还不赶紧把电脑关掉，回到你的房间！我让你面壁思过罚站一个小时，你好好反省一下吧！"**

问题的焦点 这位妈妈过分使用"暂时出局"的方法。有的家长这么说："孩子做错事情时，我们不发火、不打孩子、施行'暂时出局'的方法，或让他静静地坐在'思考的椅子'上，但孩子的错误行为，真的很难改变。”

请你这样做 家长每次都使用“暂时出局”方法，并不是明智的做法。不管什么错误行为，千篇一律地使用“暂时出局”的方法，不可能收到预期效果。

● 孩子不听话，说东向西时。

事例 05 **孩子简直有点太过分，从来不听妈妈的话，让他做的事情从来不做，不让他做的事情偏偏要做，累得妈妈筋疲力尽。每当这时妈妈就说：“头一次看见像你这样一意孤行、惹是生非的孩子。”“真后悔生了你这样的孩子。”“你都能把我气死，眼不见心不烦，我现在连家都不愿意回了。”“我都要让你气出病了，我好像活不长了。”**

问题的焦点 这位妈妈使用语言暴力，给孩子的幼小心灵带来创伤。如果继续对孩子进行语言虐待或情感虐待，将会对孩子的健康带来不良影响。

请你这样做 如果家长火冒三丈、忍无可忍，不如闭上嘴等到情绪稳定。其实，退一步想问题，往往能感觉到海阔天空。

● 明明没上补习班，却撒谎上了。

事例 06 **小学三年级的孩子明明没上补习班，却撒谎去上了。这时，妈妈说：“你真是个大骗子，总这样撒谎以后谁还能相信你？”**

问题的焦点 孩子撒谎也许有他自己的难处，也许他为了解决自己面临的难处不得不撒谎。妈妈不去问撒谎的原因，只针对孩子的谎言而大发雷霆是不对的。

请你这样做 告诉孩子诚实是最好的解决办法，并对孩子说："就算以后还遇到类似事情，也一定要记得实事求是地交代。如果有不愿意上补习班的理由，跟妈妈商量好不好？咱可以特殊事情特殊处理。"

训育指的是又教又训的意思。世界上最疼爱孩子的莫过于家长。家长要坚定不移地用他那无私的爱和责任感，纠正孩子的问题行为。盲目地打屁股或采用不符合实际情况的"暂时出局"的方法，对训育孩子没有任何帮助。这样的处罚不仅让孩子学不到什么，反而会产生条件反射。"不想挨揍，就不能捣乱。""抢弟弟的玩具就得受惩罚，以后再也不能抢玩具。"听到家长的这番话，孩子将永远体会不到自己的错误。

有时孩子真让家长生气，家长忍不住打几下孩子屁股，但是打完之后，家长马上就产生负罪感。打孩子有时能收到立竿见影的效果，但那是暂时的，不是根本的管教方法。就算孩子的问题很严重，如果家长采用体罚，对家长和孩子都没有好处。所以，与其采取体罚的教育方式，还不如让孩子说出撒谎的根本原因，这样才能收到长期效果。

心灵处方——用坚定而又严厉的态度指导孩子。

孩子不听话时，怎么做才能收到成效？

● 就算采取坚定而又严厉的态度，也要和蔼可亲。

孩子爬到危险地方时，首先要把孩子放到安全地方，然后义正词严地对孩子说："再也别上去，太危险了。"

与其大喊大叫，不如严厉地告诫孩子。如果妈妈每次都大喊大叫，孩子就会想："我终于又让妈妈爆发了，我再让她爆发一次。"孩子认为妈妈生气的样子很好玩，而且认为自己终于掌握了用错误行为控制妈妈的方法。

● 用语言表达。

不管面临什么问题，家长都要想方设法用语言解决。也就是说，家长不能依靠武力确立家长的权威性，而应该依靠精神的感染力博得孩子的信任和爱戴。

● 暂时退一步。

现代人的生活节奏飞快，在这种快节奏的生活中很多人容易兴奋起来，失去深入思考问题的能力。如果认为自己过度兴奋了，就应该暂时放一放手中的问题，让自己冷静下来。然后心平气和地对孩子说：“咱俩现在都在气头上，这件事情过一会儿再说吧。”

● 给孩子选择权。

谁都不喜欢他人指使自己，孩子也是一样的。与其指使孩子，不如拿出几个选项供孩子自行选择。如果事事都由家长做主，孩子就不会有自己独特的见解和想法，不利于培养孩子的自主能力。

● 经常激励和表扬孩子。

孩子的问题行为有时不太好调教，家长可能面临一定压力。就算家长承受天大压力，若孩子偶尔做出优秀表现，也要慷慨地表扬孩子，这样才能让孩子产生更加努力的想法。家长要记住：好孩子是夸出来的，不是骂出来的。

● 不要一下子拒绝孩子。

当孩子跟妈妈说：“妈妈，让我再睡一会儿好吗？”“给我买新的篮球呀？”这时，如果家长一口拒绝，孩子会感到万分失望，有时甚至会哭泣。与其这样斩钉截铁地拒绝，不妨说：“你想睡懒觉？不是不可以，但这个周末咱们要做的事情太多了，等下次清闲的时候好不好？”或者：“好，妈妈可以给你买，但是等你过生日的时候，再买给你好吗？”

● 不要轻易动用惩罚手段。

很多人误认为惩罚和训育是一回事。其实，训育能指明孩子的发展方向，惩罚只是为了给孩子一点颜色瞧瞧，而故意让他承受疼痛的一种手段，所以它们是截然不同的概念。经常受到惩罚的孩子，动不动就会发脾气，或变本加厉地做错误行为。

有时，家长没必要采取惩罚手段。每次惩罚孩子之前，家长不妨问一问自己：“明明知道惩罚孩子的可怕后果，为什么还要惩罚？如果采取其他方法是否会更好？……”

● 要像教练一样看待问题。

孩子做错事情时，不能只重视该如何惩罚孩子，而应该重视怎样教育孩子。比如孩子撒谎时不惩罚孩子，而对孩子说：“妈妈真心希望你下次能跟我说实话。”这么一说，孩子自然就能明白诚实的重要性，问题的解决也能达到事半功倍的效果。如果家长一味惩罚孩子，孩子并不一定能认识到诚实的重要性和必要性。

● 理解孩子。

蹒跚走步的孩子，一般用行为表达意愿。所以，家长要细心观察孩子的行为，努力理解孩子的行为，这样才能消除诸多不便，确保孩子茁壮成长。同样，当孩子做错事情时，家长不要先想着训斥孩子、惩罚孩子，而应该先观察孩子有没有要说的，要说的是什么。家长可以根据孩子的反应，再拿出应对方法。也就是说家长不要急于表态。

● 尊重孩子。

孩子是一个独立的人格体，家长要懂得尊重孩子，尊重孩子的感情，尊重孩子喜欢的东西，尊重孩子的优先顺序。这样孩子的问题行为才能得到消减，和家长的关系也能得到改善。这是家长和孩子都能取得胜利的战略。

● 心急吃不了热豆腐。

家长经常犯的错误之一是，期待孩子马上改变问题行为。很多家长经常懊恼地说：“我已经努力了、尽力了，但没什么效果。”孩子不是输入指令就能马上执行的电脑，改变孩子的错误行为，家长要具备足够耐心和韧劲。

● 家长有必要审视自己的说话方式。

与其声色俱厉地指责孩子：“我跟你说几遍，你才能整理床铺？”还不如温柔地、和风细雨地对孩子说：“你能想到整理床铺，妈妈真高兴，等整理完了跟妈妈说一声，好吗？我要好好奖励你。”通过这种说话方式，鼓励孩子做出顺应妈妈的行为。

● 保持始终一贯的教育方法。

调教孩子时，如果始终能保持一贯性，那是再好不过的了。有时循循善诱，有时严厉惩罚，孩子的问题行为就很难得到改变。“熟能生巧”这句话不仅适用于学习乐器，也适用于学习新的好行为。不要以为孩子反复出现问题行为，就认为方法不正确或没有效率。要知道始终一贯的教育方法是最强有力的。

● 不要经常使用惩罚这一手段。

明明知道不应该惩罚孩子，但有时却控制不住自己的情绪，不知不觉中去惩罚孩子。结果，家庭教育演变成你死我活的战争，使得家长和孩子两败俱伤。治愈心灵的创伤，不仅劳心劳神还需要漫长的时间。更可怕的是心灵的阴影永远赶不走，它会永远盘踞在孩子心灵的一角，伴随孩子的一生。如果家长一气之下失去理性，那么真诚地表示歉意吧。然后真诚地请求孩子帮助妈妈找到更合适、更贴切的方法。这样不仅能防止和减少孩子和家长发生冲突，也能让孩子努力改变自己的错误行为。

● “暂时出局”的方法。

很多家长认为“暂时出局”的方法是指出孩子错误行为、有效调教孩子的好方法，所以使用频率比较高。如果对四岁以前的孩子使用这个方法，效果有可能不太好。因为这个年龄阶段的孩子尚不能自如表达自己的情感，不能区分是非曲直。如果家长长期使用此方法，孩子只能认为家长不喜欢自己，而绝对不会想到自己的错误行为。

对稍大的孩子也不太适合。不符合实际状况的“暂时出局”方法，让孩子和家长之间失去亲密感，因此陷入愤怒、报复、抵御的恶性循环。家长使用“暂时出局”的方法之前，要好好想一想：“‘暂时出局’的方法，果真有效果吗？”“孩子能不能自悟自己的错误？”

● 不要威胁孩子。

“光打雷，不下雨。”如果孩子明白家长的话只是威胁、吓唬，并不是真的采取强硬措施，那么孩子以后更是有恃无恐，甚至会藐视家长。不能因为自己是家长，也不能因为孩子是从自己身上掉下来的一块骨肉，就认为自己有权力胁迫孩子、威逼孩子。

● 不要期待立竿见影的效果，就算效果缓慢，也不要灰心丧气。

对孩子的问题行为，有些家长的态度经常发生变化。一会冷若冰霜，一会热情洋溢；一会斤斤计较，一会慷慨大方。其实，如果家长采取始终一贯的态度，孜孜不倦的努力，孩子的问题行为很快就能得到改变。

Tips

惩罚孩子时，应该注意的事项：

1. 火冒三丈时，不要惩罚孩子。
2. 强硬的惩罚手段，不一定有好效果。
3. 惩罚孩子时，不能侮辱孩子，让孩子感觉羞愧或产生负罪感。
4. 不能把惩罚当做复仇的手段。有时，为了故意惹妈妈生气，孩子也会做出问题行为。
5. 尊重孩子的情感："你不能到外面和同学们一起玩，一定很失望吧。妈妈给你读故事书，情绪能不能好点？"

Case03

不会整理物品，屋子总是乱七八糟。

家长普遍感觉头疼的问题之一，可能就是孩子不会整理物品。很多家长害怕进孩子的房间，看到地板上乱扔一地的衣服，看到书桌上凌乱的本子和书籍，就像是遭到炮击，杂乱无章、乱七八糟。每次看到这种场景，家长都不禁唉声叹气，气不打一处来。特别是踩到本子、玩具、积木时，家长真的想把它们通通扔到外面。所以，火冒三丈的家长就大声喊叫："屋子简直像个猪圈，能不能马上收拾收拾？"孩子收拾了，也就当时能干净点，不到抽一支烟的工夫，屋子又弄得像猪圈，孩子实在是不善于整理物品。

心灵处方——首先要了解孩子的个性特点。

急于解决这个问题之前，退一步想一想以下事项。

第一，首先想一想帮助孩子的方法。比如物品的摆设，适不适合孩子收拾；重新摆放家具，对孩子整理物品有没有帮助。

第二，考虑孩子的个性特点。就像每个人的长相、性格千差万别，每个孩子整理物品的方式也是各具特色的。比如想象力丰富、有创意的孩子，一般都能同时进行几件事情。所以他的屋子总是杂乱地、乱糟糟地散放着东西。尽量把孩子安排到宽敞的房间，整理东西时先让他放下手中的活，并给他充裕的时间。

相反，有的孩子喜欢收拾得干干净净、井井有条的屋子，不喜欢杂乱无章、乱七八糟的屋子。这样的孩子喜欢学习或玩的过程中随时整理物品，所以需要给他准备大的整理箱或盒子。了解孩子的个性特点是培养孩子善于整理物品的第一步。

有助于孩子整理物品的话语。

不要这样做	请你这样做
不要发火，也不要生气。不要拿收拾东西的问题和孩子较劲。有时为了气家长，孩子会把屋子弄得更乱七八糟。	如果有丝毫的“看你赢，还是我赢”的想法，教育就要演变成战争了。战争是很残酷的，总要分出胜负。为了赢对方，孩子和家长进行你死我活的较量，于是，双方互相攻击对方的弱点和错误。孩子经常攻击妈妈：“你不也是把厨房弄得乱七八糟吗？你有什么资格说我？”或者“你不也是天天都整理屋子，为什么说我？”家长首先要承认整理东西对孩子来讲，是丝毫没有意思的单调的事情。与其大喊大叫不如这么说：“收拾东西没有玩有意思。爸爸妈妈有时也不愿意收拾，但是又不能不收拾，这是每个人必须要学会的事情。我帮你，咱们一起收拾好吗？”

不要这样做	请你这样做
不要威胁、逼迫孩子："你要是不赶紧收起来，全给你扔出去。"或者气势汹汹地对孩子说："你现在不收拾是吧？一会儿从学校回来，看不到玩具可别怪我！"	给孩子创造挑玩具、收拾玩具的机会。比如："看一看你的玩具，把喜欢的装到整理箱，不喜欢的给其他小朋友。"说完之后，要给孩子一天或两天充足的时间。如果命令孩子马上执行，也属于强度较弱的威胁。
不要买太多的玩具或文具。	玩具或文具太多，可以赠送给周边的幼儿园或儿童医院，让其他小朋友也玩一玩。
指示孩子收拾完屋子之后，不要马上走出来。	家长最好坐在孩子房间，默默地注视孩子。这样孩子会更认真、更卖力。需要搬重东西，需要把东西放到高的地方时，家长也能及时地帮助孩子。
家长不能模棱两可地对孩子说："我请求你收拾屋子好不好？"这既不是乞求，也不是指示。	明确告诉孩子家长的希望。家长可以具体指示："把地上的衣服捡起来，挂到衣柜里吧。"
妈妈不能替孩子收拾屋子。	给孩子创造采取主动的机会。布置屋子时，摆设家具、摆放必要生活物品都可以让孩子自行做主。家长协助孩子一起收拾，虽然有一定帮助，但是让他自己收拾，更能激发他的责任感和自豪感。
不要让孩子感到委屈。自己弄乱的屋子，自己收拾是应该的。但有时，并不一定都是自己弄乱的，也有可能是他和弟弟一起弄乱的。这时，家长如果跟孩子说："你自己收拾！"他就会觉得很委屈，感觉自己孤立无援、被排挤。所以收拾屋子时，他可能会发脾气、抱怨他人。	全家人一起收拾。把每个星期天的早晨规定为扫除日，家庭成员谁都不能例外，一到这天都要收拾各自的房间和公用的空间。一起劳动时，谁都不会有心理负担，都能感觉到轻松和舒适。

不要这样做	请你这样做
不要期待孩子会在短时间内把屋子收拾得干干净净、井井有条。如果需要收拾的东西太多，吓怕的孩子索性就不想收拾。	家长要引导孩子一项一项地完成。如果某一处杂乱无章不堪忍受，就可以从那个地方开始收拾。比如：收拾收拾桌子吧，或者先把衣服挂到衣服挂上吧。引导孩子先从单项入手，等孩子熟练了再过渡到下一步。

Case04

家长说一句，孩子就有一百句回应家长。

很多时候孩子总是让家长火冒三丈，让家长伤心不已。最让家长烦恼的莫过于顶撞家长。“这件事情为什么让我做？”“家长为什么非要知道？”“我的人生我做主。”“我不希望被你们牵着鼻子走。”“妈妈，你真像个大傻瓜。”“妈妈，我讨厌你。”“妈妈，你做得就都对吗？”“爸爸，你为我做过什么？”孩子的这种说话方式，真的让家长哭笑不得，甚至大发雷霆。

步入青春期的孩子，当自己和家长想法有出入时，就会顶撞家长。很多孩子从电视、电影看到顶嘴、顶撞的镜头，会不经意间模仿他们。跟过去的家长比，现在的家长更尊重孩子。有时过于民主的家庭氛围，也能助长孩子顶嘴、顶撞现象。

假设这样的情景。孩子不愿意参加亲戚的结婚典礼，只想在家里玩电脑游戏。妈妈强制性地拽着他去，恰巧又赶上堵车。本来就不情愿的孩子更不高兴了，于是没完没了地发牢骚。妈妈说一句，他就顶一百句。这时，恰巧又赶上红灯，憋着一肚子气的妈妈只能停下车。孩子说：“妈妈你真傻，怎么专门挑堵车的道？”妈妈说：“这个道平时不堵车呀。”“你不是教我不要辩解吗？你为什么要辩解？这个道不是你选的吗？堵车不也是明摆着的事实吗？要是爸爸开车早就到地方了。我看你纯粹是个大傻瓜。”“你怎么能这么跟妈妈说话？”“我的嘴长在我身上，我说什么你也管不着，你还是管好你自己吧。我的人生我做主。”听到这些，妈妈气得说不出话，真想把车扔在道边打道回府。

很多教育学专家普遍认为这时应该打道回府，但这个方法虽然有时能起点效果，但对家长说一句顶一百句的孩子，效果不是很明显。

家长说话时，孩子为什么总顶嘴、顶撞呢?

1. 表达内心的怒气或失望。
2. 也是一种发泄怒气的方式，他们往往不摔东西，不骂人，采取顶嘴、顶撞的方式消解愤怒。
3. 强烈主张自我意识的方式。
4. 为了向家长显示自己的强大。
5. 为了博得家长的关心。
6. 可能习惯了这种说话方式。
7. 为了给亲戚、朋友留下深刻印象。
8. 挫一挫妈妈的锐气。

心灵处方——家长要尊重孩子，但不能脱离基本常识。

有效引导顶嘴、顶撞的孩子，又能避免两败俱伤的方法有哪些?

家长都希望孩子能明确表达自己的主张，能在别人面前表达自己的意愿，毫不畏缩地大声说出自己的建议，能跟自己不太喜欢的人和谐相处，做到西瓜地里散步——左右逢源，在不贬低他人的前提下强烈推荐自己。当然，孩子要做到这些，家长也要付出很多努力。其中，最关键的是家长怎样对待孩子的顶嘴问题。

孩子顶嘴时，家长不能把侧重点放在顶嘴这一表面现象，而更应该重视孩子的语言坦诚与否。孩子顶嘴时，有时家长能保持理智，但每次都保持清醒的头脑是很困难的。

很多家长说：每次面临的情况都不一样，真不知该怎么办。

孩子顶嘴时，家长要坚持两个基本原则。

第一，尊重孩子。

第二，坚持自己的做人原则。

那么，我来介绍以这两个原则为前提的引导孩子的具体方法。

● 阻止孩子顶嘴，还是作为教育孩子的契机，都在于家长。

孩子顶嘴、顶撞时，家长不妨这么问："你说'妈妈是傻瓜'，你能体会妈妈当时的心情吗？"这种说话方式，能引导孩子审视自己的说话方式和说话语气，也能教导孩子从此"三思而后行"。

● 不要进行空洞的说教，要耐心地教导孩子。

孩子顶嘴时，家长与其发脾气、发牢骚，不如把它视为进行建设性对话的机会，这样孩子就能学到尊重他人、关爱他人的方法。比如，睡觉时间到了，可孩子却没有丝毫的睡意。妈妈开始催促孩子，而孩子却说："你别想操纵我。"这时，如果家长继续和孩子较劲是没有用的。家长不妨这么说："是啊，你说得对，你不是彩泥，我不可能把你捏成我喜欢的样子。但是我希望你下次跟妈妈说话时这么说：'妈妈，再看一会儿我就看完了，我一会儿再睡可以吗？'"通过这样的教导过程，家长向孩子展示，不采用攻击性、敌对性的方式，也能表达自己的主张。

● 不要感情用事，要客观对待。

孩子顶嘴时，家长不能感情用事。若是感情用事慢慢就会演变成较劲，不是你赢就是我赢，不分胜负决不罢休。这样当初的努力都会成为泡影。当然，说起来容易，做起来难，这可不是一件简单的事情。

如果家长了解孩子顶嘴的根本原因，就能轻而易举地运用这种方法。孩子的顶嘴是成长过程中的正常现象，那是孩子由依赖家长到慢慢地脱离家长、想自主行事时表现出来的一种矛盾心态。所以家长没必要过分担心、失望，冷静面对就可以了。

● 要像作用力和反作用力那样，对待孩子的顶嘴现象。

如果孩子顶嘴，就把减少次数作为目标，做出相应反应。

事例 01 **小学五年级男孩和他妈妈的对话。**
儿子："妈妈，电脑坏了？怎么打不开？"

妈妈：“是啊，我也不知道怎么回事。等爸爸回来再说吧，也许他能修好。”
儿子：“妈妈，你怎么不会？”
妈妈：“我会的也不少啊，只是每个人都有自己的优势，我不擅长修电脑而已。”

这种说话方式就像作用力——反作用力一样，抓住孩子的话茬，对孩子的顶嘴做出及时反应。

● 不要做出过激反应。

当五岁的孩子跟妈妈说“我不愿意”时，家长不要和孩子较劲，因为这会让孩子变得敏感。所以对待孩子顶嘴的最好方法是家长始终保持平和、理智的心态。

● 说得悦耳动听。

作为家长，有必要想一想自己的说话方式和说话语气。仔细观察自己常用的词汇、语言的表达方式、体态、语言的抑扬顿挫就不难发现问题：是不是嘲讽的语气，是不是在孩子面前摆架子、装神气，是不是使用批判性语言，是不是一个劲地给孩子施加压力，是不是话语中充满了胁迫、诅咒等等。

家长有必要看一看自己的语言是否过于极端或者言过其实。“你总是那样。”“你从来没有认认真真地做过事情。”这种“总是、经常、从不”都属于极端语言，很容易引起矛盾。家长要明智地选择语言、慎用语言。通过这样的过程，每当孩子生气、受挫、失望时，才能有效调节孩子的消极情绪。

● 让孩子感到情真意切。

通过回顾自己的愤怒、挫折等内心感受，家长不妨创造和孩子进行沟通、交流的机会。

可以对孩子说：“虽然不能明确地指出一二三，但我感觉你现在过得很疲惫，能不能跟妈妈谈一谈？”

Case05

没有礼貌。

孩子经常要这要那，让你疲惫不堪、筋疲力尽吗？让孩子做力所能及的事情时，孩子经常找茬吵架吗？家长不愿意和孩子发生冲突，总是尽可能满足孩子所有要求吗？孩子经常指使家长“给我拿这个，给我拿那个”，让家长有一种成为孩子佣人的感觉吗？很多事与其让孩子帮家长，不如家长自己做吗？

很多家长不忍心对可爱的孩子斩钉截铁地说出“不行”两个字。特别是当孩子用充满渴求的眼神，可怜巴巴地看着妈妈，缠着妈妈要东西时，妈妈真的是于心不忍。从小开始不知道什么是“不行”的孩子，会不分场合、不分时间随随便便地要东西。如果满足孩子的所有需求，家长以后要付出惨痛代价。孩子不会跟同龄人沟通，长大之后也不太会处理人际关系。

不是说满足孩子所有要求，孩子就会变得没礼貌、没教养。孩子没礼貌的主要原因是：孩子哭的时候，不管孩子做得对不对，总把孩子抱起来哄；孩子耍赖要东西时，家长又想方设法、绞尽脑汁满足孩子要求；家长经常给孩子买大量玩具，尽管家里的玩具多得都能开个玩具店。

家长为什么说不出“不行”？

1. 看到孩子发火、冲动，产生一种负罪感。
2. 孩子总是没完没了地纠缠家长喜欢自己，如果家长说“不行”两个字，孩子就会讨厌家长。
3. 不愿意看到孩子耍赖、发牢骚的情景。
4. 怕孩子成为有心理缺陷的孩子。
5. 家长不自信，不知道怎么处理。
6. 采取和自己的成长方式不同的抚养方式抚养孩子时，家长很难说“不行”。

心灵处方——成为敢说“不行”的家长。

只要认为有必要，家长就要坚决说出“不行”。就算不太会说也得试着说。坚持以下几个基本原则，就能说出“不行”。

1. 不说废话的前提下，明确说“不行”。

如果对孩子说“不行”之后，过不了几分钟马上反悔，孩子就会慢慢学到刁难对方、折磨对方、使小性子的方法。

2. 说“不行”之后，不能马上说“可以吗？”

家长说“不行”，没必要得到孩子允许，也没必要感觉对不起孩子而表示道歉。说“不行”之后，说“可以吗？”反而给孩子妥协的感觉。只要说出“不行”,那已经是“说出去的话,泼出去的水”了，家长没必要再求得孩子同意。

3. 理解孩子心情，和孩子产生共鸣。

比如，时间已经很晚了，但孩子没有丝毫睡意，依然希望家长陪着他玩。这时，家长不妨先站在孩子立场跟孩子对话：“你玩得正高兴我却让你睡觉，你可能很生气吧？是啊，你的心情我能理解，要是我也会不高兴的。但现在已经太晚了，明天再陪你玩好吗？”

4. 不要和孩子做交易。

为了让孩子听从妈妈，有的家长只要孩子表现好、配合好就向孩子承诺。其实，这等于是教孩子进行错误交易。如果总是这样，哪怕遇到自己该做的事情，孩子也会想做一笔交易。久而久之孩子会慢慢失去责任心，最终陷入恶性循环当中。

5. 不要对孩子进行过于冗长的说教。

对孩子说“不行”时，家长有必要做符合孩子年龄的简短说明。如果孩子刨根问底，家长就没必要对自己的决定进行一一说明。家长可以明确地告诉孩子，家长的决策不属于论争范围。

6. 家长一定要站在统一立场。

如果家长互不支持对方决定，孩子就会知道一方家长反对另一方家长的事实并以此制造矛盾。家长意见不统一时，可以在孩子不在的时候达成共识，但在孩子面前一定要支持对方的决定。分居、离婚、再婚的家庭更应该注意这一点。否则每次做决定就等于是累积引发问题的危险因素。

7. 都说给孩子买过多玩具，孩子会变得没礼貌。其实，买玩具本身不会引发任何问题。

买不买玩具并不重要，重要的是孩子明明知道家里的经济状况不允许，还死缠乱磨家长。

Case06

每次领孩子去购物，家长都累得筋疲力尽。

在大型超市我们经常看到尴尬的、满脸困惑的家长。孩子看见什么要什么，抱着玩具不撒手，躺在地上打滚、放声大哭。没结婚的人看到这样的情景也许暗自取笑：我的孩子绝对不能这样！家长说话温和点多好！其实，哪个家长愿意在公共场合歇斯底里地大声喊叫？

家长到大型超市购物，都想买完必要东西后，赶紧离开，而经营超市的商家则想方设法、绞尽脑汁地留住顾客。在每一个角落商家都摆满了引起顾客购买欲的东西。大人有时也难以抵挡诱惑，何况孩子呢？所以，有时孩子要赖要东西是很正当的要求。

心灵处方——对孩子可能会遇到的状况，家长要有心理准备。

这是笔者亲身经历的事情。

有一天，我在大型超市排队等结账。站在我前面的是一个四五岁的小女孩和她的妈妈。眼看就要轮到她们结账了，小女孩突然对妈妈说："妈妈，我想吃前面架子上摆的巧克力。"妈妈坚决地说："不行，一会儿就回家吃晚饭了，你应该吃饭，不应该吃巧克力。"孩子开始哭起来，但妈妈的态度很坚决："我不是说不行了吗？明明告诉过你，吃饭之前绝不允许吃甜食，怎么忘了？"

孩子悻悻地走出队列，走到巧克力架子旁边，索性躺在地上打起滚来，边哭边喊："我不喜欢妈妈，妈妈是世界上最坏的人，我要的东西从来都不给我买。"这时，妈妈走到孩子旁边警告孩子："你要再这样，什么也不给你买了，看我回家之后怎么收拾你！"说着试图扶起孩子，可孩子紧紧把着放置巧克力的架子一动不动。

当时我真想对那位妈妈说以下的话。

1. 根据当时所处的状况，做出决定。

为了改变孩子的问题行为妈妈做出了很多努力，但状况的发展却出乎妈妈的预料。这时，妈妈面临两个问题，要么纠正孩子的问题行为，要么早点回家做晚饭。如果两项都不想耽误，结果当然就不会好。家长不妨放弃一项，以平和的心态对待孩子。

如果家长放弃早点回家做饭的想法，虽然会听到其他家庭成员的怨言，但有时间冷静对待孩子的问题行为，不至于在人多的公共场合像魔女一样大喊大叫或催促孩子。家长不做损坏自己形象的举动，这不是很明智的做法吗？

领着孩子购物时，应该设定购物时间。四五岁的孩子很难坚持10分钟以上，六七岁的孩子能坚持10～15分钟，小学生可以坚持20～30分钟。如果不考虑孩子的这种特点，购物时间过长当然会引起孩子的不耐烦，从而引发问题行为。

2. 购物之前，先喂饱孩子。

这样就能减少孩子死缠大人的概率。家长也可以带点零食以防孩子饿肚子。

3. 家长心情舒畅，才能幽默、机智地应对孩子的问题行为。

孩子在公共场合做问题行为时，家长不能一门心思想着怎样才能阻止孩子的问题行为。其实，重要的不是问题行为，而是引发问题行为的原因，而查找原因有时并不是简单的事情。所以家长要尽量理解潜藏在问题行为背后的孩子的心情。不考虑原因，只想矫正孩子的问题行为是没有任何帮助的。

● 周末购物时，不耐烦的孩子向陌生人进行人身攻击。

周末的超市一般都很拥挤，人们排着长长的队伍等着结账。这时，七岁的女孩子终于忍不住了。“妈妈，前面的大胖子阿姨，怎么买了那么多东西？吃得那么多，当然发胖了。”听到这话，妈妈慌里慌张不知所措。

其实，孩子并不想挖苦胖阿姨，她只是纳闷胖阿姨到底买了什么东西，为什么会那么胖。这时，很多家长会说：“嘘，静一点，阿姨听见怎么办？你不能那么说。”家长可能是考虑胖阿姨的立场才说出这些话，但这并不是好办法。如果感觉胖阿姨有可能听见了孩子的话，妈妈应该立刻道歉，然后对孩子说："还记得表姐说你是瘦猴子的时候，你哭成小泪人的事情吗？想一想你那时的心情有多难受？你说那个阿姨是'大胖子'，阿姨的心情又会怎样呢？"

● 兄弟姐妹争着抢着表达自己的意愿。

一对夫妻有三个孩子，有一天家长领着四岁、五岁、七岁的三个孩子到大型超市购物。突然三个孩子不约而同、七嘴八舌地说出自己的要求。"妈妈，什么时候回家？""妈妈，我想吃冰淇淋。""不行，我要推这个车。"他们扯着嗓子争先恐后地表达自己的意愿。

其实，这是孩子们向妈妈传达不耐烦的信息。但是很多家长不理解孩子的心情，反而惊慌失措。这时，路过的人又时不时地乜斜家长，好像在说："养不好孩子，还生那么多？"感觉难堪、无地自容的妈妈开始大声喊："你们要是再吵闹，我回家就惩罚你们。"

最明智的做法应该是赶紧结束购物，领着孩子离开超市。

● 缠着家长要零食。

小学一年级的女儿缠着妈妈要冰淇淋。妈妈拒绝孩子的要求："马上就要吃饭了，吃什么冰淇淋？"可孩子还是死缠乱磨，看到妈妈无动于衷，灰心丧气的孩子开始埋怨妈妈："妈妈，别的小朋友的妈妈，要什么给什么。可你呢？你从来没给我买过什么！"

这时大多数的家长都会说："你看，上次我不是跟你说过吗？"或者："你可不能那么说，你好好想一想，上次我不是给你买过冰淇淋吗？""你的小朋友怎么样跟我没关系，他也不是我的孩子。"妈妈的这种说话方式是很不明智的。

家长不妨确认孩子说的事实："真的吗？难道我没给你买过东西？让我们一起回想一下吧。"通过这样的回想过程，让孩子明白"从来都没给我买过东西"的说法，并不符合事实。家长应该让孩子明白"从来""都"这种绝对的表达方式，容易给双方带来伤害。

Case07

缺乏责任感和独立意识。

家长经常听到的一句话是："妈妈，我自己看着办，你就不用管了。"听到这句话很多家长都会说："我倒希望什么都不管，可你行吗？你也就是嘴上说说而已。"

有的孩子虽然小，独立意识却很强。他们总想自己做点事情，可家长千方百计阻止孩子，不给孩子机会。理由如下：第一，孩子做不好；第二，孩子太小；第三，任其所为，没什么好结果。出于这三种原因，家长死活都不给孩子独立做事的机会，总是死死地盯住孩子。

有的家长想，少生一个孩子，给其他孩子创造更好的条件，才不愧为称职家长。越是有这种想法的家长，越会阻碍孩子的独立性。他们认为满足孩子的所有要求，才是更疼爱孩子的表现。他们总是处于一级战备状态，只要孩子有需要，随时冲到孩子身边。这样的家长最忌讳给孩子独立做事的机会。

心灵处方——孩子想独立做事，尽可能允许吧。

要把孩子培养成既能独立开辟自己人生，又能承担一切后果的人。有时孩子说："我想怎么做就怎么做，你管不着。"这虽是向家长表达独立做事的意愿，但同时也流露逃避责任的意向。家长应该要求孩子承担责任、承担后果。

协调孩子的独立能力和责任心，才能取得好效果。如果协调不好，会给人不负责任、为所欲为的感觉。有时孩子误认为彻底负责是指自己不做任何决定，只盲目听从权威人士的安排。

让孩子理解独立性和责任感的概念是很重要的。当孩子提出独立做事的意愿时，家长表示允许的同时应该给予孩子必要的支持和帮助。

怎样培养孩子的独立性和责任感？

1. 孩子试图独立做事时，家长应该满口应允。

随着年龄的增长，孩子对独立做事总是跃跃欲试。作为家长应该欣然接受孩子的要求，这样才能培养孩子的独立能力。不能因为结果不理想就劈头盖脸地批评孩子。不管结果怎么样，家长要强调孩子想独立做事的想法和坚持不懈付出努力的过程是最重要的。家长要启发和鼓励孩子独立做事，这样孩子想独立做事的欲望才会变得更加强烈。

2. 激励孩子勇于挑战。

孩子经历的事情是有限的，面临新课题，有时能激起孩子的好奇心，有时能引发孩子对新事物和失败的畏惧感。每当孩子跃跃欲试挑战新事物时，作为家长应该表示鼓励。说人生是不断面临新课题、不断挑战新课题的过程一点也不为过。每当孩子挑战新课题的时候，如果家长积极地表扬和激励孩子，那么孩子自行解决问题的能力将会得到提高。

当孩子面临不符合自己年龄、不能胜任的课题时，家长应该说服孩子往后推一推，或者帮助孩子选择适合自己的课题。因为不符合年龄、不能胜任的课题只能让孩子遭受失败，从而失去自信心。

3. 孩子的想法不成熟，做不到思前顾后，面面俱到。

孩子做某种决定，家长有时不太满意或猜测到结果不太理想时，不给孩子擅自做主的机会。孩子想独立做事的想法本身难能可贵，所以有时不必太在意事情的结果。俗话说“吃一堑，长一智”，孩子可以通过失误、失败积累一定的经验，而这经验也是宝贵的人生财富。

如果因为害怕失误和失败，剥夺孩子独立做事的机会，那么孩子将永远经历不了自悟过程，而这过程是家长不能用语言指导的。比如寒冷的冬天孩子一意孤行非要穿夏天的夹克，家长左右为难。答应怕孩子感冒，不答应怕孩子说妈妈处处阻挠他的决定。从结论上讲，家长应该尊重孩子的决定。通过独自决定之后去实施的过程，孩子能经历做更合理决定的“修正错误的过程”，而这样的过程既能帮助孩子自如应付更复杂的情况，也能帮助孩子选择更恰当的方法。

4. 带头做表率，成为独立能力强、富有责任感的家长。

家长是孩子最好的老师，孩子永远效仿家长。如果想把孩子培养成富有责任感、独立能力强的人，家长最好做出表率。家长要经过慎重考虑，坚定地、果断地做出某种决定，并且敢于承担一定责任。

5. 激励孩子独立解决问题。

人活在世上会面临很多问题，所以解决问题是孩子必须要学会的重要技能。小时候家长可以帮着解决，但是孩子长大之后不能总依赖家长。所以孩子小的时候，家长有必要一点一点地渗透解决问题的战略和战术。家长要帮助孩子找到解决问题过程中出现的问题或错误，并找到解决方法。解决问题的能力是人必须具备的能力，它不仅是孩子树立自信心和培养独立性的重要因素，也是保证孩子度过幸福人生的决定性因素。

6. 家长要鼓励孩子勇敢面对失败或失误。

“金无足赤，人无完人”，谁都难免要犯错误，何况幼小的孩子，他会经历很多失误，犯很多错误。谁都避免不了面临危机的可能性，而很多家长怕孩子遭受挫折，想方设法庇护孩子，替孩子遮风挡雨。其实，家长的这种努力并不见得是一件好事。不经历风雨怎么见彩虹，所以家长要鼓励孩子勇敢面对挫折和失败。

7. 需要家长帮助时，家长应该挺身而出。

别说是小孩子，大孩子有时也需要家长的帮助。每当孩子疲惫不堪、心力交瘁时，自然而然想依靠家长、倚仗家长。只要孩子需要家长的帮助，家长就应该尽心尽力、全力以赴。

8. 制定合乎规范的规律和规则。

培养孩子的独立性，并不意味着让孩子为所欲为。生活在始终一贯的、合理的规律和规则范围内，孩子才能感到安全。孩子有必要知道家长对自己的要求和对自己的期待，也应该知道符合那个年龄阶段的规范的行为举止。家长要让孩子明白作为社会一员应该努力协调自己，坚持始终一贯的、合乎规范的规则和规律。懂得调控自己的人生，才能成长为有责任心的人。

9. 孩子做出有责任感、独立性强的行为时家长要大加赞赏。

与其表扬结果，不如表扬孩子自主做出决定，并表现出强烈责任感的过程。

10. 赋予孩子符合年龄的责任感。

培养孩子的责任心，最好的方法是给予孩子符合年龄的责任感。鼓励孩子，从整理玩具开始，慢慢地扩大范围，做一切力所能及的事情。值得注意的是，摊派责任的过程要合理，不要让孩子感觉到不妥当。要让孩子明白，坚持己见固然重要，认真履行责任的过程也是至关重要的。通过这样的过程，孩子才能成长为有责任心的人。

Case08

父母离婚了。

最近，韩国也成为离婚率较高的国家。离婚对当事者来说是心力交瘁、疲惫不堪的事情。但夹在中间的孩子，他们的苦痛又用什么语言表达呢？苦不堪言的家长，也许根本无暇顾及孩子内心的苦楚。

父母离婚时，孩子要经受巨大的苦恼和心灵的煎熬。孩子经常说："老师，我真的希望我的爸爸妈妈和谐相处。""我妈说我爸的时候，我觉得妈妈可恨。""爸爸背后谈妈妈时，我真不喜欢爸爸。""我的爸爸妈妈离婚了，我真不知道应该跟谁过。让我选择他们其中的一个，真的于心不忍，太残酷了。"

离婚是痛苦的，但是经历离婚的孩子，还要经历大人无法想象的苦痛。最近，有很多负责养育孩子的妈妈（或爸爸），不允许孩子见爸爸（或妈妈）。这对孩子无疑是雪上加霜。当一方家长禁止孩子见另一方家长时，孩子心中对亲人的思念用什么来补偿呢？家长的离婚，有时会改变一个孩子的未来。

心灵处方——让孩子理解家长的处境，依然深爱父母。

1. 让孩子深爱父母。

不能怂恿孩子不尊重另一方家长，家长要避免在孩子面前恶语中伤另一方家长。对孩子来讲父母都是重要存在，所以，应该让孩子深爱父母，维持和父母的亲密无间的关系。

离婚都是迫不得已的事情，有的家长也许对另一方深感遗憾，有的则对另一方恨之入骨。不管对方给你造成多大心理伤害，至少在孩子面前应该尊重另一方。有时孩子是很敏感的，当一方家长跟朋友或亲戚通话时，不要背后 . 谈另一方家长的坏话，或说出自己的心理创伤。

2. 坦率地跟孩子讲离婚的原因。

稍微大点的孩子能向家长表示自己对离婚的看法，或者明白自己的想法、举动动摇不了家长离婚的决定。但小孩子是一点都不懂的，所以，看到父母离婚的过程，孩子难免要自责："是不是我做错了什么，爸爸才离家出走的啊？""是不是我经常跟弟弟吵架，爸爸妈妈才离婚啊？"

家长有必要简单地告诉孩子离婚的原因，但是有些琐碎的细节就用不着一一说明。

3. 明确告诉孩子家长不可能再次结合的事实。

有时孩子抱着侥幸心理，希望家长再次走到一起。家长不可能再走到一起时，应该明确告诉孩子。

4. 尽量维持孩子的稳定情绪。

尽量不要打破孩子每天的惯例。最好避免搬家、转学、出国等重大变化。

5. 情绪上支持孩子。

家长离婚时，孩子会愤怒、发火、受到心灵创伤。家长应该帮助孩子稳定情绪，尽快让孩子恢复平静。家长要向孩子承诺，尽最大的努力照顾孩子，治愈孩子心灵的创伤。当然，家长不能光是嘴上说，也要付诸实际行动。

也许孩子会说："我不喜欢妈妈，爸爸离家出走就是因为妈妈太傻了。"这时，妈妈可以这么说："爸爸妈妈已经不相爱了，所以只能分道扬镳，但是爸爸妈妈对你的爱是不会改变的，直到永远。"

6. 允许孩子见另一方家长。

要给孩子创造随时都能见到双方家长，想见就见随时都可以打电话的条件。我们经常看到，因一方错误导致离婚时，监护孩子的家长或亲戚不允许孩子给另一方家长打电话，就算对方打过来电话，也不让孩子接电话。这真是以大人为中心的想法。大人之间可以老死不相往来，但对孩子来说哪一方家长都是宝贵的存在。当另一方家长打来电话时，应该允许孩子方便地接电话。

7. 孩子见另一方家长时，不要让孩子产生负罪感。

家长不要争夺孩子的爱。为了得到孩子更多的爱，家长不要争着抢着给孩子买特别的礼物，或过度地奖励孩子。

8. 不要让孩子成为自己的精神支柱。

孩子没必要知道家长在离婚过程中承受的伤害，也没必要知道家长痛苦的煎熬。

9. 家长应该互相尊重。

就算家长离婚了，但毕竟有个孩子夹在中间，所以，只能保持联系。就算家长伤痕累累，为了孩子，也要尽最大的努力尊重对方。为了避免接触对方而让孩子成为传话筒是不可以的。有关抚养费，有关孩子见另一方家长的日程安排，家长都不应该让孩子介入，而要自行做出安排。

10. 一方再婚时，应该尊重孩子的养父母。

一方再婚后，另一方家长不能怂恿孩子：不能听养父母的话、不能喜欢养父母、对养父母说三道四等等。这样，只会使关系变得复杂、微妙，导致不好的后果。

Case09

家长、兄弟或亲近的人死亡或者得了重病。

家长、兄弟饱受疾病的煎熬或者去世时，孩子所承受的心理苦痛也是不亚于大人的。每每这时，家长担心孩子受到打击，总是想方设法隐瞒或遮掩事实。

● 可以对孩子隐瞒事实吗?

出于保护孩子的目的，遮掩事实，或者否认事实，对孩子没有丝毫的帮助。孩子虽然年龄小，但是看到大人的反应或行为举止，就能本能地感觉到事态的严重性，就算孩子不知道具体细节，但多少了解一点死亡。

家长隐瞒事实，装作不知道，孩子反而会想，是不是自己导致了事态的恶性发展?隐瞒对象是家长、兄弟，或者是孩子喜欢的宠物问题就更严重。周围的遮遮掩掩，会让孩子在没有心理准备的情况下，面对残酷的事实。因为冲击太大了，悲伤的心情得不到及时净化，过了一段时间之后，也许还会滋生没能及时参与的负罪感。所以，家长和长辈应该仔细观察和正确对待孩子的心理变化，必要时给予及时帮助。

● 家人的死亡或患重病，对孩子的影响大吗 ?

家长、兄弟姐妹的死亡，或者患严重疾病，对每个孩子产生的影响是千差万别的。孩子所处的成长阶段、阅历、性别、保护孩子的社会保障体系、死亡的人、死亡的方式，都会对孩子产生不同影响。这时，最重要的是怎样向孩子解释，因为根据不同的解释，孩子所承受的痛苦会截然不同。

家长或兄弟姐妹死亡时，孩子所处的成长阶段至关重要。因为不同的发育阶段，孩子理解问题、调整心情的能力千差万别。家人的死亡或者患严重疾病，有时会加速，有时会妨碍孩子的心理发育。经历不幸时，孩子也会成长，也会诱发和家长之间的矛盾。比如，处于青春期的孩子，希望脱离家长的视线范围，过独立一点的生活，所以更喜欢和同学在一起。但是，家长死亡或身患疾病时，家人更希望和孩子在一起，或让孩子帮助其他家庭成员。也就是说，处于特定发育阶段的孩子的要求和家庭处于悲惨境况时家人的要求之间会产生矛盾。孩子的成长固然重要，但需要互相帮助、互相安慰的家人的要求也是不能忽视的。所以，协调两者保持平衡、减少矛盾显得尤为重要。

孩子处于艰难处境时，往往表现出后退现象，也就是当家人患重病或者死亡时，他们都想回到无忧无虑的成长阶段。比如独立性较强的孩子，突然开始缠着家长发牢骚、任性、耍赖；自理能力强的孩子，突然尿床；善于调节感情的孩子，因微不足道的小事大发雷霆，都属于这种情况。这是非常正常的普遍现象，孩子们只是想回到从前，得到心理安慰，以此远离苦痛而已。

小孩子有时会产生非现实的、魔幻般的想法。他们认为自己的爸爸妈妈没有死，或者病情虽然严重，但是不会再恶化。稍大的孩子就不同了，他们明白家长有去世的可能性。

● 自己深爱的人去世了，孩子的表现如何？

自己喜爱的人或者亲近的人去世了，孩子会做出何种表现呢？主要有以下几种类型。

第一种类型：否认事实。“绝对不可能。”“别人可能会去世，但我家人绝对不会。”

第二种类型：接受死亡的现实。

第三种类型：多少能调节心灵创伤，但是这种调节不是持续的，而是时好时坏。

第四种类型：尽快从悲伤中解脱出来。

第五种类型：心理不成熟。

第六种类型：用消极方式解决内心苦痛，最终导致消极后果。

心灵处方——告诉孩子面临艰难处境时，勇敢面对的方法。

不管孩子多大，不管处于什么样的成长阶段，只要孩子遇到艰难处境，家长就应该走进孩子的内心世界，和他进行爱意融融的交流和沟通。稍微大点的孩子可能会忌讳接触妈妈的身体，比如厌烦、拒绝平时很随意的拥抱或拉手。但是，那只是那个阶段孩子的特征，并不是讨厌家长的表现。

诚实和坦诚也很重要。孩子时刻都在关注家长的表情和举动。当一方家长诊断为重病时，应该马上告诉孩子。有的家长怕给孩子增添心理负担，想方设法隐瞒事实，这会让孩子变得更加忐忑不安。而有的家长却很难开口说出事情的真相。不要因为为难，为了得到暂时舒坦，而让孩子疲惫不堪。

孩子所处的成长阶段固然重要，但孩子怎样看待死亡，对死亡做出何种反应，也同样是重要的。此外，能帮助孩子的精神支持和社会保障体系也很重要。

性别也是比较重要的因素。一般情况下，女孩子的情感要比男孩子细腻得多，她们比男孩子更善于表达内心的悲伤。根据死亡属于预料之内，还是纯属意外；根据死亡的人所承受的煎熬程度；根据孩子的参与程度，孩子的反应也是不一样的。

● 孩子深爱的人得了重病，马上就要离开人世，怎么向孩子说起这件事情呢？

有一位妈妈曾经对我说："孩子的爸爸已经到了肝癌末期，而孩子全然不知。如果爸爸突然去世，孩子会受到很大冲击。但是，我又不知怎么跟孩子说。我真害怕。"当时，我对这位妈妈说："实事求是地说明情况，让孩子直面现实吧。"其实，这句话说起来容易，做起来难。

对孩子解释他深爱的人即将离开人世的真相，真的是一件难以启齿的事情。如果孩子在没有心理准备的情况下，经历这样的事情，受到的打击远比家长预料得大得多。大多数家长想避而不谈，认为孩子真正面临，迟早都能理解，却不知孩子在完全没有预料的情况下得知深爱的人去世的事实时，所承受的心理冲击，不亚于地震、海啸。所以，不管家长多难，也要和孩子谈及这样的话题，并和孩子一起战胜内心的痛苦和艰难。

那么，现在家长能明白发生这样的事情时，应该实事求是跟孩子谈及的必要性吗？有的家长虽然明白，但又不知道怎样具体跟孩子谈。下面的方法可能对家长有点帮助。

1. 不要面对面地坐，最好坐在孩子旁边。如果孩子不讨厌身体接触，可以握着孩子的手，或者搂着孩子的肩膀。家长亲切地对孩子说："我有一个不好的消息要告诉你，这个事情对咱们家庭无疑是一个晴天霹雳，但是咱们要咬紧牙关，齐心协力，勇敢面对。"家长用不着为了减轻对孩子的冲击，故意制造幽默，或者当成有趣的故事来讲。

2. 告诉孩子事情的发展走向。也可以告诉孩子可以帮助他的具体人物。

3. 先让孩子有点心理准备。“你也知道你爸爸已经病了很长时间，但最近病情又恶化了，听医生说你爸爸可能会越来越痛苦。”说到这儿之后，有关死亡的问题以后再找机会说。

4. 稳住孩子的情绪。一方家长患重病时，孩子害怕同时失去两个人。所以，要明确告诉孩子，另一方家长会永远守护在孩子身边。

5、过一段时间之后，再次确认孩子是否完全了解事实，并及时排除孩子的顾虑，帮助他找到内心的安定。小孩子不太理解情况，感觉害怕、不安也是情理中的事情。孩子小可能不太会表达内心的不安、畏惧、顾虑、害怕等情绪，有时会表现得犹犹豫豫，所以和孩子谈话时要善于理解，这样孩子才能慢慢地、一点一点地吐露内心的畏惧。

● 处于这种状况的孩子，心情会怎样？

在这样的状况下孩子会感到害怕、不安、畏惧，有时会有被家长抛弃的感觉。为了保护自己，孩子会变得自私自利。这和孩子的性格、人品没有关系，是每个孩子都要经历的大同小异的过程。

听到这样的事情，孩子会感到极度不安，而不安情绪会导致孩子注意力下降。当家长给孩子讲这样的事情时，不要一下子全说出来，应该一点一点地渗透，并随时注意观察孩子的表情。感觉孩子不能集中注意力时，家长不能再往下说，等找到恰当机会再说。

如果孩子太小，不能理解死亡和身患疾病的事实，不妨给孩子看内容相近的童话故事或电影。

如果一方家长去世，孩子悲痛欲绝时，可以采用“话疗”、游戏治疗、美术治疗。让孩子通过和小儿精神科医生的谈话，掌握孩子的心态，治愈心灵的创伤；通过图画的形态或色彩，间接表达心灵的痛苦；通过游戏，表达孩子和家长之间的复杂感情。总之，这几种方式有助于孩子表达自己没有意识到的无意识的矛盾因素。

● 怎样帮助孩子战胜悲痛？

家长去世时，孩子可能会有天崩地裂的感觉。害怕、痛苦、畏惧……但孩子很难用语言表达悲痛之情。虽然表现方式和大人不同，但他们的悲伤、绝望、负罪感不亚于大人。听到悲痛消息的瞬间，孩子可能因不知所措，出现肚子疼、喘不上气、不能入睡的症状，或者安静地走到自己的房间若无其事地玩，或者把这种悲伤表现为问题行为，动不动发火，惹是生非。这也是孩子战胜悲伤，和悲伤抗争的独特的表现方式。

家长经常犯的错误之一是，以大人的眼光看待孩子失去家长时的悲痛情绪。如果孩子的悲痛表现不同于大人，他们就认为孩子不悲伤。所以，家长经常降低标准评价孩子的感情或想法。有些大人经常说:“四岁的小孩，知道什么呀？他能理解吗？”“才九岁，能克服吗？”

如果想帮助孩子战胜和克服失去家长时的悲痛情绪，首先应该理解孩子的感情和想法。四岁孩子表达悲痛情绪的方式和四十岁成人的表达方式肯定不一样。家长去世时，四岁的孩子，只知道发生了一件很不好的事情，但是很难用语言表达出来。如果家长不及时掌握孩子的心态，不祥的预感会长时间地笼罩孩子。

九岁的孩子失去一方家长时，表面上看起来比另一方家长坚强得多。家长去世不几天，孩子就会蹦蹦跳跳地在外面玩，就像另一方家长结束葬礼后，回单位上班一样，小孩子也回到了自己的生活中。小孩子回到日常生活，并不意味着他已经战胜了悲伤。

和孩子谈论死亡时，家长最担心的，一是能不能给孩子明智答案，二是能不能完全改变孩子状态。所以，家长和孩子谈话时，考虑的不是孩子的感受或心情，而是家长怎样才能做出更像大人的行为举止。其实，当整个家庭笼罩在悲伤氛围的时候，并不强求家长的表现比孩子明智和理智。

孩子反复提出同一个问题，家长就应该考虑以下两点。

第一，说明这个问题对孩子很重要。

第二，孩子自己很难协调这个问题。所以，每次孩子提问的时候，家长应该明确地、简单地进行说明。

对失去一方家长的孩子，最重要的是让他坚信，另一方家长会一如既往地爱着他、守护他。

和孩子进行交流也有一定帮助。但这里强调的是，进行交流时，并非要求家长一方充当智者的角色，只要表达自己的感受就可以。比如，妈妈说：“自从你爸爸去世，我每天都要以泪洗面。”妈妈只是向孩子表达对爸爸的感情而已，并不是想利用某种手段、技巧，窥探孩子的感情。

稍大一点的孩子，经历悲痛之后，喜欢独处。这是孩子通过暂时脱离家庭成员，整理心绪，以此战胜悲痛的方式。

深爱自己的家长去世后，孩子们渴望找到替代品，每每看到替代品，就像看到去世的家长。有的家长怕孩子走不出对去世家长的思念，把有关的物品烧光或处理掉，这是不正确的做法。当孩子把自己的情感寄托在某一物品时，家长应该尊重孩子的这份心情。

请再告诉我！ Q&A

Q1 家人死亡时，可以让孩子参加葬礼吗？

A 家人去世后，很多人认为不应该让孩子参加葬礼。因为经历葬礼的整个过程，是一件痛苦不堪的事情。让不让孩子参加的问题，其实是孩子选择暂时的煎熬，还是选择长时间悲痛的问题。小时候参加过葬礼的孩子，长大以后没有一个后悔的。所以参加也无妨。但是一定要对孩子说清楚葬礼的程序以及它的意义。

Q2 学校应该怎样对待失去家长的孩子？

A 葬礼结束后，孩子回到学校时，老师和同学应该平和地对待孩子，不能表现出过分的同情和怜悯，也不宜向全班同学公开葬礼时间。

不管是大人还是孩子，失去亲人时，都会悲痛欲绝。这时候，孩子需要的不是旁人告诉他以后该怎样做，而是感到悲伤时，静静地坐在孩子身边给予他精神上的支持和鼓励。

TOY

PART 06

兄弟矛盾

妈妈的来信

院长：

您好！最近我的心情非常压抑，不知道怎么办才好，才给您写信，请求您的帮助。我家有两个孩子，大的上小学三年级，小的马上就要升小学一年级。从小孩子上幼儿园的时候起，大孩子就看不惯小孩子的一言一行、一举一动，经常发牢骚、大喊大叫，有时甚至威胁和殴打小孩子。

小孩子聪明伶俐，周围的人更喜欢小孩子，而大孩子经常受亲戚朋友的冷落。我担心大孩子滋生被冷落感、失落感，更加无微不至地关心大孩子，只要大孩子表现得稍微好一点，就大加赞赏。可是，我不在的时候，大孩子总是加害小孩子，最近动不动就说“整死”之类的话。想训斥大孩子，怕大孩子反过来报复。所以，训斥也不是，不训斥也不是，真的让我左右为难、不知所措。

好言相劝时，大孩子好像能听懂，但是看到弟弟的某些举动，又觉得火冒三丈、忍无可忍。听说大孩子在学校，和老师、同学相处得很融洽、很和谐，为什么唯独对弟弟这么苛刻呢？我怎样做才能制止大孩子的这种举动？请您告诉我好吗？

回信

世上的兄弟姐妹，从不打架友好相处的能有几个？可见兄弟闹矛盾是非常正常的现象。矛盾的程度和矛盾带来的精神伤害会引发问题，所以，家长要细致观察和指导孩子。韩国已经形成了注重家族团结和友爱的社会风气，很难接受兄弟之间闹矛盾。毕竟血浓于水，关系再糟糕的兄弟，如果弟弟在外受委屈，哥哥或姐姐也会第一个身不由己地冲出去帮助弟弟。可见，一致对外时，他们之间的基本关系是没有任何问题的。他们之间只是存在两个人无法回避的情绪上的混乱而已。所以，忍无可忍的哥哥，时不时地要爆发情绪，毕竟哥哥也是一个孩子。

作为哥哥不能无缘无故地殴打弟弟，也许他们之间真的存在让哥哥无法忍受的充分理由吧。所以，家长要千方百计找到原因。只要找到让哥哥大动火气的理由，所有的问题就能迎刃而解。家长有必要想一想如果自己随随便便地介入到孩子中间，是否反而会恶化事态的发展。

也许在大孩子看来，弟弟让他受到了很多不公平的待遇和委屈，所以即使年龄比弟弟大，依然会认为自己是一个弱者，一个受害者。

引发兄弟之间矛盾的原因很多，表现出来的方式也各不相同。那么，我们来看一看具体的解决方法吧。

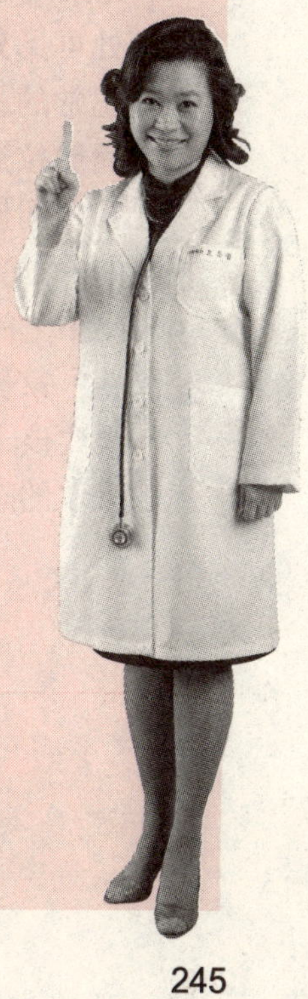

经常与兄弟打架的孩子

兄弟既是有血缘关系的家庭成员，又是竞争对象。在我们的身边随处可见兄弟之间互相嫉妒和猜忌的现象。其实，兄弟之间打架是很正常的。“不打不成交”，“打是亲骂是爱”，有时通过打架，兄弟之间能拉近彼此的关系，也能学会处理人际关系的方法。但是如果兄弟之间使用严重暴力，不仅会给彼此留下心灵的创伤，也会让挨揍的一方受到人格上的侮辱。

兄弟之间，既不伤害又能保持友爱的秘诀是什么？打架的原因是什么？家长怎样介入、怎样调节才是正确的做法？

观察孩子的争论和矛盾之前，我们先来看一看兄弟姐妹吵架时，家长采取的态度吧。

记一记家长有可能对孩子说的话和采取的行动。

____

____

____

从下面的选项中，选择和家长的反应最接近的选项。

1. 为了维护大孩子的面子，偏向大孩子。
2. 为了保护小孩子，偏向小孩子。
3. 家长大发雷霆："你们总这么打架，我简直活不下去了，吵什么吵？"于是，火冒三丈的家长体罚孩子，让两个孩子面壁思过或打两个孩子的手心。
4. 家长当裁判，训斥做错的孩子。
5. 不马上介入，但是如果两个孩子动手，就马上严厉制止。
6. 装作不知道，让他们自行解决。

1. 为了维护大孩子的面子，偏向大孩子。

大孩子可能会扬扬自得，而小孩子则感觉难过和委屈，他可能会对兄弟姐妹之间的排序不满："晚出生是我的错吗？是我要求你最后生我了吗？"兄弟姐妹之间的排序不是以个人的意志为转移的，孩子没有权利选择。如果小孩子对排序不满，那么，长大之后可能会反感谁都能接受的社会规范、秩序。

也许家长只是为鼓足大孩子的士气或为确保哥哥的地位，处处向着哥哥、袒护哥哥，可没想到家长的这一番举动无意中给小孩子带来了巨大伤害，并助长了他长大成人之后成为拒绝、抵触基本排序和等级秩序的人。

家长偏向大孩子，大孩子可能会扬扬自得，但是无意中会滋生"因为我大"这样的精神负担，而这种无形的负担，使大孩子在决策自己的未来时会缩短灵活转动的幅度。

2. 为了保护小孩子，偏向小孩子。

大孩子会感觉很不公平，很委屈，甚至会反感家长的态度。是哥哥就要无条件谦让的事实，会让大孩子感觉身上长了一个尾巴。这样哥哥不但不会爱护弟弟，反而把弟弟当成一种负担，一种累赘。

妈妈的偏爱和关爱，可能会让弟弟得意洋洋，但是这种情况如果经常反复，他就会认为柔弱的人应该受到社会的或者长辈的保护和关心。每当遇到苦难、矛盾、难关，他不会勇往直前，而是去依赖他人，总希望得到他人的保护和谦让。

3. 家长大发雷霆："你们总这么打架，我简直活不下去了，吵什么吵？"于是，火冒三丈的家长体罚孩子，让两个孩子面壁思过或打两个孩子的手心。

家长虽然明白应该公平地对待每一个孩子，但是在现实生活中很难做到"一碗水端平"。每个孩子的性别、气质、年龄都是不一样的，所以，在相处过程中产生矛盾和困难，这是谁也避免不了的。如果对孩子的打架，家长作出上述反应，那么说明家长不能正确对待抚养孩子过程中的最平常的问题。孩子遇到疑难问题，这样的家长不但不会认真地和孩子讨论问题、解决问题，反而会先冲动、先发火，所以，家长的这种举动很难得到孩子的信任。当兄弟俩发生矛盾时，如果家长无条件地发火或者惩罚孩子，不但不能给孩子反省的机会，反而会让孩子愤愤不平，从此不尊重家长。

4. 家长当裁判，训斥做错的孩子。

家长终归是家长，不是裁判，家庭也不是法庭。如果家长斤斤计较谁对谁错，谁是加害人，谁是被害人等等，对调节孩子们的关系没有一点好处。家庭成员之间一旦形成这种对立关系，就会危机四伏、充满火药味。

5. 不马上介入，但是如果两个孩子动手，就马上严厉制止。

最正确的做法。孩子之间发生矛盾，家长不能马上干预、制止，家长应该给他们充裕的时间自行解决矛盾。如果俩孩子动手打起来，就应该立即介入，严厉制止他们的打架斗殴现象。家长介入的目的不是追究谁对谁错，或训斥某一个孩子，而是为避免一场战争。

6. 装作不知道，让他们自行解决。

属于放任型家长。虽然家长不能一一操办子女的事情，但始终要怀着一颗爱心，关注孩子、守护孩子。孩子疲惫不堪时，家长要激励孩子；孩子犯错误时，家长要引导孩子。关注孩子，并不是让家长监视孩子，而是用一双充满温情的眼睛默默地注视孩子，就像放羊的牧童。如果把孩子比作羊，家长就应该大胆放羊，让它们自由自在地吃草。但为了防止羊迷路或者跑到遥远的地方，可以像牧童一样，给它圈个栅栏，让它在圈定的范围内尽情游玩。

？兄弟姐妹之间为什么会闹矛盾？

就像植物的生长离不开水和阳光，孩子的成长过程也离不开家长的关心和照顾。需要分享家长关心和照顾的兄弟，也许很早就察觉到了彼此的嫉妒和猜忌。

独占家长关心和爱的哥哥，自从有了弟弟之后，多了一个竞争者，所以，他不停地折磨弟弟，以此来争夺家长的爱。从弟弟的立场看，哥哥是一个力大无比、为所欲为的畏惧对象。所以，弟弟只能感觉心有余而力不足。子女越多，子女之间的竞争、猜忌、矛盾就越多，而家长的时间、精力、体力都是有限的，所以，孩子们都想争夺更多的家长的关心和爱。

如果平时家长给予孩子们无微不至的关心和爱护，兄弟姐妹之间就不会过分地竞争和争吵，反而会非常友善。家长太忙，没时间照顾子女，或夫妻之间的感情不和时，孩子们就会惶恐不安。孩子本来能得到的爱，像耗子尾巴那么短，再跟其他子女分享，就少得更可怜了。所以，他们之间自然而然会发生争吵，甚至出现动手打人的举动。

？兄弟姐妹之间的矛盾表现为哪几种形式？

主要表现为妒忌、竞争、打架。争吵和打架是有两个以上子女的家庭都要经历的困苦和愁心事。一般都是第二个孩子出生之后才开始的。

弟弟出生之后，哥哥就陷入一种不安之中，他怕弟弟剥夺家长所有的爱。于是，他讨厌弟弟、猜忌弟弟、妒忌弟弟，趁妈妈不注意掐弟弟、推弟弟、抢他手中的玩具，或者哥哥突然变得口吃、尿床，动不动就拳打脚踢，给弟弟造成巨大的伤害并产生敌对心理。事情闹到这一步，兄弟姐妹之间的感情，就开始出现裂痕。这时，家长一定要及时介入，避免他们遭受更大的精神伤害。

兄弟姐妹之间的纠纷和矛盾是贯穿整个童年的，家长要有承受这种压力的心理准备。现实生活中有很多方法能使孩子之间的关系变得更加融洽，更加和谐，家长应该努力地学习，并在实际生活中不断实践和运用。

家长应该怎么做?

兄弟姐妹之间争夺家长的关心和照顾是很自然很正常的现象。作为家长不应该让孩子感受到彼此之间的妒忌，而应该帮助他们及时化解矛盾、理顺思绪。

具体方法如下：

首先家长要告诉孩子用语言表达自己的情感。比如："弟弟惹你生气，你的心情爸爸妈妈可以理解，但是打弟弟是不对的。爸爸妈妈爱你，也爱弟弟，这两种爱交融在一起，爸爸妈妈的爱才能变得更加博大和完整。"

有了弟弟之后，家长不应该发牢骚、吓唬孩子，而应该亲切地、温和地始终一贯地说明情况。家长要告诉哥哥，作为家庭的一员，他也有照顾弟弟的责任和义务，从而培养孩子的责任意识。

哥哥伸手打弟弟时，家长可以抓住哥哥的手，让哥哥轻轻地抚摸弟弟，嘴里说："哥哥是爱弟弟的。"听到家长的这一句话，哥哥的感情可能会千头万绪，但是在家长的帮助下，他对弟弟的爱会冲破一切束缚，脱颖而出。

兄弟姐妹之间的感情融洽吗？
测一测孩子的状态

√ 孩子身上有这种倾向。

嫉妒

Check01_____事事都和兄弟姐妹攀比，并吐露不平。→ P253
Check02_____无法忍受他人表扬自己的兄弟姐妹。→ P254
Check03_____总说家长更喜欢其他的兄弟姐妹。→ P254
Check04_____对别人家的小弟弟呵护备至，唯独对亲弟弟格外苛刻。→ P255

竞争

Check05_____学习或特长方面（体育、美术、音乐）兄弟姐妹之间存在差距时，稍差的孩子感到委靡不振。→ P256
Check06_____学习或特长方面（体育、美术、音乐）兄弟姐妹之间存在差距时，稍强的孩子瞧不起其他兄弟姐妹。→ P256
Check07_____兄弟姐妹做错事情时，经常打小报告。→ P257
Check08_____兄弟姐妹之间不懂得谦让，固执己见，吵来吵去。→ P258

打架

Check09_____兄弟姐妹之间打来打去。→ P258

Check10_____兄弟姐妹之间大喊大叫，破口大骂。➞ P259

Check11_____兄弟姐妹互相讽刺挖苦，有一个哭鼻子了才能了事。➞ P260

猜忌

Check12_____自从弟弟出生，哥哥的表现就很差。➞ P260

Check13_____背着妈妈欺负或折磨小弟弟。➞ P262

Check14_____弟弟喝奶时，哥哥经常找茬吵闹。➞ P263

Check15_____弟弟睡觉时让哥哥保持安静，哥哥反而更甚。➞ P263

排序

Check16_____家长要求哥哥谦让弟弟，哥哥总感觉自己吃亏。➞ P264

Check17_____弟弟认为家长偏袒哥哥，唯独自己总挨训。➞ P264

Check18_____哥哥总是支使弟弟，弟弟如果不听，不是打骂就是胁迫。➞ P265

※ 查对孩子的症状，找到相应的页码。好妈妈的心灵处方恭候您的光临。

针对兄弟姐妹之间经常打架的处方

嫉妒

Case01

事事都和兄弟姐妹攀比，并吐露不平。

比如 :“他可以随便玩，我为什么得上幼儿园？”“为什么就不让我做？”“为什么只给弟弟买，不给我买？”

心灵处方——公平对待每一个孩子。

好多孩子挂在嘴边的一句话是:为什么总是针对我，这太不公平。虽然家长认为自己做得很公平，但是孩子们的不满无止境。我想问一问家长 : 你们是怎样理解“公平对待子女”这一句话的？是不是认为，公平就是“一视同仁”呢？

根据不同的年龄，孩子的任务、责任、理解他人的程度也不尽相同，所以“一视同仁”是不公平的。上幼儿园的弟弟用不着每天学习两个小时，而上小学五年级的哥哥至少得学两个小时，还要整理书包。当哥哥说 :“为什么不管弟弟的学习，就管我的学习？”如果家长觉得哥哥的话有道理，以此训斥弟弟，那么这就是一种不公平。家长应该明确告诉哥哥 :“这是你这个年龄段必须要完成的任务，你要懂得全力以赴。”

有时家长认为整个过程很公平、公正，孩子却不那么想。每当兄弟姐妹之间发生冲突时，应该通过商议解决。

Case02

无法忍受他人表扬自己的兄弟姐妹。

心灵处方——实实在在地认可孩子。

每个孩子的能力和性格都是不一样的。当家长如实说起自己亲眼见到的孩子的特点时，他们却感觉自己被比较，因此受到伤害。比如："弟弟 10 分钟之前就到了，你怎么这么晚？怎么不遵守时间？""你哥哥能做好自己的事情，你怎么就不行？"家长说的这些其实都是事实，但孩子听到之后就会生气、发火，认为家长偏向。而且受到表扬的孩子也不会因为家长的认可就手舞足蹈，他们会对其他的兄弟姐妹产生一种负罪感或对不住的感情。

有的孩子看到家长折其他兄弟姐妹的面子，自己也跟着家长瞧不起其他的兄弟姐妹。但是他会对家长的爱产生一种不安感，因为他明白如果自己做得不够好，同样也会得不到家长的认可和喜欢。

Case03

总说家长更喜欢其他的兄弟姐妹。

心灵处方——挤出时间和孩子接触。

家长认为公平地、无差别地对待每一个孩子，但孩子却不那么想。实际上哪个家长也做不到绝对的公平、公正，孩子一多免不了有更喜欢的、更倾心的。家长也因堆积如山的琐事，不可能总陪在孩子身边。在孩子还没有认为受到家长不公平的待遇之前，家长再苦再累也要挤出时间多陪一陪孩子。时间用不着太长，因为重要的不是量而是质。每天至少用 30 分钟的时间，痛痛快快地陪孩子玩或者聊天。拥有和家长独处的时间，拥有和家长共处的空间，孩子就会产生一种责任感。

Case04

对别人家的小弟弟呵护备至，唯独对亲弟弟格外苛刻。

心灵处方——要维持好兄弟姐妹之间的排序。

懂得呵护和关心别人家的小弟弟，说明他具有当哥哥的基本能力，但是对亲弟弟他却格外苛刻是怎么回事呢？可能是他认为自己处于弱者立场、难堪处境，而没有得到家长的安慰和保护的缘故吧。

弟弟经常让哥哥陷入难堪处境，而家长对哥哥又格外苛刻和吝啬，所以，哥哥对家长和弟弟充满了愤怒。

家长有必要自我反省。家长可能出于勉励哥哥的立场，但是仔细想一想，家长有没有在弟弟面前，揭发过哥哥的弱点；兄弟俩吵架时，是不是不分青红皂白，训斥哥哥；哥哥做错事情时，当着弟弟的面是不是无情地批评过哥哥。如果这样的情况总是在继续，哥哥就会觉得在弟弟面前没有面子，得不到哥哥应该得到的待遇。所以，兄弟俩独处时，他索性放弃哥哥的尊严，就像家长训斥自己一样，对弟弟又是喊，又是训斥。

家长只有在弟弟面前维护哥哥的尊严，哥哥才能更好地照顾弟弟、呵护弟弟。家长应该对哥哥说："没能在弟弟面前维护好你的面子，真是对不起。本来我是想让你更好地对待弟弟，才给了你一点刺激，没想到给你带来这么大的伤害。"家长尽量要维持好兄弟姐妹之间的排序，有必要训斥哥哥时，单独把他叫到一边，进行说服教育。

等哥哥真正发挥哥哥的作用，知道关心和呵护弟弟时，应该不惜吝啬地表扬哥哥。"还得是哥哥。""真有哥哥样。""哥哥可不是什么人都能当的。"

Case05

学习或特长方面（体育、美术、音乐）兄弟姐妹之间存在差距时，稍差的孩子感到委靡不振。

心灵处方——让兄弟姐妹之间互相帮助和协助。

家长最容易犯的错误之一是有意无意让兄弟姐妹置于一种竞争关系。比如：“比比谁跑得快呀？谁要是跑得快，就奖励谁。”家长可能是想通过比赛激励孩子，以此来达到自己的目的。这种欲望和意图，不经意间带来孩子之间的竞争，所以，不是明智的做法。在竞争中胜出的孩子可能会很高兴，但是输的一方，会饱受失败和挫折带来的苦痛。如果想让兄弟姐妹之间的关系更融洽、更和谐，就应该从小让他们铭记，他们是属于一个血统的亲兄弟，应该做到互相帮助和协助。有好吃的知道分享，东西不够时知道谦让。兄弟姐妹之间的关系，不同于他人的关系，应该让他们互相体谅，互相照顾。

就算是同一个父母生的孩子，性格、长相、兴趣爱好也截然不同。家长要时刻考虑这些特点，把每一个孩子都当做一个独立的人格体来对待。家长要有意识地给孩子创造兄弟之间互相帮忙和协助才能完成某一件事情的机会。比如，当孩子把玩具放得乱七八糟时，家长可以说：“我们一起来收拾玩具吧？怎么做才能收拾得更快更好呢？对了，一起收拾一下吧，哇，你们真认真，一起收拾可真快呀，是不是？”赋予孩子一定动机，不去评价做得好坏，只要让他们认识到协作的重要性就足够了。

Case06

学习或特长方面（体育、美术、音乐）兄弟姐妹之间存在差距时，稍强的孩子瞧不起其他兄弟姐妹。

心灵处方——千万不要比较孩子。

“人比人气死人。”家长不要比较孩子，这是家长必须要注意的一点。比较的目的主要有两种：一种是通过比较责怪差的一方。“哥哥做得那么好，你为什么那么差？”另一种是通过比较，肯定和表扬优秀的一方。“你做得这么好，如果哥哥也像你那么优秀，那该多好！”如果家长经常比较俩孩子，受到表扬的孩子，感觉对不住对方的同时，也许会变得趾高气扬、自鸣得意、瞧不起对方。不要说在孩子面前，哪怕在心里家长也不能比较孩子，因为哪种比较都是不可取的。

Case07

兄弟姐妹做错事情时，经常打小报告。

心灵处方——如果孩子出于让其他兄弟姐妹受批评的目的，那么家长应该严厉地禁止孩子。

有些孩子看到其他的兄弟姐妹受到家长的批评，趾高气扬、自鸣得意，认为自己和家长是站在同一条战壕的。被批评的孩子则会感觉自己孤立无援，认为对方卑鄙无耻、不择手段，甚至有时怀恨家长。如果家里有几个孩子，有的孩子根本不需要家长费心，就能圆满处理好每一件事情，而这样的孩子，有时经常向家长打小报告。孩子的这种做法，确实能帮家长不少忙，让家长随时了解孩子的动态，掌握孩子的情况，所以，有的家长就把这样的孩子当做得力助手。如果孩子认识到这一点，那么，为了博得家长欢心，他打小报告的次数会越来越多。所以，孩子打小报告的现象，从某种角度看，可以说是家长纵容的结果。

相反，被批评的孩子感觉自己孤立无援、孤苦伶仃，受到了家人的背弃和背叛。油然而生的背叛感，会让他怒不可遏。家长要明确告诉打小报告的孩子，出于关心和担心打小报告和以批评为目的、幸灾乐祸的小报告，有着本质上的区别。孩子打小报告时，家长不妨这么说：“你能告诉我这些情况，妈妈很感谢你。其实，妈妈也一直在关注你们的一举一动、一言一行。如果哥哥（弟弟）知道你告诉了我这些情况会误会你，甚至会伤心。以后只要你把自己的事情做好了，妈妈也会感谢你的。”这样就能减少孩子打小报告的次数。

Case08

兄弟姐妹之间不懂得谦让，固执己见，吵来吵去。

有的孩子经常把这些话挂在嘴边："这都是我的，别人谁也不能拿。""谁也不能跟我抢，就得我先做。"有的孩子争着坐在妈妈旁边，抢着按电梯按钮，争着看自己喜欢的电视频道，抢着玩同一个玩具，甚至连扔垃圾也要抢在前。

心灵处方——制定孩子们认为公平的规则和守则并试用。

有时孩子们会弄得家长哭笑不得、无可奈何。买衣服要买一模一样的，买玩具也是一模一样的，否则孩子就会哭哭啼啼。家长如果经常这么做，不利于培养孩子互相谦让、互相关怀、懂得分享的品格。

家长可以制定孩子认为公平的、机会均等的规则。比如通过玩石头、剪子、布的游戏，规定赢家先玩一周，输家过一周再玩，以此循环。比如，哥哥赢了，就允许哥哥在那个星期先选玩具，选择自己喜欢的电视频道，等到下一周，再把优先权让给弟弟。孩子们会认为这种方式很公平。

玩石头、剪子、布游戏时，一定要制定详细的、具体的、正确的规则。比如，一共玩几次，胜出几次算赢，赢的人拥有哪些优先权等等。如果事先没有明确的规定，孩子们会互相不服气，甚至会打起来。通过这样的方式，孩子们能学到按照顺序轮流做某件事情，一起分享一件物品的方法。

打架

Case09

兄弟姐妹之间打来打去。

心灵处方——家长尽量不要介入。

孩子的成长过程中，免不了吵吵闹闹，甚至拳打脚踢。只要没到大打出手的程度，家长就不要介入。有时，家长不插手，孩子也会打小报告："妈妈，哥哥欺负我。"或者："妈妈，弟弟不听我的话。"以此逼着家长做出裁判。每每这时很多家长会不知所措。孩子会跑到妈妈身边，哭诉自己如何如何委屈，要家长狠狠地收拾对方。当对方受到训斥时，他会做出幸灾乐祸、得意洋洋的样子。

小孩每一次吵架都有其理由，而且都认为自己的理由非常充分。所以，不管家长向着谁，另一方都会觉得委屈、心理不平衡，感觉家长偏袒、不公平。这种委屈和心灵的不平衡会导致两个人的矛盾越来越大，打架次数越来越频繁。所以，家长的介人，不但不能调节矛盾，反而会激化矛盾。如果矛盾达到白热化的程度，双方大打出手，家长就应该立刻制止。制止时，家长不能向着哪一方说话，只能严厉要求"停战"。如果没有造成太大的身体伤害，或者在家长看来不是什么大错误时，就没必要指责或处罚孩子。

Case10

兄弟姐妹之间大喊大叫，破口大骂。

心灵处方——家长有必要反省是否偏爱孩子。

孩子骂人的理由很多。（请仔细阅读，PART01【暴躁】中有关骂人的内容。）情绪不好、生气、感到愤怒时，会情不自禁地骂人，可以说这是孩子表达心情的一种方式。如果家长或周围的大人不能有效制止孩子的骂人行为，就会纵容孩子。

家长有必要自我反省是不是偏爱孩子。如果家长偏爱孩子，那么被冷落的孩子就会滋生嫉妒、愤怒、不满等不良情绪，从而怀疑家长对自己的爱。

孩子对骂时，家长只要严厉制止，要求他们反省各自的不足就可以了。如果仔细盘问谁先开始骂人，谁先犯的错误，谁做得更不好，就很容易偏向一方。比如，弟弟对哥哥大喊大叫时，家长说："你再生气也不能对哥哥大声喊叫或破口大骂，别忘了那是你的哥哥，你要懂得尊重你的哥哥。"而当哥哥打弟弟时，家长也会说："再生气也不能动手打人啊，别忘了你是哥哥，你应该懂得爱护小弟弟。"不管家长采取哪种方式，都会引起孩子的极度不满。

Case11

兄弟姐妹互相讽刺挖苦，有一个哭鼻子了才能了事。

心灵处方——指导孩子平时要懂得互相照顾。

如果兄弟俩经常动手打人，或者不停地捉弄和挖苦对方，最终忍无可忍、火冒三丈的一方会大打出手。家长如果问："为什么要捉弄兄弟？"另一方会不假思索地回答："有意思啊。"或者："他本来就应该挨打，活该。"

家长要明确告诉捉弄对方的孩子：无意中或者开玩笑似的话，有时会给对方造成巨大伤害，同时也要告诉自尊心受到伤害的被捉弄的孩子解决问题的方法。

具体方法如下。

1. 视而不见，做出满不在乎的样子。
2. 采取幽默的方式回应对方。比如，当一方戏弄对方是一头猪的时候，不妨笑着说："猪的哥哥也是猪。"
3. 不管对方说什么，简单明了地回答："是啊，我也是那么想。"
4. 心平气和地说："好了，适可而止吧。"
5. 如果上述的方法都没有效果，就求得家长的帮助吧。

猜忌

Case12

自从弟弟出生，哥哥的表现就很差。

能自理大小便的孩子，突然无所顾忌地尿床；平时自己能吃饭的孩子，突然不愿意动手吃饭；独立性很强的孩子，突然不愿意独立行走，非要家长背着等等。

心灵处方——对 1 ~ 4 岁的幼儿，可以这么做。

对哥哥来说，弟弟是一个不受欢迎的竞争者、侵入者。因为自从弟弟出生以来，家长的关心和爱，骤然减少了一半，让哥哥有一种失落的、被遗弃的感觉。

家长应该让哥哥确信，哥哥也是爸爸妈妈的宝贝，爸爸妈妈对他的爱从来没有丝毫的减弱。家长应该让哥哥明白，养一个新生儿，需要家长投入很多的精力和时间，而劳心劳神、筋疲力尽的家长，有时难免顾及不到哥哥。

抚养刚出生的幼儿，家长可能心力交瘁、疲惫不堪。但是家长不要忘了，哥哥为适应突变的环境也正承受着情感煎熬。就算家长再忙再累，每天也要至少拥抱一次哥哥，对哥哥说家长依然爱他，或者和哥哥享有 30 分钟的独处时间，让哥哥尽情享受家长的爱。家长给弟弟冲奶粉时，不妨让哥哥也参与帮助家长。换尿布时，不妨告诉哥哥，他也是经过爸爸妈妈的精心关照，一点一点长大的事实。只要哥哥认识到弟弟的存在，有助于哥哥欣然接受弟弟，也有助于他独立完成吃饭、刷牙等日常生活中的琐事。

心灵处方——对五岁以上的孩子可以这么做。

对孩子一时表现出来的退步行为，家长如果作出过激反应，对孩子没有丝毫帮助。比如，孩子为了得到家长的关心和爱，故意做出退步行为时，如果家长说："你都多大了，还像个三岁小孩，不要做出幼稚行为好不好？""你那么做，妈妈就不喜欢你了。"听到这一番话，孩子会认为家长不喜欢自己的行为举止，心里备感失落。哥哥做出这些行为只是一心想得到家长的关心而已，而家长的这一反应会严重伤害孩子的自尊心。

家长要宽宏大度地对待做出退步行为的孩子，其实，家长的宽广胸怀，也是理解孩子心情的一种表现。当孩子意识到家长能理解自己，心里就会踏实得多，就能向下一个阶段发展。家长不妨这么说："看到你现在的这个样子，我情不自禁想起你小时候的情景，你那时候也是这样。但是我更喜欢和你聊天、摆积木……"

Case13

背着妈妈欺负或折磨小弟弟。

兄弟姐妹之间的嫉妒是不会轻易消失的。我们把哥哥对弟弟的嫉妒，说成是哥哥的自我防卫、危机意识的唤醒一点都不为过。也许将来哥哥和弟弟的关系能变得更加融洽、更加亲密无间，但最初哥哥没有无条件疼爱弟弟的理由。是啊，谁会欣然接受突然出现在眼前的“敌人”？所以，弟弟刚出生的时候，家长没必要硬性地要求哥哥爱护弟弟。

心灵处方——哥哥越是不喜欢弟弟，越让哥哥照顾弟弟。

哥哥打弟弟、掐弟弟时，家长怕弟弟受伤，对哥哥大声喊叫或者护着弟弟。这样更能激起哥哥的逆反心理，把弟弟当成眼中钉、肉中刺，或者采取更甚的行为。如果哥哥掐弟弟，弟弟受伤了，家长就应该让哥哥给弟弟上药，以此给极度恐慌的哥哥补救的机会。如果哥哥按照要求上好了药，就应该表扬哥哥：“药上得真好，你看，弟弟多高兴啊。”哪怕是琐碎的小事，也应该有意创造机会让哥哥照顾弟弟，这样，哥哥就能慢慢地、一点一点地接受弟弟，从而减轻哥哥嫉妒和厌烦的心理。

心灵处方——对1～4岁的孩子这么做。

家长不妨给哥哥读一读和家族有关的童话故事，只要故事里家庭成员有新婴儿，刚开始存在众多矛盾，但后来都得到解决的情节就可以。如果故事中涉及同龄孩子通过解决矛盾的过程，经历曲折的心理变化，最后成长为优秀人才的情节更好。

孩子听到妈妈讲的童话故事，更容易接受自己的处境。亲身经历时，也许孩子会产生嫉妒、愤怒等情绪，但童话故事没有任何负担，孩子会觉得有趣，轻松接受。这个年龄段的孩子分不清现实和童话的界限，所以，哪怕是间接经验，只要多讲，就有助于孩子理解和接受。

心灵处方——对五岁以上的孩子，请你这样做。

对哥哥多讲一讲即将出生的弟弟的事情，或者把哥哥小时候的照片拿出来，和刚出生的弟弟进行比较，也有一定帮助。看自己小时候的照片或者听自己小时候的故事，哥哥就会想："原来我是这个样子，现在都这么大了？"告诉哥哥，他小时候哭闹或者耍脾气时，爸爸妈妈也是又抱又哄，倾其所有精力。所以，弟弟理所当然也要经过这样的过程。除此之外，家长也可以通过符合孩子年龄特征的故事书，让孩子自然地、间接地感受。

Case14

弟弟喝奶时，哥哥经常找茬吵闹。

心灵处方——多给哥哥讲他小时候的故事。

弟弟出生之前，经常给哥哥讲弟弟即将出生的事实，让哥哥做好心理准备。弟弟出生后，家长要理解和揣摩哥哥心理，不至于让他产生被冷落的感觉。经常给哥哥看他小时候的照片，告诉他："婴儿就是这样，这就是婴儿的特点。"

Case15

弟弟睡觉时让哥哥保持安静，哥哥反而更甚。

心灵处方——告诉哥哥弟弟必须睡觉的理由。

弟弟出生之前，家长要告诉哥哥，弟弟出生后哥哥应该怎么做、兄弟之间将会发生什么事情等等，这样哥哥就能很自然地接受发生的各种状况。弟弟睡觉时，家长不妨告诉哥哥："弟弟应该多睡一会儿，睡眠充足了，弟弟才能长大个儿，才能快快长大。弟弟睡觉时，如果你不去妨碍弟弟，弟弟虽然嘴上不表达，但是心里会非常感激你。"

事先告诉哥哥有关弟弟的情况，不仅能消解哥哥的不安心理，也有利于两个孩子的健康成长。家长应该向哥哥讲解有关婴儿的睡眠问题，这不仅能防止哥哥妨碍弟弟睡眠，也防止哥哥被家长指责，或让家长大发牢骚。每个家长都很清楚，天天被指责的孩子，他们的心理健康状况远远不如天天受表扬和激励的孩子。

排序

Case16

家长要求哥哥谦让弟弟，哥哥总感觉自己吃亏。

心灵处方——让哥哥懂得自尊自爱。

家长要让哥哥明白，对弟弟而言哥哥是非常重要的存在。比如，弟弟和朋友一起玩耍时，如果弟弟被朋友奚落或取笑，哥哥应该挺身而出。哥哥如果对弟弟的朋友们说："他是我的弟弟，希望你们谁也不要欺负他。"这样弟弟就会非常感激哥哥，为有这样的哥哥而感到自豪。学习的时候，如果哥哥能指导弟弟，弟弟就会想："我的哥哥真行。"家长要让哥哥明白除了家长之外，他是弟弟值得信任和依赖的重要存在。

如果只是单方面训斥性地告诉哥哥，哥哥就会感觉有巨大压力，这是有百害而无一利的。所以，在平时的生活中家长应该让哥哥通过观察家长的表情和态度，自行感觉行为的正确与否。当孩子敞开心扉跟家长谈自己的想法时，家长应该认真倾听，并要理解孩子的心思。当哥哥说讨厌或不喜欢即将出世的弟弟时，如果家长指责哥哥："为什么？你是他的哥哥，怎么能这样？那可不是好哥哥。"这样，孩子再也不会坦率地跟家长谈对弟弟的否定性想法或不快心情。

弟弟的出生对哥哥来讲并非像家长想象的那样，是充满快乐和值得期待的事情，也许是一次晴天霹雳，也许是极不愿意面对的现实。作为家长首先要认可这样的事实，就算哥哥说出对弟弟的消极情感，也应该给予宽容和理解。

Case17

弟弟认为家长偏袒哥哥，唯独自己总挨训。

心灵处方——排序是由出生的先后顺序决定的、自然的约定俗成的规律。

出生顺序是孩子无法选择，也是无法颠倒的事实。因为出生顺序，有些孩子感觉承受了莫大委屈，遭受了无法治愈的伤害。不管家长优待哥哥，还是先想着弟弟，都是出于爱。如果子女不理解家长的良苦用心，以为受到了心灵的创伤，那可真是可悲的现实。

就算是一样的状况，根据每个人的感受不同，家长的反应也是各不相同，先想着哥哥不行，先照顾弟弟也不行。每当这时，家长要特别小心谨慎，日常生活中，家长有必要强调排序的重要性。

最好的方法是让孩子们感受到排序并不是谁更吃香、谁更重要的依据，对于家长，他们都是重要存在，不存在谁更重要的问题。家长应该尽量公平、公正地对待孩子，因为家长和孩子们的关系越融洽，因排序造成的矛盾就会越少。

Case18

哥哥总是支使弟弟，弟弟如果不听，不是打骂就是胁迫。

心灵处方——家长要让孩子明白，兄弟姐妹之间的关心和帮助有别于使唤。

家长要给孩子明确区分互相关心、互相帮助和使唤的界限。哥哥让弟弟跑腿时，可能想：我们之间是兄弟关系，弟弟会义不容辞地帮忙。可弟弟也许会认为那是哥哥在使唤自己。家长应该让他们从小就明白，哥哥遇到紧急情况或者需要弟弟帮助时，应该向弟弟说明情况，然后再托付弟弟，事后也要向弟弟表示感谢。毕竟是托付，就算弟弟帮不上忙时，哥哥也不应该生气、打骂或者胁迫弟弟。

家长要告诉弟弟，哥哥没时间或需要帮助时，弟弟要尽心尽力、全力以赴帮助哥哥、关心哥哥，这是兄弟之间学习分享的最基本的原则。心有余而力不足时，弟弟也要表示歉意，这样才能防止不必要的误会和矛盾。

懂得分享，这是人最基本的生存战略，兄弟姐妹之间只有懂得分享，才能更融洽地相处。

请再告诉我！ Q&A

Q1 兄弟姐妹之间产生矛盾，几岁之前可以说是正常的？

A 一般情况下五岁之前的孩子，除了家庭成员之外，对外界环境不太感兴趣，所以特别依赖家长，明显地嫉妒弟弟。到了六岁，孩子能慢慢脱离家长，在老师和同学中间寻找自己的地位。从这个时候起，孩子就认为脱离家庭不再是痛苦不堪的事情了。但这并不是说，六岁以后的儿童不再嫉妒弟弟。其实，六岁以后的儿童，同样需要家长关心，同样想得到家长认可，同样想确认存在价值。所以，兄弟之间还是会不可避免地产生矛盾。

兄弟之间的矛盾，直到小学毕业都会表现得极其强烈。“孩子大了，翅膀硬了。”再大点，家长就更难调节他们之间的矛盾，因为他们自认为长大了，就不再喜欢听家长管制。所以，作为家长应该从小开始给予他们一如既往的关心和呵护，让孩子坚信家长的关心和呵护永远不会发生任何变化，这样就能避免哥哥和弟弟之间产生矛盾。家长每天至少要拿出 30 分钟左右不受弟弟干扰的时间，关心和呵护哥哥。在这个时间段里，家长可以和哥哥聊天，陪着哥哥痛痛快快地玩，最好是不要接任何电话，不做任何事情，把所有精力都投入到哥哥身上。对过于敏感或者在外面找不到自己天地的孩子，家长可以把他们视为比实际年龄更小的孩子对待，就会收到事半功倍的效果。

Q2 兄弟之间的嫉妒和竞争有百害而无一利吗？

A 就算成为大人了，嫉妒和竞争意识也能引起他们的强烈情感。甚至有人说自从有了弟弟，哥哥才刻骨铭心地体会到了“厌恶”的真正含义。孩子越小，这种感受越是强烈。因为不懂得调控，他往往变得筋疲力尽、心力交瘁。家长应该从小开始培养孩子懂得淡化消极情感，并把消极情感转化为积极情感的能力。

通过恰到好处地解决兄弟之间的矛盾，家长应该让孩子明白不必太在意竞争对手，孩子也会以此为契机更加坚忍和坚强。这将有利于培养孩子在以后的人生道路中，更加自如地应付各种竞争的能力。

孩子能自如应付弟弟的出生带来的各种压力和矛盾时，就有希望处理好以后的人生道路中出现的大大小小的矛盾，并且能学会团结协作、懂得分享的处世技巧，也就是说孩子能掌握把人生引向成功的秘诀。

Q3 减少矛盾的正确做法。

A 1. “人比人，气死人。”家长不要比较孩子。

2. 不要取笑孩子的不足。“懒猫”“胆小鬼”等外号很容易把孩子束缚在固定的条条框框里。
3. 尽量避免兄弟之间的竞争，应该鼓励他们懂得团结协作。
4. 兄弟之间产生矛盾时，不要急于解决和平息，应该仔细观察矛盾产生的原因。
5. 教给孩子正确对待对方的态度和方法。比如谈话的方法、接近对方的方法、借用学习用品的方法、邀请对方一起玩耍的方法等。
6. 公平、公正地对待。
7. 多组织全家人都能参与的家庭活动。
8. 每天拿出和每一个孩子单独共处的时间。

Q4 我有两个孩子：大孩子发育有点障碍，正上小学四年级；小孩子比哥哥小两岁，发育状况良好。弟弟聪明伶俐，有时甚至超过所有同龄人。从小弟弟就知道安慰家长、安慰哥哥。不管到哪里，都能得到他人赏识，很多人对他都是赞不绝口。但最近，我发现弟弟经常和其他同学发生口角、不按时完成作业、说他两句就发牢骚。以前总认为自己对不住弟弟，因为哥哥的缘故不能给予他更多的关心和照顾。但最近，弟弟却三番五次做出让家长生气的事情，这一阵他好像沉溺于电脑游戏，我们该怎么办？

A 一个孩子有发育障碍，大多数家长会把大部分精力都投入到有障碍的孩子身上，领着他上医院或者给予他更多关心和照顾。这样一来，自然而然减少了和其他正常孩子相处的时间，难免引起他们的不满。他们会认为哥哥独占家长的爱，而自己却是一个受冷落的孤苦伶仃、孤立无援的人。

家长要根据发育有障碍的孩子的实际情况，重新制定目标，拿出一些时间陪伴正常孩子。孩子入睡之前和他谈话，或者上饭店一起吃饭，让他感受到家长的爱和关心。学校有活动需要家长参与时，家长应该尽心尽力、全力以赴。

Q5 也许哥哥太聪明了，虽然弟弟做出坚持不懈的努力，但是连哥哥的脚后跟都赶不上，因此弟弟经常被家长批评。

A 哥哥聪明伶俐，而弟弟怎么努力也赶不上哥哥时，弟弟会产生一种自卑感。家长不能把出色的哥哥作为衡量弟弟的唯一标准。家长应该明确地告诉弟弟，有些人在某一方面具有天赋，超出正常孩子，就像尺有所长，寸有所短，但这样的孩子也有不足。告诉孩子全面发展的重要性的同时，坦率说出家长或哥哥身上的欠缺点也有一定帮助。

MEMO.

LONELY

PART 07

不适应学校生活

妈妈的来信

院长：

你好！我是初中一年级女孩子的家长。上小学时，孩子学习成绩名列前茅，人际关系也很融洽。虽然有点懒，但是能按时完成学校的作业和积极准备老师布置的备品。上中学之后，我发现孩子上网时间和摆弄手机的时间增加了，也经常不按时睡觉。

最近，每天早晨以头疼、肚子疼为由发牢骚，甚至经常把“能不能不上学？”的话挂在嘴边。因迟到问题，班主任警告过她几次，我也曾和班主任通过几次电话。

刚开始以为孩子真的身体不舒服，但随着次数的增加，我的嗓门不知不觉中高起来。上中学之前，孩子苦恼和小学同学的分离，现在不愿意上学是不是跟这些也有一定关系？每天早晨送孩子上学，就像经历一场战争，我真的感觉很疲惫。

回信

优秀的孩子，如果哪一天突然不愿意上学，很多家长都会惊慌失措。成长意味着会发生很多意外变化。如果发生的变化都是家长拭目以待、盼望不已的那该有多好？只可惜残酷的现实往往背离我们家长的意愿。

大人有时也感觉日常生活充满了艰辛和劳苦，因此感觉疲惫和烦躁，但每次都能以责任和义务去战胜艰难和困苦。

小孩子是缺乏责任感的，所以，有时感觉比大人活得更劳累、更辛劳。孩子的大部分时间都是在学校度过的，有时感觉学校的各种规章制度和规定压得他喘不过气来。除此之外也有很多理由，让孩子萌生不愿意上学的想法，比如，感觉老师好像不喜欢自己、班级同学好像有意排挤自己等等。如果孩子总不愿意上学，或者背着家长不上学，就应该找找原因，并接受相应治疗。

不适应
学校生活的孩子

家长非常牵挂和惦记孩子的学校生活，包括孩子在学校的表现，适应学校生活的情况等等。有这种想法的家长，往往缺乏与老师的直接沟通和联系。有时，通过通知书，或通过老师的电话了解孩子的情况。比如，上课不能集中注意力、学习不认真、经常和同学吵架、融不进同学堆儿等。听到这样的反映，大多数家长都会感觉难堪或慌张，特别是平时表现出色的孩子，老师的反映就像一个晴天霹雳，带给家长强大的冲击力。

听到老师的反映，家长不能采取不以为然的态度。应该仔细观察孩子身上的问题，仔细分析影响孩子情绪的各种因素，以及面临的学业压力等。如果孩子属于以下情况，家长就应该深思熟虑该怎么做的问题。

事例 **学习好，在家没有任何问题行为的孩子，在学校总是折磨特定的一个孩子。曾经因为让这个孩子在全班同学面前下跪，接到过这个孩子家长强烈的投诉电话。**

记一记家长有可能对孩子说的话和采取的行动。

____

____

____

从下面的选项中，选择和家长的反应最接近的选项。

1. “男孩子都那样，有什么大不了的？”
2. 不听孩子的解释，首先向对方表示道歉，然后狠狠地训斥孩子。
3. 孩子之所以那样做，可能有他的充分理由。所以，想方设法辩解和袒护孩子。为了防止事情闹大，家长还认真掌握对方孩子的错误。
4. 对孩子说：“这件事情妈妈会处理好，你就安心学习吧。”然后把孩子送到学校。
5. 严厉地训斥和吓唬孩子：“如果你再这样，就会变成小流氓。”
6. 跟对方的家长说：“不管怎样，事情已经牵涉到我家孩子了，真是对不起。等孩子回来，仔细问问情况，再给您去电话好吗？”孩子回来后，仔细盘问事情的来龙去脉。

1.“男孩子都那样，有什么大不了的？”

这样的家长对孩子问题，总是抱着漫不经心的态度。家长的这种不屑一顾的、若无其事的态度无法冷静地处理孩子身上发生的每一个问题。如果置之不理，这样的孩子长大以后，会引发很多问题行为。

2. 不听孩子的解释，首先向对方表示道歉，然后狠狠地训斥孩子。

这样的家长比较敏感于他人看法。他们经常教育孩子“不能伤害他人”，“别人看到会怎么想”。所以，一旦发生事情，就全然不顾孩子感受，先训斥孩子。久而久之，孩子就会想，家长不信任自己，从而引发更大问题。

3. 孩子之所以那样做，可能有他的充分理由。所以，想方设法辩解和袒护孩子，为了防止事情闹大，家长还认真掌握对方孩子的错误。

这样的家长过分偏袒孩子。谁对谁错，有时不是一目了然，而是模棱两可的。家长必须明确，在孩子的成长过程中，难免会做错很多事情。但是通过犯错误、改正的过程，能学到很多东西。如果家长一味地包庇孩子，孩子就会失去感悟和学习的机会。

4. 对孩子说："这件事情妈妈会处理好，你就安心学习吧。"然后把孩子送到学校。

有必要好好想一想家长所应发挥的作用。这样的家长不管遇到什么情况，都会采取类似行为。比如孩子为了取得义务奉献的分数，到幼儿园义务劳动时，家长会自告奋勇跟到幼儿园，替孩子干活，而让孩子坐在车里看书或背单词。

5. 严厉地训斥和吓唬孩子："如果你再这样，就会变成小流氓。"

这样的家长心胸特别狭窄，他们不能容忍孩子失误和犯错误。对不信任自己的家长，孩子不会反省自己的错误，反而备感遗憾。平时经常因琐碎小事受到家长训斥的孩子，不肯做没有十分把握的事情和容易出错的事情。

6. 跟对方的家长说："不管怎样，事情已经牵涉到我家孩子了，真是对不起。等孩子回来，仔细问问情况，再给您去电话好吗？"孩子回来后，仔细盘问事情的来龙去脉。

这是正确做法。

孩子适应学校生活吗？

测一测孩子的状态

√ 孩子身上有这种倾向。

Check01_____ 不愿意上学。→ P278
Check02_____ 不敢发言。→ P281
Check03_____ 不善于结交朋友，经常跟朋友闹别扭。→ P281
Check04_____ 不听老师的指示。→ P285
Check05_____ 在学校做问题行为。→ P287
Check06_____ 兴致不高，觉得学校生活没意思。→ P288
Check07_____ 学习有困难。→ P289
Check08_____ 好像和班主任合不来。→ P291

※ 查对孩子的症状，找到相应的页码。好妈妈的心灵处方恭候您的光临。

针对不适应学校生活的处方

Case01

不愿意上学。

拒绝上学。

不愿意上学和拒绝上学的孩子，他们的行为统称为“拒绝上学症”。不管什么原因，只要不愿意上学就可以用这样的专用语。孩子拒绝上学，家长很难堪 、很担忧。如果家长想自如应对拒绝上学的孩子，就应该仔细分析原因，并找出对策。

● 孩子拒绝上学的原因。

最常见的原因是不愿意和家长分开。除此之外，学业有问题、同学关系不和谐时，也不愿意上学。某一方家长心情忧郁、担心家长吵架或离异，孩子也会拒绝上学。

心灵处方——根据孩子的不同情况，家长可以这样做。

● 不愿意和家长分开，或者因担心家庭，拒绝上学。

最好的方法是先让孩子做好心理准备。如果是学龄前儿童，在孩子入学之前，可以先陪着孩子去几趟学校，转一转学校周围，熟悉熟悉学校建筑物，这样就能减少孩子入学时的不安和紧张情绪，同时也能创造事先接触同班同学的机会。

除此之外，以下方法也有利于安定孩子。

第一，让孩子明确家长的意图。就算孩子因不愿意上学吐露不平或耍赖，家长也应该明确表态孩子必须上学的意愿。

第二，和孩子分开时，家长不能恋恋不舍，要果断行事。和孩子分开时，如果家长犹豫不决、依依不舍，孩子就会马上明白家长对自己的担心。家长应该让孩子明白，暂时的分别算不了什么，并鼓励孩子尽快适应学校生活。

第三，消除孩子对家庭的担忧。孩子上学时，不妨让孩子拿全家照或者给孩子带饭。每次看到这些东西，孩子就会把对家庭的担忧抛到九霄云外，从而愉快地度过学校生活。

第四，让日常生活变得富有规律。上学之前的准备过程，不要轻易发生变化。富有规律的日常生活，多少能减少孩子的压力。

第五，和妈妈告别时，可以采用只属于母子的独特新颖的告别法。

● 因同学关系拒绝上学。

如果问题严重，孩子就很难适应学校生活，并拒绝上学。（详细内容请参照 Case03）

● 因学业压力，拒绝上学。

如果问题严重，孩子就很难适应学校生活，并拒绝上学。（详细内容请参照 Case07）

孩子拒绝上学时，家长不要这样做。

1. 过分严厉地训斥或指责孩子无理取闹。
2. 按照孩子要求，让他安心待在家里。

学校恐怖症

害怕上学的“学校恐怖症”，也属于拒绝上学的一种形式，主要表现为极度不安。极度不安的原因很多。有时，它和广场恐怖症、选择性缄默症一同出现，同时伴有腹痛、疲劳、紧张、频繁出入卫生间的症状。患学校恐怖症的孩子不仅要承受分离的不安，也要承受来自学业和同学关系的压力，严重时还要承受恐慌障碍。

● 孩子为什么患学校恐怖症呢？

上学第一天，小孩子普遍感觉不安，因为第一次长时间地离开家长。这种突如其来的变化，让孩子备受煎熬、痛苦不堪，等到学校放学时，他已经累得筋疲力尽。

稍大一点的孩子，过长假或者因某种原因休一段学后，再把他送到学校时，颇感费劲。因为他又要离开熟悉的家庭环境和家长无微不至的关心，而一段时间没有见面的同学和老师又是那么陌生。除此之外具有恐慌障碍，害怕待在校车、教室等封闭的场所时，也会出现学校恐怖症。

引发学校恐怖症的原因。

1. 在学校饱受折磨。
2. 第一次上学。
3. 搬迁到陌生环境、转到新学校、交新同学。
4. 因疾病或长假很长时间没有上学。
5. 与亲近的人、宠物分离。
6. 弟弟的出生带来危机感。
7. 遭受被虐待、被强奸等巨大刺激或目击悲剧事件。
8. 家庭出现问题，比如，家庭中的某一人患重大疾病。
9. 父母离异。
10. 家庭存在暴力。
11. 没有好朋友或交不到朋友。
12. 在班级人缘不好或者不擅长体育、娱乐活动。
13. 学习成绩不好。
14. 担心校内发生恐慌。
15. 忧郁症。
16. 患疾病。

心灵处方——让孩子变得自信和自负。

时间拖得越长，学校恐怖症就越难治好，所以，患病初期就应该采取相应措施，如果症状严重，就应该和小儿精神科医生商谈。

日常生活中家长能为孩子做的事情，主要包括以下几个方面。

1. 让孩子坚信，虽然现在有点害怕，但慢慢会好起来，不久的将来他会心甘情愿、兴高采烈地去上学。
2. 说明恐怖心理不是什么大问题，相信孩子能克服。
3. 鼓励孩子："你很勇敢，完全能上学。"
4. 对孩子说："你很勇敢，妈妈真为你感到高兴和自豪。"
5. 经常对孩子说："妈妈非常爱你。"
6. 让孩子预测和掌握自己的日常生活，这样就能减少不安。
7. 准备孩子随身携带的物品。
8. 帮助孩子在学校找到喜欢做的事情。

此外，可以把孩子的具体情况告诉老师，以便得到老师和学校的及时帮助。

Case02

不敢发言。

心灵处方——帮助孩子克服紧张和不安心理。

孩子之所以不敢发言，是因为感到不安和紧张。请参照 PART08【紧张】里面的 Case02，能得到一定帮助。

Case03

不善于结交朋友，经常跟朋友闹别扭。

孩子经常感觉受到同学们的排挤或不良影响。

绝大部分孩子都要承受来自同龄人的压力、不得不做不愿意做的事情和接触不喜欢的同学。当然，有时孩子本身也会给其他孩子带去压力。孩子身边有形形色色的同学，这些同学的行为不都是很规范的。所以，很多家长担心孩子接触一些坏孩子。

有些孩子经常接触坏孩子，可能有很多理由：为了引起家长和老师的注意力；为了友情；通过做自己感兴趣的坏事，获得朋友好感；作为抵御家长的一种方式；自尊心受到伤害时，误认为和坏同学接触能得到心理安慰。

天下父母都希望孩子不承受任何压力、伤害或者坏朋友的负面影响，但是家长不可能事事替孩子遮风挡雨。家长能做的只能是最小化消极影响。家长怎么做才能让孩子和同学和谐相处，又能减少坏同学的消极影响呢？

心灵处方——和孩子保持亲密关系。

1. 努力和孩子保持亲密关系。

就算孩子没有接触过坏孩子，家长的努力也不会付诸流水。能和家长和谐相处的孩子，也能和朋友和谐相处。就算遇到问题，他们也懂得和家长商议。所以，不管遇到任何问题，都能得到圆满解决。

2. 告诉孩子可能会受到来自同学的压力。

如果孩子能理解同学之间可能存在的压力和即将发生的压力，孩子就能自如应付，不至于轻易上当受骗。家长要告诉孩子，同龄人之间施加压力属于正常现象，并不都是为了折磨对方，希望成为好朋友时，也会给对方施加压力。所以，孩子要分清压力的类型，根据不同情况、不同感受作出不同判断并自如应付。

3. 和孩子一起参加有规律的家庭活动。

一起散步、游泳、玩篮球都能维持和孩子的亲密关系。从小开始和家长保持亲密关系的孩子，承受的压力比其他孩子小，而且更能自如应付各种压力。

4. 鼓励孩子要和朋友保持亲密友情。

如果孩子能处理好同学之间的友情，就应该表扬孩子。同时也要鼓励孩子参加各种活动。通过踢足球、滑旱冰等活动给孩子提供认识新朋友、广泛接触朋友的机会。

5. 密切观察孩子的好朋友和他们的家长。

和孩子要好的朋友是谁、性格怎么样、有哪些优缺点、家长是什么样的人、家庭氛围如何，如果家长能掌握这些情况，就能更好地掌握孩子的朋友关系。

6. 家长应该了如指掌孩子的行踪：孩子会在哪儿、做什么事情等。

不仅在家里引导好孩子，出门在外时，也要时刻关注，他会在哪里，做什么事情等。

7. 不要指责孩子的朋友。

孩子和坏孩子接触时，家长不能当面指责。就算家长的话是对的，孩子也会抵御家长。出于逆反心理，孩子会以讲义气为由，和坏孩子走得更近，从而频繁做出问题行为。家长与其指责他的朋友，还不如和他一起分析特定行为。比如“每次跟哲秀一起玩时，是否违背了和妈妈的约定”，或者“每次跟暄美在一起，是不是都违反规定了”。

8. 如果孩子处理不好和同学之间的关系，应该帮助他找到原因。

出于种种原因，有时和坏孩子接触，有时承受来自同龄人的压力。孩子处于这种处境，家长可能要做出更多努力，但最主要的首先应该找找原因。如果自尊心不强，就应该增强孩子的自尊心，性格过于消极，就应该帮助他变成积极主动的孩子。找准问题的症结，才能针对孩子的问题行为拿出更合理、更切实可行的对策。

9. 家长应该给孩子提供广交朋友的机会。

家长应该鼓励孩子广交朋友。通过接触形形色色的朋友，孩子能了解到不同朋友的不同想法，并找到相应对策。有了这样的经验，就算和朋友产生矛盾，也能及时解决。

10. 让孩子知道每个孩子都具有独立的个性和人格的事实。

因为足球踢得不好，别的孩子不允许他上场时，孩子没必要感到羞耻或者气愤。其实，在一旁做其他运动或当拉拉队也没什么不好的。通过让孩子接受球踢得不好的事实，让孩子明白每个人都具有独立的个性和人格的事实。

11. 让孩子准确表达自己的想法。

家长要让孩子学会说“不”。为了让孩子学会这一点，家长可以设计特定情境，让他在情景剧中不断说出自己不喜欢的感受。特别是当朋友提出不当要求和给孩子施加一定压力时，鼓励孩子说出“不”字。家长说清楚说“不”的理由，孩子才能更自如地对付朋友施加的压力。如果孩子能明确说出自己想法，家长就应该表扬和鼓励。

12. 先制定一定规则。如果孩子跟不三不四的狐朋狗友接触，有不规范的行为举止，家长就应该利用制定的规则制裁孩子。

根据事先制定的规则和约定制裁孩子，可以减少孩子的抵抗情绪。

Tips

患 ADHD 症（多动症）的孩子很难处理好朋友关系

患 ADHD 症的孩子不仅在学习、行为上承受困苦，和朋友交往时，也要面对重重困难。孩子能和朋友和谐相处，并不仅仅指只能跟一个同龄孩子融洽相处，而是感觉学校的集体生活丰富多彩，每天的生活都充满阳光，充满幸福。所以，能否和朋友融洽沟通不仅会对以后的成长带来影响，对孩子的发育也起到至关重要的作用。

众多的研究结果表明：不懂得处理朋友关系，经常受到朋友拒绝或没有交过亲密朋友的孩子，承受情绪上的不稳定和不安的可能性要比其他孩子高得多。

患多动症的孩子，因为不能集中注意力，极易被误解为没有诚意，或者因说话说不到一块儿，给人不可理喻的感觉。他们容易冲动，动不动就做出过激行为，因此很多同龄孩子都会拒绝和他们相处。

当然，患多动症的孩子并不是和所有同龄人都合不来。家长一旦发现孩子的问题行为，就应该尽早介入，及时帮助。

家长要经常跟班主任、特长班的老师、补习班的老师保持联系，以便及时掌握孩子情况，给予及时帮助。和孩子一起参加活动也不失为好办法。一起参加运动比赛，全家人一起去旅游，一起观看运动竞技项目；听一听成功指导孩子的经验；收看增进朋友关系的电视节目，这些都会有一定帮助。

即使按照上述的提议做，但如果看不出任何效果，就应该尽早和小儿精神科专家进行商谈。

想和朋友接触，但磨不开的孩子，可能是因为害羞，所以，希望家长能好好读一读 PART12 有关【害羞】的内容。

Case04

不听老师的指示。

最让老师难堪的，莫过于孩子不听老师的指示。反复要求很多次了，但孩子总是不理不睬，这时老师会有权威性受到威胁的想法。置之不理接着上课，心里不平衡，郁闷；刨根问底不再讲课，心里不甘心，生气。老师真是进退两难、不知所措。

教育不只是教知识和学习知识，更重要的是教孩子具备一定的社会性和人性。这样才能让孩子懂得，遵守基本秩序，与他人保持协调的必要性。

心灵处方——掌握孩子个性，了解孩子现状。

先来看一看不听从老师指示的原因和对策。

第一，孩子没有礼貌。每个孩子都是家长的心肝宝贝。但家长不能因为爱孩子，就满足孩子所有的愿望。这样孩子就不明白有些事情不愿意做也得做；有些事情苦苦期盼也不可能实现；有些事情只能往后推不能马上做的道理。没有礼貌的孩子上学之后在集体生活中要面临很多问题。这样的孩子只要自己不愿意做，别人怎么强求也不会做，相反想做的事情，别人怎么制止，也会想方设法去做。所以，经常和老师、同学发生矛盾和分歧。

有关礼貌问题，应该从小不厌其烦地强调和重视。仅仅靠班主任老师有数的说教，不可能得到立竿见影的效果。所以对没礼貌的孩子，家长和班主任的配合显得尤为重要。

第二，孩子患有多动症。患多动症的孩子，在班级承受很多艰难困苦。在老师看来，这样的孩子普遍不听话、不听指示。有的老师不跟任何人提及孩子的事情，只想用诚挚的爱默默地感染学生，想做到“润物细无声”。当家长提出和小儿精神科专家沟通的想法时，老师认为家长小题大做、杞人忧天，反对家长的做法。老师爱孩子，老师的这份爱心值得表扬，但患有多动症的孩子，他的问题并不单纯是性格问题或教育问题。因为他的调节行为的脑功能发育不均衡，需要医护人员的及时帮助。如果耽误了治疗，反而会耽误孩子。所以，对患有多动症的孩子，老师和医生、监护人的密切配合显得至关重要。

第三，孩子胆小如鼠，经常感觉不安。俗话说“狗急跳墙”，当孩子认为老师的指示具有攻击性或构成威胁时，就会抵御老师。如果这时，老师采取更强硬的态度，孩子的逆反心理反而会更大。老师要善于读懂孩子的心理：“老师让你这么做，你感觉害怕吗？是怕老师呢，还是怕做错呢？”如果老师以上述口吻跟孩子说话，孩子会明白老师的有些行为或语言不是针对他的，而完全是出于关心，自然而然会听从指示。

第四，孩子极易闹情绪。身处不和谐的家庭氛围、忧郁、备受挫折的孩子，很少有做一番事情的欲望或意志。即使老师让他做事也一样。当孩子兴致不高、不想做任何事情、感觉忧郁时，应尽早和家长商议，给予孩子一定帮助。

第五，学习上有困难。感觉学校课程费劲的孩子，他们所承受的痛苦很难用语言表达出来。如果做题速度过慢，老师就会有意无意催促，这种情况如果反复，就会和老师发生矛盾，站在对立面不听从指挥，甚至会顶撞。这时老师应该观察孩子所承受的学习压力，并帮助孩子改善根本问题。

第六，为了显示自己的力量。高年级的孩子误认为顶撞老师是一件了不起的事情。特别是进入青春叛逆期的孩子敏感、争强好胜，一旦发现老师的讲解存在不合理的地方，就会强烈提出疑义，试图和老师进行辩论。

这时，老师可以采取两种方法。一种是当孩子提出疑义时，如果觉得合理就去认可，然后指示孩子该做的事情。比如：“是啊，你说得很有道理。我再想一想，但是你得先做这件事情啊。”另一种方法不提及论争内容，主要说一说孩子的态度：“不管你说得对不对，看你现在这个样子，俨然是一副和老师吵架的态势。不是想和老师真的吵一架吧？下课之后，咱俩再共同研究这道题，先把这道题做了好不好？”

Case05

在学校做问题行为。

孩子在学校做问题行为原因很多。家长不可能每时每刻都跟在孩子身边，只能通过老师或班级同学了解孩子的日常表现。孩子成为他人谈论的话题，家长会不好受，但绝不能表现出过度的警戒态度，因为这不利于家长全面客观地了解孩子的问题行为。有的家长不会正确看待孩子的问题行为，反而扩大他人的错误和失误，或只是急于表达遗憾。家长采取这种态度，孩子的问题行为就能得到解决吗？或者孩子的问题行为不再存在，果真消失得无影无踪了吗？

“人非圣贤，孰能无过。”人的一生中，谁都会失误或犯错误。一个问题行为消失得无影无踪，紧接着又会悄然出现另一个问题行为。所以，有问题行为的孩子很有必要以此为契机，好好改正，不断完善自己。做问题行为的孩子，他的身上并不一定存在不可饶恕的错误，也不一定非要受处罚。

心灵处方——掌握问题行为的原因。

家长知道孩子做出了问题行为时，首先要平息冲动和愤怒之情。家长的自尊心受到伤害是次要的，孩子能学到新的东西才是主要的。如果家长过于保守或作出过激反应，孩子就会丧失反省自己一言一行和改正的机会。家长应该掌握孩子做问题行为的多种原因，并想一想对策。

1. 知道孩子在班级的表现吗？

如果孩子做出同学们不能接受的异常行为，就会受到同学排斥，或被同学取笑，这样就会卷入做问题行为的恶性循环中。

2. 想一想孩子做问题行为，是否有偏得的东西。

孩子做问题行为有时会有意外偏得。比如，能博得同学欢笑，能回避学习上存在的问题等等。学习有障碍的孩子，有时为了回避学业常常把挫折情绪以问题行为的形式表露出来。学习过于轻松的孩子，也会因无聊，偶尔做出妨碍他人的问题行为。

3. 了解孩子的气质或性情吗？

忙忙叨叨的孩子，难以静坐；灵感多的孩子，难以平静；易冲动的孩子，难以依秩序等待。根据不同的气质或性情，每个孩子都会做出问题行为。

4. 孩子做出问题行为，是否有家庭影响？

家庭出现问题，会影响孩子做出问题行为。比如，家长或其他兄弟姐妹生病、家长吵架、经济上有困难，都会导致孩子对学校生活或学业不屑一顾。

5. 和其他孩子相比，孩子的发育有问题吗？

每个孩子的发育状况都是不尽相同的。和大部分同学相比，孩子身上存在明显差异时，就会引发一系列问题。家长要防止孩子滋生自卑感，让孩子明白活着本身就是很幸福很幸运的事情。

6. 孩子是否服用影响行动的药物？

咳嗽药会让孩子发困，或做出过激行为；哮喘药会让孩子坐立不安，影响注意力集中。如果问题严重，在不影响治疗的情况下，应和大夫商议减少服药量或服用其他替代药物，或暂时停止服用。

7. 是否应该考虑存在不表露在外的更严重问题。

其他的严重问题，也能引发孩子的问题行为。比如，多动症、学习障碍或者忧郁症。

Case06

兴致不高，觉得学校生活没意思。

看着天真无邪、无忧无虑的小孩，有些大人认为孩子不可能有任何压力。其实不然，孩子也和大人一样，有时会面临众多压力，因此表现得忐忑不安、忧心忡忡、悲痛欲绝。

压力都是消极的吗？并不见得。如果没有压力，就不会有人类的发展。有时，压力能让人紧张起来，成为发展的原动力。但是如果压力太大，就会给孩子的生活、学业、社会关系、健康状况带来消极影响。现在的孩子随时都要面临大大小小的复杂问题。虽然大部分孩子都能圆满处理，但少数孩子却要承受众多的困惑和迷茫。忧郁的孩子难以集中注意力，考试经常一团糟；忐忑不安的孩子难以参与班级的各项活动；情感调控存在问题的孩子，极易发展为攻击性强的孩子，动不动就跟其他孩子吵嘴。

心灵处方——掌握问题的症结之后，再去解决问题行为。

解决孩子的问题行为，首先要正确分析问题。

1. 观察孩子是否在日常的学习和生活中，成为他人奚落或取笑的对象。

如果家长不清楚孩子在学校的各种表现，就很难找出对策。

2. 孩子经常不愿意上学，跟偶尔装病或耍赖有本质区别 。

家长有必要观察孩子的情绪状态。当孩子感觉孤苦伶仃、郁郁寡欢时，就会想方设法跟家长在一起。这时，家长不能一味迎合孩子情绪，应该让孩子接受适当治疗。

3. 观察孩子是否能跟班主任老师合得来。

小学生离不开班主任无微不至的关心和精心的呵护，所以，对小学生来说，班主任是非常重要的角色。一旦关系出现问题，小孩子就会不愿意上学，感觉学校生活索然无味。家长要做出积极努力，想方设法改善和班主任的关系，或者给班主任写信，或者商谈。

4. 孩子的学业压力是否太大，学的科目是否太多，感觉力不从心。

如果学的科目太多，就应该进行适当调整，让他在力所能及的范围内、精力充沛的情况下投入学习。不要想着面面俱到，只补习差的科目。只有充满自信的孩子，才能感觉到学校生活充满乐趣，充满阳光。

5. 经常跟孩子谈心，及时掌握孩子情绪。

如果孩子能拥有了解他心绪的家长或老师，是一件多么幸福的事啊。

Case07

学习有困难。

跟不上学校的功课，可能有诸多原因。同学经常折磨或取笑；视力或听力方面存在问题；发育迟缓或存在障碍；因某种原因经常缺席；课外活动太多，几乎没有时间学习；智力存在问题等。

心灵处方——请你这样做。

观察引发孩子学习障碍的原因，想一想对策。

1. 孩子有没有充裕时间完成学校或课外作业?

现在的孩子过得很忙碌，除了接受学校的基础教育之外，还要参加课外的各种学习和活动。有时，因为太忙碌，根本就没有时间去完成学校作业。当然，这需要家长投入大量的教育经费。很多家长为了让孩子接受更好的教育，不辞辛劳地去赚钱。所以，为了孩子，家长把自己的一切都奉献给孩子的说法一点也不为过。

2. 孩子身上存在听力或视力方面的障碍吗?

孩子坐后排，需要准备一副眼镜，但坐前排，就不需考虑配戴眼镜的问题。视力或听力出现问题，就会影响孩子的注意力。所以，解决好听力或视力问题，也能排除学习障碍。

3. 孩子是否患有疾病?

一些孩子患有影响学习能力的疾病。比如，甲状腺、染色体异常、重金属中毒、多动症等等。但是大部分的“学习不振”不需要接受治疗。家长有必要分清学习障碍和“学习不振”。

4. 是不是家长的态度给孩子带来了消极影响?

家长小的时候，学习不是很好，但对孩子却提出第一名和100分的过高要求。孩子认为家长的期待值过高，不管怎么努力也达不到要求时，索性就放弃学习。

5. 孩子身上是否存在学习障碍?

百分之十左右的人都有一定的学习障碍。有学习障碍的孩子，虽然获得知识的智能正常，但在一定的学习领域内，存在学习能力与实际年龄相差两年以上的现象。没有其他特殊原因，而学习方面持续出现问题，家长就应该考虑孩子是否存在学习障碍的问题。

6. 注意力方面是否存在问题?

孩子难以集中注意力，就算集中了，也难以维持一定时间，或周围细微刺激也极易分散注意力时，家长就应该和小儿精神科专家进行商议。

Case08

好像和班主任合不来。

如果孩子和班主任相处得不好，就会感觉学校生活单调，索然无味。一旦认为老师讨厌自己，不是采取抵触老师，就采取闷头不吱声保持沉默的方式。孩子每天都要在学校度过一大半的时间，如果和班主任合不来，老师就不会上心教孩子，孩子也不会认真学习。

心灵处方——家长要积极介入，和班主任建立友好合作关系。

需要家长及时介入。家长和班主任应该互相尊重、互相协作，分享彼此的知识和经验，共同分析有关孩子的情况，帮助孩子更好地适应学校生活。

家长把自认为好的经验告诉老师，老师把孩子在校的表现及时反馈给家长，跟家长探讨。如果有必要，老师可以邀请家长积极参与和协作，助老师一臂之力。

如果家长和老师之间出现问题，就应该退一步好好审视其间的过程。

请再告诉我！ Q&A

Q1 这是孩子聪明的表现吗？

A 很多人认为IQ高的孩子，脑子聪明。但准确地说IQ只是数字化了人的认知机能，其实测定IQ时，考虑的不只是智能因素，还要考虑符合他年龄的知识储备量，以及在限定时间内发挥的理性因素。除此之外，还要考虑影响智力的情绪因素和社会因素。这说明一个人忧郁或没有动机时，脑子再聪明，也很难发挥其能力。

就算是天生聪明的孩子，过分害羞，遇到没有经历过的事情，因过于紧张消耗大量时间，强烈拒绝做自己不愿意做的事情，不认真倾听他人指示时，都不能充分发挥智能水准。和同龄人相比，IQ 高的孩子不仅脑子聪明，还要具有大脑的重要机能发达均衡、重要领域之间落差不大、认知机能发展均衡等特点。

如果孩子的智能水准达到平均数值，就不会引发任何问题，关键要看孩子是否努力。也就是说脑子的聪明与否，并不对孩子现在的学习或人际关系、各种能力的发挥产生百分百的影响。

如果孩子的智能比同龄人低，或者虽然智能指数高于平均数值，但各机能之间的差距悬殊，就有必要找一找原因，并给予一定帮助。

Q2 虽然孩子不能很好地适应学校生活，但是在学业、语言等几个方面明显比其他孩子优秀得多，孩子是否属于英才？

A 根据左半脑和右半脑机能的不同，可以把智能分为语言智能和动作智能。很多人认为语言表达能力强，既能自如表达自己意愿，也能轻而易举听懂他人的话时，就断定为孩子属于高智能。其实决定智能因素的除了语言因素之外，还包括众多领域的均衡发育。

已经判定为英才，或认为具有超高智能的孩子，其实也需要社会、情绪等多方面的帮助。比如，小学低年级的英才不能很好地与同龄人相处，经常感到孤独。这也许是孩子所运用的语言比其他同龄孩子运用的语言早几个阶段，其他孩子根本不能理解的缘故吧。所以，难免给人际关系带来一定困难。除此之外，系统掌握小学全部课程的孩子，也会对课堂失去兴趣。所以，不只差生需要接受教育，优秀孩子也需要接受一定教育。也就是说被断定为英才的孩子，除了智能方面，在其他多个领域也需要接受促进均衡发展的教育。正确的英才教育不仅要使他们的智能更加发达，也要避免认知机能产生偏差，从而得到均衡发展。

Q3 孩子是左利，需要矫正吗？

A 如果想知道孩子是左利还是右利，可以通过踢球或抛东西时的敏捷度进行判断。大部分的人都习惯用右手，但是有百分之二十左右的人，属于左利。左利和右利并不能说明哪个更出色，或哪个有缺陷，只能说明哪只手的使用更加自如方便。

因为右利多，周围的很多事情都有利于右利，所以，左利在生活中经常感到不便。鉴于以上原因，一旦发现孩子属于左利，家长就想方设法、千方百计让他改正。如果让左利强行使用右手，孩子会备感不便，甚至会失去自信心。所以，家长不要逼迫孩子，让他怎么方便怎么来。有的家长强行要求孩子写字时，必须使用右手。从汉文的结构体系考虑，使用右手会方便一些。但是，很容易造成孩子产生混乱，并给他带来一定压力，最终导致变成一个畏畏缩缩、犹豫不决的人。

KISSING GOURAMI!

PART 08

紧张

妈妈的来信

院长：

您好！我想和您谈一谈孩子的情况。我家孩子现上小学二年级。前几天，通过和班主任的一次谈话，偶然了解到孩子对学习不太感兴趣的事情。听老师讲，孩子上课时从来不知道自觉发言。就算老师点名，也经常噤若寒蝉、守口如瓶。刚开始我不理解孩子为什么总保持沉默，通过仔细盘问，才知道孩子不愿意发言的真正原因竟是不好意思。

有了和班主任的那次谈话之后，我有意识地观察孩子的一举一动、一言一行，发现孩子非常缺乏自信心，无论做什么事情都表现出没有自信的样子。有时，我在想是不是我们夫妻平时管教得太严，才导致他做事情畏畏缩缩，缺乏自信心？每次跟孩子爸爸说起这件事情，孩子的爸爸总说这没什么大不了的，孩子只不过是随妈妈胆子太小而已。但我的性格不至于畏畏缩缩、缺乏自信心、胆小如鼠呀。您说怎么办好呢？如果从现在开始改变孩子缺乏自信心的问题，还来得及吗？

回信

紧张心理往往和孩子内心的不安有密切关系。孩子偶尔感觉不安，这也是极其正常、极其自然的现象。如果孩子过分担心失误，而表现得畏畏缩缩，就很难适应正常的社会生活。所以，家长应该及时寻找原因，并做到对症下药。

首先，家长要停止实行高压政策。家长不能抚慰孩子紧张不安的心情，也就算了，为什么还要一再施加压力，追究个没完呢？这不是明摆着让孩子产生逆反心理吗？

作为家长平时不能总用“不行”等否定性语言，而应该多使用“这样做更好”或“这么做会怎么样”等肯定性语言，这样孩子就能明白没必要在家长面前感到不安或紧张的道理。

过分紧张的孩子

在成长过程中，孩子的道德观念和认知能力不断发展。孩子通过审视自己，对未来果断做出预测的同时，也时时对自己的过去和现状做有意识的比较。如果过分在乎比较结果，就会在不觉中产生紧张或不安的情绪。

孩子容易紧张的原因是什么？

有的孩子不管做什么事情，都表现得极其紧张，从而导致不安或身体异常。适当的紧张有助于我们防止事故或问题的发生。但什么事情都是有一定限度的，超过规定的限度，表现得过于不安，就会产生一系列问题。在孩子的成长过程中，会遇到众多问题，包括大大小小的无数次考试。所以，家长有必要掌握孩子面对的各种困苦和迷茫，以便及时帮助孩子。

导致孩子紧张的主要原因：

1. 家长的期待值过高。
2. 家长过于严厉。
3. 家庭矛盾过于尖锐。
4. 家长经常感到不安或忧心忡忡。
5. 缺乏自信心。
6. 过于追求完美。
7. 想得到他人认可的欲望过于强烈。

紧张的孩子有哪些特点？

以上的种种原因，经常导致孩子变得紧张不堪，带来和周围的期待、本人欲望恰恰相反的结果。那么，高度紧张的孩子身上有哪些显而易见的特点呢？

高度紧张的孩子身上显现出来的典型特点：

1. 孩子忧心忡忡。感觉不像小孩，而像一个大人，这样的孩子往往给人聪明或老成的感觉。
2. 表现出执行过程中的不安。执行过程中的不安是指，接受他人评价或通过竞争决定胜败时表现出来的忐忑不安情绪。
3. 过分在乎约定时间。随着约定时间的临近，过分担心错过约定时间。
4. 处理人际关系时，过分在乎微不足道的小细节，因此顾虑重重。
5. 因经常处于紧张状态，极易患慢性疾病。比如，腹痛、头痛、失眠等症状。
6. 喜欢交朋友，但因为不自信，总认为得不到他人认可。

家长应该怎么做？

大部分孩子对家长的表现很敏感。家长的一言一行、一举一动，对孩子很有威严。如果想解除孩子的紧张心理，首先应该想一想期待值是否过高的问题。期待值应该符合孩子实际，切忌脱离实际情况制定过高标准。

家长的过分严厉给孩子带来消极影响时，坚持原则的同时，懂得以宽广的胸怀包容孩子，这样才能成为虽然严厉但能和孩子谈得来的家长。

如果家庭内部矛盾导致了孩子的紧张心理，首先要解决家庭内部矛盾。

如果家长本人经常感觉不安，那么，进行自我调节的同时努力找出不安原因。然后根据实际情况再决定有没有必要接受减少不安的治疗。

对长期处于紧张状态的孩子，家长要教他转移紧张心理的方法。有些不可能发生的事情，孩子没必要杞人忧天、忧心忡忡，这样就能避免被紧张心理压倒的可能，从而具备合理的、系统的想法。

孩子的紧张表现在哪几个方面?

测一测孩子的状态

√ 孩子身上有这种倾向。

Check01_____ 平时做题做得很好，可一考试就紧张得不得了，成绩总是不理想。→ P302

Check02_____ 发言或舞台演出时，经常做出异常举动。→ P304

Check03_____ 提问时只知道一味点头，或噤若寒蝉（选择性缄口症）。→ P306

※ 查对孩子的症状，找到相应的页码。好妈妈的心灵处方恭候您的光临。

针对过分紧张的处方

Case01

平时做题做得很好，可一考试就紧张得不得了，成绩总是不理想。

孩子患有考试不安症。有此疾患的孩子具有强烈进取心，非常关心学习事宜。这些孩子的共同特点是一旦得到考试的消息，就会提前进入复习。所以，从考试数周前开始，就变得异常敏感和紧张。一旦考试临近，他们不是睡不着觉，就是睡眠异常多，有时上课时间也表现得迷迷糊糊、昏昏欲睡。有的孩子，甚至会在醒了之后发牢骚或埋怨他人没有叫醒他。到了考试前两三天，他们经常感觉头痛，吃一点东西就说肚子疼，让家人担心不已，而且考试前一天，普遍都睡不好觉。等到考试当天，他们总感觉要拉肚子，频繁地出入卫生间。

● 孩子为什么会患上考试不安症？

从生物学角度讲，可能是受家长遗传基因的影响。家长忧心忡忡甚至达到接受治疗的程度，孩子就会模仿家长的举动。大部分孩子不是受遗传影响，就是因为家长的期望值过高。有些家长经常把这些话挂在嘴边："要做就好好做，要么就不做。"

如果家长总是要求孩子好好做，会导致孩子经常处于高度紧张的状态，从而变得筋疲力尽。所以，虽然孩子平时看起来学习很认真、很投入，但因为效率过低，成绩往往不理想。这种紧张有时还会引起头痛、腹痛或小便频繁的现象。

如果经检查没有发现任何异常，大夫会说这是神经性的。听到这样的诊断结果，家长不能太掉以轻心，必须跟儿科专家商议，并接受治疗。

心灵处方——培养孩子积极的心态和自信心。

如果家长能培养孩子的积极心态和自信心，将有利于缓解孩子的紧张心理。

1. 构思积极的剧本。让孩子想象考试情景，并想象自己轻轻松松参加考试的样子。通过这种控制自己思想的方式，孩子能找到自信。
2. 不要掩饰自己的紧张情绪，把自己感觉到的不安和紧张情绪说给家人或朋友。越掩饰越紧张，还不如痛痛快快地把自己感觉到的紧张情绪发泄出来。
3. 参加考试时孩子会不知不觉中紧张起来，所以，要教孩子减少紧张心理的话："我会做得很好，我要相信自己。""慢慢想，不要着急。""不要慌，一次只做一道吧。"
4. 让孩子及时进行自我调节，以此解除紧张感。家长可以让孩子事先想到"最坏结果"，以此具体化不安和紧张情绪，这样孩子就能缓解紧张情绪，凡事都能想开：不就这一次没考好吗？有什么大不了的？
5. 激励孩子随时观察自己的变化，并相信自己。
6. 孩子的症状严重影响日常生活时，应该与儿科医生、专家商议。对年龄小的孩子，实施游戏治疗；对过分在乎他人评价的孩子，实施集体治疗，都有一定疗效。

减少孩子紧张情绪的最佳方法是恢复孩子的自尊心和自信心。要想达到这一点，家长要制定合理、贴切、符合孩子实际的要求，以此来减少孩子的负担。如果再教授孩子自我调节、缓和紧张心理的方法效果会更好。

Case02

发言或舞台演出时，经常做出异常举动。

从上幼儿园开始，孩子要经历无数次考试；经常在他人面前表演；承受他人残酷评价的事实。有些孩子没有丝毫紧张，能坦然面对；而有些孩子则显得过分紧张和不安。特别是发言或舞台表演时，手忙脚乱，不知所措，以致接二连三地出错。有了这样的经历之后，孩子不但会失去自信心，也会感到羞耻，从而患上“舞台恐怖症”。只要站到舞台，不管平时练得多么熟练，他们经常接连出错。经历的失败越多，理所当然得不到他人认可，孩子也会因自己的平庸无能、碌碌无为，而变得不自信。

孩子的这种不安，其实也是家长怂恿的结果。也许家长感觉诧异，但事实上，家长确实在不知不觉中造成了孩子的不安心理。家长以下的态度就属于这种情况。

1. 过分强调“不能失败，只能成功”。家长不去鼓励孩子，反而不断地警告孩子失败有多惨，失败的人谁也不会喜欢等等。如果家长不能接受孩子的失败，那么，孩子就会滋生“做不好就干脆不做，或敷衍了事”的想法或轻易放弃做事。家长应该谨慎地说“只要好好做，尽力就可以”。

2. 孩子准备考试、准备演出时，家长大发雷霆或大喊大叫。每当家长大声喊叫或大发雷霆，孩子会认为那是家长威胁自己。家长的这种做法会让孩子变得畏畏缩缩、战战兢兢，从而导致上述的恶性循环。

3. 直言不讳地跟孩子说：如果做不好，将是一个碌碌无为、无所事事的人，谁也不会认可或尊重。

4. 每当孩子做不好事情，就打击孩子，并给孩子贴“失败者”的标签。家长的这种做法，不仅伤害孩子的自尊心，也给孩子带来消极影响，从而把孩子推向失败，推向深渊。

5. 失败或结果不理想时，对孩子大声喊叫：“这都是你的错！”

6. 没完没了地念叨孩子的几次失败，并对他说：“你是彻头彻尾的失败者。”从而让孩子的几次失败左右孩子的整个人生。

心灵处方——请试用以下的几种方法。

怎样减少孩子的“执行不安”？请试用以下方法。

1. 家长要强调，不管做什么事情，过程中的努力要比结果重要得多。就算名次糟糕，就算进步微乎其微，但只要有一点进步就应该鼓励孩子。比如，孩子从 35 名升到 34 名，家长也应该充分认可和表扬孩子，以此来鼓励执行过程中的努力和积极向上的精神。家长要知道，努力的过程永远比考试成绩或名次重要。

2. 一定要铭记前面提到的家长不应该采取的态度。越是反复，状况越是向恶劣方向发展。

3. 明确告诉孩子，失败乃人生的一小部分，并不能影响整个人生。所以，就算失败也不能气馁、灰心丧气。家长要让孩子明白失败并不重要，重要的是及时总结失败的经验和教训，以免下次再犯同样的错误。

4. 家长要告诉孩子：不管考试成绩如何，不管完成某项任务的结果怎样，家长对孩子的爱没有丝毫变化，孩子永远是家长的希望和幸福。在现实生活中，家长应该把全部的爱倾注在孩子身上，从而让孩子明白在家长心目中的地位。

5. 不管结果如何，只要认为过程远比结果重要，就要给孩子一定奖赏。很多家长经常跟孩子说：打多少分以上，就给买什么东西。为了得到心仪东西，孩子做出孜孜不倦的努力。虽然成绩较以前有了一定提高，但依然没达到家长规定的分数。这时，家长可能会很犹豫：买，好像没守约定，不买感觉孩子会灰心失望。这种状况下，家长应该毫不犹豫地买给孩子，并认可孩子的进步："虽然没达到要求的分数，但是你的努力，你的认真，真的让我们很欣慰。"通过家长的这一席话，孩子能明白，家长看重的不是成绩，而是为达到一定目标而付出的孜孜不倦的努力。

6. 不要期待或强调完美无缺的成功和尽善尽美的结果。家长要大加赞赏孩子的积极向上的进取心和孜孜不倦的努力。如果把标准定得过高，或过于追求完美，孩子会疲惫不堪、心力交瘁。孩子会认为只要不是 100 分就和 0 分没有多大区别。所以，就算得了 80 分，他也会认为跟 0 分一样。久而久之，孩子会失去自信心，开始贬低自身价值。"金无足赤，人无完人。"家长要让孩子明白，谁都有不足，谁都有不成熟的一面。

7. 告诉孩子考试成绩或名次不是最终目的，它只是向着目标前进过程中的不至于迷失方向的里程表。执行任务之前，先制定孩子所要达到的明确目标，然后再鼓励孩子付出努力。家长首先要改变对成绩或名次的看法。制定符合孩子的目标,哪怕有微不足道的进步,也要及时表扬。只有做到这一点，孩子的紧张和不安才会消失得无影无踪。

孩子不清楚学习的真正目的时，家长可以这么说。

1. 学习目的不只是为了取得好成绩或好名次，而是在学习和准备考试的过程中，体会全力以赴和竭尽全力的重要性，并不断提高自己的实力。
2. 告诉孩子，在学习的过程中孩子应该占主导地位。
3. 告诉孩子，改正失误或错误的过程就是学习。

Case03

提问时只知道一味点头，或噤若寒蝉（选择性缄口症）。

选择性缄口症指见到家长、熟悉和亲近的人时能滔滔不绝、侃侃而谈，见到陌生人则表现得噤口不言。

选择性缄口症是不安的极端表现。大多数人认为，这样的孩子能说会道，但在特定的人面前，往往闭口不谈。因此常常给对方清高或故意拒绝说话的感觉。

每当紧张和不安时，有的人的表现非常明显。不知所措、满脸通红、直冒虚汗。所以，周边人士极易发觉他的慌里慌张和忐忑不安的心情。然而，患选择性缄口症的孩子虽然内心感到极度恐怖和不安，但外表只给人顽固、任性、瞧不起对方的感觉。

以前总认为患选择性缄口症的孩子最大的特点是“拒绝说话”，但最近才知道，他们不是拒绝说话，而是因为紧张和害怕不敢说话。患此症的孩子经常在陌生人面前表现得过分害羞或因深感不安变得谨小慎微、小心翼翼。

学龄前儿童患选择性缄口症，家长可能会不以为然、疏忽大意。上小学之后，孩子开始接触正常的社会生活，不可能不再说话。患选择性缄口症的孩子，在语言表达方面没有任何异常，但是和同龄孩子相比，语言有不成熟的倾向。我们来看以下情况。

事例 几年前，上小学三年级的一个男孩和他的妈妈来找我。听他的妈妈说，这孩子从小就过于依赖妈妈，寸步都不愿意离开。所以，送孩子上幼儿园时，费了九牛二虎之力。刚开始上幼儿园时，见到本班小朋友，也不会打招呼。过了几个月之后，情况有些好转，多少能和本班同学说上几句话。但是，学校有演出活动时，任凭妈妈和老师怎么劝说，死活拒绝上舞台。

上小学之后，虽然在外保持沉默、噤若寒蝉，但回到家里，能把学校发生的事情一五一十地说给家长听。所以，家长根本就没有认识到问题的严重性。后来，听班主任老师说，孩子说话的次数极其有限。一年级时，没说过一句话；二年级第二学期只和同桌说过两三句话；三年级，只和教了三年美术的老师说过一次话，那也是老师先打的招呼。

上三年级之前，每次回到家，还能喋喋不休地说一些学校发生的事情，但自从被爸爸说了一通之后，跟爸爸也是噤若寒蝉，勉勉强强应付爸爸的问题。

上一、二年级时，事先向老师交代孩子情况，勉强还能维持学校生活，但到三年级，开始在学校订午餐以后，接二连三出现问题。吃饭时间不吃饭，不积极参加班级活动，因此受到同学排挤。有的同学竟当着他的面，直言不讳地说不愿意跟他一组。孩子上一、二年级时，学习还算认真，但到了三年级做事总是马马虎虎，一点都不认真，回家就迫不及待地打开电脑玩游戏。

第一次见到孩子时，不愿意迈进诊疗室，紧紧贴在妈妈身后，连坐都不坐。他从不正眼看着我，但时不时地瞟我一眼，好像对我们的谈话内容很感兴趣。

我给他下了“选择性缄口症”的诊断，并实施了药物治疗和游戏治疗。一个月之后，畏缩和极度不安的症状减轻了很多；过了两个月，对大夫的提问能做出“是”和“不是”的简单回答，见了面还知道主动打招呼。慢慢地他能直视大夫的眼睛，也能说一些简单的家常话。四个月之后，孩子能自如表达自己的意愿，有时还谈笑风生。虽然孩子依然不是很愿意说话，但是只要认为有必要，就能用微弱的声音完整地表达出来。

经过了将近一年的药物治疗和心理治疗之后，孩子基本能适应学校生活，话也开始多起来了，后来就终止了治疗。过了几年，上高中一年级的孩子和他的妈妈再次找到了我，孩子变得很帅气。虽然过了若干年，他还能清楚地记得我，并向我表达了感激之情。虽然话很少，但给人一种稳重的印象。

孩子的妈妈说：别的方面基本上没什么问题，但是仍然放不开和大家一起吃饭。孩子长大要当三年的义务兵，免不了和大家一起吃饭，所以，想再次接受治疗。我检查了孩子的状态，制定了新的治疗计划，现在孩子正接受治疗。

心灵处方——需要家长积极协助。

患选择性缄口症的时间过长，会给孩子的性格、生活带来消极影响，所以，家长千万不能简单地认为，这只是孩子性格内向的原因。患选择性缄口症的孩子，不但不能适应学校生活，交朋友时也会面临一定困难。被同学孤立或者因过分接受同学保护，难以建立正常的同学关系。虽然智能上不存在任何问题，但因为孩子不说话，有时弄不清有没有听清楚老师讲课，所以，也会给孩子的学习带来一定障碍。

有这种倾向的孩子应尽早接受治疗。医院主要实施药物治疗和系统的行为治疗，以此来慢慢扩大孩子的说话对象，从熟悉到不熟悉，以至于跟任何人都能和谐相处。语言沟通存在障碍时，医生可以通过游戏治疗，让孩子把矛盾表现出来。家庭成员之间存在矛盾时，也可以并行化解矛盾的家庭治疗。

开始，孩子可能会拒绝上医院（不是对治疗有成见，而是拒绝身处陌生环境），治疗效果也比较缓慢，所以，有些性子急的家长中途放弃治疗。我认为有必要再次强调，选择性缄口症是必须接受治疗的病症，只要接受治疗了，就能完全治愈。如果家长希望你的孩子能和其他孩子建立和谐的人际关系，并懂得积极表现自己，那么，一定要积极接受专家的治疗。

请再告诉我！ Q&A

Q1 我小时候极易紧张，所以，一门心思想把孩子培养成落落大方的人，但事与愿违，孩子扭扭捏捏、唯唯诺诺。每次看到孩子的这种表现，我不由自主地伤心和痛苦。

A 只要不超过一定限度，紧张属于极其自然而又正常的感情。从某种角度讲，紧张是预感即将发生的危险或面对已经发生的错误时，打起精神引起高度警惕的行为。如果紧张过度，孩子会把完全可以做好的事情搞得一团糟，或频繁出现失误，或因消极对待出现不如不做的情况。

孩子的性情随家长，这是理所当然的。但是很多家长都希望只随优点不随缺点。小时候动不动就紧张的妈妈，当然不希望孩子也随她紧张不堪。妈妈的这种愿望当然也是为孩子好，对孩子的未来也有一定帮助。妈妈本身承受过这方面的煎熬，所以，她比谁都清楚孩子的苦衷，会想尽一切办法，帮助孩子渡过难关。在日常生活中，妈妈要尽量展现克服紧张的姿态，给孩子做个好榜样。

不要因为孩子随了家长的欠缺点，就感到惋惜和遗憾，家长要随时用自己克服紧张的经验帮助孩子。这样才能做到转祸为福。

Q2 小时候紧张不堪的孩子，到了中学之后经常和“不三不四的孩子”混在一起，看起来像他们的忠实跟班。我该怎么办呢？

A 孩子非常明白促使自己紧张和不安的情境。可能他认为自己是一个胆小如鼠、唯唯诺诺的人，所以，想方设法掩饰和消除这些特点。自从步入青春期，突然有一天他感觉到跟“不三不四的孩子”混在一起，能掩饰和改变自己的懦弱。可能是装勇敢、装厉害的过程中，产生了问题已经得到解决的错觉。

家长要明确告诉孩子，紧张和不安不是懦弱或胆小造成的。家长要仔细观察孩子，看孩子的想法是否消极，如果消极，家长就要鼓励。千万不能跟孩子说：“你怎么总是那副德行？”“千万别那样！”“你是男孩，怎么能那样？”

家长要让孩子坦率回答，自从和那些“不三不四”的孩子相处，内心的感受有哪些变化。通过交谈不仅能了解孩子的心理负担，也能探索解决问题的方法。家长不妨告诉孩子紧张和不安是每个人都能感觉到的情绪。就算是著名的歌唱演员，每次站到舞台上时，也会情不自禁地紧张起来，呼吸急促，心跳加快，因此也要使用缓解紧张的方法。家长要深入浅出地对孩子说：不依靠自己的力量克服自己的不足，而借助他人的力量显示自己，那不是真正的勇敢，而是最胆小和最怯懦的表现。家长应让孩子时时回顾自己的所做所为，勇敢面对和克服不足，这样才能正视自己。

Q3 我的军人丈夫时常说："咱家孩子过于紧张和小心谨慎。而这种性格的男孩，长大了做不了什么大事。"为了让孩子变得皮实，更具有男子汉气概，他经常训斥孩子。丈夫的训斥，真的能有帮助吗？

A 家长和孩子的性格截然不同，如果能认可彼此的优点，通过对话和忠告找到平衡点就不会产生任何问题。否则，就会引发一系列问题。

首先，爸爸有必要想一想"男子汉"的真正含义。真正的男子汉不是指力大无比或说话铿锵有力、嗓门大，而是指有责任心，有进取心，遇到再苦再累的事情也不会逃避、推脱，勇敢承担的人。

孩子表现得过于紧张，家长不要责怪和埋怨孩子，而是要帮助孩子向积极的方向发展。根据孩子的性格特点，培养孩子善于观察周围情况、自如应对危险处境、事先做好一切准备等。为了达到这一点，家长首先要改变态度，尊重和认可孩子的性格。要知道家长的判断标准和视觉不都是准确无误的。

Q4 药物治疗有效果吗？如果停止服药，症状会不会反复？

A 药物治疗有效果。最近开发了很多效果显著而没有多少副作用的药物。药物的选择一定要谨慎，如果选择得当，就算终止服药，也不至于反复。但最好是和专家商议之后，再制定治疗计划吧。

Q5 一直以来，我们非常重视孩子的学习。只要看出学习不认真的苗头，我们就严厉训斥。孩子上了三年级以后，我们突然发现他坐不住板凳，一说学习就表现得不耐烦。我们尽心尽力帮助孩子学好主科，但越是我们重视的科目，成绩越是不理想。为什么呢？

A家长都希望自己的孩子出类拔萃、名列前茅，而这种“学就得好好学”的说法，能引发孩子的紧张心理。自古以来，为了自己的生命安全，人类一直对猛兽抱着紧张而又警惕的心理，所以，应对危险处境的机能非常强悍，到现在也依然刻骨铭心地留在我们的潜意识中。所以，紧张不是怯懦和胆小的表现，而是非常自然、非常正常的现象。

过于紧张的孩子，一听到家长的大喊大叫或训斥，无意识中会行使抵御猛兽攻击的机能，从而出现综合性思考能力被中断、变得敏感、肌肉紧张等症状。

综合性的思考能力和自我主导的态度对学习起到尤为重要的作用。如果综合性的思考能力被中断，孩子很难投入学习，而且变得敏感之后他们往往更在乎家长的反应，而不太在乎学习。有时紧张还能引起肌肉紧张、胃痉挛或过敏性大肠症。胃和大肠都是由筋肉组成，一旦紧张就会僵硬。

家长可以把孩子看做一个独立的人格体，温柔地对待孩子，尊重孩子。

HAPPY TRIP!

PART 09

撒谎

妈妈的来信

院长：

您好！我家孩子今年上小学五年级。前几天通过和班主任的谈话，了解到孩子像吃家常便饭一样，经常撒谎的事实。每当老师追究，孩子就会拿出不成借口的借口编造谎言。我第一次听到这样的反映，当时受到很大冲击，感觉又羞愧又生气。

到家之后，我大声训斥孩子为什么撒谎成性，没成想他反而暴跳如雷，说我血口喷人。因为孩子的态度太坚决，我的语气就软了下来，就想先观察一段，结果发现孩子好几次都说出马上就能穿帮的谎言。怎么训斥、怎么吓唬也都无济于事。现在不管孩子说什么，我都怀疑真实性。

一看到孩子神色自若、处之泰然、若无其事的样子，又可恨又可恶。真担心孩子从此走上弯路，但我又无可奈何，真不知怎么办才好。我们应该怎么做？怎样才能改掉孩子撒谎的毛病呢？

回信

撒谎不是好习惯，它能引发很多深刻问题，所以一定要及时纠正。小学五年级的孩子可以说已经到了能判断是非曲直的年龄。他们明明知道撒谎不是好习惯，但经常明知故犯，这说明他们已经习惯成自然了。

孩子撒谎时，大部分家长都很生气，甚至会拿着鞭子抽打孩子，恐吓孩子、要挟孩子“你要再撒谎，就不再饶恕你”。

不管家长怎样训斥，有些孩子屡教不改，撒谎成性。一般情况下，说了一两次谎言之后，怕露马脚的孩子，还会用其他谎言应对。结果成为“习惯性撒谎”，这里的“习惯性撒谎”是指“习惯成自然”的意思。如果撒谎成性，在不久的将来，孩子真的会变成一个大骗子。

其实，撒谎的孩子，他们的内心充满了畏惧和不安。所以，如果家长一再追究、打破沙锅问到底，他们就会用另一种谎言进行遮掩。这样就会出现接二连三说谎的恶性循环。

怎样有效应对孩子撒谎的问题呢？首先要了解撒谎的各种状况和理由。

下面，我们来具体看一看谎言的类型和家长的有效对策吧。

撒谎的孩子

孩子为什么会撒谎？

提到撒谎，很多人都能马上想起“狼来了”的故事。故事中的放羊的孩子刚开始不是有意撒谎，因为太“无聊”了，出于好玩才撒了谎。但最后，却因为撒谎，真的被狼吃掉了。这个故事说明再不起眼的、微不足道的谎言，有时也会带来不堪设想的后果。我想没有任何故事比这个故事更能说明谎言的危害性和严重性了。

几乎所有的人，小的时候都撒过谎。大了之后，不管是善意，还是恶意，有时也经常撒谎。比如“愚人节”，在这个节日里，允许所有人撒谎，就算撒了谎，也能得到“从宽处理”，“既往不咎”。

如果孩子像放羊的孩子那样撒谎成性，家长应该怎么办呢？

从下面的选项中选出和家长反应相似的选项。

1. “我不会跟爸爸说，你就老老实实向妈妈交代吧。”
2. “绝不允许你撒谎，如果撒谎，就狠狠收拾你。”

3. “你是个大骗子！”
4. “回房间好好反省反省，等完全悔悟，再出来吧。”
5. “你要是总这么撒谎，长大了定会成为大骗子，甚至会蹲监狱。”
6. “你要是如实交代，我答应不收拾你。”
7. 其他。

1. “我不会跟爸爸说，你就老老实实向妈妈交代吧。”

孩子撒谎时，家长应该“敞开心扉，率真对待”。不管家长处于什么境况，首先应该展示率真、坦诚的心态。每当妈妈说“不会跟爸爸说的，你就老实交代吧”这句话时，应该慎重起见。也许妈妈担心孩子被爸爸训斥，想赶在爸爸之前解决这件事。但这句话却隐藏这样的潜台词：“这个秘密不要让爸爸知道。”这样，就等于妈妈在孩子面前撒谎。

听到这番话孩子会认为：妈妈和我站在统一战线，共同欺瞒爸爸。所以，有时竟会产生对不住爸爸的感觉，或因为担心暴露而变得忐忑不安。看到爸爸妈妈，虽然同床共枕却互相隐瞒的事实，孩子也会自然模仿。这样的孩子长大之后，自然而然就不懂得夫妻之间的信任。所以，不管在什么情况下，家长都要给孩子展示率真姿态。

2. “绝不允许你撒谎，如果撒谎，就狠狠收拾你。”

失误或做错事情时，根据家长的不同反应，孩子也许会受到心灵创伤，也许更有利于健康成长。所以，面对失误或做错事情的孩子，家长首先应该理解他的心情，然后再引导孩子改正，否则孩子会排斥家长。家长千万不能说“绝对”这个词汇。一来这个词汇的语气太强硬；二来孩子会误认为家长在排斥自己；三来感觉自己做错一点点，也得不到家长认可，而这些足以让孩子产生极度畏惧。

“狠狠收拾你”这句话足以让孩子极度恐惧和顾虑重重。也许在短时间内孩子因害怕不再做错误行为，但是等孩子长大了，他就会认为，只要不被家长发现就不会挨训。于是，他会抱着侥幸心态变着法做问题行为。

3."你是个大骗子！"

听到家长亲口说"大骗子"时，孩子的心情会怎样呢？虽然撒谎不是好习惯，但是一旦给孩子贴上这样的标签，孩子会很快陷入自卑境地。

孩子是家长看着长大的，一般都不会辜负家长的殷切希望。如果总听家长说："你以后准能做大事。"那么大了之后，也许做大事的可能性真的就很大。相反，如果家长总跟孩子说消极的话，孩子的积极性就会受到重大打击。"生我养我的家长都说我是个大骗子，何况别人呢？他们更不能相信我了！"等他长大之后，也许他会说："从父母说我是大骗子的那一刻起，我就开始慢慢远离了诚实。"

也许世界上不存在没撒过谎的人，但是长大之后之所以都能"改邪归正"好好过日子，都归功于家长对子女的绝对信任。

"人非圣贤，孰能无过。"只要家长能接受谁都会做错，谁都会失误的事实，那么家长对待孩子的态度就会有大的转变。请家长用积极的态度指导孩子吧："你这样做，也许会更好。"

4."回房间好好反省反省，等完全悔悟，再出来吧。"

为了改正孩子撒谎的坏习惯，有些家长采取强硬措施。但家长的种种处罚，对改变孩子的问题行为没有任何帮助。

如果谎言被揭穿，孩子会有一种负罪感，觉得对不住家长。但是如果家长把孩子单独放到一间屋子，不但不会反省，反而会怨恨家长抛弃自己。

家长首先要掌握孩子撒谎的原因，然后和孩子一起寻找除了撒谎之外的更好的解决办法。比如，家长了解了孩子因没有带备品，跟老师撒谎的事情之后，与其指责孩子："为什么撒谎，让妈妈难堪？"还不如告诉孩子解决问题的方法：从今天开始，整理书包时，顺便把备品装进去好吗？如果家长用这种方式指导孩子，孩子会反省自己的所作所为，从而慢慢减少撒谎的次数。

5."你要是总这么撒谎，长大了定会成为大骗子，甚至会蹲监狱。"

每当孩子撒谎或耍赖时，有些家长经常会采取充满震慑力和胁迫的说话方式来恐吓孩子。就像"不听妈妈的话，就不给你买饼干"一样。

“你呀！还不如不出生呢？还不赶紧从地球上消失！”这句话属于典型的语言暴力。上述的说法虽然在语言的强弱上不具备典型的暴力倾向，但仔细品味也属于语言暴力。家长千万不要认为，对孩子说什么都无所谓。

家长有必要告诉孩子解决问题的方式。如果孩子继续撒谎，家长可以说：“人难免要失误，而撒谎属于失误的一种形态，咱们来整理整理编得像乱麻一样的谎言吧。从哪儿开始好呢？”听到家长的这番肺腑之言，孩子会坦率说出撒谎的缘由和处境。这便于家长根据孩子所处的状况，探索解决的方法。

6.“你要是如实交代，我答应不收拾你。”

孩子撒谎时，家长有必要让孩子知道，不能撒谎的理由和撒谎的种种弊端。但有些家长根本不考虑这些，反而冥思苦想该不该收拾孩子的问题。

孩子犯错误时，家长听得最多的一句话是：“妈妈，你不会收拾我吧？如果你不收拾我，我就如实交代。”其实，这是孩子想和妈妈进行交易，也是不肯承认和改正自己错误的一种表现。如果家长继续持上述态度，孩子就不懂得主动承认自己的错误，不懂得反省自身的撒谎行为。

家长首先要帮助孩子认识撒谎的危害性：“你怕妈妈收拾你，才跟妈妈撒谎，或者妈妈答应不收拾你的前提下，才说出实情，这都是不对的。这不是收拾和不收拾的问题。如果你一味撒谎，最终受害的还是你自己。谎言总有一天被揭穿，而你也会慢慢失去他人的信任，以致失去自己独特的人格魅力。所以，我认为你还是坦诚交代的好，你说呢？”

谎言被揭穿，孩子会感到极度紧张和不安，这时，家长可以对孩子说：“如果你实话实说，我就不收拾你。”这样就能减轻孩子的不安和紧张心理，引导孩子说出实情，从而避免孩子把实情当做交易的手段。

孩子撒谎的原因很多。感觉自己陷入困境；想得到心仪物品而又担心家长不给买；害怕受到家长惩罚；感觉撒谎有意思；习以为常等。那么，我们来具体观察孩子撒谎的原因吧。

● 因害怕、不安。

胆怯心理是最常见的撒谎缘由。为了逃脱老师或家长的批评，孩子经常歪曲事实，编造各种“美丽”谎言。其实，孩子也知道自己在犯错误，可有时就是控制不住。就算家长一味强调：“我都跟你说过数百遍了，千万不能撒谎。”也没有任何效果。孩子已经知道自己错了，因此深感不安、战战兢兢，而家长偏又“哪壶不开提哪壶”的做法，只能让他更加忐忑不安。所以，家长的办法并不属于高明办法。家长要善于理解孩子撒谎的处境：“你担心实话实说，会被妈妈训斥吗？我想知道你撒谎的理由。如实说出来好吗？我会帮助你的。”

● 习惯成自然。

说谎说惯了，就会习惯成自然，就像故事《狼来了》里面的少年一样。最有效的方法是家长明确传达希望孩子说实话的愿望和给孩子创造实话实说的机会。夸大谎言不堪设想后果，以此吓唬孩子；做出敏感反应，以此强求或胁迫孩子，这些只能纵容孩子撒谎成性。

《狼来了》这个故事中，放羊的孩子第一次撒谎时，如果村子里的某一人，能劝解和宽慰孩子，也许孩子就能避免被狼吃掉的可悲下场。

● 模仿他人的过程中不经意间撒谎。

如果周围随处可见撒谎的人，孩子就会在不经意间模仿他们。本来是出于开玩笑撒了一次谎，结果给他带来意外乐趣。于是，继续撒谎诓骗他人。随着孩子的成长，在外待的时间越来越长，参加的课外活动也越来越多，所以，家长很难控制孩子的撒谎行为。但是作为家长一定要想方设法减少孩子撒谎的次数。就算理由充分，也绝不能允许，因为家长一旦松口，孩子会慢慢学到合理化谎言的方法。

● 猜测到家长不能同意时。

想得到心仪物品，想和朋友出去玩而猜想家长不能允许时，为了得到家长同意，孩子会采取撒谎的方式。有时，家长只是多问几嘴，不会真的去拒绝，但孩子为了保险起见、以防万一，以谎言对待家长。遭受过家长拒绝，或在孩子不能接受的情况下，反复表示拒绝，也会导致孩子撒谎。

家长要明确规定允许和不允许之间的界限，作出始终一贯的反应。制定的规则，最好不要总变来变去。

孩子撒谎怎么办？

家长有责任。

培养一个正直的孩子，家长的责任是重大的。在日常生活中，家长要善于观察孩子，努力理解孩子处境，这样才能对孩子撒谎作出确切反应。根据家长的不同反应，孩子既有可能成为实话实说、光明磊落的人，也有可能成为没有责任感、善于狡辩的人。

就像“猴子也有从树上掉下来的时候”一样，孩子难免也有失误的时候。作为家长不能过于计较孩子的失误，而应该鼓励和引导孩子。“人都会犯错误或失误，但不能总犯同样的错误或失误，那么我们怎么做，才能防止这一点呢？”

不要直呼孩子是“大骗子”。

家长千万不能对孩子说:“你是个大骗子。”因为家长的这一番话，等于给孩子贴上了“大骗子”的标签。等下次再遇到难堪处境，孩子会毫不在乎，“反正我已经是个大骗子，再撒一次谎，也无所谓”。于是，孩子会肆无忌惮、无所顾忌地撒谎骗人。

家长不要冲动、不要发火。

孩子撒谎时，有些家长劈头盖脸、严厉地训斥孩子。面对家长的训斥，孩子也许会不知所措，也许为了逃避责任，绞尽脑汁编造各种谎言。就算家长火冒三丈、怒不可遏，也一定要平息怒气，心平气和地、诚恳地表示歉意：“妈妈有点太冲动了，真是对不起。”通过这样的道歉，孩子会明白谁都会失误的事实，而且也能学到他人失误时，宽以待人的处世原则。

家长是孩子的效仿对象。为了以身作则，起到模范带头作用，家长应该付出孜孜不倦的努力，使自己更加完善。

在什么状况下孩子极易撒谎？
每次撒谎时，孩子的心情怎样？
测一测孩子的状态

√ 孩子身上有这种倾向。

Check01＿＿ 为了得到自己喜欢的物品而撒谎。→ P323
Check02＿＿ 为了自己的利益，习惯性地说谎。→ P325
Check03＿＿ 经常说马上就能穿帮的谎言。→ P325
Check04＿＿ 用谎言逃避训斥或陷入难堪境地。→ P327
Check05＿＿ 想得到同学们的关注而撒谎（吹牛或夸张）。→ P328
Check06＿＿ 为了解决自己的不便之处撒谎。→ P329
Check07＿＿ 对自己期盼的愿望，就像实现了一样撒谎。→ P330
Check08＿＿ 经常把电视、漫画、童话中的故事，就像自己的事一样，脸不变、心不跳，若无其事地说出来。→ P330

※ 查对孩子的症状，找到相应的页码。好妈妈的心灵处方恭候您的光临。

针对撒谎的处方

Case01

为了得到自己喜欢的物品而撒谎。

随着成长，孩子对周围的关注和好奇与日俱增，想得到的东西和想做的事情也与日俱增。这是人类具有的共性，关键在于怎样满足这些欲望。

大人都知道，只有通过孜孜不倦的努力，才能实现自己的愿望。但有些问题、有些愿望不是努力了就能迎刃而解或得到实现的。有时循规蹈矩的正当做法，需要很长时间，以致累得心力交瘁、筋疲力尽。所以，最好采取权宜之计，而权宜之计又不过是临时性的。有时表面上看起来问题好像得到了解决，其实不然，它需要付出更多的时间弥补过失，而且很容易导致事情向更不好的方向发展。

孩子毕竟不知道人生的这种规则或原则。他们不知道得到心仪的东西需要时间，需要耐心，还需要付出努力的道理。孩子表达心愿，而家长置之不理，问题依然得不到解决时，他们更不明白做事需要具备足够耐心，有条不紊进行的道理。一旦有了自己想得到的东西，出于早点弄到手的急切心理，或者自认为跟家长说问题也得不到解决时，就私自断定通过正常的渠道解决不了的结论。如果孩子有以撒谎的方式，实现过自己愿望的经历，就会不容置疑、千方百计地撒谎。

明明是撒谎欺骗他人，但他认为这只不过是得到心仪物品的一种手段，并不认为做错了什么。家长要告诉孩子："每个人都有向往不已的心仪东西，这是人的本能欲望，属于正常心理。但是如果为了得到手，使用不正当手段，即便得到了，并不见得能心安理得。而通过正当手段得到的物品，不但能感觉到体面和成就感，也用不着患得患失和担惊受怕。"

心灵处方——诚实是最佳的方法。

诚实和坦率是解决问题的最佳方法。所以，家长一定要坚持坦诚、温柔地对待孩子。家长最好注意以下几个方面。

第一，对学龄前儿童，家长不妨举出孩子所熟悉的童话中的主人公来说明道理。以便更好地理解和接受家长的意图。

第二，如果家长过于严肃，孩子会紧张不堪、战战兢兢，从而不能集中精力听家长的话，就算听了，转过身就会忘得一干二净。如果家长说："你比谁都清楚，那个方法行不通，为什么还要选用呢？"家长的这种舒缓的语气，不仅能缓解孩子的紧张心理，也能保留孩子的面子。家长要积极引导和帮助孩子知错改错，下不为例。

第三，孩子和家长的关系不和谐时，如果孩子撒谎，就不要一语道破孩子的错误，家长可以这样打开话匣子："你为了得到心仪物品而跟妈妈撒谎，看来妈妈一直没能设身处地理解过你的心情啊。作为妈妈真的感觉很惭愧！"如果家长苦口婆心地说诚实是做人的根本原则，人应该诚实等道理，孩子会认为那是家长在发牢骚，不会洗耳恭听。为了尽快摆脱妈妈的唠叨，他会假惺惺地说："知道了，不要再说了。"或者大发雷霆，表现出满脸的不耐烦。所以，如果想改变孩子的态度，拉近和孩子的距离，让他产生愿意和妈妈对话的想法是至关重要的。

心灵处方——告诉孩子正确的解决问题的方法。

家长要心平气和地跟孩子谈话，让孩子反省，并知错改错。家长可以讲，林肯总统小时候通过说实话得到原谅的故事，也可以讲家长经历，以此让孩子明白诚实的重要性和必要性。家长可以利用循循善诱的方法："这就是诚实的重要性，那我们以后该怎么做呢？"家长的这一句提问，能引导孩子说出"坦诚相待"。之后接着问："这个问题你认为怎么解决更好呢？"通过这样的谈话和引导，孩子能学到正确的解决问题的方法。家长一定要切记，不能给孩子质问的感觉，以免引起反感。

Case02

为了自己的利益，习惯性地说谎。

如果孩子动辄撒谎，或者撒谎成性，那么家长对孩子的信任将会大打折扣。失去家长信任的孩子，不管做什么事情不容置疑地遭受家长的怀疑、追究和质问，就算最终说出实话，家长也会用半信半疑的眼光看待孩子。所以，家长应该尽早采取对策，防止孩子撒谎。

习惯撒谎的孩子，有时自己也分辨不清哪是真，哪是假，真真假假，假假真真，假的会变成真的，真的也会变成假的。所以，不会有丝毫的羞愧和负罪感。这样的孩子长大之后，不但给他人带来惨痛伤害，也会给社会带来极大危害，所以，趁早接受治疗是非常必要的。

心灵处方——家长要在孩子面前展示诚实的姿态。

日常生活中家长要以身作则，用自己的实际行动证明诚实的可贵性。同时要告诉孩子，撒谎虽然看起来能解决眼前问题，但最终会给自己带来伤害。

习惯成自然的撒谎，仅仅通过训斥和吓唬是得不到改正的。它需要孩子坚持不懈的毅力，也需要家长时时的激励和帮助。

如果孩子一而再再而三地撒谎，家长每次都要严厉训斥，孩子将永远学不到解决问题的方法。不要虎视眈眈地盯住孩子的错误，要及时告诉孩子针对不同状况所采取的不同措施。

Case03

经常说马上就能穿帮的谎言。

妈妈下班回家时，发现孩子正坐在电脑前聚精会神、如痴如醉地玩着游戏。火冒三丈的妈妈严厉地质问："今天没有作业吗？写完了吗？"而孩子却不紧不慢地回答"没有"或者"写完了"看到孩子若无其事的样子，妈妈继续追问："给我看看你的作业本！"如果发现孩子没写，或者出于对付乱写的，妈妈就会大动肝火："写的是什么呀？这还叫写吗？"看到妈妈生气，孩子不由自主地辩解："老师没有统一要求一定要写，老师说'愿意写的同学可以写，不愿意写的同学也可以不写'。"其实，这是孩子没经过大脑思考，随意说出的谎言。孩子之所以这样说，是因为注意力都在游戏上，对其他事情持有毫不在意的态度。为了尽早摆脱烦絮境况，为了收拾残局，孩子会肆无忌惮地说出马上就能穿帮的谎言。如果家长打破沙锅问到底，孩子更会马马虎虎、心不在焉地回答，或者大发雷霆。

心灵处方——给孩子充分的思考时间。

就算孩子撒谎，家长也不能发火或吓唬孩子。给孩子充裕时间，让孩子把事情了结。家长要心平气和地跟孩子说："我问你作业的事儿，能不能想好了再回答？"如果孩子显得不耐烦，妈妈更应该拿出诚意："我很重视咱们的这次谈话，能不能跟妈妈说几句实话？"

家长千万不能说"你要是再撒谎，绝不饶恕你！"之类的恐吓语言。如果孩子不想说话，家长可以说："你可能一时想不起来说什么好，那你可以想一想，今天老师是不是留作业了？"或者说："你可能一时想不起来，那你可以好好想一想。如果你实在想不起来，也可以打电话问同学。如果老师留了作业，一定要养成按时完成的良好习惯啊！"

家长要培养孩子听到家长的问话，想好再回答的习惯。这样不但能减少孩子撒谎的次数，也能提高孩子的思维能力。

心灵处方——如果孩子若无其事地撒谎，就有必要观察是否患了多动症。

从不考虑后果随意地说慌，就有必要想一想，孩子是否患了"注意力缺乏、过激行为障碍症"。持续时间过长，说明孩子需要集中面谈和药物治疗。所以，应该和专家进行商议。

跟别的孩子相比，格外散漫和不能集中注意力的孩子，经常做冲动行为。家长追究时，如果心不在焉地随意回答，马上就能察觉到孩子在撒谎。虽然表面上看起来，想一出是一出，但有时却能引发深刻的社会问题，诱发危害对方健康和安全的严重问题。一时冲动打了弟弟，却矢口否认打弟弟的事实，导致弟弟状况恶化的事件，就是最好的例子。所以，平时需要对孩子进行细致的观察和引导。

Case04

用谎言逃避训斥或陷入难堪境地。

为了逃避家长的惩罚和责怪，有时故意撒谎。因撒谎露馅，变得忐忑不安的孩子，面对家长的追究时，只能硬着头皮继续编造谎言。家长越追究，越刨根问底，孩子越用更多谎言应对家长。

心灵处方——家长要营造实话实说的氛围。

家长不能给孩子越说实话越挨训的印象。家长要告诉孩子，敢于面对惩罚和责怪是有勇气的表现。“能跟妈妈如实交代事情的来龙去脉吗？不是想责怪你，只是想告诉你，在那种状况下应该怎么做。”这样就能给孩子营造实话实说的氛围。

不要让孩子处于撒谎境况。比如，家长心里非常清楚孩子今天没有刷牙的事实，而孩子却说：“妈妈，我今天开始按时刷牙了。”备感失望的家长，用讽刺的口吻对孩子说：“你真的刷牙了吗？”听到家长的讽刺语气，孩子只能硬着头皮说：“嗯，刷了。”

如果家长接着说：“你的牙刷是干的，你怎么能跟妈妈撒谎呢？”或者说：“你张嘴，我闻闻有没有牙膏味。”那么下次，孩子会把牙刷沾湿或含着牙膏出来，试图说天衣无缝的谎言。

家长不要确认孩子有没有刷牙的事实，相反采取积极举动帮助孩子：“我知道你今天还没有来得及刷牙，来，快点刷吧。”

孩子实话实说时，千万不要责怪或惩罚。如果家长惩罚或发牢骚，就能增加孩子撒谎的可能性。所以，孩子实话实说时，家长要鼓励孩子：“有时你说实话，可能会遭到我们的责怪，但是你能说出实话，爸爸妈妈真的很高兴，也感到很自豪。”听到家长的这一番话，孩子自然就能明白，实话实说是一种好品质。

Tips

有些孩子感受到的不安，远远高于其他人。所以，家长首先应该治疗孩子的不安心理。家长可以跟儿科专家商议，接受游戏治疗、美术治疗、抗不安剂等药物治疗，这些治疗都会有一定的疗效。

Case05

想得到同学们的关注而撒谎（吹牛或夸张）。

有些孩子认为“某些方面优秀”或“随身携带各种稀奇宝贝”，就能得到同学们的关心和关注。为了多交几个同学，他们绞尽脑汁、想尽一切办法。但有时，一想到自己的“用心良苦”，也会情不自禁地感觉到内心的空虚。

也许吹牛会得到他人一时的关注，但是时间长了，如果每次都试图用谎言包装自己，就会出现一系列问题。有一个孩子吹牛说大话，说自己家房子有多大，有多漂亮，但事实上他既不能把同学领到自己家，也不能在家开生日宴会。于是，深感不安、无比羞愧的孩子，后来只能选择转学。

孩子之间的话传得很快，关系变化也很迅速。经常说大话，会给同学关系带来一定困难；经常撒谎，也会被同学孤立起来。为了让孩子免受人际关系的困扰，家长应该尽早与专家进行商议。

缺乏自信的孩子，不愿意展现自己的真实姿态。为了引起同学关心，得到同学关注，他们经常吹牛、夸大其词，把虚无缥缈的事情也说得像真的一样。如果孩子正值上幼儿园或上小学低年级，家长可以把小朋友邀请到家里，或者在幼儿园或学校门口给孩子买面包，给足孩子面子，以此来帮助孩子改善人际关系，但这不是长久之计，应适可而止。

家长要告诉孩子，靠玩具或谎言交朋友的方式，不是长久之计，有很多弊端。只有拿出真诚，靠诚实和坦率结交朋友，才能交到真正的朋友。

心灵处方——认可孩子的现状，深爱孩子。

如果孩子为了夺得某一人的关心，故意吹牛或撒谎，说明孩子缺乏家长的爱，所以，在平时的生活中，家长应该全身心地关爱孩子。家长不能把认可孩子、深爱孩子作为交易的唯一条件。如果因考试考得不好，或因不听话而冷落孩子，那么，孩子会绞尽脑汁撒谎，以此博得家长的爱。有时家长想："毕竟是小孩，说一两次谎言没什么大不了，也没必要大惊小怪。"其实，孩子心里非常清楚，就算没有被他人发现，他也曾经历过提心吊胆、担惊受怕的心理路程。一旦发现孩子底气不足或没有自信，家长更应该呵护孩子，关心孩子，以此让孩子明白他在家长心目中的举足轻重的地位。

Case06

为了解决自己的不便之处撒谎。

不便说实话或遇到难以启齿的问题时，为了用更简便方法解决问题，孩子绞尽脑汁说谎。比如，不愿使用学校厕所，为了回家上厕所，孩子撒谎："老师我肚子疼，能不能回家吃点药再回来。"其实，即便孩子撒谎了，其不便也没有得到真正解决，反而会更严重。因为面临问题时，孩子已经感到诸多不便，而撒谎骗人的过程中，他的不安会进一步强化。

心灵处方——告诉孩子不管何时何地，诚实是最好的解决方法。

有的孩子认为只要不是恶意谎言，说了也无妨。其实，哪怕是善意谎言，有时也会产生误会，以致被他人评价为"撒谎大王"。

孩子不愿意使用学校卫生间，却感觉不便启齿时，家长不妨告诉孩子："老师，我现在不便跟你说理由，但我必须得回家一趟。等我回来之后，我会说清楚回家的理由。"也许一两次的教育，很难让孩子熟悉和实践这种说话方式，但是只要家长不厌其烦、及时教育，孩子很快会适应事后再解释的解决方法。

Case07

对自己期盼的愿望，就像实现了一样撒谎。

孩子在妈妈面前炫耀：“妈妈，我今天得了 100 分。”“妈妈，今天老师在全班同学面前表扬我了。”而其实，妈妈心里非常清楚孩子考试不及格，或在全班同学面前挨批评的事实。面对撒谎的孩子，有时家长真不知说什么好。如果打破沙锅问到底，孩子会用谎言应对家长。

心灵处方——告诉孩子表达心愿的正确方法。

家长可以跟孩子说：“我知道你今天挨批评的事情。其实，你是想通过优秀表现，博得老师的赞扬吧。那么你不应该跟我说‘妈妈，我得了 100 分’，而应该说‘妈妈，我想得 100 分’。”

家长要善于理解孩子的心情，家长不妨试想，孩子想得 100 分的心情有多么恳切，以至于说出这样的谎言。这样的孩子，经常因强烈的愿望和残酷的现实，滋生深深的自卑感。所以，有时只能靠谎言得到心理上的满足。

不知实情的家长真以为孩子得了 100 分而高兴时，孩子认为得到了家长的认可，便会盲目高兴起来。但高兴之余，深深的自卑感和自愧感会折磨孩子，让他受到心灵的煎熬。

家长没必要对孩子的成绩表现得大悲大喜，而应该始终保持淡薄之心。因为孩子的成长存在太多的可能性，家长的态度有时能把孩子送上天堂，有时也能把孩子打入十八层地狱。

Case08

经常把电视、漫画、童话中的故事，就像自己的事一样，脸不变、心不跳，若无其事地说出来。

幼儿分辨不清现实和虚幻，所以，当他们无所顾忌地把电视或漫画中的故事说成自己的故事时，大部分家长都会责怪孩子。其实，这不是孩子有意撒谎，而是处于这一年龄阶段孩子的共同特点，属于正常、自然的现象。因此，家长要鼓励孩子展开想象的翅膀自由翱翔，以此培养他们的创新能力。

如果能分辨现实和虚幻的小学高年级孩子，把童话或小说中的背景、人物，说成是自己的事情，那问题的性质就截然不同了。因为他们是想借故事包装自己，炫耀自己。因此，小学高年级孩子沉迷于幻想世界时，不能视为具有创新能力的孩子。生活在幻想中的孩子，因过分美化现实生活，普遍没有朋友，也很难跟朋友沟通。如果孩子在交朋友方面存在一定障碍，就应该到医院咨询专家医生，并制定相关计划。

心灵处方——培养孩子的自信感和自豪感。

家长最好陪同幼儿或学龄前儿童一起阅读和现实生活反差较大的漫画或故事。这样既能防止错误的理解，也能指导孩子分辨虚实。比如，看到漫画中的人飞来飞去的场面，家长可以说："实际生活中的人是飞不了的，万一来回飞时，掉下来怎么办？不得鼻青脸肿，摔得粉身碎骨啊？"

家长有必要观察有问题行为的高年级孩子，看一看他们是否想极力摆脱虚幻世界，是否对自己或家人一肚子不满。一旦发现上述倾向，就有必要让孩子明白家长是多么深爱着他，而孩子本身又具有何等无穷无尽的潜能，这些都有利于培养孩子的自信心和自豪感。孩子一旦有了自信心和自豪感，不会用毫无根据的谎言包装自己，而会以强烈的挑战意识，勇敢地挑战现实。

请再告诉我！ Q&A

Q1 家长有必要严厉惩罚撒谎的孩子吗？

A 很多家长拿不准，孩子撒谎时，是否应该惩罚孩子或应该采取的惩罚方式。如果孩子怕家长的训斥，撒谎骗家长时，家长不应该惩罚孩子，因为这种方法会加剧孩子的畏惧感，孩子只能采取撒谎的方式应对家长。

待事情水落石出后，惩罚撒谎的孩子，孩子会认为自己之所以受到惩罚，是因为谎言穿帮，否则会安然无事。所以，为了不至于露馅，孩子会绞尽脑汁、小心翼翼地编织更巧妙的更天衣无缝的谎言，结果家长会更不信任自己的孩子，以此对孩子采取半信半疑的态度。

● 家长惩罚撒谎的孩子时，应该注意以下方面。

1. 仅仅盯住孩子习惯成自然的行为，以减少次数为目标，适当地惩罚孩子，就能慢慢减少撒谎次数。不当的惩罚方式既不能教孩子正确的做法，也不能鼓励孩子少犯错误，因为一般的惩罚都只是侧重于撒谎的事实本身或只是向孩子传达家长的态度。所以，没有饱含深切爱意的惩罚，它只是一种手段，一个工具，不能滥用。
2. 孩子出于恐怖心理、为了效仿他人或妄自猜测结果而撒谎时，家长不宜惩罚孩子。因为这样的惩罚从长期看，不会有明显效果。找一找孩子撒谎的更深层理由，不要只停留在谎言的表面现象，而应该把重点放在怎样才能杜绝孩子撒谎的事情上面。
3. 惩罚不应该是对策，而应该是万不得已情况下才使用的手段。与其跟孩子说：“你要是撒谎，爸爸妈妈就狠狠收拾你，打你。”不如向孩子表达家长的遗憾：“你撒谎骗爸爸妈妈，我们真的很心疼，很遗憾。”

Q2 诚实是应该遵守的最基本的原则吗？家长要教育孩子无论遇到什么情况，都不能撒谎吗？

A 大人有时在不经意间说出很多谎言。看到这样的家长，孩子会情不自禁地想，撒谎也是解决问题的方法。所以，家长应该时刻注意自己的一言一行。

● 善意的谎言也不能说吗?

是的，不能说。诚实是做人的根本。但是，以下情况可以例外。

家长收到孩子的生日礼物，既不是喜欢的，也不是必要的。这时，家长千万不能板着脸说："我不喜欢。"而应该说："哇，真好，这是妈妈最喜欢的。"这是家长接受孩子诚意，对孩子表达谢意的举措，和谎言有一定差距。

相信圣诞老人的存在，深信不疑圣诞老人会送来礼物的孩子；大夫为了尽快治愈重症患者，隐瞒病情；家长鼓励孩子"只要努力就能实现"等等情况，就不能视为撒谎。因为这都是出于对对方的关心。区别不可以说的谎言和可以说的谎言的标准应该是，看一看是出于自身的某种利益而撒谎，还是出于对对方的关心而故意撒谎。

Q3 孩子怎样看待家长的谎言?

A 对家长无意中做出的行为和说出的话，孩子自有独到判断。

看一看以下情况，观察孩子怎样看待家长的谎言?

事例 01 孩子怕影响学习，嘱咐妈妈来任何电话也不要转给他时。

家长的谎言：孩子不在家。

孩子的想法：可以跟朋友撒谎。

事例 02 孩子睡懒觉，感觉要迟到时。

家长的谎言：今天孩子身体不太好，可能晚点去。

孩子的想法：谎言能解决问题呀。

事例 03 在不控制喝饮料的地方，孩子总想再喝时。

家长的谎言：不说："两杯以上不可以，对身体不好。"而说："喝两杯以上不可以，得花钱，妈妈可没钱。"

孩子的想法：当他知道可以随便喝的事实时，不再信任家长。

● 针对孩子撒谎，家长应该遵循的 10 条行动指南。

1. 给孩子创造自由表达意愿的机会。

2. 指出现实和虚幻的差异，不阻碍孩子想象力的发展。
3. 为了防止孩子模仿家长，带头说实话。
4. 不要对孩子的谎言作过激反应。讲清楚谎言的危害性，鼓励孩子坦率说出实情。
5. 不要强求孩子坦白，孩子会用更巧妙的谎言应对家长。
6. 帮助孩子找到不撒谎也能实现愿望的方法。
7. 与其责怪和处罚孩子，还不如找出问题的对策，让孩子实践。
8. 孩子做错事时，家长不能遮遮掩掩，不如以此为契机，培养孩子的责任意识。
9. 家长要让孩子体会到没有任何附加条件的无私的爱。
10. 让孩子明白，对家长来说，孩子是世界上最宝贵的存在。

MEMO.

WOW!
DADDY
69

PART 10

习惯

妈妈的来信

院长：

您好！我有几点疑惑，想得到您的指点。

我家孩子今年八岁，上小学一年级。孩子平时有咬手指甲的习惯，任凭我们怎么制止孩子也是当成耳旁风。后来在迫不得已的情况下，我们在孩子的手指甲上贴了一块胶布，以此来防止孩子的撕咬。这样一来，孩子就开始咬脚指甲或撕咬手指盖周围的肉。除此之外，孩子还有一个习惯，一旦找不到小时候盖过的毯子，就不能入睡。

好多人跟我说孩子大了，自然就好了，可是，我感觉孩子的问题越来越严重，自行见好的可能性很渺茫。每当看到孩子手指头周围出血、肿胀时，我心如刀割，备受煎熬。

有没有改正这些坏习惯的方法呢？

回信

不管是谁，都有自己独特的习惯行为。在孩子的成长过程中，他的心情并不都是舒畅的。有时会紧张不安，有时甚至感到惶恐。这种种情绪，作为家长未必都能理解。

如果孩子撕咬手指甲的行为不是很严重，只是看电视、表演、考试时，偶尔做一两次，那么，这是孩子应对紧张和压力的措施，用不着过分担忧。

很多家长认为孩子的这种习惯很不雅观，强行制止孩子。在家长严厉的看管下，也许孩子咬手指甲的习惯能得到一时控制，但是家长严厉的制裁会引发其他问题。也许孩子会背着家长偷偷地做出某种举动，让家长防不胜防。有些孩子直到小学毕业，从没有剪过手指甲，都是这么偷偷地撕咬下来的。

家长不能用大人的眼光判断孩子习惯行为的好坏。因为引起习惯行为的原因很多。比如减轻不安、打发时间等，而这些并不能说明孩子习惯行为的好坏。

看一看下面的不同状况和不同对策。

有怪癖的孩子

改变孩子不良的习惯行为不能光靠家长的强求，关键在于孩子自己。

不管是谁，在漫漫的人生旅途中都会面临众多挑战，众多压力，这是不容置疑的。所以，说我们的人生是挑战和压力的延续，也不为过。家长可能误认为无数的压力和挑战，只属于大人，跟孩子没有一点关系，但事实并非如此。孩子每天都要面对新的情境，每天都要学习新的知识，所以，每一天都可以看做是获得新经验和信息的延续。在这个过程中孩子可能会筋疲力尽、心力交瘁。所以，孩子也需要掌握缓解压力的方法。如果孩子能摸索和运用使自己情绪稳定的方法，从某种角度看，也是孩子具有独立意识的表现。有些家长不喜欢孩子的独立意识，处处干扰孩子。理由很简单：看起来不顺眼；不是好的行为习惯；担心孩子长大之后改不了这种坏习惯。所以，家长对孩子镇定情绪的过程，抱有不以为然的想法，不是制止，就是妨碍。

没有立竿见影的好方法能立即制止孩子不良的习惯行为。但是，很多大人经常向孩子提出无理要求。我们大人可以扪心自问，自己有没有不费吹灰之力改正过一些不良的习惯行为？答案是否定的。

那么，连大人都改正不过来，何况孩子呢？所以，家长的强求，只能说明大人利己的欲望。就算家长凭借坚韧的意志力，改正了不好的习惯行为，也不能强求孩子。

不管是谁，都不能对任何人提出强制性要求。因为就算家长严厉制止，孩子的坏习惯也不能在一朝一夕之内得到完全改变。在这个世界上，不，在整个宇宙上唯一能改变自己的只有自己。

不要向孩子提出要求之后，期盼孩子能完全改正问题行为，你要知道这对孩子是一件何等艰难的事情。只有懂得这些道理，你才能经受住任何挫折和失望，才能以平和心态对待孩子。

家长应该怎么做？

家长对孩子的爱都是无私伟大的。但是家长的表达方式却存在很多弊端，需要努力改正。特别是家长试图改正孩子的不良习惯而采取的对话方式存在很多问题。当然，作为家长教给孩子必要的解决方法，发现问题时严厉批评、训斥这都是应该的。但是大部分的家长在改正孩子的不良习惯时，只停留在指出问题和训斥孩子上，不会采用更加行之有效的好方法。

举一个具体例子。七岁的小孩因不停地撕咬手指甲，而导致手指头周围的肉裂开出血，这时，很多家长会说："我不是告诉过你不能再咬吗？你看看，手指盖都要掉下来了。小朋友们要是知道你咬手指甲，就不能再跟你玩了，如果你再这样我就打你！"或者絮絮叨叨地对孩子说咬手指甲是多么恶劣的不良习惯，然后吓唬孩子："听到了吧？下次再也不能咬手指甲了！否则妈妈狠狠收拾你！"而一旦再次发现孩子咬手指甲时，家长就会大声训斥："我上次不是说得很清楚吗？你没长记性啊？"

围绕孩子的问题行为，这样的家长经常采取正面冲突的方式。直言不讳地指出孩子的问题行为，或者当面怪罪孩子，或者命令、指示孩子。就算对方是家长，因为已经和孩子形成了对峙关系，孩子不会轻易认输，轻易罢休的。所以，孩子很难顺从家长的要求或命令。

家长只是想好好地教育孩子，但孩子却认为家长是在吓唬自己、为难自己、蹂躏自己的自尊心，过分地干涉、折磨自己。所以，就算家长用心良苦、苦口婆心地劝说，也是无济于事。最好的方法应该是不和孩子发生正面冲突，父母双方应该站在统一战线上，协助孩子。

怎么做才对双方都有好处呢？家长发现孩子身上的问题行为时，首先要站在孩子立场说话。家长不妨这么说："手指头又裂开出血了，是不是很疼？其实，你也不想这样是不是？但是太难克制了，是吗？"

其次，直接对准问题行为。"如果总这样，也真是个大事。你是不是心里明白，不应该再继续呀？"说到这一步，大多数孩子都能认可和同意家长的说法。

最后，让孩子成为解决问题行为的主角。"这分明是需要改正的问题，你想怎么改？有什么打算？听听你的想法，只要我能帮忙，我会全力以赴。"如果以这种方式谈话，就能防止单方面的命令和指示。家长可以围绕孩子的问题行为，协助孩子。这种解决问题的方式，不至于让孩子产生受到威胁的感觉，反而会让孩子感觉自己是解决问题的主角。如果问题能得到圆满解决，孩子就会感觉到无比自豪，慢慢成为懂得自尊自爱、自立自强的孩子。

事实上，很多家长不熟悉这种对话方式。但是既然知道了这是一种好办法，何不欣然接受，并在现实生活中努力适用呢？

面对孩子的问题行为，如果家长和孩子站在统一战线，孩子就不会犹豫是否应该向家长提出帮助，也能坦然接受家长的任何帮助。

孩子的问题行为，虽然不能得到即刻制止，但是在改正过程中，家长和孩子也能学到很多东西。比如，遇到问题时，起码能想到和家长一起齐心协力解决难题，并在这过程中体会协作精神的重要性，能感觉到家长对自己的尊重和信任，更重要的是通过解决问题的过程，培养对自己的行为负责的责任意识。

❓家长应该牢记什么？

有些习惯行为或毛病并不是立刻能改正过来的。也许需要家长不厌其烦地提醒；也许需要长期忍受孩子的问题行为；也许需要付出不断的努力。

不良习惯得不到改正，孩子自身也会悲观失望。这时，需要家长的鼓励。就像每个人的想法千差万别，适合每个人的方法也是不一样的，如果一种方法不合适，家长要立即采用另一种方法。

习惯成自然的行为，不管是大人还是小孩，都是很难改正的，所以家长要具备足够耐心，期待孩子，并和孩子一起做出不懈努力。

想一想孩子平时的行为。

测一测孩子的状态

孩子身上有这种倾向。

Check01_____ 痉挛（肌肉痉挛，声音痉挛）。→ P344

Check02_____ 咬手指甲；撕揭脚指头、手指头周围的肉；撕揭蚊子叮咬处的痂；撕揭嘴唇上的角质，以致出血。→ P350

Check03_____ 抠鼻子，甚至把手放到嘴里。→ P353

Check04_____ 吸吮手指头。→ P355

Check05_____ 晃大腿，转铅笔或圆珠笔，咬铅笔头。→ P357

Check06_____ 薅头发。→ P358

Check07_____ 痴迷小时候盖过的毯子或被褥，离不开特定的玩具或布娃娃。→ P359

※ 查对孩子的症状，找到相应的页码。好妈妈的心灵处方恭候您的光临。

针对有怪癖孩子的处方

Case01

痉挛（肌肉痉挛，声音痉挛）。

前几天，电视播放了《秽语抽动综合征》，这个节目在对一些人了解痉挛起到积极作用的同时也引起了部分人的极度恐惧："我家孩子是不是也有痉挛征兆啊？"痉挛是外来语（TIC），是医学名词。有的人误解为"下巴颏儿障碍"，因此经常闹出一些笑话。

肌肉痉挛、运动痉挛指的是什么？

痉挛是指反复、不自主地抽搐或突然发出的某种声音。人体的筋肉可以分为可控制的肌肉和不可控制的肌肉两种。肌肉痉挛指无法控制的筋肉，抽搐速度极快，反复不停地、突然抽动的现象。

肌肉痉挛，声音痉挛包括哪些症状？

肌肉痉挛

1. 鼻孔一张一息，还时不时地挤鼻子。
2. 抽动脸，紧蹙眉头。
3. 眨眼睛、瞪大眼睛、乜斜眼睛。
4. 张大嘴把口水抹到嘴唇、嘴周围，然后用力抿嘴。
5. 晃脑袋。

6. 脖子向后倾。
7. 耸肩膀。
8. 习惯性地掰手关节以致发出声响。
9. 摸肛门或生殖器周围，还把手伸到鼻子面前闻味。
10. 反复扭动特定的身体部位。

● 声音痉挛

1. 打响鼻，冷笑。
2. 打呼哨。
3. 发出咳咳声响。
4. 假咳。
5. 发出清痰的声响。
6. 打饱嗝。

大部分的痉挛都有自上而下的特点，先抽动额头上的筋肉，再去抽动鼻子，抿抿嘴巴再去转动脖子，之后慢慢地向下移。有时从下面再返回到上面。一个部位的肌肉抽动现象慢慢消失时，另一个部位的肌肉又开始抽动，有时同时抽动多个部位的筋肉。

● 声音痉挛包括哪些？

声音痉挛指围绕声带的咽头和喉头的肌肉抽动时，遇到经过鼻子、嘴、咽喉的空气而发出的声响。

发出“嗯嗯”声响，发出清痰动静，发出“啊啊”动静，发出类似打饱嗝的声音，发出类似青蛙的“呱呱”叫声，发出“咳咳”声响，发出吸气的动静，都属于声音痉挛。

● 家长对痉挛的误会？

家长要知道，孩子自身是无法控制痉挛的。随着年龄的增长，也许能在短时间内控制痉挛，但就像皮球，气越足反弹得越高一样，经过暂时的控制之后，肌肉会抽动得更厉害。没有经历过痉挛的家长可能不理解。“忍一忍多好，还是意志力太弱，为什么忍不了呢？只要你下定决心，有什么改不了的？”家长的这种态度，反而会让孩子备感无奈。

家长可以试着做一做，这样就能明白有面部痉挛的孩子有多么痛苦，有多么无奈。如果要求家长不眨巴眼睛，长时间瞪大眼睛，也许刚开始，你可能会觉得很容易，但过了30秒，你的眼睛会情不自禁地眨巴起来。不想眨巴也不由自主。具有面部痉挛的孩子就是这样被动，这样无奈。

大夫有时也因诊断名称，承受不必要的误会和偏见。持续时间长，对生活造成一定影响，需要接受治疗的面部痉挛，大夫通常诊断为“痉挛障碍”。看到这样的名称，有些家长只要孩子稍微有点痉挛征兆，就小题大做，好像到了无可救药的地步一样，大哭大闹担心得不得了。每当看到那样的家长，大夫感到万般无奈。

有的家长口口声声说不想让孩子变成残疾人，或不愿接受诊断，或担心他人知道，遮遮掩掩。这种偏见和不必要的担忧，反而会错过绝好的治疗机会。有的人带着偏见，轻易给他人下面部痉挛的诊断，以此给孩子造成心理伤害。

痉挛一般发生在什么时候？

一般发生在2～15岁之间，5～7岁时出现的最多。

为什么会发生痉挛现象？

孩子的大脑神经，由于受遗传因素、神经生物学因素、环境因素等多种因素的相互作用，发生痉挛现象。有关遗传因素就算我不讲，大家也都能明白，我就不再提及了。神经生物学因素是指神经细胞或神经回路在储藏信息、分析信息的过程中互相连接起来，这时叫神经传达物质的化学物质来回移动，使神经细胞之间的信息得以交换，这样的神经传达物质跟痉挛有密切关系。

痉挛的发生跟压力有直接关系吗？

压力并不是痉挛的直接原因，但压力导致痉挛现象更加严重。比如，面临一场重要考试时；担心被老师、家长训斥时；遇到兴奋的事情时；参加运动竞赛，过于投入时；家庭出现危机、搬家、转学等生活上发生重大变化时，都会导致严重的痉挛现象。

●“秽语抽动综合征”指的是什么？

“秽语抽动综合征”指同时具有肌肉痉挛和声音痉挛。患“秽语抽动综合征”的人具有痉挛症状，但有痉挛症状的并不都患有“秽语抽动综合征”。据临床医生反映，现实生活中，患“秽语抽动综合征”的人数远远高于统计人数；医学调查数据也显示，患“秽语抽动综合征”的人只占人口总数的 0.01% ~ 0.5 %，但实际上每一千人之中就有一人或每两千人之中就有 0.1% ~ 0.24%。

●“秽语抽动综合征”能见好吗？

患“秽语抽动综合征”的男孩远远比女孩多。随着年龄的增长，这种病症能慢慢见好，但不可能完全消失。好多种痉挛，可能要伴随人的一生。感到万幸的是痉挛不会缩短寿命，也不会引发其他重疾患。

心灵处方——帮助孩子战胜困难。

很多人误认为有痉挛的孩子意志力薄弱，改不了不良习惯。所以，这样的孩子从小开始，就经常受到家长的训斥，同学的奚落。因此，孩子时常感到羞愧和惭愧，自尊心受到伤害的同时感觉学校生活单调乏味。一旦发现孩子有这种痉挛现象时，家长不应该把重点放在痉挛本身，而更应该关注孩子的不良情绪。

痉挛不是孩子故意做出来的，也不是孩子能自行控制的行为。注意时，虽然能控制一时，但控制之后反而会更严重。所以，孩子发生痉挛现象时，家长不要催促孩子，让他怎么方便怎么来。

有的人虽然口头上能理解痉挛，但在实际生活中却接受不了。孩子发生痉挛时，刚开始能忍受，过一会儿，就感觉忍无可忍，于是，大声喊叫“你能不能停止？”“忍一会儿，刚才不好好的吗？”“连一个不良习惯都改不了？意志那么薄弱，以后能做什么？”说着没完没了地怪罪孩子意志力过于薄弱。

我们可以举打嗝的例子。没有人会制定打嗝计划，谁也不想打嗝，但有时不知不觉中打起嗝。想尽一切办法停止打嗝，也不是很容易的。又是喝水，又是让他人故意吓唬自己，都无济于事。打嗝打得严重时，感觉心口疼痛，有很多不便之处。如果有人说“你怎么控制不了打嗝？努力努力吧！”“是不该停了？怎么还打？”时，你的心情会怎样？其实，痉挛也是一样的。有痉挛的孩子，他们本身比旁观者还要难受好多倍，恨不得马上停止。

有痉挛的孩子，经常因突如其来的痉挛现象而感到张皇失措。家长的严厉催促会带来无比的悲伤痛苦，周围不屑一顾的眼神也会带来严重伤害。所以，作为家长应该理解孩子，并帮助孩子拥有更加平和的心态。

● 怎样向周围的人解释痉挛现象？

有痉挛的孩子感觉最尴尬的事情是，不知道怎样向周围的人讲解痉挛现象，所以，家长一定要事先交代。朋友觉得孩子的举动不可思议时，不妨这样回答："我也不知道怎么回事……但大夫说这是成长期孩子身上经常出现的现象，我正在努力克服。"

● 痉挛会引发其他的问题行为吗？

患"秽语抽动综合征"的孩子不仅有痉挛，同时还伴有注意力缺乏、行动障碍、强迫症等病症。所以，家长要仔细观察孩子，除了痉挛现象之外，是否还伴有散漫、不安、忧郁、难以集中注意力、不能和同学和谐相处等特点。

● 需要中断孩子的一切学习或课外活动来减轻孩子的压力吗？

不是有痉挛，或患有"秽语抽动综合征"就不想参加聚会或集体活动，有痉挛的孩子和其他孩子一样，想学习、想进足球队、想参加修炼会……班级的全体学生受惩罚时，他们也想受到惩罚。总之，想得到全班同学一样的待遇。

● 对痉挛的孩子，家长要交代哪些事情？

家长要明确、具体、仔细地告诉孩子，痉挛现象与不良的习惯行为、能力没有丝毫关系，而且随着年龄的增长，痉挛会慢慢好起来。所以，就算有痉挛，不必自责，不必在其他同学面前畏畏缩缩，更不必感觉对不起他人。

为了不至于对痉挛作过激反应，家长要表现得泰然自若。有的家长不喜欢别人或孩子提到只字片言的痉挛，其实，这有碍于孩子坦然面对。最近"秽语抽动综合征"患者经常组织聚会，互相交换治疗经验、交流克服办法，这真是明智做法。

虽然患有严重的“秽语抽动综合征”，但两个人成了世界瞩目的运动员。英国著名的足球运动员霍华德和美国著名棒球运动员吉姆·阿伯特。吉姆曾在报纸、期刊上述说过自己的愿望，他说：他想成为患有“秽语抽动综合征”孩子的榜样。他曾多次指出他不想成为超级明星，而想为他的团队贡献自己微薄的力量，想参加高水准的比赛，更重要的是向患有“秽语抽动综合征”的孩子展示，怎样生活才能活得更健康，更有意义。他的故事，给了我们很多感动，让我们情不自禁地抒发很多感慨。

所以，家长不能大声训斥有痉挛的孩子，也没必要因患“秽语抽动综合征”的子女，感到羞愧万分。家长应该帮助这些孩子坦然面对问题、有效解决问题，这才是家长应尽的责任和义务。

Tips

打击孩子的家长 VS 帮助孩子的家长

孩子抽搐；因痉挛引起他人注意；上课时间发出声响；接到其他家长的投诉电话，没有经历过这些事情的家长，不会理解子女有痉挛现象的家长。家长可能感觉孩子可怜，或者为孩子痛苦不堪。家长虽然知道孩子不能有效控制痉挛现象，但有时难免感觉遗憾。“其实，只要稍微努力，稍微注意，完全可以不抽搐吧。”越想越难受，越想越生气，所以，面对子女的痉挛，家长的心情可以说是非常复杂的。

打击孩子的家长

- **在孩子面前唉声叹气的家长。**

虽然家长在孩子面前极力掩饰自己，但敏感的孩子通过家长的表情和行为举止，很快就能察觉家长为他难过和伤心的事实。所以，孩子会陷入比家长还要强烈的自责和绝望之中。

- **不允许孩子参加任何活动，只把孩子关在家里。**

有些家长不愿意听别人说：“这孩子怎么了？”或者不愿意向他人解释孩子的情况。家长只是无情禁止孩子参加任何活动，篮球队、足球队、补习班……只把孩子乖乖地锁在家里。

● 因为一方家长的不理解，夫妻双方不能敞开心怀谈论孩子的事情，或者根本不想认可和理解孩子。

妈妈能理解孩子的痉挛，但爸爸不能理解。爸爸认为，没必要把具有不良习惯的孩子送到医院，只是在家里严厉训斥就可以。吃晚饭时，一听到爸爸的脚步声，妈妈会让孩子赶紧回到自己房间，以免被爸爸看见。偶尔在一起吃饭时，看到孩子的表现，爸爸也会大喊大叫，严厉训斥，弄得孩子哭哭啼啼地离开饭桌。这真是可悲的现实。

帮助孩子的家长

● 平和、坚毅的家长。

面对痉挛的孩子，家长应该具有平和心态。对孩子的痉挛，家长没必要过分担忧、大喊大叫；对暂时中止的痉挛现象也没必要表现得异常高兴。因为痉挛的部位不断转换，这一部位的痉挛刚要消失，那一部位的痉挛又突然显现。所以，家长要理解痉挛的这些特点，要以平和心态对待孩子。家长切忌大喜大悲。

Case02

咬手指甲；撕揭脚指头、手指头周围的肉；撕揭蚊子叮咬处的痂；撕揭嘴唇上的角质，以致出血。

有时，孩子咬手指甲的行为让家长忍无可忍。比如在饭桌上咬手指甲，或者在桌子上堆满手指盖或油皮的残骸物，这些都让家长反感、浑身起鸡皮疙瘩。

咬手指甲的现象非常普遍，随处可见。据调查：30% 以上的小学生，一半以上的青少年，25% ~ 30% 的大学生都有咬手指甲现象。所以，家长一定要铭记，孩子的这种不良习惯可能会持续到中青年时期。抠鼻子的习惯也是一样。当孩子无法忍受他人鄙视的眼光、惊讶的眼神时，这种习惯才能消失得无影无踪。

为什么咬手指甲或手指头周围的肉呢?

1. 不安、担忧时。
2. 出于好奇心。
3. 感觉无聊、无所事事时。
4. 为了减轻压力。
5. 为了消磨时间。
6. 属于单纯的习惯行为。

心灵处方——不要训斥或惩罚孩子，要把他的手指甲剪短。

● 让孩子的手忙起来。

感觉无聊时，大部分的孩子都会咬手指甲。比如，看电视或听他人讲解时，都会无意识中咬手指甲。这时，家长不妨把软绵绵的橡胶球，拿给孩子玩，以此避免孩子的手闲下来，这样就能减少咬手指甲的行为。

● 拭目以待，一切都会好起来。

有时，孩子会无意中咬手指甲。所以，本身认识不到自己不良的习惯行为。孩子试图咬手指甲时，家长不妨和孩子一起玩玩具。针对孩子咬手指甲的行为，如果家长一味地发火、训斥孩子、强求孩子、体罚孩子就没有丝毫帮助。

有些家长不经过孩子的同意，擅自在手指头周围或在指甲上抹上苦药，这反而更能激发孩子的逆反心理。除非自己强烈要求改正咬手指甲的不良习惯，否则家长千万不能采用此方法。因为孩子会认为家长在折磨自己。等孩子下定决心时，放到嘴里的苦涩味道才能强烈唤起他改掉此习惯的记忆。

● 家长要宽慰孩子。

因无法忍受同学的奚落，而下定决心改掉此不良习惯时，家长要安慰孩子，鼓励孩子。“世上无难事，只怕有心人”，只要努力，一定能改掉不良习惯。

不管孩子咬不咬手指甲，不管手指盖好不好看，家长要让孩子明白家长真挚的关爱，然后再商议改正的方法。

● 家长怎么做，才能消除孩子的问题行为？

1. 跟孩子商议改掉不良习惯的有效方法。

家长要讲清楚，不良的习惯行为会引发各种问题。然后再商议消除不良行为的行之有效的办法。和孩子一起读这方面的书，或进行讨论，都不失为好方法。

2. 让孩子认识到自己的问题行为。

家长可以询问孩子，一般在什么场合、什么地点经常咬手指甲，通过交谈让孩子认识到自己的不良习惯。

3. 告诉孩子替代咬手指甲的方法。

几种弛缓的疗法对孩子有一定帮助。想咬手指甲时，深深吸一口气，然后缓缓呼出去；攥紧拳头之后，放开，再攥紧拳头，再放开，这种反复的动作，能减少咬手指甲的行为。稍稍大的孩子，家长可以给他准备指甲刀，每次想咬手指头时，不妨拿出指甲刀收拾指甲，这也不失为一个好办法。

4. 制定母女之间的秘密。

可以和孩子制定他人察觉不到，只有母女俩才能明白的秘密约定。轻轻触摸孩子的胳膊或者使用只有孩子能觉察到的暗号，以便孩子及时调节自己行为。这有利于孩子不再无意识地咬手指甲。聚会时，如果家长顾及不到孩子，可以准备一个替代物。

5. 家长可以坦率说出，对咬手指甲行为的看法。

家长要心平气和地跟孩子说家长的看法，并提出允许的底线。比如，其他时候，可以咬，但绝不允许在饭桌上咬手指甲等。

家长大声喊叫、大发雷霆，或三番五次强调家长愿望，孩子都会受到一定伤害。所以，说每一句话，做每一个举动，家长都应该特别谨慎。家长要知道家长对孩子的伤害远远比同学们的取笑引发的各种问题严重得多。因为孩子最在乎的人莫过于家长。

6. 指甲剪得短一点，再好好拾掇拾掇。

孩子咬手指甲的行为，没有造成人身伤害，家长就没必要太紧张。指甲剪得短短的，让他没指甲可咬，也不失为好办法。如果指甲尖太粗糙，有时为了把它溜平，孩子也会咬手指甲，所以，不妨利用指甲锉给他磨一磨。如果实在看不下去，回避也是一种方法。一味地发牢骚，一味地制止，有时会加重孩子的压力。

● 什么情况下，需要把孩子领到医院接受治疗？

如果孩子咬手指甲的行为严重，说明孩子心里充满了不安，所以，一定要找专家商议对策。

如果孩子咬手指甲的同时拔眼睫毛、咬身上的肌肤、薅头发、磨牙、吸吮手指头，就有必要接受专家的治疗。因为这些举止暗示孩子正承受巨大的心理压力或心理不安。因咬手指甲导致了二次感染加重了炎症，或出血时，也应该接受专家的帮助。

Case03

抠鼻子，甚至把手放到嘴里。

孩子所有的行为中，也许最让家长为难的就是抠鼻子的行为。特别是当孩子把鼻噶送到嘴里的时候，家长真是无地自容，有个耗子洞都想钻进去。凡是家长谁都目睹过一两次孩子抠鼻子的情景，所以，抠鼻子是常见的一种行为习惯。

● 孩子为什么会抠耳朵或抠鼻子呢？

小孩子好奇心强，对鼻眼或耳朵眼非常感兴趣。特别是当伸进去的手指头触碰到鼻眼里的肌肉组织时，感觉很有意思。但抠鼻子或抠耳朵的主要原因还是因无聊和无所事事。有时，为了减少紧张和压力，也会做这种不良行为。

有人认为孩子之所以抠鼻子是因为不安和过于敏感。其实，抠鼻子不同于敏感的孩子吸吮手指头、薅头发、磨牙的行为。有过敏性鼻炎的孩子因鼻黏膜肿胀，感觉不方便；鼻子里满是鼻噶，喘气不方便；因冬天取暖、夏天开空调，空气干燥，鼻子发干时都会去抠鼻子。

● 不理不睬孩子的抠鼻子行为，可以吗？

和咬手指甲的行为不同，孩子抠鼻子的行为，会随着年龄的增长慢慢消失，到青少年时期几乎就没有了。读这本书的家长小时候也都抠过鼻子吧。就算抠鼻子的习惯持续到现在，也不会在大庭广众之下随随便便地抠吧。过了一段时间，之所以不再对抠鼻子感兴趣，是因为他们有无言的压力，怕同学奚落。总之，知道了什么是羞耻，孩子就不会再抠鼻子了。

心灵处方——不要让孩子的手闲下来。

第一，家长不要命令孩子“不要再抠鼻子了！”就算孩子在公共场所抠鼻子，让家长难堪，家长也不能训斥孩子、吓唬孩子，给孩子施加压力。因为抠鼻子的时候，孩子认识不到自己的不良行为。有的家长在孩子的手指头上缠邦迪，禁止孩子把手伸到鼻孔。这虽然能起到暂时控制的作用，但是不能从根本上改变孩子。也许孩子反而认为家长在惩罚自己、折磨自己、于是在逆反心理的驱使下，更频繁地抠鼻子，导致出现恶性循环。

抠鼻子和抠耳朵的行为，虽然不雅观甚至还有点难堪，但因为没有太大的害处，没必要过分计较。家长越是催促，孩子越是僵持，越跟妈妈较劲。有的孩子故意采取家长不喜欢的行为，满足自己的胜利感。

第二，手闲着感觉无聊时，孩子就会抠鼻子，所以，家长不能让他的手闲下来。比如，看电视、坐车时，孩子的手可能闲着。这时，无所事事的孩子就会去抠鼻子。家长不妨给孩子拿橡胶球或者把手指娃娃挂到孩子的手指头上让孩子玩，这样就能减少抠鼻子的次数。

第三，鼻子发干时，孩子也会抠鼻子，这时，家长可以调节房间湿度。

第四，剪短指甲。

第五，培养孩子使用手绢或手纸的习惯。

第六，培养勤洗手的好习惯。

第七，擤完鼻涕之后，干干净净地擦拭。

抠鼻子会导致哪些问题呢？

习惯性地抠鼻子，有时会导致流鼻血；触碰鼻子肌肉组织；鼻子痒痒；睡不好觉等现象。如果经常出现上述症状，就应该和专家商议。

随着孩子的成长，孩子摆弄物品的能力越来越强。用积木盖房子、对魔方、捏彩泥，这些都比抠鼻子有趣得多。所以，孩子的注意力自然能得到转移，抠鼻子的行为也能得到慢慢减少。

总之，不能因为看不惯孩子抠鼻子，就对孩子大声喊叫："别抠了，把手拿下去！"这反而会助长孩子的逆反心理。家长应该给孩子找点事儿干，别让他的手闲下来，偶尔亲切地抚摸孩子的手，也有一定帮助。

Case04

吸吮手指头。

家长提出的最多的问题之一，就是孩子吸吮手指头的问题。大多数的家长对孩子吸吮手指头的问题持否定态度。

因孩子吸吮手指头，来到诊疗室的家长和孩子的反映大体如下：一进诊疗室的门，妈妈迫不及待地说："大夫，您看一下他的手。"话音还没落，孩子就把手藏到后背上。妈妈强制性地把孩子的手拽出来，拗不过妈妈的孩子，只能乖乖地把手放到桌子上。但是紧紧地攥着拳头，不让大夫看。孩子为什么会这样？也许因为吸吮手指头，经常受到妈妈训斥，感觉羞愧的原因吧。每当这时，我都会跟孩子说："没关系，不要觉得羞愧。看到你的手，我才能告诉你好办法呀。"听了我的这番话之后，孩子悄悄地伸开手。我笑着说："是不是手指头好吃啊？味道好极了，是吗？"这时，大部分的孩子都会说："其实，我也不想吃，但是不知不觉中手就伸到嘴里了。"听到这话，很多家长就用惊讶的目光看着孩子，好像感觉不可思议。我接着说："每次吸吮手指头的时候，感觉很好，是吗？比如不安的时候吸吮手指头，感觉心里踏实。其实，除了吸吮手指头之外，还有别的好办法，咱们一起来找一找，好吗？"听到这话，很多家长失落万分。也许他们的期望太大了，他们都以为我有更贴切的、更有效的、一下子能改正他们行为的好办法。所以，听到我跟孩子说"手指头的味道怎么样？"等等话语时，他们就大失所望。其实，世界上不存在能即刻改变孩子吸吮手指头行为的秘方。家长之所以对孩子吸吮手指头行为持消极态度，主要是担心孩子长大之后，继续吸吮手指头不雅观。

所以，总想趁孩子小，赶紧改正过来。其实，这种习惯不是一朝一夕能改正过来的，家长要有充足的心理准备。

● 孩子为什么会吸吮手指头呢？

主要是为了求得心理安宁。记得我怀孕做B超时，看见肚子里的孩子正在吸吮手指头。在大夫看来也许这是司空见惯的事情，但很多孕妇都感觉很奇异。孩子在妈妈肚子里的时候，就懂得通过吸吮手指头行为，安定自己的情绪。

不管是东方的还是西方的家长，如果孩子到了一定岁数，继续吸吮手指头，家长就会作出消极反应。给孩子带手套，强制性地把手从嘴里拽出来，打手背，甚至往手上抹苦不堪言的药水。任何强制性的方法都不能满足孩子安定情绪的欲望，反而会适得其反。

大部分的家长和大夫谈论孩子吸吮手指头的问题时，担心的不是现阶段，而是担心孩子大了之后，继续吸吮手指头。真是可怜天下父母心啊。

● 吸吮手指头的行为持续到几岁时，属于问题行为？

两三岁的孩子，吸吮手指头的最多，过了三四岁，大部分孩子都能见好。学龄前的六七岁的儿童中有20%～30%的孩子吸吮手指头，其中10%的儿童会持续到十岁。

孩子吸吮手指头，并不完全是情绪问题，也不是为了缓解压力，和吃奶的时间也没有任何关系。

● 孩子吸吮手指头的行为，会引发什么问题？

如果吸吮手指头的行为，持续到6～8岁，可能产生两个方面的问题。一个问题是导致上齿支棱，不雅观；另一个问题是受到同学的取笑和挖苦，给人际关系带来一定影响。

心灵处方——家长要深爱孩子，尊重孩子，让孩子时刻保持舒畅心情。

1. 和孩子保持融洽的关系。

不能因为孩子吸吮手指头就挖苦或训斥孩子，孩子会变得更加忐忑不安。为了宽慰不安的心情，孩子会变本加厉地吸吮手指头。

这样就能引起恶性循环，带来比参差不齐的龅牙更严重的后果。

家长和子女的关系应该是互相尊重和互相认可的关系。如果强制性地逼迫孩子，彼此就会失望、生气、产生挫折感，这种心灵的伤害比任何伤害都要严重。矫正牙齿可能花费一些时间就能矫正好，但是心灵的伤痛却永远得不到痊愈。所以，就算孩子有问题行为，家长也要注意和孩子保持融洽的关系，并为之作出努力。

2. 如果是女孩，可以给她抹漂亮的指甲油。

每当看到涂有漂亮颜色的指甲，孩子就会想起吸吮手指头的记忆，从而控制自己。

3. 指尖上缠上绷带或邦迪，有时也能起到一定帮助。

大部分孩子都迅速解下绷带，再次吸吮手指头。虽然家长难以忍受孩子的这种行为，但千万不能大发雷霆。

4. 胳膊肘缠上绷带，也有一定帮助。

胳膊肘缠上绷带之后，胳膊不宜弯曲，孩子就很难把手指头送到嘴里，这样就能减少吸吮手指头的次数。但是这样的方法只能偶尔用一用，因为这种方法不能彻底控制吸吮手指头的行为。

5. 家长要交代清楚不能吸吮手指头的理由，喋喋不休的说教没有任何帮助。

孩子吸吮手指头时，大部分家长都说："我不是告诉过你，那不是好的习惯行为吗？"家长误认为孩子明知故犯，但孩子却认为吸吮手指头的行为能安定自己的心情。所以，家长要耐心讲解吸吮手指头会带来牙齿健康问题，不卫生，可能成为朋友笑柄的后果。

Case05

晃大腿，转铅笔或圆珠笔，咬铅笔头。

无聊、无所事事；为了减少紧张感、觉得好玩；散漫的孩子，静不下来时，都会做出这样的行为。

心灵处方——细心观察孩子的心态。

孩子做出让家长担忧的某些举动时，家长会想方设法制止。其实，发现问题行为的初期，强制性地命令和制止是不正确的。家长首先应该观察孩子，为什么会做出这些问题行为？是因为难以抵抗压力，还是有什么担忧或不安。

如果赶上搬家，家长离异、考试，孩子会深感不安，问题行为就表现得更突出。家长有必要想一想，自己在接打电话时，是否无意识中转头发丝、抠耳朵眼、咬手指头或坐在椅子上时晃大腿。孩子是最善于模仿家长的，与其强求孩子改正，不如做出榜样。

Case06

薅头发。

孩子经常薅头发，一旦家长制止，就会背着家长继续薅头发，弄得满屋都是他的头发丝。有时看着他稀疏的头发，家长不免有些担心，万一头发长不出来怎么办？同学们取笑他怎么办？万一成光头怎么办？一想到这些有时家长竟睡不着觉。有时不光是薅头发，同时还伴有吸吮手指头、咬手指甲，甚至薅眉毛或眼睫毛的举动。

● 孩子为什么会薅头发？

为了得到心灵的安宁、感到无聊、无所事事、孤立无援、受到某种压力时，孩子都会薅头发。薅头发的孩子没有发育障碍，心理、情绪也没有任何问题。

● 不理不睬可以吗？

小孩子薅头发的行为，不需要特殊治疗，也不需要家长介入，过了几个月自然而然就见好。

看到孩子稀疏的头发，很多家长感觉不能视而不见。他们普遍担心头发不再长出来。事实上不可能不长头发。

有的孩子把薅下来的头发送到自己的嘴里，所以，胃里都是头发丝，只能通过手术才可取出来。家长一定要观察孩子有没有这种情况。如果仅仅是薅头发，不会给孩子的健康带来任何问题，家长不必太担心。

孩子的成长过程中，会出现很多问题行为。一段时间不停地吸吮大拇指，过了一阵感觉问题行为明显减少时，又开始薅头发。就像物品交换，大大小小的问题接二连三地出现。在这样的反复交替过程中孩子会慢慢成长，也许这就是人生吧。

心灵处方——不要作出过激反应，给予孩子更多的关心和爱护吧。

第一，不要对薅头发行为作出过激反应，最好是置之不理。孩子薅头发时，家长不要大声喊叫：“还不赶快给我制止！”或者指着孩子的头，吓唬孩子：“你看看，这儿都没头发了，如果不长出头发可就糟了！”

第二，增加相处时间，给予孩子更多关心。这不是让家长挤出更多时间，关注孩子薅头发行为。如果过多关注孩子薅头发的行为，他就会通过薅头发行为，引起家长的注意力。

第三，如果男孩子薅头发，就剪短头发；如果女孩子薅头发，就把头发编上或者扎起来。

● 薅头发行为越来越严重怎么办呢？

如果到了上学年龄，还不停地薅头发，就应该和专家商议，让孩子接受治疗。薅头发的行为一般在几个月之内消失，但是拔毛狂、患有不安症、强迫症的人薅头发，就应该接受治疗。如果家长因孩子薅头发的行为深感不安，就不能再犹豫了，应该尽早和专家商议。

Case07

痴迷小时候盖过的毯子或被褥，离不开特定的玩具或布娃娃。

孩子经常爱恋某些物品。有的孩子痴迷玩具、奶瓶等硬硬的物品，而有的孩子则爱恋毯子、被子、玩具、布娃娃等软绵绵的物品。看到孩子的这种痴迷，很多家长担心，孩子的心理是否健康，是否遇到了什么难处等等。

很多家长认为孩子痴迷毯子、娃娃，是因为内心不安宁。最近研究结果显示，孩子痴迷毯子和娃娃的现象及其普遍。一周岁之前的孩子不懂得爱恋，但到了十八个月之后，60% 的孩子都不同程度地痴迷软绵绵的物品。这种现象维持到三四周岁自然而然就会消失。

看着挺大个孩子，天天抱着毯子来回走，很多家长担心会给孩子带来不良影响。其实，孩子爱恋毯子、被子，比给他们施加某些积极影响好得多。痴迷毯子或被子的孩子，身边拥有这些物品时，比没有的时候，更能积极探索新环境，玩得更开心和愉快。很多学者普遍认为孩子痴迷毯子或被子和孩子的情绪、畏惧心理没有多大关联，也不能说明存在心理问题。

● 孩子为什么会痴迷毯子或被子呢?

这说明孩子还没有从心理上完全脱离妈妈。妈妈不在的时候，他们需要安定心理的、代替妈妈的物品。温暖的、软绵绵的毯子或被子完全能替代。

心灵处方——随孩子所愿吧。

不要担心孩子痴迷毯子或被子，随孩子所愿吧。不管是为了得到心理安宁，还是为了找到软绵绵的感觉，尽管让孩子继续享用就可以了。孩子痴迷毯子、被子是极其正常的现象，家长要保持沉默。

请再告诉我！Q&A

Q1 什么情况下，痉挛现象变得更严重，什么情况下可以见好？

A 聚精会神、全神贯注地玩电脑游戏、看电视漫画时，痉挛现象能得到减轻或完全消失。听轻音乐，充分休息，筋肉得到松弛时，也能得到减少。

相反，压力大时会加重痉挛症状。但是心理问题不是引发痉挛的直接原因。“秽语抽动综合征”不是心理问题引发的，而是神经学上的不均衡引发的。

Q2 痉挛或“秽语抽动综合征”一定要接受治疗吗？

A 有痉挛的孩子不一定要接受治疗。有的孩子虽然有痉挛，但有时会在几个月或一年之内消失得无影无踪。 痉挛不构成人身威胁或对人体不带来任何伤害，就没必要接受治疗。因为痉挛感到羞耻，感觉身体的某个部位疼痛，感觉难以适应学校生活，就应该接受治疗。

痉挛有偶尔好、偶尔严重，偶尔有、偶尔消失的特点。就算接受治疗，有时也很难分辨是药物治疗带来的效果，还是症状本身暂时得到的缓解。所以，家长不妨耐心地等一段时间。治疗痉挛和“秽语抽动综合征”的目标不是为了即刻消除痉挛，而是通过药物治疗暂时缓解症状，以此让孩子的日常生活或学校生活充满快乐和信心。

家长要清楚，接受治疗并不是为了完全消除痉挛现象，所以，每当症状严重时，家长不能盲目增加药量。感觉有必要增加药量时，应该争取主治大夫的同意。一旦接受药物治疗，就不要太在意他人看法，也不要受网上某些信息的影响，家长要尊重主治大夫的建议。

Q3 发生痉挛的部位，为什么会有异常感觉？

A 异常感觉一般出现在痉挛之前，随着痉挛的发生，异常感觉就消失了。比如，痉挛部位有紧绷感，感觉灼热、不方便，总之痉挛部位很敏感。发生痉挛时，那种异常感觉多少会消失，等痉挛结束了，异常感觉又出现，再次引起痉挛。

这种情况，也许有利于家长了解痉挛。比如，蚊子叮咬过的地方，一般都是很痒的，挠了之后感觉舒服多了。但那都是暂时的，马上又痒起来，越痒越挠，越挠越对伤口不利。虽然明知不利，但手不经意间又伸向伤口处。因为无法控制，不停地挠，挠了之后发炎，那也继续挠……也许有痉挛的孩子感受到的异常感觉和这个有大同小异吧。

Q4 我是六岁孩子的妈妈。孩子属于内向性格，安静、听话，也能适应学校生活。一回到家，孩子就抱着小时候盖过的毯子或被子，晚上睡觉时也抱着睡，有时还把被子放到嘴里咬。我实在是看不下去了，有一天趁他上学，就把被子扔到外面。因为这件事儿，孩子整整哭了两天。没过几天，孩子又开始咬大拇指。因为整天咬大拇指，大拇指肿得很厉害，而且都有味了。不管我怎样制止，孩子一有空就把大拇指伸到嘴里。真的很担心孩子会成为小朋友的笑柄。我该怎么办呢？

A 孩子离开妈妈，处于陌生环境时，被子可以替代妈妈的角色，给孩子带来心灵的安宁。当不知情的妈妈狠心把被子扔出去的时候，我们可以试想，这将会给孩子带来多大的失落感。这时期的孩子因为还没有完全从妈妈那里独立出来，遇到妈妈不在的陌生环境时，就会痴迷安定他心理的某种替代物。所以，他们经常寸步不离自己喜欢的被子、毯子或玩具。

孩子的痴迷并不能说明孩子身上有什么问题。没有任何问题的孩子身上，也会出现这种痴迷现象。不愿意看到这一幕，强行剥夺或处理替代物，并不是明智表现，家长的举动反而会加剧孩子的不安。

大约有三分之一左右的孩子，被家长没收了能使自己心情安定的毯子、被子、玩具等替代物时，开始咬手指头。所以，家长首先要弄清楚孩子有什么不满，有什么欲望，为什么不安，然后再满足孩子的要求。孩子拥有自己喜欢的，能使自己心情安定的替代物也是一种好方法。

MEMO.

BARBER SHOP

PART 11

耍赖

妈妈的来信

院长：

您好！我家孩子现在三周岁零三个月。个子和体重均属正常，健康情况也不错。我们要孩子要得比较晚，所以，尽量满足孩子所有要求。孩子长到三周岁时，我们发现孩子动不动就要赖、为所欲为，稍微不合他的心意，就躺着打滚大声哭喊，怎么哄都没有效果。最近孩子好像自虐，经常把头重重地撞到墙上。我们真的很担心，如果孩子有什么三长两短该怎么办呢？

回信

孩子耍赖做自虐行为，家长一定深感不安吧。家长捺着性子跟他讲道理，孩子也根本听不进去，是否感觉无可奈何？

耍赖现象经常发生在 2 ~ 3 岁的孩子身上，它也是孩子自我表现的一种方式。这时期的孩子有了自我意识之后，出现反抗和攻击倾向。因为孩子不能很好地调节自己的情绪，只能靠耍赖的方式表现自己。所以，这时期的孩子耍脾气是很正常的 。

很多家长又是哄又是吓唬，但因为耍脾气本身是突发性的、而且有些过火，大多数家长都不能理性对待，经常是火冒三丈，大声喊叫。

家长可以把孩子耍脾气的事情想成正常现象，然后根据不同状况，找出相应措施。但说起来容易，做起来难。有时急于哄孩子，满足孩子所有要求；有时想改掉孩子的坏毛病，不满足孩子要求。久而久之，孩子就会认为，只有耍赖欲望才能得到满足，以后就习惯成自然了。

幼儿期的孩子耍赖时，家长一定要及时改正，为了有效制止孩子的耍赖现象，家长应注意以下几个方面。

耍赖的孩子

孩子为什么会耍赖呢?

耍赖是孩子表达意愿的一种方式。

"只要有想得到的东西，孩子就会哼唧哼唧。"

"我们最怕跟孩子一起出去，每次经过玩具店或文教店时，孩子总缠着我们买东西，如果不买索性就坐在地上大声哭叫。"

每个家长可能都经历过孩子的耍赖，所以，每个家长都可能有不同的刻骨铭心的故事，采取的对策可能也是形式多样。也许是过于普遍的缘故吧，很多家长对孩子的耍赖持有不以为然的态度。一般情况下，孩子到了上幼儿园或上小学的年龄，耍赖现象会明显减少或消失。因为耍赖是孩子表达意愿的一种方式，每一次的耍赖又有不同的理由。

如果孩子耍得太过分，一边耍赖，一边号啕大哭，就不能不理不睬了。开始时，家长怎么问理由，孩子也不作任何回答，只是一味耍脾气。所以，家长很难理解孩子的所思所想。如果家长失去自制力大喊大叫、大发雷霆，反而适得其反。所以，家长的态度至关重要。

家长怎样做，才能做到理解孩子、智慧地对待孩子呢？看一看以下状况吧。

孩子做了不该做的事情时，妈妈训斥孩子。听到妈妈的斥责，孩子开始发火、耍赖。这时，家长应该怎么做呢？劈头盖脸地训斥孩子呢，还是满足孩子要求？

记一记家长有可能对孩子说的话和采取的行动。

____

____

____

从下面的选项中找出和家长反应相似的选项。

1. 继续做自己没做完的事情，或把孩子晒在一边独自进屋。
2. 抱抱孩子，明确告诉孩子“不行”的理由。
3. 干脆把孩子撵出去或者打骂孩子。
4. 大部分情况下熟视无睹，但偶尔满足孩子欲望。
5. 满足孩子绝大多数的要求。

1. 继续做自己没做完的事情，或把孩子晒在一边独自进屋。

属于放任型家长。孩子做某种行为或说某些话时，放任型家长没有任何反应，放之任之。面对这样的家长，孩子会有独自站在狂野的孤寂感。当自己的行为和情感得不到妈妈的宽慰和反馈时，孩子不知道自己的真实情感。这样的孩子不知道怎样表达愤怒和火气等消极情绪，也没有学习的机会，所以，很难矫正自身行为。

2. 抱抱孩子，明确告诉孩子“不行”的理由。

属于民主的家长。这样的家长能培养孩子善于调节情绪，做到有效自我管理，并听从大人指示。

3. 干脆把孩子撵出去或者打骂孩子。

属于专制的家长。这样的家长压迫和控制孩子的愤怒。所以，很容易把孩子培养成充满敌对情绪的、排斥他人的孩子。这样的孩子一旦感到对方强硬，就会感觉畏惧。其次，愤怒情绪得到长时间的压抑，更容易抵御家长。

如果孩子一直在这种环境中长大，当对方强硬时，孩子就会感到被动，感到害怕，反之，过分宣泄愤怒，显示自身强大。这样的孩子很容易发展为连自己都害怕和讨厌的专制的人。

4. 大部分情况下熟视无睹，但偶尔满足孩子欲望。

属于不能采取一贯态度的家长。因家长没有一贯性，时时作出不同反应，所以，孩子会忍不住地想：只要发火、耍赖，欲望就有可能得到满足。这样的家长只能纵容孩子越来越耍赖；这样的孩子不知道行和不行的明确界限，经常看着他人眼神耍赖。

5. 满足孩子绝大多数的要求。

属于容忍型家长。认为满足孩子的欲望，孩子就能感觉到家长的爱，进而减少耍赖现象。这样的孩子，因为自我调节能力差，很容易成为攻击性的孩子。孩子不知道，就算家长多么爱他，有时也满足不了他愿望的事实。所以，遇到不如意的境况很难承受甚至会崩溃。如果为了孩子眼前的幸福，想方设法满足孩子的所有愿望，反而会害了孩子。因为这些孩子做事时，稍微感觉到累，就会打退堂鼓，很容易成为懦弱的人。家长要注意，一时的快乐也许会换来长时间的痛苦，所以，不能盲目满足孩子所有的愿望。

? 孩子为什么会耍赖，发怒呢？

● 不善于表达自己的意愿，不善于调节自己的情绪。

孩子过了 2 ~ 3 岁，就开始萌生自我意识，什么都想按照自己的意愿办理。这时，如果家长读不懂孩子心理，就会发生孩子耍赖和发怒的现象。

发怒是指严重耍赖时，躺在地上打滚，大喊大叫、引起骚乱的情况。严重时，把自己的脑袋撞到墙上，或不停地拽妈妈的头发。

这时大部分的妈妈都会不知所措。

孩子之所以耍赖、发怒，是因为不善于调节自己的情绪，不善于表达自己的感情。孩子生气、伤心、现实和自身想法发生冲突时，很想表达自己的意愿，但因为表达能力有限，不能流畅地、很好地表达自己的意愿。所以，往往以自己独到的方式表达自己的情感。如果家长不予理解，孩子的不满也会随之增加，最后变成纠缠。孩子的理解能力有限，有时不能很好地理解妈妈的话，所以，给人发牢骚的感觉。如果家长训斥和吓唬孩子，就等于火上加油，更能引发孩子的发怒和耍赖现象。

● 孩子的身体状态不是很好。

情绪不好、肚子饿、发困、睡眠不充足、畏惧、敏感、想得到他人关心、有压力时，都会引起孩子的发怒。

● 不会控制自己的情绪。

家长要铭记，不能因为爱孩子就允许他为所欲为，满足任何要求。家长呵护孩子，深爱孩子，对安定孩子的情绪有不可忽视的影响。但孩子必须要学会自我调控。因为不懂得自我调控的孩子，当他人拒绝他们的要求或他人严厉制止他们时，很容易耍赖或发怒。

家长千万不能对孩子做出“如果你不发脾气，我就给你做 ××”等承诺。如果习惯成自然了，只能助长孩子的耍赖和发怒倾向。因为孩子心知肚明，只有耍到一定程度时，妈妈才能满足他的要求。

? 孩子发怒时，家长应该怎么做?

● 不要慌张，也不要过分在乎周围的视线，妥善对待。

孩子大喊大叫、进行捣乱时，很多家长不知所措。特别是当他们意识到周围的视线全都集中到自己身上时，慌里慌张、紧张不已。这时候，家长应该采取沉着、冷静的态度。

孩子发怒时，他们往往什么都不在乎。躺在地上打滚，往墙上撞脑袋，而这些举动有时会引发安全事故。

不能为所欲为时，有的孩子甚至大挠特挠自己的脸，弄得满脸都是血迹。这让幼儿园老师很是被动。无可奈何的、惊慌失措的老师即刻联系家长。而赶到学校的家长，看到孩子的样子，不免对老师产生茫然的不信任和深深地遗憾。

● 教孩子调节欲望的方法。

前面举的幼儿园的事例比较极端，但是也能说明调节欲望的急迫性。不会妥善处理欲望的孩子，在家也好在学校也好，会显现很多问题。这样的孩子在别人眼里是一个没有爱心的、自私的孩子，往往会被其他孩子孤立起来。为了孩子的健康成长，为了给他更好的教育，如果孩子的情况比较严重，就有必要和专家商议。

● 仔细测一测孩子的状态，如果有必要，就应该和专家商议。

语言发育缓慢、理解能力不强、不善于调节情绪的孩子，经常会发怒。家长不能光看耍赖的表面现象，更应该关注发育迟缓情况和病理原因。如果是语言表达能力迟缓的原因导致了孩子耍赖，那么，随着年龄的增长，会自行好起来；如果孩子的理解能力差，就可以通过提高孩子认知能力的教育和治疗进行弥补。

对六岁以下的儿童，不能轻易下“注意力缺乏、过激行为障碍”（多动症）的诊断。其实，经常发怒或不能调节情绪的现象，属于初期的多动症。家长应该和专家一起，透过耍赖的表面现象，找到隐藏在背后的真正原因。如果有必要应该接受医生的具体治疗。

孩子感到不安时，也会耍赖。这样的孩子看起来任性、固执。其实，他们是因为不安，不知所措，才会以愤怒和发火的形式表达自己情绪的。他们为了更好地保护自己，或者为了减轻不安的感觉，会不顾一切、拼命地耍赖。这时，家长不能强制性地压制孩子，可以和大夫进行商议。

? 如果家长不希望孩子成为耍赖包，应该怎么做？

● 孩子应该明确，什么事可以做，什么事不可以做。

如果家长不希望孩子成为耍赖包，首先应该充分肯定他的正确行为。然后，慢慢地告诉孩子用语言表达情感或情绪的方法。明确告诉孩子每天必须要做的事情（比如刷牙、洗脸、跟长辈问好）和不可以做的事情，并指导孩子熟悉和实践。对于孩子不应该做的事情，家长用不着长篇大论，简单明了地告知就可以。

● 不要在孩子面前发火或发牢骚。

就算孩子做了不应该做的事情，家长也千万不能发火或大喊大叫。家长应该用温柔而坚决的态度明确地告知孩子。如果家长的声音压过耍赖的孩子，也许当时孩子会停止耍赖，但以后免不了模仿家长的样子，耍得更厉害。所以，家长一定要谨记不应该在孩子面前发牢骚或发火。

孩子在公共场所耍赖或发怒时，家长应该怎么办？

孩子在公共场所耍赖、发怒时，很多家长左右为难、不知所措。当周围所有人的目光集中到家长身上时，家长会倍感慌张和羞愧。如果想制止孩子的耍赖行为，家长千万不能失去理智，应该冷静对待。首先，家长应该把孩子领到没人的安静地方，紧抱着孩子，等孩子的怒气平息下来，用低沉的、温柔的声音，轻声细语地教导孩子。

家长怎样对待刚刚停止耍赖和发怒的孩子？

从发怒到镇定，孩子一直处于心力交瘁的状态，有时也会受到心灵创伤。家长应该紧抱孩子，不能让他产生受到伤害的感觉。家长有必要让孩子明白，家长对他的爱是最诚挚的。家长可以温柔地说：“妈妈帮你，你先镇定一下好吗？”

不能因为孩子平静下来了，就给孩子一定补偿或满足不应该满足的要求，这样孩子会误认为，耍赖和发怒是满足欲望的有效方法之一。

在什么情况下，孩子经常耍赖?

测一测孩子的状态

√ 孩子身上有这种倾向。

在家耍赖的孩子

Check01_____ 想得到某种东西时，死缠滥磨。

Check02_____ 要求或制止孩子做某件事情时，任性。

Check03_____ 故意找茬，固执己见。

Check04_____ 事与愿违时，在地上打滚或乱蹦乱跳。

Check05_____ 表达意愿时，大声喊叫。

Check06_____ 孩子太喧闹，没法和他沟通。

Check07_____ 喜欢的玩具坏了，也要大声喧闹。

Check08_____ 从不收拾玩具，可一旦找不到玩具时，就大发牢骚直到找到为止。

Check09_____ 家长要去上班时，孩子耍赖。

Check10_____ 家长上卫生间时，大声喊叫着让家长开门。

Check01 ~ 10 → P375

在外耍赖的孩子

Check11_____ 每次路过玩具店时，都要耍赖。

Check12_____ 想为所欲为时，故意找茬，犯牛劲。

Check13_____ 听到“不行”，或者愿望得不到满足时，又哭又闹。

Check14_____ 严重时躺在地上打滚、直蹦高、喧闹。

Check15_____ 试图制止孩子的某种行为，抓住他的身体时，往外翻身子、挣扎。

Check11 ~ 15 → P376

※ 查对孩子的症状，找到相应的页码。好妈妈的心灵处方恭候您的光临。

针对耍赖的处方

在家耍赖的孩子

Case01~10

- 想得到某种东西时，死缠滥磨。
- 要求或制止孩子做某件事情时，任性。
- 故意找茬，固执己见。
- 事与愿违时，在地上打滚或乱蹦乱跳。
- 表达意愿时，大声喊叫。
- 孩子太喧闹，没法和他沟通。
- 喜欢的玩具坏了，也要大声喧闹。
- 从不收拾玩具，可一旦找不到玩具时，就大发牢骚直到找到为止。
- 家长要去上班时，孩子耍赖。
- 家长上卫生间时，大声喊叫着让家长开门。

心灵处方——直视孩子的眼睛，义正词严而又不失温柔地跟孩子对话。

家长要采取坚决而又不不失温柔的态度。“坚决而又不失温柔”的方法，其实非常有难度。大多数家长误认为坚决是指大喊大叫，打骂孩子，训斥孩子。其实，这句话的真正含义指对孩子的问题行为，家长应该采取温柔而又冷静的态度，这样既能得到孩子的认可，也能得到孩子的尊重。

在整个过程中，最重要的是家长要真诚地直视孩子的眼睛，如果孩子太小，就有必要把孩子夹在大腿中间，不让他乱动。稍微大点的孩子，家长可以弯下身子，两手抓住孩子，看着他的脸，义正词严地跟他说话。

心灵处方——家长可以哄孩子，但千万不能满足孩子过分的要求。

要求得不到满足时，伤心的孩子会采取耍赖的方式。这时，如果家长抱抱孩子，有助于平息耍赖行为。一边抱着孩子，一边给孩子擦拭眼泪、鼻涕，细声细语地跟孩子说话，孩子就会认为家长理解自己，包容自己。但无论如何也不能满足孩子过分的要求。这样孩子就会明白，家长虽然爱他，也不允许他耍赖的事实。

家长抱住孩子不仅能宽慰孩子，也能防止孩子受到意外伤害。家长一定要注意，如果抱得太紧，孩子会喘不过气；抱得太松，孩子会乱踢蹬，容易受伤。所以，实践之前，家长有必要练一练。家长抱孩子时，如果孩子乱蹬脚，试图离开妈妈，家长就应该再使劲儿，以此展现家长坚决的态度。

在外耍赖的孩子

Case11~15

- 每次路过玩具店时都要耍赖。
- 想为所欲为时，故意找茬，犯牛劲。
- 听到“不行”，或者愿望得不到满足时，又哭又闹。
- 严重时躺在地上打滚、直蹦高、喧闹。
- 试图制止孩子的某种行为，抓住他的身体时，往外翻身子、挣扎。

心灵处方——把孩子领到没人的安静地方。

在家安静的孩子，有时到外边，故意找茬、耍赖、直蹦高。孩子非常聪明，他比谁都清楚外面人多，家长不好意思拿他怎么样。而家长因为担心他人在背后说三道四，一时慌张，拿不出贴切对策。这时，家长首先要抱住孩子，把他领到安静地方。这样就能减少家长慌张和羞愧的心理，孩子一旦发觉周围没有人观看时，就能马上停止耍赖。抱着孩子走到安静地方时，家长千万不要和孩子吵嘴。到安静的地方之后，可以采取在家时的治理方法。

心灵处方——根据不同的耍赖原因，找出不同的对策。

● 语言表达能力不成熟，很难用语言表达情感。

语言发育缓慢的孩子，因为不能很好地表达自己的想法，只能用耍赖的方式传递自己的意愿。所以，这种情况的耍赖，跟家长的教育没有任何关系。语言表达能力不成熟的孩子，自身也会感到憋闷，憋到一定程度，就会迸发郁火。比如，想对家长表达某种愿望，但表达效果并不理想，或者自认为表达清楚了，但家长没有听明白。这时，孩子能不感到憋气吗？“怎么连妈妈也听不懂我的意思呢？”越想越难受，越想越伤心，最终会爆发。

随着孩子的成长和语言表达能力的提高，孩子能慢慢减少耍赖现象。所以，与其苦苦追寻躲避孩子耍赖的方法，不如好好思考减少孩子耍赖的方法。还不会说话的孩子发怒时，温柔对待是最有效果、最基本的原则。家长要清楚这时期的孩子表达意愿的各种行为表现，一旦孩子发送信号，马上领会。这样就能起到防患于未然的作用。

我们来看一看孩子耍赖时的想法和家长的不同想法。

2～4岁的孩子发脾气时，家长的错误想法	孩子的实际想法
孩子不喜欢我	我生气了
孩子想故意气我	我困了
想换个妈妈	我无聊
想随意支配妈妈	我也不知道我期盼什么
眼里没有妈妈，不拿妈妈当回事	欲望得不到满足

● 情绪不好、肚子饿、发困、睡眠不充分时，孩子耍赖。

这时的孩子，心情不舒畅、不安。所以，家长要尽可能原谅和包容孩子。比如外出回来时，因堵车耽搁了吃饭时间。又饿又困的孩子哭哭啼啼、纠缠家长，但家长千万不能发脾气，应该忍一忍。这并不是让家长同情孩子和孩子一起抱头痛哭。家长要充分理解孩子的心情，并及时帮助孩子调节情绪。只有做到这一点，才能真正帮助孩子，使孩子在以后遇到任何艰难困苦，也都能自如面对。

● 想得到家长的关心而耍赖。

如果孩子得不到家长关心，内心会充满孤寂和悲伤。为了得到家长的表扬和关心，孩子使尽了浑身解数，但依然没有得到家长的关心。这时，孩子就想以闹乱子的形式，引起家长注意。就算被家长打得鼻青脸肿，孩子也希望触碰到家长的手；就算家长怒目斜视，也想把家长的视线吸引过来。孩子真是用心良苦。如果家长过分关心孩子的问题行为或作出过激反应，孩子会误认为家长在关心自己，所以，孩子会以继续发脾气和耍赖的方式博得家长关心。

在孩子为了得到家长关心，耍赖或发脾气时，最好的办法是“不理不睬”。这里的“不理不睬”不是让家长对孩子放之任之、置之不理。孩子哭哭啼啼地耍赖时，家长不作任何反应，等孩子镇定，试图和妈妈说话时，再认真倾听孩子的话。

● 因深感不安，孩子耍赖。

我们可以用“恐怖”这个词汇概括孩子不安的内心。为了减轻孩子的不安，家长应该亲密地抱住孩子，明确地向孩子说明他所处的状况。然后引导孩子预测以后将会面临的事情。如果这种方法消解不了孩子的不安，就应该求得儿科专家的帮助，找出原因并接受相应治疗。

请再告诉我！ Q&A

Q1 是不是因为孩子太小了，才耍赖呢？几岁之前的耍赖属于正常情况？

A 只要没有安全隐患，只要对健康不构成威胁，对两周岁以前的孩子，除了实在不能满足的要求之外，其他要求都可以满足。也许家长担心一味满足孩子要求，孩子会成为不听话、没礼貌的耍赖鬼。其实，这是没必要的担心。就算这时期的孩子学会了调节、限定、控制，但毕竟还是小孩子，做不到理智对待。所以，自己的欲望得不到满足时，孩子会闹得更厉害。对这时期的孩子，只要让他充分感受到家长的爱，知道家长对他的浓浓情意就足够了。

有家长的信赖和关爱，孩子才能更好地学会控制和限定。两周岁以后，他们的语言表达能力逐步提高，所以，家长一定要讲清楚可行和不可行的行为。三周岁的孩子，可以说到了接受社会秩序和限定的年龄，所以，要培养他们最基本的自我调控能力。如果三周岁以后的孩子，还经常耍赖或者发脾气，就属于问题行为，家长应该找一找积极对策。

Q2 孩子的耍赖达到什么程度时，可以找儿科专家商议？

A 第一，歇斯底里，导致声带出现问题。

第二，捣乱、有受伤的危险。

第三，因过分耍赖，出现和妈妈疏远的倾向。

第四，家长的抚养压力过大，变得忧郁或过分严厉对待孩子。

第五，因孩子耍赖，家庭成员的幸福和安定出现问题。

第六，和幼儿园小朋友不能友好相处。

第七，发育迟缓。（孩子的理解能力差、情绪有问题、和小朋友融不到一起，社会适应能力差，都会带来消极影响。）

上述选项中如果有一两项符合孩子，家长就应该和专家进行商议。

Q3 怎样具体实施“暂时中止”的方法？什么时间、什么场合、采取什么措施？

A 这是应对问题行为的极其有效的方法。不仅适用于耍赖的孩子，也适用于有问题行为的孩子和暴力倾向的孩子。具体方法大同小异。如果孩子的年龄太小，可能很难适应。

● “暂时出局”（TIME-OUT，中断活动）：思考的椅子。

1.“暂时出局”方法的定义：
指孩子做问题行为时，先中止孩子的行为，然后把孩子暂时隔离到其他房间的方法。比如和小朋友一起玩耍时，如果孩子做问题行为，就把孩子单独放到其他地方，让他面壁而坐。
2. 对“暂时出局”方法的说明
① 妈妈说你 ××× 行为时，又是训斥，又是责备，可能伤到你的自尊心了，从现在开始找一找对你有帮助的新方法吧。
② 从现在开始，你要是再做出 ××× 行为，我不会再责怪你、训斥你，我会让你静静地坐三分钟“思考的椅子”。
③ 过了三分钟，妈妈问你坐“思考的椅子”的原因，如果你能做出正确回答，就能离开。
3. 把孩子放到“思考的椅子”上时，应先得到孩子同意。
4. 备品：闹钟、椅子。
5. 实施“暂时出局”的方法。
① 事先说明行为的不妥之处，并警告孩子不要屡教不改。
② 如果继续做问题行为，命令孩子坐到椅子上。(如果不坐，就采取强硬措施，千万不要动手打孩子。)
③ 过三分钟后，让孩子自己说出坐椅子的理由。然后终止“暂时出局”的措施。
④ 千万不能发牢骚：“以后再也不要……”
⑤ 让孩子接着玩。
6. 具体技法。
① 第一次指示孩子时，看着孩子的眼睛，坚决而又不失温柔地说。
② 指示孩子之后，家长在心里数到 5，并调节自己的感情。
③ 如果 5 秒钟之内，孩子无动于衷，家长再次看着孩子的眼睛，

用更大的声音，更严厉的语气，坚毅地跟孩子说："不按照妈妈说的做，让你坐到'思考的椅子'上。"

④ 警告之后，再数到5。

⑤ 可以视为对孩子问题行为的特别的惩罚手段。

⑥ 如果5秒钟之内，孩子没有任何反应，家长要抓住孩子的胳膊或手义正词严地对孩子说："你没按照妈妈说的去做，应该到那个'思考的椅子'上坐一会儿了。"

⑦ 严厉地让孩子坐三分钟的"思考的椅子"。

⑧ 对孩子实施"暂时出局"的方法时，不能跟孩子吵架。

⑨ 过三分钟之后，让孩子说出受惩罚的理由，说得正确就允许他离开。

如果不是耍得很严重，只要认真履行"暂时出局"的方法，次数就能明显减少。但是严重耍赖，不停挣扎的孩子，第一次适用"暂时出局"的方法时，就不会很轻松。不老实坐在椅子上，身子往后挺或者往墙上撞脑袋，受伤概率极高。

有时家长想把住孩子，但因为没把住，出现孩子摔倒、孩子咬家长的情形，有时孩子上蹿下跳，挣扎得厉害，一下子撞疼妈妈下巴颏的情况会出现。所以，听听专家的建议，就能减少执行过程中的危险和失败，以此收到较好效果。

家长一旦决定改掉孩子耍赖的毛病，就一定要坚持到底。如果中间不了了之，孩子会更不在乎家长，家长也会在孩子面前失去权威性。

Q4 实施"暂时出局"的方法，让孩子坐到另外一间屋子。可过了一会儿，当家长悄悄往里看时，孩子竟玩起来了，家长应该怎么办？真是哭笑不得！

A 家长可能又生气、又好笑、哭笑不得。这时，家长有必要再给孩子讲一讲实施"暂时出局"方法的理由，并明确告诉孩子"这是让你反思，不是让你玩"。

如果实施"暂时出局"方法的房间有很多玩具，就应该换个地方。叫出孩子之后，找到一个安静场所重新开始。有时，孩子会耍赖、挣扎，所以，屋子内最好不要放置任何危险物品。

Q5 妈妈训斥耍赖的孩子时，爸爸应该怎么办？

A 这是很多家庭普遍苦恼的问题。一方家长训斥孩子时，保持沉默的另一方家长感觉自己不够关心孩子，或感觉自己懦弱无比。而训斥孩子的一方会抱怨对方：“为什么总得由我自己扮演白脸角色？”

不管怎么样，当一方家长训斥孩子时，另一方家长应该保持沉默。如果俩人一起训斥孩子，孩子会受到伤害。相反，一方家长向着孩子说话，或者责怪另一方训斥孩子的家长，就会给孩子造成一定混乱，这属于没有一贯性的表现，有损于家长的权威性。

怎样做才是最理想的呢？最好的方法是针对孩子的问题行为，夫妻双方经常沟通，或者训斥孩子之前先规定好角色分配，这样就能给孩子传达一致的信息。俩人没来得及事先沟通时，另一方也要表现出关心。“现在是你和妈妈的时间，跟妈妈谈完了，再和爸爸谈一谈。”等妈妈的训斥结束了，看到垂头丧气、伤心不已的孩子，爸爸最好是宽慰孩子“很伤心吧。其实，妈妈也不愿意训斥你，但是，因为妈妈爱你，才去纠正你的错误行为。以后咱俩一起努力好吗？”说完之后，再抱抱孩子，效果会更好。

Q6 因为孩子太能耍赖，勒令转到其他幼儿园。有没有必要对新幼儿园的老师讲孩子的情况？如果有必要，应该怎么说，说完之后，能不能有负面影响？真不知怎么办才好？

A 向老师坦率说明孩子的情况，并跟老师一起探讨解决问题的方法。对老师来说，这也许是更好地了解孩子，更好地拿出对策的机会，而孩子接触到老师温柔的目光之后，更容易适应新的环境。如果不便当面说，可以采取写信的方式。

MEMO.

PART 12

害羞

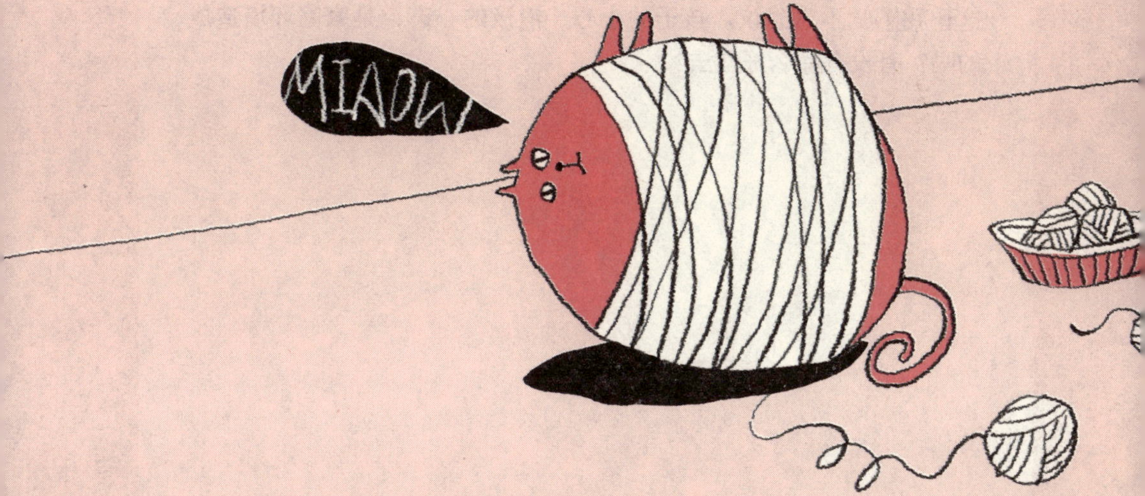

妈妈的来信

院长：

您好！我是小学二年级孩子的家长，可能遗传了我们夫妇的性格，孩子事事谨小慎微、小心翼翼。见到不熟悉的人，既不说话，也不多瞅一眼，在学校经常保持沉默，发言的次数也十分有限。在家时孩子滔滔不绝、口若悬河，可一到外面就噤若寒蝉、哑口无言，这让我感觉不可思议。孩子的小心、消极的心态，是家庭环境造成的吗？有没有什么好办法？

回信

害羞的原因有很多种，但主要来自不安的心态。孩子之所以不安，是因为有强烈的畏惧感。如果家长想改变孩子的害羞心态，首先要消除或缓解孩子的畏惧心理。

家长不能直言不讳地跟孩子说，害羞和畏惧的孩子，简直像个大傻瓜之类的话。作为家长，首先应该接受孩子害羞的性格，然后鼓励孩子。家长一定要禁止过度的呵护备至或冷若冰霜。

不要为了壮孩子的胆，有意让孩子参加需要进行过激训练的团体活动。家长应该让孩子多接触同龄人。向他人介绍孩子时，家长不应该说“我家孩子不合群”或“我家孩子很内向”。如果家长把孩子单纯的性格问题，视为孩子的弱点或缺点，对孩子没有什么好处。“你是男孩，怎么能那样？”“你看你害羞的样子，简直像个小姑娘。”这种说法会给孩子带来错误的性别观念。随着时间的推移，害羞性格能慢慢改变，所以，家长没必要感到焦急和憋闷。

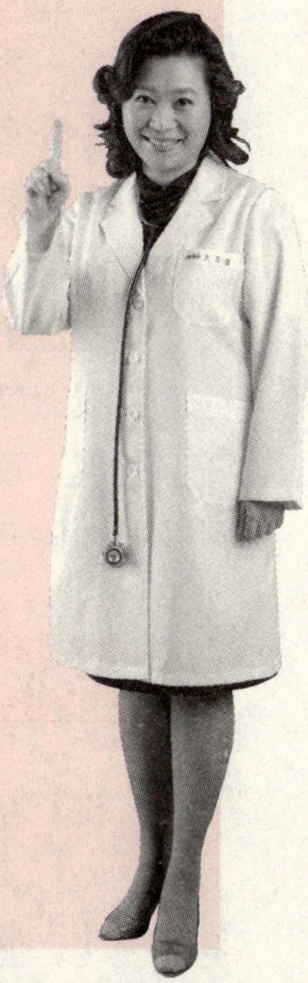

害羞的孩子

害羞是大人、小孩谁都要经历的正常感情。但有时，这种感情会引发一系列问题。因害羞不能合群，独来独往、孤苦伶仃，会给日常生活带来很多负面影响。

害羞现象突现在三周岁以后，其实，害羞也是不安的一种表现。和他人在一起时，备感不便或不愿意抛头露面，都属于害羞的表现。

过分害羞，或过于推诿、不合群，看到这些家长不免要担心。其实，最筋疲力尽的莫过于孩子自身。如果害羞心理得不到及时改变，大了之后，导致过于内向、消极的可能性极高。羞涩和害羞心理，靠家长和孩子的努力完全能得到改变，所以，家长没必要过分担忧。

孩子为什么会害羞？

孩子为什么会害羞呢？是因为内向、消极的性格吗？不完全是。

首先，接触的世面少。孩子和大人不一样，因为接触的世面少，经验不丰富，感觉一切都那么新鲜。在适应新环境的过程中，孩子会慢慢积累社会经验，慢慢成长。有些孩子接触新环境时，很难适应，这都是缺乏经验的缘故。因为经验少，他们自然而然表现出害羞和不安、扭扭捏捏，总是放不开。这样的孩子有必要学习缓解紧张、降低不安的方法，并在现实生活中努力实践。

其次，家庭影响。据调查研究显示，过分害羞的孩子，他们的家长也有害羞倾向。如果家长也过于害羞，就说不清是遗传因素还是孩子自身原因了。

再次，没有一贯性的抚育方式，对孩子产生影响。孩子做出某些问题行为时，家长有时狠狠训斥，有时就算犯同样错误，也表现得无关紧要或视而不见。久而久之，孩子就会感觉心里不安，变得忐忑不安或害羞。

最后，性格原因。过于小心谨慎、消极时，孩子在日常生活中也表现为害羞。

羞涩和害羞的孩子，会引发什么问题？

孩子已经五岁了，但小朋友邀请他参加生日宴会时，他却表现得忐忑不安或不愿意去；孩子尽可能回避和家人的团聚；遇见陌生人或陌生环境时，孩子会显得异常紧张和害羞，寸步不离家长；不合群；站到他人面前时，孩子常常脸憋得通红或不知所措。

如果孩子过分害羞，就像上述情况一样，引发紧张和不安。不但人际关系受到影响，也会导致患人际关系恐怖症。久而久之，孩子会慢慢失去自信心、自尊心，最终变成极其被动和消极的人。

孩子过分羞涩和害羞时，家长应该怎么办？

家长不妨采取以下措施，这将有助于缓解孩子的紧张，并增强孩子的勇气。

● 鼓励孩子不要失去勇气。

有些家长为了解除孩子的害羞心理，强制性地让孩子接触他人，或做激烈运动。如果状况按家长希望的方向发展，那当然是好的。

但是事与愿违时，家长如果强行要求孩子，孩子的抵御心理反而会增强，从而受到创伤。所以，家长千万不能采取强硬手段。

孩子害羞并不能说明他们懦弱，这只是他们的特性而已。所以，孩子害羞时，家长应该尊重孩子，坦然接受害羞的事实并鼓励孩子克服害羞心理。

家长可以给孩子讲自己小时候害羞的经历以及克服害羞的过程。当孩子知道家长曾和自己一样时，他会产生“同病相怜”的感觉，会萌生自己也定能战胜害羞心理的自信感。

和孩子一起参加某项活动时，提前到达指定地点，帮助孩子先熟悉周围环境。如果人多孩子感到不便时，家长可以一直陪伴在他的身边。这并不是让家长过度保护孩子，也不是让家长表现得过于冷漠。过度的保护会减弱孩子克服害羞心理的意志，稍不注意孩子就会变得懦弱；过于冷漠也会给需要家长帮助的孩子增加不安，反而让他更加焦虑和消极。

● 给孩子找朋友。

害羞的孩子其实也十分渴望和朋友一起玩耍，但是这需要家长积极的帮助。把小朋友邀请到家里，或者给孩子创造参加团体活动的机会。等孩子的交际面广了，交际对象由家长扩展到同龄人时，他就能慢慢恢复自信心。

● 认真倾听孩子的话。

就算是害羞的孩子，只要感觉环境舒适，就能自如表达自己的想法。所以，家长给孩子创造舒适的环境，对孩子有一定帮助。

吃饭时间既是家人团聚的时间，也是沟通交流的时间。家长应该鼓励孩子在家人面前表达自己的想法。家长要认真倾听孩子的话，并做出积极反应。即便是害羞的孩子，在认真倾听自己说话的家长面前，也会坦然说出自己的想法。

● 不要给孩子贴上“害羞”的标签。

千万不要当着孩子的面说：“这孩子太害羞。”这样孩子就会向家长所说的方向发展。一旦贴上这样的标签之后，孩子的行为就会受到束缚。孩子不但不会努力克服不足，反而希望他人特殊对待自己，从而不做任何努力。

● 敞开心扉跟孩子交谈。

直言不讳地跟孩子交谈。听听孩子的想法，听听孩子的兴趣爱好。对孩子的了解越多，抚养孩子越是得心应手。

● 不要让孩子感到羞耻。

孩子害羞时，有的家长这么说："不要像小孩似的，扭扭捏捏。"听到家长的这一番话，孩子会更害羞，同时因家长的不理解深感遗憾。

内向和害羞是一个意思吗？

不是，它们是有区别的。有人误认为内向的孩子不喜欢室外活动，不合群。其实，内向的孩子也非常喜欢室外活动，喜欢和同龄人一起玩耍，只不过除了这些喜好之外，内向的孩子还喜欢给自己增加活力的独处时间。所以，对内向的孩子均匀分配独处和在外活动的时间比例至关重要。

在我们的周围，随处可见害羞的孩子。害羞是孩子特定的行为姿态，并不能说明他没有能力或软弱。

害羞的孩子内向吗？

孩子有内向的，也有外向的。只有我们知道孩子属于哪一种类型，才能更好地理解孩子的所作所为，才能得心应手地调教孩子。看到以下内容，家长就能判断孩子属于内向性格还是属于外向性格，也能知道家长自身的性格类型。

请查对孩子的性情。

1. 独处时，更有活力。
2. 只要是自己喜欢的书或科目，就能聚精会神、全神贯注，有时深陷其中不能自拔。
3. 不喜欢谈话，完成某项课题时，不喜欢他人妨碍或加塞，自己也从来不去妨碍他人。

4. 玩游戏之前，喜欢观察游戏方法。
5. 到人多拥挤的地方，或置身于需要和他人长时间共处的环境时，表现得紧张不已。每每感到疲倦时，孩子会更紧张、更敏感。
6. 别人说话时，孩子能正视对方的眼睛，全神贯注、聚精会神地倾听。但轮到自己说话时，就不敢正视他人的视线。
7. 表情和身姿比较文静，肢体语言也不夸张。疲倦或融入到团体活动时，孩子表现更为突出。
8. 做出反应需要时间;回答时有点犹犹豫豫、优柔寡断，声音低沉。
9. 回答某些问题时，需要事先想好；在大庭广众之下说话时，有必要先进行相关练习。
10. 喜欢倾听他人说话，特别是谈论自己喜欢的话题时，不愿意说而愿意听。熟悉周围的环境时，也能开口说几句。
11. 从不炫耀所取得的成就或自己知道的事情。所以，他知道的往往比自己表现得多得多。
12. 日程排得满满时，不是兴致更高，而是慌张、不知所措。
13. 说话时细声细语，中间偶尔停顿，感觉孩子在想词汇。
14. 表达自己固有想法、创意、情感时异常积极，与平时截然相反，判若两人。
15. 孩子不喜欢引人注目，也不喜欢成为别人谈论的焦点。
16. 感觉孩子不可思议。置身于熟悉的环境时，滔滔不绝、侃侃而谈；置身于陌生环境时，则变得噤若寒蝉、哑口无言。要么一天精力充沛、劲头十足;要么一天死气沉沉、有气无力。
17. 班级同学都认为他是一个文静、话少、畏缩、面无表情的孩子。
18. 善于观察，甚至能掌握他人细微变化。
19. 喜欢墨守成规、循规蹈矩。如果稍有变化，就需要适应一段时间。
20. 临近考试或遇到问题时，就变得局促不安。
21. 看电视、录像时，不喜欢干扰他人。
22. 和特定的几个人走得很近（一人到两人），但也不是讨厌他人。认识的人很多，但仅仅是认识而已，交情不深。
23. 喜欢安静，但喜欢刺激想象力，玩创意性的游戏。
24. 喜欢团体活动，一旦结束了就表现得有气无力、心力交瘁。

从上面的选项中，如果感觉符合自己的选项达到 17 ~ 24 项，说明孩子属于内向型。对内向的孩子，家长首先应该想一想，怎样才能充分挖掘内在活力，并恰如其分地运用到实际生活中。内向的孩子平时要保持好活力，等参加室外活动或需要投入大量精力时，他们会伺机做出更积极的表现。在瞬息万变的现代社会，谁的反应更快、更积极，就更容易给他人有能力的感觉。家长应该告诉内向的孩子："尺有所短，寸有所长。"内向也有内向的好处和优点。所以，家长应该积极帮助孩子，了解和掌握只有内向孩子才具有的长处和优点。

9 ~ 16 个选项符合孩子时，孩子属于兼具外向和内向性情的人。这样的孩子既喜欢独处又喜欢和同学相处。家长应该帮助孩子更好地分配和投入使用自己的能量，制定一天的日程表，并和孩子一起实践效果会更好。

1 ~ 8 个选项符合孩子时，孩子属于外向。这样的孩子喜欢和他人接触，只有和他人在一起，才能更有活力。外向的孩子一天过得很忙碌，指导这类孩子时，应该告诉孩子独处也是极有意义的。因为孩子独处时，才能认真省察自己的行为。

如果还是分辨不清孩子的性格类型，看一看孩子身上有没有这样的倾向。做某些事情时，有必要最大限度地减少外部刺激；喜欢独处，经过一段时间的独处之后感觉精力充沛；面临压力时表现得畏缩，这些能说明孩子属于内向性格。不要误认为内向的孩子不喜欢和他人接触，他们既喜欢和他人接触，也喜欢独处。

? 内向的孩子交友时，家长应该怎么帮助他？

有的孩子擅长交友，而有的则不太擅长，也没有多少人气。能否跟朋友和谐相处，与孩子的社会适应能力有密切关系。不管是内向还是外向，认识的朋友多并不见得是好的、值得提倡的。能和朋友维持长时间的友谊，能做到互相帮助才是最主要的。

内向的孩子只是不擅长交友，并不是不愿意交友。参加长时间的室外活动和团体活动之后，内向的孩子容易感到疲倦和劳累。所以，内向的孩子更喜欢读书、玩电脑、组合玩具等能独立从事的事情。不过，他们有时极易沉溺于电脑游戏或电视节目。所以，家里没有人照顾孩子时，应该限制孩子看电视或玩电脑游戏。

内向的孩子不宜结交过多朋友，因为他们往往处理不好人际关系。所以，刚开始只和一两个孩子建立友情就可以。如果孩子们的兴趣爱好相同或有很多相似之处，那就更好了。孩子不愿参加大型活动，犹豫不决时，家长不要强制性地逼迫孩子。当然，要是能提供更多的参加团体活动的机会更好，因为孩子能在团体活动中学会和谐相处的技巧。刚开始，孩子可以参加两三个人组成的小团体活动，比如美术活动，电脑活动，各种运动项目等，这些能帮助孩子自然地和其他孩子相处。

邀请朋友到家里做客，也是一种好办法。等孩子完全习惯一对一、面对面的交友方式之后，再给他创造和几个孩子同时相处的机会。

除了内向的孩子之外，过于害羞、不安的孩子，也不善于交友。具有攻击性的孩子也是一样。

对不擅长交友的孩子，家长可以进行阶段性的群体训练。比如明确告诉孩子交友过程中出现的问题、矛盾、焦点以及处理方式。

仔细关注孩子怎样和朋友维持友情，对提高他的交际能力也有一定帮助。观察孩子的谈话方式，观察孩子在朋友面前的举动，就能掌握问题的症结所在。同时再教给孩子克服问题、解决矛盾的方法，孩子就能顺利结交朋友，并能保持长时间的友情。就算孩子遭到朋友拒绝，家长也要给予鼓励。

? 根据不同的性别，交友的方式也不同吗？

男孩和女孩交友的方式有一定区别。女孩比男孩更重视友情，更喜欢融入到朋友群体，她们希望整个学生时代都能拥有无话不谈的挚友。这个挚友只能和自己保持亲密关系，一旦发现挚友和他人关系亲密，她们就会嫉妒。家长要告诉孩子，挚友也可以结交其他朋友，就算交了其他朋友也不影响她们之间的友谊。同时家长也要提醒孩子，不能忽视和其他男孩或女孩建立友情。

男孩子一般通过篮球、足球等团体活动结交朋友。有时也单独相处几个朋友，但跟女孩子不一样，他们更喜欢参加团体活动，在团体活动中建立友情。

内向、害羞孩子的举止特点。

测一测孩子的状态

☑ 孩子身上有这种倾向。

Check01_____ 孩子看起来很害羞、很内向。→P396

Check02_____ 置身于陌生环境或遇到陌生人时，沉默寡言。→P396

Check03_____ 不愿意融入到陌生环境之中。→P397

Check04_____ 很消极。→P398

Check05_____ 教育孩子见到大人时，必须彬彬有礼，可孩子却无动于衷。→P398

※ 查对孩子的症状，找到相应的页码。好妈妈的心灵处方恭候您的光临。

针对害羞的处方

Case01

孩子看起来很害羞、很内向。

涵盖了这一章节所有内容，家长有必要仔细阅读。

Case02

置身于陌生环境或遇到陌生人时，沉默寡言。

不管是谁面临陌生环境，都会变得焦躁不安或提高警惕性。害羞、内向的孩子就更不用说了。身处陌生环境或遇到陌生人时，孩子往往沉默寡言。孩子的这种表现意味着孩子处于紧张和忐忑不安中。

心灵处方——不要强求孩子快速回答或家长替孩子回答。

不能催促或强求孩子快速做出回答。孩子本来就紧张不安，如果家长一再催促，孩子会变得更加局促不安，更难开口说话。家长不能给孩子贴“这孩子原来就这样”或者“这孩子一到外面就噤若寒蝉”的标签。孩子本来想多说两句话，但一想到家长的标签，就感觉自己不应该说，因为说了之后，不像自己所为。

不能因为孩子不说，家长就替孩子说。有的家长认为，孩子在外面不说话是羞耻的事情，所以抢先做出回答。这样的家长，其实是抢夺了孩子自行解决问题的机会。

家长应该掌握孩子在他人面前少言寡语、忐忑不安、紧张不已的特点。每当孩子面临陌生环境，遇到陌生人时，应该积极帮助孩子尽快适应。

Case03

不愿意融入到陌生环境之中。

从六万年以前，人类就开始应付猛兽攻击。为了生存，为了保护自己，人类的应付技能一直不断发展。所以，每当遇到陌生人时，人类就本能地认为不安全，本能地紧张不安，本能地提高警惕性。

心灵处方——给孩子创造适应陌生环境的时间和机会。

需要到一个陌生环境参加活动时，家长应该事先陪同孩子到达指定地点熟悉环境。如果参加聚会的人多，家长应该始终陪伴在孩子身边，直到孩子的情绪稳定下来。

家长把孩子领到外面，单独和孩子玩一会儿，也是好办法。玩的时候，可以告诉孩子里面有哪些人，正发生什么事情等。经过这样的过程，孩子的紧张和不安会有所减少。比如，逢年过节时，需要家长把孩子领到农村的亲戚朋友家。遇到不太熟悉的亲戚，孩子会号啕大哭。爷爷奶奶抱也不例外，哭得死去活来。每当这时，站在一旁的家长就很难为情。这时，家长可以把孩子领到院子里玩一会儿，以便给他时间适应，让他慢慢地熟悉环境，然后再把孩子领进屋，如此一来，他就能很好地适应陌生环境。

等到孩子明白里面的人并不对他构成什么威胁时，孩子就能坦然接受。家长千万不要强行把孩子拽到屋子里。

Case04

很消极。

人有消极的，也有积极的。就像过于消极的人需要克服众多问题一样，过于积极的人也要克服众多问题。适应能力强，表达能力强的人也许更能适应瞬息万变的现代社会。所以，很多人误解消极的特性。

消极只是人的一种特性，完全可以通过努力得到改善。所以，家长要正确引导孩子，帮助孩子，以免被他人误解。

心灵处方——家长首先要改变对消极的看法。

家长首先要改变消极不是好特性的想法。家长应该给孩子创造积极参与体育活动、趣味活动的机会。最好是几个人能同时参加的团体活动。不管是什么团体活动，只要孩子喜欢，就应该坚持到底。在这样的过程中，孩子会习惯表现自我，自尊心也能得到增强。

Case05

教育孩子见到大人时必须彬彬有礼，可孩子却无动于衷。

见到熟悉的大人，孩子也许会主动打招呼。其实，他们不是不知道见到大人应该打招呼的道理，只是因为遇到陌生人时，他们过于紧张、过于害羞，无意中提高了警惕性。如果赶上家长在旁边催促，就更张不开嘴。

心灵处方——给孩子充裕的心理准备时间。

已经强调了好几次跟大人打招呼的事情，可孩子依然无动于衷。这时，你不妨这么说："孩子可能有点慌了，真不好意思。"然后对孩子说："我家 ×× 彬彬有礼，下次见面时，一定要打招呼啊！"听到这话，孩子会想：如果一会儿再见面，我一定要打招呼。

孩子不打招呼时，家长的态度固然重要，但对方也不能信口开河："你不会打招呼啊？"或"你都几岁了，还不会打招呼？弟弟看见会取笑你的。"

请再告诉我！ Q&A

Q 没有灵气的孩子，会引发问题吗？

A 一般情况下称害羞、内向的孩子为“没有灵气的孩子”。听到这种说法，有些人可能感到高兴，因为没有把过于害羞和过于内向看成问题行为；但另一方面又感觉这种说法对害羞引起的所有问题持无所谓的态度，不能拍手叫好。孩子的害羞并不是见不得人的、需要遮遮掩掩的事情。这是孩子成长过程中经历的极其正常的感情。凡事过度就会引发问题，如果过于害羞就会引发社会恐怖症和待人接物恐怖症。看一看以下的例子。

一个小学六年级的女孩儿，最近强烈抗议上学。这孩子从小就严重认生，不愿意在他人面前抛头露面，一到外面就围着妈妈转，寸步不离妈妈。送幼儿园、入小学时，孩子拽着妈妈裤脚，哭着喊着耍赖，拒绝上学。女孩儿的妈妈费了九牛二虎之力，终于把她送进了学校。去了没几周，女孩儿就慢慢适应了学校的环境。

六年级第一学期时，学校老师普遍反应，虽然孩子有点害羞，但没发现什么问题。孩子学习很认真，和一两个同学相处也很融洽。到了第二学期时，孩子偶尔说过不愿意上学之类的话，原因是班里同学总叫她外号取笑自己，但是家长和老师从来没把她的话当回事。

有一天，声乐考试，孩子因过于紧张忘记了几句平时背得滚瓜烂熟的歌词。后来，好不容易鼓起勇气用微弱的声音唱了两句，但又严重跑调，自己也觉得别扭和尴尬。孩子的脸一下子涨得通红，慌张得不知所措。看到此景，班里一些调皮捣蛋的同学哄堂大笑，而孩子却沮丧万分，羞愧不已。

从那之后，孩子的精神面貌发生了极大的变化。到了中午吃饭时间，她不愿意和同学结伙吃饭，即便给她带饭，她也把饭盒原封不动地拿回来。只要从学校回来，她就大门不出，二门不迈，说是怕遇到认识的人，甚至连文具店也不愿去。在学校，她几乎不和同学说话，变得沉默寡言，成绩自然一落千丈。

第一次和孩子面谈时，孩子不愿正视我深深地低下头。过了一会儿，她虽然能用点头表达自己的意愿，但依然不说话。过了大约 30 分钟之后，她勉强用微弱的声音说出“是”或“不是”。

这个孩子正在承受社会恐怖症。社会恐怖症指在日常的社会生活中因过度不安和害羞，变得害怕和畏惧，不能很好发挥自己能力的症状。

社会恐怖症和害羞有很大区别。害羞的孩子遇到陌生人时，刚开始感觉不安，但过一段时间之后能平静下来。但是患社会恐怖症的孩子就大不一样。因感到害怕和畏惧，他们不愿意面对或干脆逃避陌生人。如果说害羞使孩子不愿意面对他人或采取消极行为，那么，社会恐怖症是影响孩子正常社会生活的疾患。

社会恐怖症又被称为“凝视恐怖”或“注视恐怖”。有此疾患的人，总感觉他人注视自己，以致在他人面前说话、读书、唱歌时都会感到极度畏惧。使用公共厕所，到大众浴池洗澡时，因为总感觉他人窥视自己，所以，患此疾患的人只能使用家里的卫生间和浴盆。甚至和大家出去吃饭也会让他感到恐怖。

患社会恐怖症的人经常脸红、心跳加速，很难适应人多的场合。所以，适应学校生活对他们来说也有一定难度。

年龄小的孩子，寸步不离妈妈，在陌生人面前闭口不谈，这是“选择性缄口症”的特点，也属于社会恐怖症的一种。

● 社会恐怖症的最大问题是什么？

患社会恐怖症的孩子，最害怕在大庭广众之下做事或者成为人们谈论的焦点，因为这些不仅让他感到紧张，甚至感到恐怖。所以，在学校生活和日常生活中，他要承受他人无法想象的困难和困苦。此外，患有这种病症的孩子很不自信。他们担心别人看到自己涨得通红的脸，看到不知所措的举止之后，说他是一个彻头彻尾的大傻瓜。这样的顾虑，经常导致他们失误和失败。越是失误、失败，他们越感觉羞耻、羞愧，所以，孩子只能变得更加唯唯诺诺、畏畏缩缩。久而久之，失去自信心的孩子很难建立正常的人际关系，最后导致恶性循环。

● 年龄不同，社会恐怖症的表现也不同吗？

大人经历的社会恐怖症和小孩经历的社会恐怖症有很大区别，它们的表现方式也迥然不同。对某些社会状况，如果大人感到不便，他们自身能有体会，并能采取一系列对策。但孩子就不一样。孩子具有不同的性格和气质，反应有时也不尽相同，但大体上表现为拒绝或回避参加某种活动。比如不愿离开家长半步，耍赖，拒绝和朋友相处，遇到应该参与的活动时，以肚子疼、头疼等理由坚决拒绝等。

青少年主要表现为不愿参加团体活动，对同龄孩子特别感兴趣的友情也显得漠不关心。

● 社会恐怖症应该接受治疗吗？怎样治疗？

应该接受治疗。而且治得越早效果越好，对孩子健康越有益。

治疗主要用抗忧郁剂的药物治疗，药物治疗能有效降低孩子的不便感。同时可以使用面谈治疗，认知行动治疗，家长教育，或集体治疗（和同病相怜的孩子在交流的过程中产生共鸣、互相学习）。

● 家长能为患社会恐怖症的孩子，做点什么？

1. 家长首先要了解，什么是社会恐怖症，患社会恐怖症的孩子有哪些表现。如果家长不了解症状，就会无缘无故地大发雷霆或错怪孩子。

2. 家长要让孩子表达自己的感情，并要认真倾听孩子的表达。患社会恐怖症的孩子很容易被孤立起来。久而久之，失去自信心的孩子，会显现忧郁症状。家庭是孩子最坚强的后盾，也是最让孩子感觉舒适的环境。所以，家长要理解孩子的苦衷，认真倾听他的话，给予他更多帮助。

3. 家长千万不能做过激反应，而应该始终保持镇静。孩子面临某种社会状况，因畏惧引发各种问题时，家长保持理智显得尤为重要。看到沉着的、镇定的家长，孩子会鼓足勇气学习解决问题的方法。可以说家长的行为能对孩子起到示范作用。

4. 告诉孩子缓解紧张的各种方法，或者参加活动的切入点，以便让孩子有充分的心理准备。比如，事先告诉孩子什么时候学校会有什么活动，在那个活动中孩子应该做什么，需要做什么准备等。如果孩子事先知道切入点并做好准备，就能有备无患、坦然地参与到活动中去。

5. 为了让孩子更好地适应社会生活，积极参与各种活动，家长应该抛弃一朝一夕想改变孩子的急切心理。家长要具备足够的耐心，慢慢地等待孩子适应。

● 老师怎样帮助患社会恐怖症的孩子？

1. 关注孩子的出勤情况。查对孩子的出勤情况，以此展示老师的关心。这将有利于减少孩子初期的不安心理，让他不会再认为上学是一件可怕的事情。

2. 老师要允许孩子晚到一会儿。患社会恐怖症的孩子每次和家长分开时，都难舍难分，比正常孩子承受更大的苦痛。只有消解一定的不安，才能离得开妈妈，所以，老师应该允许孩子迟到几分钟。

3. 孩子在学校深感不安时，老师应该单独给孩子找一个减少不安的场所。

4. 教孩子缓解紧张的方法。

5. 稍稍改变对孩子构成压力的状况。比如，如果孩子对大型活动深感不安，可以让他参加三四个人的小型活动。等孩子适应小型活动后，再让他慢慢适应大型活动。

6. 让孩子有成就感。老师要仔细观察孩子的能力，给他安排力所能及的任务并助他一臂之力。如果任务的完成情况良好，老师应该鼓励和表扬孩子，以便让孩子充满自信。

7. 上课或各项活动中，如果孩子做到了克服不安，表现出色，老师就应该表扬和鼓励孩子。

8. 如果孩子经常缺席、拒绝上学，老师就应该采取措施让孩子尽快重返校园。孩子再次适应学校生活，需要一段时间，所以，应该慢慢延长孩子在学校待的时间。比如，第一天可以让他在学校待一个小时，第二天可以延长到两个小时，第三天再延长一点，直到孩子完全适应为止。

9. 班主任要帮助孩子建立同学关系。如果有副班主任，得到副班主任的帮助会更好。

10. 患社会恐怖症的孩子，很难适应各种变化。有时他们拒绝老师的指示，但不是有意抵御，只是因为深感不安，接受不了而已。老师千万不能把他们视为不易管教的孩子，否则会打心底里讨厌他们。

有时很难区分社会恐怖症和害羞。社会恐怖症和害羞都有消极的特点，但是社会恐怖症比害羞的症状更加严重，他们经常采取逃避的方式，以致日常生活也受到严重影响。治疗社会恐怖症的第一步不能采取药物治疗，而是要理解孩子并帮助孩子克服不安和畏惧。

TOY

PART 13

畏惧

妈妈的来信

院长：

您好！我是一个五岁孩子的妈妈。

从去年开始，我家孩子不管做什么事情都畏首畏尾，表现出极度害怕的样子。最近，连乘坐电梯也需要我紧紧握住他的手，否则他就不敢乘坐。如果稍微有点害怕的感觉，孩子就会嚎啕大哭。本以为孩子的这种畏惧现象过一段时间之后自然能见好，但是，最近孩子畏惧的东西越来越多。

每次和我分开时，孩子玩得很开心，但是对没有十分把握的事情，他从来不去做。

今年 3 月份，我把孩子送到幼儿园。幼儿园的园长说孩子经常哭哭啼啼、战战兢兢，建议我带他到儿科看一看。孩子的爸爸不以为然，说孩子现在太小，等他长大些，情况自然会好转。但是，我真的很担心，怕孩子出现什么问题。

孩子到底是怎么回事？我能为孩子做点什么？

回信

谁都有过不安、紧张、害怕的感觉，只是程度不同而已。小孩子有这样的反应也是极其正常的。如果孩子对陌生的事物或现象没有丝毫的畏惧或不安，反而会引发一系列的安全事故。

值得庆幸的是，这种不安心理会随着孩子的成长，随着阅历的增加得到减慢。所以，如果程度不是很严重，家长用不着太担心。

如果孩子只对特定的事物感到不安，而且持续时间长，严重影响日常生活时，就应该引起家长的注意。有的家长想把孩子培养成勇敢的、刚毅的孩子，逼着孩子接触让他深感不安的事物。其实，家长的这些做法都是错误的。因为一旦孩子的不安演变成畏惧，后果便不堪设想。

孩子感到不安的原因很多。家长要根据不同原因，找到相应的解决方法。“心急吃不了热豆腐”，如果家长过于急躁，反而导致事与愿违的结果。

深感不安和紧张的孩子

孩子为什么会感到不安?

不安是幼儿、青少年时期经常面临的正常情绪。孩子认为自己看到鬼神、怪物,接触新事物,预测到失败等都会深感不安。出门时,他担心和家长走散,担心家长突然死去,甚至担心家长把他单独留在家里。这种不安、畏惧、害怕的感受可能因人而异,但有时却带来严重影响。

晚上睡觉家长要关灯时,孩子坚决不同意,说关灯会有鬼怪出没。每当遇到这种情况,家长应该怎么做呢?

记一记家长有可能对孩子说的话和采取的行动。

____

____

____

选出下列和家长反应一致的选项。

1. “你这个胆小鬼，哪有什么鬼呀？你都几岁了，还这么害怕？”说着毫不迟疑地关掉灯。
2. “如果不关灯睡觉，就会影响荷尔蒙分泌，不能长高个儿，健康也会受到损害。”
3. 家长告诉孩子，自己从书上看过关灯才有利于孩子成长的事实，所以坚决关灯。
4. “一关灯，黑乎乎的什么也看不见，所以，你可能很害怕。但是，爸爸妈妈在旁边，你怕什么呀？安心睡吧！”
5. “怕什么怕？科学证明鬼怪是不存在的，它只是人们想象出来的东西。现在是往宇宙发射人造卫星的 21 世纪，哪有什么鬼呀？”
6. 若无其事地对孩子说：“哎，没什么。”

1. “你这个胆小鬼，哪有什么鬼呀？你都几岁了，还这么害怕？”说着毫不迟疑地关掉灯。

家长的这种反应会伤孩子的自尊心。孩子会认为家长在取笑自己，说自己是胆小鬼，瞧不起自己。所以，就算遇到再苦再累的事情，孩子也不会向家长反映。因为他害怕家长再次取笑自己，自尊心受到极大伤害。

2. “如果不关灯睡觉，就会影响荷尔蒙分泌，不能长高个儿，健康也会受到损害。”

不顾及孩子的感受，只强调家长的想法，反而会让孩子深感不安。孩子只是想宽慰不安的心情，而看到家长如此强烈的反应，孩子会变得更加忐忑不安。有过这种经历的孩子，就算感到不安或想得到家长安慰，也不会跟家长沟通。

3. 家长告诉孩子，自己从书上看过关灯才有利于孩子成长的事实，所以坚决关灯。

思维定势，只知其一不知其二的家长。他们认为书上写的都是正确的，所以，不去考虑其他情况。关灯睡觉，可能有利于孩子深层睡眠，但是，孩子感到不安也要关灯吗？如果关灯之后，孩子一晚上睡不着，不是更不利于健康吗？看来家长吝啬于读懂孩子的心情。

4. “一关灯，黑乎乎的什么也看不见，所以，你可能很害怕。但是，爸爸妈妈在旁边，你怕什么呀？安心睡吧！”

善于理解孩子的家长。

5. “怕什么怕？科学证明鬼怪是不存在的，它只是人们想象出来的东西。现在是往宇宙发射人造卫星的 21 世纪，哪有什么鬼呀？”

这样的家长可能认为自己懂科学，很理性。遗憾的是，家长不理解孩子的心理，只知道按自己的主观想法进行说明。孩子只是单纯地表达对黑暗的恐惧而已，如果家长过于理性地对待，孩子的心情会怎样呢？孩子会感到郁闷，认为家长不理解自己，而且因为不能很好地反驳家长，会感到万般无奈。

6. 若无其事地对孩子说：“哎，没什么。”

属于淡然处之的家长。这样的家长对孩子漠不关心，不能对孩子的行为做出适当反应。他们认为仅仅一句“没什么”就能稳住孩子，简直有点异想天开。针对这样的家长，孩子会认为家长不认真倾听自己的话，从而不再信任家长。

了解一下加剧孩子不安的错误的抚养态度吧!

不安是任何人都感受过的自然感情。尽管正常，但如果过度，就会给日常生活带来严重影响，引发很多问题。

在家时，紧紧跟在妈妈身后，寸步不离;睡觉时，担心鬼怪出现，需要妈妈陪睡；害怕飞虫、蚂蚁、蜘蛛等昆虫。总之，和其他孩子相比常常表现为担惊受怕、战战兢兢。这时，家长应该想一想，自身有没有畏惧、不安的表现，自己怎样对待孩子等问题。

● 溺爱孩子的家长。

孩子做事，也许会做得很好，也许会做得不好，但最初妈妈把任务分配给孩子的时候，每个孩子都会全力以赴，试图把事情做得更好。孩子做事时，有的家长先去预测最坏的结果，然后极力帮助孩子。这样的孩子不管做什么事情，做之前都会表现得顾虑重重，畏惧不安。

● 教孩子担惊受怕的家长。

想一想，家长经常挂在嘴边的一句话是不是:“快点，否则晚了，出大事了！”家长的这一番话和态度,很容易加剧孩子的不安和畏惧。

● 进行比较的家长。

“人比人，气死人。”但有的家长习惯性地把孩子和其他孩子、兄弟姐妹进行比较，以此让孩子感到茫然和不安。“你为什么不能像弟弟，穿得干净点呢？”“你能不能像邻居家的小花，自己就能办好事情呢？”

● 给孩子渗透不安的家长。

有的家长专门引导孩子预测最坏的结果。比如“过马路时，如果稍不注意，就会撞车”，“下雨时，不穿雨衣，就会得重感冒”等。为了让孩子做好某件事情，家长往往事先预测最坏结果。这种抚养态度，很容易把不安渗透到孩子的生活中。也许家长认为，这有利于避免危险状况，有助于事情向好的方面发展。但是，如果长时间这样下去，孩子会对周围的一切深感不安和害怕。

● 加剧孩子畏惧感的家长。

孩子害怕鬼怪睡不着觉时，有的家长故意趴着看床底，看壁橱里面，再看窗帘后面，以此证明屋里没有鬼怪的事实。其实，家长的这种举动，反而会加剧孩子的畏惧。看到一一确认的家长，孩子不免会想："看来真有鬼怪，要不妈妈也不能确认啊。"于是，孩子再次坚信鬼怪的存在，认为自己的害怕是有道理的。

● 为了控制孩子的行为，故意激起畏惧感的家长。

孩子做出问题行为时，有的家长故意激起孩子的畏惧感。"你要是那样，大灰狼来抓你！"孩子在医院的走廊吵闹时，为了控制孩子，家长开始吓唬孩子："你要是再吵闹，大夫就给你打针了！"这些都是家长有意识地激发孩子畏惧感的表现。

孩子普遍感受到的畏惧和不安包括哪些？

孩子普遍感到的畏惧和不安主要包括狗、黑暗、浴池、分离等。如果按年龄再细分，具体情况如下：

● 3～5周岁之间的幼儿期。

害怕分离，害怕声音，害怕从高处掉下来，害怕动物、昆虫，害怕洗澡，害怕坐马桶等。

● 5～7周岁之间的儿童（学龄前儿童）。

害怕动物，害怕昆虫，害怕鬼怪，担心家长离异，害怕入睡。

● 小学生（儿童期）。

害怕分离，害怕声音，害怕从高处掉下来，害怕面临陌生境况，害怕入学、转学，害怕到新的补习班，担心被同学拒绝，害怕战争，害怕小偷等。

● 青少年时期。

害怕小偷，害怕高考，害怕面临陌生境况，害怕战争，担心家长离异等。

不同的年龄，感受到的畏惧和不安可能有所差别，但是多数境况下孩子都会感到不安和畏惧。孩子面临巨大压力的时候，则表现得更为明显。比如，弟弟出生，搬家，家长离异，这些都会给孩子带来巨大压力。

受过烫伤，经历过猛犬追逐，溺过水的人，从此也会产生巨大的畏惧感。根据孩子不同的性情，不安和畏惧的程度也有所差别。有些孩子毫不介怀，有些孩子害怕得不得了。除此之外，遗传因素，家长对某些事件做出的不同反应，也会给孩子带来影响。

怎样知道孩子深感不安和畏惧呢？

孩子说不清、道不明自己为什么感到不安和畏惧，所以，用很多种方式表达自己的心情，有时，甚至用跟畏惧毫无关系的方式表现出来。孩子深感不安时，看到他们的各种姿态，多少也能知道他们的状态。

第一，不能集中注意力。因为很难集中注意力，所以以前完成得好好的作业此时却不能按时完成，上课也不认真。

第二，在日常生活中，孩子的活动量有变化。活动量明显大于平时，或做事情经常出错；相反，活动量明显减少，动作迟缓或疲惫不堪。

第三，饮食习惯发生变化。食欲发生变化，吃得过少，或吃得明显增多。

第四，做出倒退行为。比如，大小便完全能自理的孩子随处小便或吸吮手指头。

第五，睡眠习惯发生变化。不易入睡或不能熟睡，经常做噩梦。

第六，出现多种病症。比如，经常说头疼或肚子疼。

第七，拉裤兜子或尿裤兜子。大小便能自理的孩子，如果感到不安，也会拉裤兜子或尿裤兜子。

一般情况下，孩子经历不安或畏惧心理，在孩子的成长过程中显得极其自然。但是如果过分感到不安和畏惧，就应该接受治疗。

怎样知道孩子深感不安和畏惧呢？

不安和畏惧是谁都会经历的普遍的情绪之一。就像每个人的表现千差万别，那些深感不安和畏惧的孩子表现也是不尽相同的。根据家长的不同反应，或采取的不同方法，这样的孩子所遇到的困难有时能得到轻松解决，有时反而会更严重。而有的困难只是时间问题，过一段时间之后它便能自行消失。

如果孩子持续害怕某种状况或事件时，果断进行正面突破也不失为好办法。不断地让孩子回想极力回避的场面或事情，不断地延长接触这些状况的时间，以便能够让他坦然面对。但是家长不能表现得过于急切，因为孩子的心理转变，至少需要几个月的时间。

尽量不要对孩子说“哪有鬼神啊？”“市区没有老虎、狐狸、狼等野生动物，只有在偏僻的动物园里才能看到。”“多可爱的小狗，有什么可怕的？来，摸一摸，它不会咬你的。”听到这些话，孩子果真能平静下来吗？其实，家长如此教育对孩子没有一点帮助。所以，家长还不如认可孩子的感受，努力宽慰孩子。

下面，说一说我家孩子的情况吧。

我家孩子热爱大自然，热爱生命，对生物怀有浓厚的好奇心。看到蚯蚓，他会不由自主地伸手去摸，并会翻来覆去仔细观察。也许大人感觉恶心，让孩子赶紧扔掉蚯蚓，但孩子会非常认真地给大人讲解蚯蚓如何干净，对人类有哪些益处等。不过，我家孩子小的时候，并不是这个样子。虽然他块头比同龄人大，但是胆小如鼠，看到小虫子或蝴蝶也被吓得魂飞魄散，睡觉时也必须开着灯。

记得有一天，儿子突然跟我说，他再也不想当害怕小虫子的胆小鬼，请求我们竭尽全力帮助他。我们夫妇当时二话没说，满口应允，因为我们一直渴盼孩子能战胜恐惧。后来，战胜畏惧成了我们夫妇和儿子的共同目标。

目标确定下来之后，我们开始探索具体对策。我们和孩子一起阅读科学书籍，了解白天和黑夜产生的原理，了解世上各色各样的生命体。我们告诉孩子，黑夜并不可怕，也不一定充满阴险，虽然白天重要，但我们的生活离不开黑夜。小虫子、蝴蝶都有各自不同的生命周期，它们的生成属于自然现象。

经历了这样的过程之后，孩子终于明白没必要害怕黑夜或小昆虫。现在，孩子没有丝毫畏惧，反而敢接近令他人感觉恶心的蚯蚓或虫子，并表现出浓厚的兴趣来研究它们，孩子说自己以后要成为研究这些自然生命体的科学家。

我之所以啰里啰嗦地说我家孩子的情况，是想告诉大家，孩子的天性并不是一成不变的。家长的反应和帮助,有时完全能改变孩子。虽然说畏惧属于正常情绪，但是如果家长不及时帮孩子克服，对孩子发育没有一点好处。

家长要教给孩子克服不安和畏惧的方法，以此帮助他们成长为充满自信的孩子。那么我们来看一看具体方法吧。

第一步 查明让孩子感到畏惧和不安的东西。可以开门见山地问孩子。

第二步 明确孩子的畏惧和不安。可以问孩子："你好像害怕发生什么事情，你到底害怕什么？"

第三步 如果孩子说"我怕发生这样那样的事情"时，家长要进行分析，之后制定行之有效的策略。可以先让孩子说出自己的想法："你认为怎么做，才能消除害怕心理？"

第四步 再次确认制定的战略措施，告诉孩子，这些能帮助孩子克服畏惧心理。

上述方法对能听懂家长的话、下定决心克服畏惧心理的孩子有显著成效。

根据孩子的不同状态，有效调节各个阶段的内容并使用它。

孩子平时很认生，深感不安吗？

测一测孩子的状态

√ 孩子身上有这样的倾向。

Check20 —— 老师稍微严厉一点，就不想上学校（甚至看到别的小朋友被老师训斥，也不想上学）。➞P431

Check21 —— 经常问他人喜不喜欢自己（经常察言观色）。➞P432

※ 查对孩子的症状，找到相应的页码。好妈妈的心灵处方恭候您的光临。

针对不安、紧张的处方

Case01

害怕黑暗，晚上睡觉时必须得开灯。

小学低年级的孩子或学龄前儿童身上随处可见这种现象。大部分家长因担心灯光影响孩子的深层睡眠，经常以开灯不利于荷尔蒙分泌等各种理由，想方设法关灯。

心灵处方——开灯睡觉，其实也无妨。

处于这个时期的儿童害怕黑暗属正常现象。其实，开灯睡觉对孩子的健康没有什么太大影响。很多家长普遍认为孩子睡觉时必须得关灯。如果关灯之后，孩子心惊胆战依然不能入睡，那么反而对孩子的健康带来不利。

害怕黑暗是持续时间最长的令孩子不安和畏惧的主要原因。有的孩子直到小学毕业每天都要开灯睡觉，否则就不能入睡。

孩子开灯睡觉的理由很多：怕鬼神出现，怕蛇藏在哪个角落，怕进小偷等。家长常常过分强调关灯才有利于健康的观点，逼迫孩子降低灯的亮度，或强行关灯。但是害怕黑暗的孩子，总想自己决定灯光的亮度。所以，家长的强求对他们没有丝毫帮助。

请家长允许孩子开灯睡觉吧。就算家长不强求，过了几周，孩子也会偶尔关灯睡觉。这时，孩子就会明白即使关灯睡觉，也不会出现自己想象当中的可怕事件。从此，他也不会害怕关灯睡觉了。

Case02

怕鬼怪出没，不敢入睡。

孩子怕鬼怪出没不敢入睡时，大多数家长想：只要证明没有鬼怪的事实，孩子的不安就会自行消失。所以，有时不厌其烦地说世上没有鬼怪，有时还故意看床底下，或打开柜子证明没有鬼怪。其实，不管家长怎么努力证明没有鬼怪的事实，也消除不了孩子的畏惧感。看到家长看看这儿，瞧瞧那儿，极力证明没有鬼怪的举动，孩子会忍不住想：看来世上真有鬼怪，要不家长不会随处看一看。所以，这种方法对消除孩子的畏惧感，没有丝毫帮助。

心灵处方——接受孩子的畏惧心理，想方设法镇定孩子。

家长首先要接受孩子的畏惧心理。“你这个年龄害怕鬼怪很正常。我小的时候，也特别害怕鸡蛋鬼，但后来我发现鬼怪是不存在的。爸爸妈妈守候在你身边，随时都会保护你，所以，你不用担惊受怕。”

入睡之前，避免让孩子观看恐怖电影，或对他讲可怕的鬼故事等。

平时尽量少说：“你这样做会受到惩罚。”这种说话方式会给孩子带来做错事就要受到惩罚、惩戒的不安感。

Case03

自己不敢入睡，需要妈妈陪睡。

晚上睡得好好的孩子，不知从哪一天开始，半夜经常醒来，或不敢自己入睡需要家长陪伴。这时，家长应该想到“分离不安”。“分离不安”是指小孩出生六个月以后，明白了自己和妈妈不是连体，知道了有时不得不跟妈妈分离并对此感到不安。五岁以前的孩子，普遍有分离不安，所以，让他自己入睡，他总会感到忐忑不安。睡觉时，一旦觉察到旁边没有人，就会睡不着或醒过来。做一些噩梦，比如梦见自己从高处掉下来，或和怪物打仗，也容易让孩子睡不着或不肯再入睡。

心灵处方——家长可以暂时陪睡。

可以适当满足孩子和妈妈一起睡觉的欲望，但是没必要给孩子创造新的环境。比如，让孩子睡到家长中间，这并不是可取的做法，还不如家长走到孩子的房间，陪着孩子入睡。

家长要分清孩子是不敢入睡，还是患有夜惊症。患夜惊症的孩子，睡着睡着就会突然醒来，闭着眼睛大声哭叫，认不清家长，怎么哄也无济于事。看到这一幕，家长可能很慌张，不知所措，其实，没必要采取特别的措施，或做出特别的努力。关掉灯，轻轻拍打孩子，让孩子再次入睡就可以了。（和夜惊症有关的内容在 PART19【睡眠】中讲得很详细，可以参照。）

Case04

认生。

孩子认生的例子

事例 01　六个月大小的孩子，只要亲戚朋友抱他一会儿，就会大声哭喊，奋力挣扎。

这种情况被称为“陌生不安”。用不着特别治疗，它能自行见好。就算是亲近的奶奶，因为不是天天相处，所以，孩子不能把她当做家族的一员。孩子还不理解血缘关系，所以，比起偶尔见面的亲奶奶，他觉得邻居奶奶更亲近些。这时期的孩子一看到陌生人，都会感到不安，并用哭声表达自己的感情，所以，家长没必要过分担忧。

小学生突然认生时

事例 02　小学二年级的孩子，有一天突然拒绝和平时一起玩球、玩游戏的大人相处。

如果真的没有发生什么事情，那就更好，但是家长也不妨考虑，这个大人有没有给孩子带来身体上的、性方面的一些侵害。可以仔细观察孩子的举动，如果家长放心不下，就应该找儿科大夫商议并接受他们的帮助。

认生是孩子遇到陌生人时，深感不便的一种感觉。一般情况下，从出生六个月以后开始，个别的从八到九个月开始。就像每个人的长相不一样，认生的表现也千差万别。有的孩子，就算陌生人向自己走来，也是一副满不在乎的样子，但有的孩子则奋力抗争，强烈拒绝。

认生之前，就算是初次见面的人，孩子也不会感到不方便，但是出生八到九个月以后，孩子就开始分人。孩子喜欢照顾自己的人，认为这些人跟自己有特别关系。

接着开始区分照顾自己的“重要的人”和“一般的人”。对自己身边的人表现出好感，更加喜欢他；对陌生的人则感到不方便。所以，孩子认生也是孩子成长、发育的表现之一。

出生十二到十五个月时，认生达到最高点，以后能慢慢见好。

认生是孩子成长过程中经历的正常现象。大部分的孩子不会引发什么大问题，如果家长能正确引导，就能减缓孩子的不安现象。

孩子认生的表现：

1. 过分安静（因不安，不做任何反应）。
2. 目不转睛地直视陌生人。
3. 大声哭喊。
4. 到了三周岁，还认生的孩子，会藏在妈妈身后，默默地看着一切。

心灵处方——不要威逼孩子，也不要视而不见。

孩子认生时，家长不能威逼孩子，也不能视而不见。遇到陌生人时，孩子害怕和为难都属于正常现象。如果家长训斥或视而不见，孩子的不安会加剧，反而会没完没了地缠着妈妈。家长可以通过抱孩子、亲孩子、抚摸孩子等方式，帮助孩子镇定下来。

家长也可以向周围人说明孩子认生的事实，否则孩子会受到伤害。比如，孩子不和奶奶、爷爷住一起，不太熟悉他们。但是，如果孩子拒绝让爷爷、奶奶抱，爷爷、奶奶会很伤心，认为自己不称职。这时，家长有必要向他们说清楚，认生是孩子成长过程中的自然现象，跟他们称不称职没有丝毫关系。

双职工家庭，雇保姆的情况比较多。由于种种原因，有时要频繁换保姆。这会给认生的孩子带来诸多不便，他们会强烈拒绝保姆。家长不要频繁地换保姆，最好给孩子创造和保姆亲近的机会。

孩子认生之前，有必要让孩子接触各色各样的人。就算孩子认生，因为有些人是从小开始相处的，孩子不会感到不方便，这也是防止孩子认生的方法之一。

Case05

不愿意到人多聚众的地方。

孩子不愿意到人多聚众的地方，如果家长强行带他去，他会纠缠妈妈耍赖。如果孩子的人际关系没什么大问题，那只能说明孩子比其他孩子害羞。

心灵处方——让孩子广泛接触社会，多经历一些事情。

家长强行把孩子领到人多聚众的地方，孩子会变得更加畏缩和焦躁不安。所以，要鼓励孩子多接触社会，并慢慢适应（请参照PART12【害羞】)。

Case06

因害怕，天天围着家长转。

五六岁的孩子，经常陷入幻想和创意性的想象之中，所以，有时他们会想到鬼神、怪物突然出现，杀死自己或绑架自己的情景。因为孩子小，不能正确区分现实和想象世界，认为凡是自己想到的情景，现实生活中都有可能发生。所以，备感畏惧的孩子无论在家还是去超市，会紧紧跟随在妈妈左右，寸步不离。

这属于正常现象，家长没必要担心。

如果孩子寸步不离家长，家长会说："男孩子胆子那么小，以后怎么办？""男孩子怎么这点勇气都没有？你是胆小鬼吗？"希望家长千万不要说上述的话，因为大人有时也会感到不安和畏惧。每当感到不安和畏惧时，大人也迫切希望有人能陪陪自己或保护自己。所以，孩子感到不安和畏惧时，希望家长守候在自己身边属于正常的生理要求。

家长要理解孩子的这种心理，就算麻烦也要满足孩子。过一段时间，孩子能自然而然离开妈妈，融入到小朋友群里。

Case07

寸步不离妈妈（扔垃圾也要带着孩子，不得不放弃送孩子上幼儿园的想法）。

这是因为孩子对分离不安感到畏惧，这种分离不安也是孩子茁壮成长的见证。两岁以前的孩子，家长稍事离开，他就会马上忘记刚才家长还在身边的事实，然后很快适应新的环境。如果孩子担心离开而变得惶恐不安，就说明孩子已经认识到对方的存在，认识到家长的离去意味着什么。所以，这也是孩子已经成长到一定阶段的表现。

心灵处方——离开孩子时，家长一定要跟孩子说清楚。

孩子患分离不安时，家长到外面办事，或稍事离开，都要事先跟孩子打好招呼。趁孩子不注意偷偷藏起来或悄悄离开，会让孩子对家长的信任大打折扣。事先讲清楚家长不得不离开的状况，然后给孩子准备几个玩具，之后再离开。

家长可以创编分离法，每次和孩子分离时都使用这种分离法，这样也能减少孩子的不安和紧张。

5 ~ 6 岁的学龄前儿童，比 3 ~ 5 岁的孩子更充满自信，所以，不安感和紧张感明显少于 3 ~ 5 岁的孩子。尽管这样，当他们转到新的学校、新的幼儿园，搬家，第一次上幼儿园，跟平时没什么接触的亲戚朋友睡在一间房子时，都会感到畏惧和不安。孩子所处的环境有所改变时，家长应该领孩子提前几天到那里熟悉环境。

Case08

每天早晨不是肚子疼就是头疼，送孩子上学简直难于上青天。

这种现象经常发生在第一次上幼儿园或上小学的孩子身上。孩子经常以肚子疼、头疼、不起床、大声哭叫来拒绝上学。每天早晨都要和孩子进行这种不是战争的战争，妈妈会感到心力交瘁。这种情况也属于“分离不安症”，如果是小学生，不妨考虑“拒绝上学症”。

心灵处方——稳定孩子情绪，并帮助孩子尽快适应。

家长首先要稳住孩子的情绪。孩子的反应有时会让家长的情绪变得烦躁或激昂，但绝对不能在孩子面前做出过激反应。家长可以笑着跟孩子进行简短告别：“妈妈在家等你，早点回来吧 。”

Case09

胆小。

上小学的孩子可能自以为已经长大了，但有时也会畏惧和不安。孩子上小学之后，对鬼神、怪物的畏惧明显减少，但出现另一种形态的畏惧。比如，担心被同学取笑，被他人拒绝、羞辱，担心电影里的杀人一幕发生在自己身上等。

心灵处方——孩子遇到畏惧或棘手的问题时，家长应该及时告诉他对策，并不断鼓励孩子。

1. 尊重孩子的不安或畏惧情绪。孩子感到不安和畏惧时，家长不应该不理不睬或不以为然，甚至说：“你怎么像个小孩，连这都害怕？”听到家长的这一番话，再想想自己极度的不安和畏惧，孩子会滋生自卑感，自尊心也会受到伤害。

2. 和孩子一起谈论让他感到畏惧的物品。孩子惧怕某些事情时，家长开诚布公地跟他谈，反而会对减轻他的畏惧感有一定帮助。

3. 不要过度保护孩子。不要和孩子一起逃避孩子惧怕的状况。当然，这并不是提倡给孩子施加压力，或让他强行接触畏惧对象。

4. 不要做过激反应。如果家长过分关注孩子的畏惧心理，那么，反而起到强化作用。

5. 不断地鼓励孩子，学习应对畏惧的方法。比如，让孩子反复练习自我介绍的方法。家长可以告诉孩子，遇到可怕的事情或棘手问题时，不能采取逃避的态度，应该勇敢面对。

6. 让孩子回想曾经害怕过的记忆。家长要鼓励孩子树立信心，就像曾经让孩子害怕不已的东西，现在对它没有一点感觉一样，现在怕得不得了的东西，没必要回避或备感畏惧。

7. 家长明确告诉孩子，孩子感到畏惧、战战兢兢时，家长会全力以赴地帮助孩子。听到家长的这一番话，孩子的情绪会稳定下来。如果家长只是告诉孩子逃避畏惧的方法，那么对减轻他的畏惧没有任何帮助。

Case10

害怕狗。

狗一点都静不下来，一会儿蹦蹦跳跳，一会儿来回叫唤。也许是很难掌握狗的行为的关系吧，大部分孩子普遍都害怕狗。

心灵处方——告诉孩子和狗亲近的方法。

孩子怕狗不愿接近狗时，家长千万不能说：“你这傻瓜，狗有什么害怕的？”家长首先要肯定孩子怕狗属于正常反应，然后告诉孩子克服害怕心理的方法。

刚开始，家长可以给孩子看狗的各种图片，然后让他从远处观看真狗，之后再慢慢地接近狗。熟悉到一定程度之后，一边抚摸狗，一边教孩子抚摸的要领。

如果孩子还没做好心理准备，千万不能让孩子摸。不是自己家里养的没必要非得摸，只要达到不惧怕狗的程度就可以了。

Case11

害怕在浴缸里洗澡，给孩子洗头很费劲。

这种情况经常发生在三四岁左右的孩子身上。处在这个年龄段的孩子看到坐便、浴盆的水往下流，担心自己也被冲下去。也许家长不可思议，小小的一个孔眼，他至于那么害怕吗？虽然这时期的孩子有大小和体积意识，知道孔眼比自己身躯小的事实，但依然害怕在浴缸里洗澡。害怕浴缸可以说是这一阶段孩子的普遍感受，过一段时间他们慢慢会好起来。如果每次洗澡时，孩子都强烈拒绝使用浴缸，家长就应该想想其他问题。

心灵处方——让孩子坚信妈妈会守护在他的身边，并让孩子慢慢适应浴缸。

家长明确告诉孩子，妈妈会在身边保护他。如果家长过于理性地跟孩子说："你的块头那么大，怎么能从那么小的孔眼里掉下去呢？"或者，让孩子把脚伸到孔眼，确认能不能往下掉的事实，这些都不是妥善的做法。

家长已经给孩子吃了定心丸，但孩子仍然拒绝进浴缸时，家长可以给孩子接一盆水，简单地擦拭孩子的身体。等过一段时间之后，再让孩子试着进浴缸。孩子在浴缸里洗澡时，就算来电话，或者外面有人招呼，家长也不能把孩子单独留在浴缸里，因为这会加剧孩子的不安。

心灵处方——孩子不愿意洗头时，家长可以使用洗头工具，这样就能减轻孩子的畏惧心理，让孩子愉快地接受洗头。

洗头时，孩子担心洗发水进眼睛里经常闭眼睛。一闭眼睛，孩子的畏惧感就油然而生。为了避免洗发水进眼睛里，有的家长给孩子带帽子，尽管如此，有时也难免进到眼里去。家长不妨使用泳镜，因为泳镜的封闭性比较好，孩子既不用闭眼睛，也用不着担心洗发水进到眼睛里。

Case12

害怕虫子，看到蛾子也吓得大呼小叫。

孩子有一定程度的不安和畏惧心理非常必要。比如，突然发生没有预料到的事情，或遇到以前没有经历过的事情，掌握不好各种情况时，出于自我保护，孩子会警惕起来。所以，不安和畏惧可以说是对孩子的一种警告。接到这样的警告，孩子要么采取逃避的方式，要么勇敢地面对危险。

孩子害怕蜘蛛、虫子的现象，也可以从这个角度理解。虫子的样子让人反感，而且看到虫子慢慢爬行，总感觉浑身不舒服，好像要爬到自己身上一样，让人毛骨悚然。所以，看到虫子感到不安也属于正常现象。

看到苍蝇和蛾子来回飞，孩子会感觉它们比虫子可怕。因为不能确定它们的飞行方向，视线也跟不上它们的飞行速度。所以，孩子担心它们会突然攻击自己。害怕苍蝇和蛾子，也可以说是本能的自我保护。

心灵处方——不要讽刺或取笑孩子。

家长不要取笑或讽刺孩子为“傻瓜”“胆小鬼”。随着孩子阅历的增加，知识面的拓展，孩子会明白虫子是和人类共存的生命体。随着孩子运动细胞的发达，理解能力的提高，会明白对付虫子的方法。孩子害怕虫子属于极其正常的现象，家长不要过于担忧。

Case13

怕摔倒，不敢骑三个轱辘的自行车。

就像孩子害怕虫子一样，他们不敢骑三个轱辘的自行车也是本能地保护自己的表现。

心灵处方——让孩子不断练习，慢慢熟悉。

只要多练习就能自如摆弄自行车或汽车。但是想达到熟练程度，就需要一段时间。孩子还没有熟悉闸或脚蹬子的情况下，让孩子骑车子，孩子会感到惧怕。不要跟孩子说：“你不摔倒，就学不会骑自行车。”这种说法等于是吓唬孩子。家长先固定住车子，让孩子练习脚蹬子。熟练之后，让孩子在前面慢慢骑，家长在后边协助。反复几次之后，孩子会慢慢增强自信心。在整个过程中，家长要戒急戒躁，耐心指导孩子。

Case14

害怕阶梯（下楼梯时，格外小心谨慎）。

比起上楼梯，孩子更怕下楼梯。特别是看到坡度大的楼梯，总担心自己滚落下来。这种担心也是出于自我保护意识，所以，也属于正常的畏惧心理。

心灵处方——拉着孩子的手，一起练习上下楼梯。

不要谴责孩子：“别的孩子都能跑下来，你怎么就不能？”家长要充分理解孩子的畏惧心理，先从矮楼梯练习开始。较高的楼梯，孩子可能会感到害怕，家长不妨拉着孩子的手，一起练习。

就算孩子不怕楼梯，家长也要提醒孩子上下楼梯时，一定要小心谨慎。家长可以告诉孩子，上下楼梯时尽量把着栏杆，坐电梯时把着扶手。通过这样的教育，孩子能避免可能发生的危险，也会增强安全意识。

Case15
害怕到理发店理发（怕剪子）。

孩子普遍害怕到理发店理发，特别是剪后面的头发。这是因为孩子担心被剪的不仅仅是头发，脑袋也被剪下来。认知机能还没有完全发育的孩子，不知道头发还能长出来的道理，所以更是忐忑不安。总之，孩子普遍害怕从自己身上剪掉某种东西。如果孩子有被剪子剪过肉的经历，那么，他的恐惧感会更大。

心灵处方——耐心等待，直到接受为止。

家长可以告诉孩子，剪掉之后重新长出来的头发更健康；如果身子不动弹，剪子不会伤人等事实。如果孩子和理发师熟悉，剪发能变得更加轻松。孩子奋力反抗时，家长不要让理发师强行剪孩子的头发，先陪着孩子玩一会儿，等到孩子的情绪稳定下来之后，再请理发师给他剪头发。当然，妈妈亲自给孩子剪头发也不失为好办法。

Case16
吃不了片药。

有的孩子直到小学毕业都不能吃片药。他们认为片药要是卡在脖子里，会窒息。虽然食道和呼吸道有明显的区别，但毕竟孩子还小，不明白这些道理。就算家长跟孩子说“不要担心，绝不会有那种情况发生”也无济于事。

心灵处方——帮助孩子服用药物。

小孩子可以选口服液或粉剂，对稍大的小学生，家长可以简单讲解食道和呼吸道的区别。食物是通过食道的，如果食物不小心进到呼吸道，人体就会本能地打喷嚏，防止食物进入呼吸道。如果孩子依然担心被憋死，就没必要强求他吃片药，这样反而会加重他的畏惧心理。不能因为孩子吃不了片药，就催促、威逼孩子。家长可以跟医生商量，给孩子开适合他的药。家长不妨让孩子试着吃小颗粒药，以便慢慢适应吞服片药。

Case17

害怕来自吸尘器、洗衣机等家电的声音。

5 ~ 7 岁的孩子普遍害怕来自吸尘器、洗衣机等家电的声音。

心灵处方——不妨让孩子伸手摸一摸并摁下开关。

先让孩子用眼睛观察家电，然后再伸手摸。孩子摸的时候，家长千万不能摁开关，否则会吓坏孩子。等到孩子熟悉家电，家长可以告诉孩子正确的使用方法。等哪天孩子情绪好的时候，再教他摁开关。如果孩子拒绝摁开关，家长不能着急。家长不能对孩子说："有什么害怕的？""你看，这不什么事儿都没有吗？"这种说法会伤害孩子的自尊心。家长要时刻关注孩子的情绪，观察孩子，关心孩子，尽量要摸索让孩子少受刺激、少受折磨的方法。

Case18

依赖性太强。

依赖性强的原因有很多，很难一言以蔽之。我们来看一看跟不安有关的内容吧。孩子感到不安时，普遍都依赖家长，希望家长能帮助解决。过度受家长保护的孩子忐忑不安时，更是不知所措。

有的家长为了把孩子培养成顺从听话的孩子，经常给孩子制造不安。"你看，又惹事了吧。"或者胁迫孩子"你再这样，什么都不给你做。""你这样，将会一无所有。"这样的孩子每次面临危机，或遇到没有经历过的状况时，就会轻易感到不安，并失去自信心，所以，自然而然依赖家长。

心灵处方——不管多晚，也要鼓励孩子自行解决。

不能因为孩子感到不安或害怕，家长就做过激反应或过度保护孩子。根据孩子的状况，家长要帮助孩子自行克服。家长不能为了控制孩子，有意制造不安，以此来威胁孩子。

Case19

再琐碎的事情，孩子也担心得不得了。

担忧心理并不见得不好。有些事情你不担心，就找不到对策。但是过分担心，就会消耗很多精力。等遇到真正需要投入精力，需要拿出对策的事情时，因心有余而力不足，遭受更大的困扰和迷惘。

有些孩子，对芝麻粒大的小事情也表现得过分担忧。从生物学角度看，这样的孩子天生就这样。看到周围发生的细微事情，也表现得忐忑不安。担忧程度明显比其他人严重。

这种特点可能受家族遗传。如果家长是一个多愁善感的人，那么看到家长忧心忡忡的样子，孩子会不知不觉模仿家长。笔者在前面已经提及过，这样的家长处处给孩子制造不安，处处给孩子带来担忧。

比如，孩子面临考试时，家长不说：“快考试了，准备准备吧。”而说：“你这么不愿意学习，以后考不上好大学，找不到好工作，那不就成了大乞丐了吗？”家长的这种说法，会造成孩子的不安和担忧。

心灵处方——改变家长的态度。

就算孩子天生多愁善感，家长正确的抚育态度也能改变孩子。哪个家长都不希望自己的孩子被琐碎的事情所困扰，成天心惊胆战。如果想改变孩子多愁善感的性情，家长有必要审视自己，然后努力改变自己。

Case20

老师稍微严厉一点，就不想上学校（甚至看到别的小朋友被老师训斥，也不想上学）。

我们周围有很多这样的孩子，其中以上幼儿园和小学低年级的孩子居多。这样的孩子对大声音特别敏感。听到高兴或欢呼时发出的大声音也会认为对方生气或发火，深感不安和害怕以致情绪低落。为了避免遇到这种情况,孩子会拒绝上学。其他孩子受到大声训斥时，孩子也会感觉挨训的不是别的孩子，而是自己，不知不觉中又不安起来。

就像每个人的长相不同一样，声音的大小，表现的方式也是不尽相同的。如果孩子不能坦然接受，那么，在需要很多人共处的这个世界上，孩子会面临多少痛苦和不安呢？为了孩子的心理安定和健康成长，家长要鼓励孩子勇敢克服和面对。

心灵处方——告诉孩子，人有时需要发火或大声喊叫。

家长要让孩子明白，大声音未必是不好的。比如老师大声说话，并不是因为讨厌孩子。老师教重要内容时，为了引起学生注意，为了加强记忆，有必要采取比平时更坚决、更严厉的声音和态度。一个人激动、高兴时，也可以大声喊叫。

Case21

经常问他人喜不喜欢自己（经常察言观色）。

我们周围有很多这样的孩子。说的好听有眼力见儿，说的不好听属于一个人的致命弱点。看到对方面无表情、生气，他们认为自己惹祸了，才导致对方生气。

妈妈面无表情或因别的事情伤心时，明明跟自己没有一点关系，孩子也会不断确认：“妈妈，是我让你生气了吗？”过分在乎对方表情和语气的孩子，只能给自己带来不必要的不安和紧张。就算对方一再否认，孩子也会不停地想，以至于做不好自己应该做的事情。

心灵处方——家长要正确表达自己的感情。

孩子多少能理解对方的情绪或感情时，家长要明确传达自己的情绪。比如,孩子问:“妈妈,是不是我惹你生气了？”如果家长说:“没什么事儿，不要胡思乱想。”妈妈的这一番模棱两可的话会给孩子带来混乱，导致孩子继续胡思乱想。所以，家长要明确表达情感：“妈妈现在情绪不好，跟你没有丝毫关系。我刚才接了一个电话，让我很苦恼，但是你不要担心，很快就会得到解决。”

家长要明确告诉孩子训斥和严厉的区别。“爸爸妈妈对你严厉，是希望你把自己分内的事情做好，并不是跟你生气，所以，你用不着察言观色。”这样孩子就会明白家长的严厉，并不是因为讨厌自己。

请再告诉我！ Q&A

Q1 孩子太小，家长很难用语言说明减少不安和畏惧的方法，怎么办？

A 减少小孩子的不安和畏惧时，如果使用认知战略，未免显得牵强附会，家长不妨使用以下方法。

● 首先要记牢家长不应该做的事情。

孩子感到不安或害怕时，家长要做出一些反应，但要禁忌以下反应。

1. 禁止说让孩子感到屈辱或羞耻的语言。比如，“别像小孩子似的！”

2. 孩子害怕某种东西时，家长强行要求孩子克服。这样的态度反而会加剧孩子的畏惧心理。

3. 威逼孩子。“你要再这样，妈妈回家狠狠收拾你！”家长可能不知道用这种说话方式逼迫孩子，会加剧孩子畏惧感的事实，而且更可怕的是，孩子很容易学会家长的这种说话方式。

4. 为了让孩子协助家长，听家长的话，家长利用孩子的畏惧和不安心理。“好了，你要再这样，我就把你扔在这里。”

5. 对孩子的不安和畏惧心理，表现得过于冷漠。“没什么事，很快就会好。”家长的这一番话，不但不能稳住孩子，反而会消减他对家长的期待值。在孩子心里，家长一直是能消除畏惧心理，使孩子安定的温馨港湾。有的家长认为家长的冷若冰霜，有利于培养孩子的独立性和自理能力。其实，独立性和自理能力跟冷漠有明显区别。

● 家长应该怎么做？

第一，一定要禁止对孩子做上述事情。

第二，以预防为主。小孩子听到邻居家的小狗叫，或者听到急救车的报警之后，从此对小狗或巨大声音感到畏惧。这时，家长不要急着让受过刺激的孩子即刻摆脱那种处境，而应该避免孩子再次经历同样事情。

第三，看到孩子的不安或畏惧，而不要慌张，家长要接受和认可孩子的这种情绪。

第四，家长要知道有些不安是必要的。比如，见到陌生人，第一次见到大狗，这种情况下的不安，可以说都是出于自我保护意识。

第五，家长不要进行空洞的说教。最好给孩子示范家长克服不安的过程，或者教给孩子一些调控不安的技巧。比如，教孩子做深呼吸，害怕黑暗的孩子睡觉时给他开小壁灯，和孩子一起读让孩子深感不安的书。

第六，家长不能强行实施克服不安的方法，家长应该明白这并不是一朝一夕就能得到改变的事情。强行的方法不但对孩子没有丝毫帮助，反而会加剧他的不安或畏惧。循序渐进的方法最有利于克服不安。

Q2 不同的年龄，感受的不安也有所不同吗？

A 是的，不一样。孩子感到不安的年龄大约从两岁开始。孩子到了这个年龄，他对曾经不以为然的事情也会怕得不得了。比如，突然害怕邻居家的狗，害怕黑暗，害怕嘈杂的声音等。

2～6岁的孩子不能天天待在家里，他们要慢慢适应幼儿园的生活。有时他们害怕迷路，害怕丢失家长，害怕摔倒受伤，害怕被狗咬，害怕被飞虫叮，甚至害怕电视中的可怕场面。

Q3 消除小学生的不安，家长应该注意哪些事项？家长能为孩子做些什么？

A 据调查研究，有三分之一的小学生，对曾经经历过的，自以为消失的畏惧感，再次产生恐惧。可见，完全消除畏惧感是不可能的事情，所以，家长怎样帮助孩子自如应对和克服显得尤为重要。我们来看一看，带给小学生不安的几种状况和他们的具体表现，并了解家长必须掌握的注意事项吧。

双职工家庭的孩子，因为晚上放学后，自己在家的时候多，所以，普遍对声音感到畏惧。为了解除自己的畏惧感，孩子一进家门就打开电视，以此来减少自己的不安。看电视的时间太长，很容易导致孩子沉溺于电视。家长要规定孩子看电视的时间，并鼓励孩子遵守规定。家长也可以给孩子留家庭作业，比如看书、做题等，以此减少他看电视的时间。

有的孩子感到畏惧时，藏到床底下或窗帘后面，或打开家里所有的灯，有的还给亲近的人打电话，以此消除畏惧感。这时，家长可以采取以下方法。不要直接问孩子怕什么，可以旁敲侧击“你经常藏在家里的哪个角落？”“到家之后，你会确认锁没锁门吗？”通过提问，家长能了解孩子究竟对哪些东西感到不安。为了保护自己，孩子制定特殊计划，或已经实施某种计划，这些都能说明孩子在平时的生活中承受着很多畏惧感，并时刻担心会受到某种攻击。

确认孩子的畏惧心理之后，可以跟孩子交谈。如果平时安然无恙的孩子，突然感到畏惧，就应该找一找让孩子感到不安的特定事件或诱发原因。就算家长不喜欢孩子的举动，也应该尊重孩子、认可孩子。家长要有足够的耐心帮助孩子找到自行克服畏惧感的方法，也要做到以身作则。

孩子到了小学高年级，会对自己的畏惧心理感到羞愧或害羞。所以，不愿意和他人谈论。这时，家长要告诉孩子，畏惧心理是人的一种正常心理，没必要感到惭愧或害羞。家长要鼓励孩子，只要能找到符合自己的克服畏惧的方法，就一定能战胜畏惧。

Q4 不安和畏惧是不好的心理现象吗？

A 不是。有些畏惧反而对孩子有一定帮助。比如，面临危险处境时，担心自己受到伤害时产生的畏惧，可以说是对危险状况的警告，对我们的身体和健康起到防患于未然的作用。

狗突然蹿出来或者警惕陌生人，这些现象在现实生活中随时都有可能出现。每当这时，孩子感到不安的同时无意中提高自己的警惕性。所以，不安和畏惧可以说是极其正常的警告反应，也是自我保护的一种手段。随着不断地成长，了解某些状况发生的原因和结果，知道现实和想象的差别，孩子就能慢慢减少畏惧。

在成长过程中，孩子不仅能萌生畏惧心理，也能学会控制畏惧的各种方法，所以，大部分的畏惧和不安，孩子靠自己都能自如克服和控制。

Q5 孩子畏惧某种东西时，家长应该怎样哄孩子？

A 家长可以给孩子示范自己是怎样克服畏惧心理的。给孩子讲自己小时候的经历，或者告诉孩子克服不安或恐惧的方法，比如怎样做深呼吸，怎样把可怕的鬼怪想象成有趣的事物等。

我曾对害怕鬼怪的孩子，说过这样的话："害怕鬼怪出现时，不妨这样想，看到披头散发的鬼怪，妈妈会严厉训斥他，'你看你头发乱糟糟的像什么呀？还不赶快给我梳起来！'然后你就想象，鬼怪被吓得魂飞魄散，这样你的恐惧感不就消失得无影无踪了吗？"听到这话，孩子马上接了一句："如果想到嘴里叼着匕首的鬼怪，我就说：'还不赶紧把东西放到厨房？快点！'"从那之后，每当想起鬼怪时，孩子就不再感到害怕反而感到好笑。

害怕关灯的孩子，可以给他准备一个手电筒，每每感到害怕时打开一次。家长要记住，如果孩子没有做好心理准备，就不能强求孩子。孩子深感不安时，有些家长反而把孩子推向不安的深渊："以为你死了呢，这不没什么事吗？"方法如果使用不当，反而会加剧孩子的畏惧，所以，家长一定要慎用。如果一定要用这种方法，就应该接受专家帮助。

孩子深感不安时，最有效、最安全的方法是帮助和鼓励孩子，循序渐进地自行克服。

Q6 "支持孩子"是什么意思？能不能讲得具体一点？

A 宽慰深感不安和畏惧的孩子，稳定他们的情绪并给予支持。很多家长不太明白怎样才能做到"支持孩子"。比如，决定搬家时，涉及孩子的转学问题，很多家长就担心孩子是否能适应新环境。这时，家长可以跟孩子说："你可能很怕到人生地不熟的新学校。其实，到那里你就明白了，事实没有你想象得那么恐怖。今天咱们先去看一眼，等以后熟悉了，我想你会更喜欢这个学校的。"然后，要引导孩子回想曾经的出色表现。通过这一番话，孩子会明白家长理解他的不安和紧张心理。一想到家长在帮助他，支持他，他就能感觉到心里踏实，就能对新学校的生活充满信心。

如果孩子的不安或畏惧转变为恐怖症时，就应该找专家商议。恐怖症和孩子正常感受到的畏惧有明显区别，不管家长怎样努力，对孩子没有任何帮助。久而久之，不仅影响孩子正常的生活，也会影响孩子正常发育。如果孩子身上有恐怖症状，家长应该立即带孩子到医院接受专家治疗。

Q7 孩子两岁时，因害怕使用坐便曾找过专家医生。当时大夫告诉我，那是正常现象，不必太害怕。孩子已经六岁了，但依然害怕使用坐便。

A 已经强调很多次了，孩子在成长过程中感受到的不安和畏惧，大部分都属于正常现象。但是也要看一看畏惧和不安，符不符合孩子年龄。比如两岁的孩子害怕使用坐便，那是极其正常的现象，但是到了六岁，如果依然害怕使用坐便，那就属于问题行为。

害怕使用坐便的原因主要有三个方面。

第一，使用坐便时，不喜欢凉凉的东西接触到自己的身体。这样的孩子除了不喜欢坐便之外，还不喜欢换新衣服或按季节换衣服。家长可以让孩子慢慢适应。可以先让孩子摸一摸坐便，或穿着衣服在坐便上坐一会儿。孩子不愿意穿新衣服时，不要强求，可以先把衣服挂在衣服架上，让孩子先去熟悉。

第二，怕掉进马桶里。这时不妨使用儿童用坐便。

第三，可能和大小便训练有关系（可以参照 PART21【大小便】)。

畏惧和不安并不都是消极的。适当的畏惧能引起对危险状况的警惕，让家长谨慎应对。孩子表现出不安和畏惧时，家长不能表现得不以为然或置之不理。家长的这种态度，反而会加剧孩子的不安和畏惧。

Q8 怎样预防不正常的不安？怎样防止畏惧转变为恐怖症？家长应该怎么做？

A 第一，家长要起到表率作用。孩子经常效仿和学习家长的一举一动。如果家长经常感到畏惧，那么，孩子感到畏惧的可能性也极其高。家长要教给孩子控制畏惧的方法。最好向孩子展示自己克服畏惧心理的姿态，以便能够引导孩子更好地克服畏惧。

第二，不要对孩子的畏惧心理做出过激反应。这并不是让你不理睬孩子的畏惧心理。家长首先要判断这种畏惧心理属于持续的问题，还是过一段时间就能自行克服的问题。然后再决定做出什么反应，采取哪些措施。对孩子的畏惧心理，就算家长不喜欢，也应该给予孩子理解并接受的态度。这并不是让家长对孩子的畏惧心理，给予过度的关心和同情，或帮助孩子逃避使他们感到畏惧的东西。这样不仅会加剧孩子的畏惧心理，而且会让孩子学到逃避畏惧的方法。家长的正确态度应该是，维持正常生活的同时鼓励和帮助孩子勇敢面对。

第三，稍大的孩子，因自己的畏惧心理羞愧万分。虽然有时候他们的内心深处感到畏惧，表面上却装出无所谓的态度。其实，畏惧心理属于正常感受，没必要遮遮掩掩。家长不妨让孩子直接表达出来，然后告诉孩子，只要努力就能克服畏惧心理。给了这样的确信之后，孩子就会愿意跟家长谈话，不管遇到什么事情都会和家长进行坦诚交流。

年龄小的孩子，跟不愿意向家长吐露心扉的大孩子不一样，他们表达不清自己的意愿。家长可以帮助小孩子，让他们通过画画，或通过游戏的方式表达出来。

第四，教孩子懂得自我安慰。孩子深感不安时，家长陪伴在孩子身边问题不大，但家长不可能天天陪伴他。这时，家长要鼓励孩子懂得自我安慰：“没关系，我不害怕。只是天有点黑而已。这里什么也没有，谁也不会伤害我的。”

第五，现实一点。孩子感到不安属于极其正常的现象。如果孩子能战胜不安心理，就会过得更快乐。就算孩子害怕，也绝不允许家长出面解决或帮助孩子逃避。家长要告诉孩子，克服一种畏惧，并不意味着所有畏惧都消失得无影无踪，就像每天都有新的事情发生一样，不安和畏惧也会以新的姿态走近孩子。所以，鼓励孩子勇敢面对畏惧以便自如克服。

第六，避免孩子参加有可能给孩子带来畏惧感的活动。比如，不允许孩子看恐怖电影。特别是入睡之前，千万不能让孩子观看。也要禁止几个孩子围坐在一起讲鬼怪故事。因为这也能加剧孩子的畏惧心理。有时，家长为了让孩子服从自己，恐吓孩子：“你要是再不听话，让妖怪爷爷把你抓走。”领孩子到商店时，怕孩子不听话，家长会吓唬孩子：“你到商店紧跟在妈妈身边，否则，坏蛋就把你抱走了。”家长的这一番话，只能给孩子制造不必要的不安。

第七，不要过度保护孩子。虽然孩子对某些事情感觉不安或畏惧，但是他们具有克服和解决畏惧的潜力。所以，当孩子感到不安和畏惧时，家长应该鼓励和支持孩子，不能让孩子一味回避或事事都由家长帮着解决。

第八，孩子遇到不安状况时，如果做出勇敢举动，家长应该奖励孩子。比如，孩子邀请小朋友到家里做客；以前感觉害怕的东西，现在能坦然面对；表现出责任意识和独立意识时，对孩子的上述表现家长应该给予充分肯定。通过表扬，孩子会慢慢克服畏惧，以至能够坦然面对。有时，实行奖励张贴物的奖惩制度也有一定帮助。

第九，帮助孩子分阶段克服畏惧。具体技法如下。

1. 教孩子缓和紧张的方法。畏惧感和不安感强烈的孩子，他们的紧张感也格外强烈。人一旦紧张起来，就会出现肌肉收缩等身体上的紧张。回想曾经在景色秀丽的名胜古迹游玩的情景；想象安然躺在微波荡漾的海边悠然自得的情景；想象自己像神仙一样轻飘飘地飘起来的情景，这些都有助于缓解紧张。缓解紧张最重要的方法是首先让孩子镇定下来。有关缓解肌肉紧张的方法，可以接受专家指点。
2. 告诉孩子面对不安和畏惧的方法。比如，音乐可以镇定畏惧心理，当孩子感觉不安和畏惧时，不妨让孩子听听音乐。回想自己喜欢的美食，并罗列菜单；回想自己喜欢的同学的名字，这些都不失为好办法。
3. 循序渐进的方法。不要让孩子即刻接近让他感到畏惧的物品。要根据孩子接受的速度和程度，让孩子一点一点接触。如果孩子没做好心理准备，千万不能采取强硬态度。比如，孩子怕邻居家的狗，家长可以先买有关狗的书籍或图片，让他慢慢熟悉狗。陪同孩子观看跟狗有关的有趣电影，也能帮助孩子自然地接近狗。刚开始，可以让孩子隔着栅栏远远地看着狗，然后，让孩子看家长和狗玩耍的场面，最后让孩子摸狗。在整个过程中，家长始终要陪伴在孩子身边。运用这种循序渐进的方法，有时需要专家的帮助。

第十，大部分的畏惧心理都属于正常现象。如果孩子因畏惧心理在结交朋友、日常生活和学习生活中受到重大负面影响，或者家长曾采取过多种办法，但没收到显著成效时，应该和专家商议并接受医生的治疗。

COOL!

PART 14

分离不安

妈妈的来信

院长：

您好！看到您在电视上做育儿节目，真想当面拜访您。

我家孩子已经四岁了，他不散漫、不偏激，但片刻都离不开我。哪怕我出去扔垃圾，他也会哭哭啼啼，死缠乱磨。他自己上趟卫生间，也表现得忐忑不安。

孩子三岁时，我声色俱厉地训斥过他，可能是那个缘故，孩子深感不安。今年春天，我送他去过几天幼儿园，可每次和我分别时，他总是拽着我的衣襟哭个不停。所以，不到一个月就放弃了送孩子上幼儿园的想法。我们夫妻正在计划第二胎，因此，明年无论如何也得把孩子送到幼儿园。我曾多次说过幼儿园的好处，也曾把孩子领到幼儿园，看其他孩子玩得很高兴，但孩子还是死活不同意甚至哀求我不去幼儿园。幼儿园的老师说，孩子只是和家长分开的瞬间又哭又闹，一旦分开了他就会玩得很好。可是看到孩子平时的表现，我怎么也想象不出他玩得高兴的场面，真不知怎么办才好。

孩子怎样才能镇定下来呢?

回信

详细的应该通过发育检查进行确认，但看到您来信，我感觉您儿子患有分离不安症。

就像它的字面意思，分离不安是指和家长分开时，孩子深感不便或不安，寸步都不想离开妈妈的情形。这是哪个家长都要经历一两次的很正常、很自然的现象。

通常情况下，孩子到了入学年龄，或过了两三年，分离不安症状会自然消失。但有时会引发很多问题，所以，应该尽早接受治疗。十岁左右的儿童中，4% ~ 5% 的儿童都应该接受治疗。

治疗分离不安症，首先应该分析原因。然后根据不同的类型，确定具体的治疗方案，大部分的分离不安症都能治好。那么，我们来看一看针对不同状况，采取的不同方案吧。

半步都离不开妈妈的孩子

爸爸妈妈出门时，有的孩子哭着喊着缠着家长，不肯放手。不管到哪里，孩子总是拽着妈妈的衣襟不松手。哪怕妈妈离开一小会儿，他也会大声喊叫，弄得妈妈很难堪。双职工家庭，每天早晨都要和孩子进行伤感的“告别仪式”，弄得家长心力交瘁、疲惫不堪。

孩子之所以不愿意离开妈妈，是因为一旦离开，他就会深感不安。其实，这就是“分离不安”。而这种不安，谁都会经历一两次。

分离不安大概从孩子出生六个月开始。因为从这时候起，孩子对照顾自己的人产生爱恋。一旦形成这种爱恋，只要照顾自己的人不在视线范围内，就会深感不安。所以，有的孩子片刻都离不开妈妈。妈妈从这间屋子走到那间屋子，孩子也会强烈反抗。稍微大点的孩子，虽然和妈妈分开的刹那纠缠妈妈，但分开之后只要有人陪他玩，就不会找妈妈。过了一段时间，当他突然意识到妈妈不在身边的境况，又会深感不安。从那之后，只要妈妈离开半步，他就担心和妈妈分离，死死地缠着妈妈。很多家长非常害怕离开孩子，其实，这说明孩子和家长之间已经形成了爱恋关系，属于极其正常的感情，没必要过分担心。分离不安主要出现在幼儿期，表现方式多种多样。

承受分离不安时，表现出来的典型症状：

1. 哭闹或者纠缠。
2. 纠缠家长抱自己。
3. 过于害羞和腼腆。
4. 过于沉默或侃侃而谈。
5. 讨厌并拒绝和他人沟通，甚至不愿意与曾经亲近过的人相处。

幼儿期出现的分离不安症状，时而严重、时而好转，反反复复好几年，但会随着孩子的成长慢慢减弱，继而消失。这种不安如果影响正常生活，就会给孩子的成长和发育带来不良影响，所以，尽可能和专家沟通。

如果想知道是否应该把孩子送到医院，是否应该改变家长的态度，就应该了解严重的分离不安症状。那么，我们一起来看一看影响日常生活的严重的分离不安症状吧。

什么叫分离不安？

分离不安是孩子成长过程中，需要经历一段不安或畏惧时期的正常现象。如果到了一定年龄还呈现持续倾向，就必须接受治疗。

五岁以上的孩子跟家长分开，或者和照顾自己的人分开时感到不安。如果这种不安持续四周以上，就诊断为分离不安障碍。6 ~ 12 岁的孩子中约有 4% 的孩子正承受分离不安障碍，但随着年龄增长，这种障碍会慢慢减弱。此外，这种分离不安障碍，没有性别差异。

分离不安障碍的症状都有哪些？

1. 和家长分开时，深感不安。
2. 因担心丢失家人，忐忑不安。
3. 担心和家人分开时，家人发生事故或得疾病。

分离不安障碍，主要表现为以下几种形式。

有关分离不安障碍的例子：

1. 身体有异常感或不舒服。每次离开家长上幼儿园、上学，或每次参加活动时，喊肚子疼或头疼。这样的孩子拒绝上学或到学校之后，以身体不适为理由早退回家。只要回到家里，他的腹痛和头痛症状就消失得无影无踪，玩得特别高兴。
2. 不喜欢家长离开自己的视线范围。所以，整天跟在家长身后，睡觉时也要求家长陪在身边。
3. 家长不陪睡时，做噩梦。
4. 除了担心自己之外，还过分担忧家人的安全。离开家人参加某项活动时，深感不安。所以，不想离开家参加任何活动，甚至拒绝上学。

正常的分离不安和分离不安障碍有什么区别？

正常的分离不安大概出现在幼儿期或三岁以前，而分离不安障碍会持续到小学。患分离不安障碍的孩子别说是上学，参加学校组织的需要在外住一宿的夏令营，也会深感不安和恐怖。所以，患分离不安障碍的孩子，在学习、社交等诸多方面承受着巨大煎熬。

如果孩子饱受分离不安障碍的苦痛，那么，请家长不要置之不理，应该尽快找到更积极的治疗措施。

分离不安障碍最大的特点是不愿意离开家人，想方设法和家人在一起，所以，交朋友、建立友情对这样的孩子来说相当艰难。有时孩子为了不离开妈妈，拒绝上学甚至奋力反抗，如果持续时间过长，会影响孩子正常的学习和生活。

了解一下分离不安障碍给孩子带来的消极影响：

1. 疏离感和孤立感。

每次和家长分开时，孩子因深感不安，消极参与学校的各项活动，所以，融入不到朋友群的孩子，感觉孤苦伶仃，继而产生疏离感。

2. 远离人群。

随着年龄的增长，孩子因自己过度的不安感，产生羞耻感和自卑感。为了不被他人发现，他会慢慢远离人群，最终只能独来独往、我行我素。

3. 分离不安障碍还会引发广场恐怖症、恐慌障碍、学校恐怖症等需要接受治疗的病症。

4. 患分离不安障碍的人，很难和他人维持亲密关系。

患分离不安障碍的人，因为烦躁不安，不能信任他人，很难和他人维持亲密关系。不要说交朋友，甚至连亲戚、班主任也很难与他建立融洽的关系。患分离不安障碍的孩子，同时伴有广场恐怖症、恐慌障碍、学校恐怖症等多种病症，所以，别说社交，在日常生活中他们也要承受痛苦煎熬。如果孩子患分离不安障碍症，最好早一点接受专家治疗。

怎样治疗分离不安障碍呢？

患分离不安障碍的孩子和正常孩子不一样，他们一般都患有生理障碍，所以，必须要接受药物治疗、认知行动治疗等。幼儿可以通过游戏治疗调节不安。

有时并行家族治疗。调节家庭成员之间的矛盾，有助于家人更好地理解孩子身上存在的问题，而且家庭成员也是治疗队里的主要人员，能随时帮助孩子，所以，家长要最大限度地减少失误，以便取得最佳效果。

很多人对孩子依赖家长的现象，采取宽宏大量的态度。所以，不太重视分离不安障碍。等到孩子上小学，需要和家长分开的时候，才感觉到问题的严重性。于是，很多家长表示遗憾："再早一点就好了，也许孩子能轻轻松松地过每一天。"

孩子承受某种煎熬时，家长要围绕孩子的问题，想一想孩子的需要。家长要帮助孩子解决问题，并给孩子提供接受治疗的机会。不要忘了，家长不必要的自尊心和主观想法对承受分离障碍的孩子没有任何帮助。

家长出门时，孩子的表现如何？
因不愿意离开家长耍赖或软磨硬泡吗？
测一测孩子的状态

√ 孩子身上有这样的倾向。

Check01—— 妈妈上班时，死缠着妈妈。
Check02—— 不愿意上幼儿园，抓住妈妈的裤脚耍赖。
Check03—— 上幼儿园之前总说肚子疼、头疼，一旦从幼儿园回来，又若无其事一样。
Check04 —— 寸步不离妈妈，总是跟在妈妈身后。
Check05 —— 入睡时，需要妈妈陪睡。
Check06 —— 家长在身边时，跟别人玩得很好，只要家长离开，就不再搭理对方。
Check07 —— 家长不在身边忐忑不安。
Check08 —— 和家人分开时，总担心家人出事。
Check09 —— 离开家长时，甚至担心丢失家长。

Check01～09 → P451

※ 查对孩子的症状，找到相应的页码。好妈妈的心灵处方恭候您的光临。

针对寸步不离妈妈的处方

Check01 ～ 09

- 妈妈上班时，死缠着妈妈。
- 不愿意上幼儿园，抓住妈妈的裤脚耍赖磨子。
- 上幼儿园之前总说肚子疼、头疼，一旦从幼儿园回来，又若无其事一样。
- 寸步不离妈妈，总是跟在妈妈身后。
- 入睡时，需要妈妈陪睡。
- 家长在身边时，跟别人玩得很好，只要家长离开，就不再搭理对方。
- 家长不在身边忐忑不安。
- 和家人分开时，总担心家人出事。
- 离开家长时，甚至担心丢失家长。

分离不安是孩子成长过程中极其正常的表现。如果孩子每天都拽住妈妈的裤脚耍赖，或者每次都和妈妈挥泪告别，那将是何等痛苦不堪的事情。以下的方法也许对您有所帮助。

心灵处方——最大限度保证孩子心情舒畅。

1. 不得不和孩子分开的情况。最好选择孩子睡午觉醒来情绪高涨，或吃饱饭后心情高兴的时候。孩子发困或饿肚子的时候，往往会非常敏感。

2. 如果想找一个照顾孩子的人，最好是在孩子出生不到六个月，认生之前找到。家长要给孩子创造和他人相处的机会。虽然孩子还不认生，但为了尽快适应，可以先让孩子与他人短时间相处，然后再慢慢延长时间，这样就能确认孩子能不能和这个人友好相处，这个人能不能照顾好孩子等。

3. 如果没有特殊情况，就不要频繁更换保姆。

4. 老人照看孩子。家长为了不给老人添麻烦，一周送娘家，一周送婆家。也许这种方法，能减轻年老人的负担，但因为照看的人不固定，可能给孩子带来混乱和不安。所以，照看孩子的人，不要更换得太频，六个月或一年一次为佳。

5. 不妨偶尔做一做和家长分离的练习。刚开始孩子可能会焦躁不安，但通过分离练习能培养孩子承受分离的能力。如果孩子的表现好，就应该大加赞赏。

最好的方法是和孩子分开之后，家长到别的屋子待一会儿。通过这样的练习，孩子会慢慢习惯独处。

6. 和孩子分开时，最好创造孩子喜欢和熟悉的环境。比如，晚上不能和孩子一起出门时，把孩子送到附近的姨家。这比让远房亲戚到家里来看孩子，更让孩子感觉心理安宁。

7. 如果想让孩子坦然接受新环境或陌生人，熟悉的人最好陪伴在左右。比如，和孩子分开时，事先准备孩子喜欢的物品或玩具，先让熟悉的亲戚陪着。这样就能安定孩子的心理。

8. 和孩子分开时每次都使用同样的告别法。比如，创编孩子和妈妈之间的独特告别法，然后每次都去使用。反复几次之后，孩子就会明白，虽然不得已暂时离开妈妈，但过不了多长时间，还会见到妈妈。这样就能坦然接受和妈妈的每一次分离。

9. 家长要展现安静、积极的姿态。孩子非常敏感家长的情绪和表情。妈妈紧张的脸、异样的声音、和平时不同的打扮，马上就能意识到要发生什么事情。所以，家长要创造舒适环境，做出一贯行为。

10. 稍事离开时，要告诉孩子很快就能回来的事实。有的家长为了防止孩子纠缠，采取偷偷离开的形式，这是绝对不允许的。有的家长和孩子告别时，看到孩子哭哭啼啼的样子，顿生怜悯之心，返回来再抱一会儿孩子，重新和孩子告别。看到妈妈的这种举动，孩子会认为妈妈不会再回来了，所以，反而变得更加焦躁不安。家长要平静地跟孩子说：“妈妈有事出去，一会儿就回来，你先玩一会儿吧。”

11. 人的一生，谁也避免不了分离，所以，不管采用什么方式，也要帮助孩子战胜分离的痛苦。不想看到孩子焦躁不安，天天陪在孩子身边的行为是不可取的。因为这不是靠孩子自行解决的，而是家长特意创造的环境。这样的话，孩子的心理问题并没有得到根本解决。

12. 和孩子分开时，最好给孩子拿他喜欢的娃娃或毯子。也可以把家长的衣服或某个随身携带品留给孩子，让孩子在离开家长期间拿在手里玩，这样也能安定孩子情绪。

13. 事先告诉孩子，妈妈在什么时间到哪里外出的事情，以便孩子有心理准备。比如，周末家长外出时，可以事先告诉孩子："爸爸妈妈这个周末要外出，大约需要三个小时。我让英姬姐姐来陪你，直到爸妈回来。你不要太担心，困了就先睡吧。"这样的话不能只说一遍，要反复多说几遍，以便孩子理解状况，做好充分的心理准备。

14. 经常做"噶共"游戏。"噶共"游戏可以把分离转变为轻松有趣的事情。小孩子普遍都喜欢这个游戏。当家长从眼前消失的时候，孩子以为再也看不到家长，但是当家长嘴里喊着"噶共"再次出现在孩子面前时，孩子的惊奇和乐趣很难用言语表达出来。通过这样分开一小会儿，又见一次面的游戏，孩子会慢慢适应分离。

15. 不要体罚和惩罚孩子。和家长分开时，孩子感受到的不安和畏惧属于正常现象。惩罚、训斥孩子，只能恶化状况且对孩子没有任何帮助。

Tips

稍大的孩子感到分离不安时采取的方法：

1. 认真倾听孩子的不安。家长可以跟孩子说："妈妈走的时候，你可能很伤心、很不安，但分开的这段时间妈妈也会很想你的。"
2. 不妨和孩子一起读有关分离的童话故事并分角色表演。也可以让孩子回想曾经和妈妈战胜不安的经历。
3. 和孩子分开时，说好回来的时间并遵守。通过这样的过程，孩子会更信任家长也会得到心理安宁。
4. 告诉孩子分离是暂时的，再次的相逢会有更多惊喜。也不妨告诉孩子具体计划，让孩子期待和妈妈的重逢，这样也能减轻孩子的不安。

请再告诉我！ Q&A

Q1 为了更好地了解分离不安，更好地帮助孩子，家长有必要知道孩子怎样和他人形成爱恋关系。那么，孩子的爱恋是怎样形成的呢？

A ● 出生几个月时

孩子不知道哪个人对自己更重要，哪个人并不重要的事实。照顾孩子的人有可能是爸爸、妈妈，也有可能是保姆或者奶奶。因为孩子分不清这些，所以只要对方爱自己、喜欢自己，就能感觉到心理安宁。

不知道孩子这种心理的家长，找保姆照看孩子时，不免产生怜悯之心并自责。其实，只要幼儿园的老师喜欢孩子，孩子就会感觉心情舒畅。有的家长可能误认为："因为我不能整天照看孩子，所以，孩子不喜欢我，更喜欢幼儿园老师。"

● 7～18 个月

孩子到了 7 个月，就会明白爸爸、妈妈只有一个，明白哪个人最重要，哪个人最喜欢自己。所以，只要喜欢自己的人，稍微离开一小会儿，就会备感不安。有时家长从这间屋子走到那间屋子，孩子也觉得忍无可忍。7 个月大小的孩子，只要家长不在自己的视线范围内，就认为家长从这个世界上永远地消失了。所以，只要看不到，就会感到不安，又哭又闹纠缠家长。这个时期也叫"认生时期"。

严重认生的孩子，就算活泼、开朗，只要见到陌生人，就会感到畏惧和不安。这种现象到 18 个月时达到顶点，此后慢慢好转。

● 2～4 周岁

这个年龄段的孩子，跟照看自己的人分开时，表现得更加不安和烦躁。等到了上托儿所或幼儿园的年龄，才能坦然离开妈妈。

Q2 环境和阅历对分离不安障碍的影响大吗？

A 是的。影响较大。

1. 孩子经历过惊心动魄的事情。比如，地震、建筑物倒塌、严重交通事故等。
2. 有长时间和家长分开的经历。比如，和家长分开好多年；一方家长在部队，好几年没见过一次面；家长在海外工作分开好多年。
3. 面临巨大的家庭压力。比如，家长离婚；一方家长得重病或死亡；养了几年的宠物暴病而死等。
4. 环境有巨大变化。比如，照顾自己的人有变化；弟弟出生；孩子转学等。
5. 孩子的身体不舒服。病情严重暂且不说，有点病症就担心离开妈妈。

Q3 通过孩子的行为举止，预测孩子能否承受分离不安。

A 看到孩子的行为或反应，预测数年之后孩子的分离不安情况，主要看以下几个方面。

1. 生长在封闭家庭。
2. 从小遇到新环境或不熟悉的情况时，深感不安或畏缩。
3. 过分消极、害羞的 3 ~ 5 岁女孩。
4. 两岁左右时，没能和照看孩子的人形成亲密关系。

KISSING GOURAMI!

PART 15

忧郁

妈妈的来信

院长：

您好！我的女儿现在上小学五年级。因工作关系我们经常搬家，所以，孩子没有相处时间较长的朋友。作为妈妈我深感遗憾。

最近孩子显得有气无力，不爱说话。可能是经常哭泣的原因，孩子的眼睛总是肿得红红的。问孩子到底发生了什么事情，是不是有人故意刁难，孩子也不吱声。本以为是身处青春期的缘故才变得如此忧郁，可好像不是这个原因。

孩子刚出生时，我曾患过忧郁症，真担心孩子是否也患了忧郁症。忧郁症会遗传吗？怎样做才能看到满脸欢笑的孩子？

回信

最近十岁左右的孩子，就已经开始提前进入青春期。青春期是成长过程中必须要经历的时期，大部分孩子都能很好适应。孩子的忧郁跟青春期没有多大关系，但是忧郁的孩子需要家长关心。

成人能感觉到自身的忧郁症状，其他人也能觉察到，所以能制定相应对策。但是小孩子就不一样，因为他们的认知、思维、情感还没有完全发育，有时感觉不到忧郁。孩子经常因琐碎的小事情大发牢骚；大声哭闹；身体看起来没什么问题也总说这儿疼，那儿疼，所以，一般情况下很难察觉孩子患忧郁症的事实。

最近，医学比较发达，治疗忧郁症不是很困难的事情。如果是儿童或青少年患了忧郁症，那么，需要家长发挥举足轻重的作用。忧郁症的原因很多，根据不同原因，找到可行的治疗方法显得至关重要。

忧郁症不是严重的病症，但是不去治疗而放之任之，就会引发很多问题。希望家长尽早和专家沟通。

兴致不高，忧郁不堪的孩子

孩子也得忧郁症吗？

以前是到了初中或高中，才开始出现青春期的第二性征，但最近可能是营养状况良好的关系，很多孩子到小学高年级就已经进入青春期。到了青春期，很多孩子喜欢独处，不喜欢家长干涉。孩子不再滔滔不绝地诉说学校的事情，而变得沉默寡言。

不知从何时起，孩子独处、睡觉的时间长了，经常关门不出屋或不愿意和家人沟通。家长问他到底是怎么回事，孩子也是一声不吭。有的家长认为可能是孩子进入青春期的缘故，就不再追问。其实，这不是青春期孩子的正常状态。

很多大人想，小孩子不可能患忧郁症。其实，忧郁症是最常见的精神健康方面的疾病，不管男女老少患病的可能性都很高。小孩子也不例外。小孩子还没有完全成熟，遇到事情缺乏审视、查对、反省的能力，有时把握不好自己的心理状态。就算孩子心力交瘁，也不知道怎样表达。所以，即便孩子患了忧郁症，家长也很难察觉。

据调查研究显示，十个孩子中就有一个承受忧郁症的折磨，其中有 5% 的小孩和青少年需要接受治疗。就算孩子患忧郁症，因为他们的表现和大人有很大区别，所以，掌握好忧郁症的症状，显得至关重要。

孩子兴致不高，忧郁不堪时，家长应该怎么做?

记一记家长有可能对孩子说的话和采取的行动。

______

______

______

找出下列和自己的反应相似的选项。

1. 责怪孩子："玩电脑游戏时，眼睛闪闪发亮；可一旦做事情怎么就　得有气无力？"
2. 不以为然"可能也有这样的时候吧"。
3. 认为孩子心太软，意志不坚定，从而训斥孩子。
4. 深深地自责，认为孩子忧郁都是家长的原因。
5. 不愿意看到孩子忧郁的样子，就以孩子平时不喜欢的人为例，训斥孩子。
6. 理解和体谅孩子的难处，认真倾听孩子的话，并回想最近有没有发生让孩子感到筋疲力尽的事件。

1. 责怪孩子："玩电脑游戏时，眼睛闪闪发亮；可一旦做事情怎么就变得有气无力？"

家长一点都不理解孩子的艰难处境，只是以自己的标准评价孩子。不但不安慰反而责怪、挖苦、讽刺孩子，所以，孩子很容易受到伤害。这样的孩子表现自我感受时显得很迟钝。

忧郁的孩子普遍有自尊心不强、悲观失望、消极萎靡的特点。如果家长责怪孩子："你怎么能这样？"孩子就会以为自己做错了事情，从而变得更加消极悲观，以致失去活力。

2. 不以为然"可能也有这样的时候吧"。

这样的家长不太在乎孩子的感情，就算孩子痛苦不堪，他们也不以为然，所以，孩子缺乏家长的爱和关心。孩子认为："我这么痛苦，妈妈也不理解我的处境，不帮助我。"所以，孩子更感觉孤苦伶仃，心力交瘁。不要忘了，孩子需要家长的关心和帮助，而忧郁的孩子更需要。

3. 认为孩子心太软，意志不坚定，从而训斥孩子。

患忧郁症的人一想到自己的病症便痛苦不堪，而周边人士的软弱的意志导致忧郁症的说法，更让他们悲痛欲绝。如果家长得了重感冒、发高烧、浑身疼痛时，有人对家长说："意志坚定点，就不会有什么大问题，你还是心太软。"那么，你同意这些说法吗？忧郁症是因为脑神经传达物质的不均衡引起的，并不意味着孩子意志软弱、不聪明。家长的这一番话，容易恶化孩子的忧郁症。所以，患忧郁症的孩子更需要家长的爱和关心。

4. 深深地自责，认为孩子忧郁都是家长的原因。

家长过分自责，会耽误家长寻找解决问题的对策。孩子忧郁时，家长能反省自己，这是正确做法。但是过分的自责和难过没有一丝帮助。看到家长的这种姿态，孩子会认为都是自己给家长带来了痛苦，从而产生一种负罪感。

5. 不愿意看到孩子忧郁的样子，就以孩子平时不喜欢的人为例，训斥孩子。

不能因为孩子忧郁就训斥孩子。这种类型的家长，每当出现问题时，从来不知道先从自身找原因，总是归咎于周围的环境或他人。就算他人的错占 99%，自己的错占 1%，也要先改正自己的错误。理解孩子的苦楚和孩子产生共鸣，再想方设法改正是最明智的做法。

6. 理解和体谅孩子的难处，认真倾听孩子的话，并回想最近有没有发生让孩子感到筋疲力尽的事件。

家长的做法比较可取。

孩子怎样表现自己的忧郁？

因为孩子不善于表达自己的情感，所以，表达忧郁的方式和大人有明显差别。

大人主要表现为意志消退、食欲减少、绝望和空虚；而小孩子则表现为情绪低落、兴致不高、灰心失望。曾经喜欢做的事情，现在不再感兴趣；无论做什么事情都感到不耐烦和厌倦；轻易感觉疲乏；自我评价不高；经常说气馁的话等。

那么，我们具体看一看患忧郁症孩子的具体表现吧。

1. 不管在家里，还是在学校，参加课外活动、兴趣小组，和朋友玩耍时都不能充分发挥自己的能力，甚至心灰意冷。
2. 不愿意上学，经常旷课；纠缠妈妈甚至担心妈妈突然死去。
3. 小学高年级的孩子开始做出问题行为。好端端的孩子，突然得爱打架或消极悲观。
4. 不愿意思考问题。
5. 很难集中注意力。
6. 畏惧、害怕甚至感到恐惧；极度紧张和不安。
7. 经常遭同学的拒绝。很难和同学维持亲密关系。
8. 成绩下降。
9. 话骤然减少，不愿跟其他小朋友交流或害怕交流。
10. 看起来没什么问题，但总说身体不舒服。经常喊腹痛、头痛、胳膊腿疼。
11. 不再对曾经喜欢做的事情感兴趣。比如，运动比赛、吃东西，以及平时喜欢的各种游戏活动等。
12. 食欲发生变化。食欲低下或过于旺盛。
13. 睡眠发生变化。睡不好觉或睡眠过多。
14. 失去自尊心，认为自己没有生存价值。经常说“我是坏 蛋”，

“我是傻瓜”，“谁都不喜欢我”等。

15. 感觉悲伤；经常哭泣；轻易流眼泪。
16. 不抱任何希望，感觉极度绝望。
17. 感觉空虚，活力骤然减少。
18. 总说离家出走之类的话，实际上也想伺机出走。
19. 经常说有关死亡的话题，甚至想一死了之，或做出自残行为。

小孩子的情绪还没有完全分化，不能跟大人一样，表现为特定的情绪形态，所以，老师或家长很难看出孩子的忧郁。

忧郁程度严重时，经常做出问题行为：经常跟同学打架，抵制老师，无故旷课、迟到，离家出走，吸烟，跟不三不四的孩子一起偷盗、抢劫、违反法律等。

孩子为什么会忧郁？

孩子忧郁不是某一件事、某一个原因引起的，一般都是多种原因相互作用引发的。身体的健康状况，生活中发生的几件事情，环境因素，遗传因素，和情感有关的脑神经传达物质的不均衡，这些因素相互作用引发忧郁症。下面，介绍几种最常见的原因。

● 丧失和离别。

人的一生，要经历很多重大事情。比如，家长死亡或离异、爱人死亡、搬家、转学、和恋人分手、和亲戚朋友分离、宠物死亡等，这些情况都有可能让人变得忧郁不堪。

● 压力。

压力也是重要原因之一。青少年时期，要承受很多来自社会、情绪上的矛盾纠葛，所以，这时期的孩子压力较大。

● 家族影响。

跟一家人的长相差不多，家庭成员之间的情绪也互相感染。家庭成员中的一人承受忧郁的折磨时，其他人也会受到影响。

● 消极看待人世间。

消极视角不能敏锐看待问题。视角消极的孩子，不仅消极看待自己，甚至对自己所处的环境和未来也显得消极悲观。这样的孩子欠缺积极的力量和行动。

● 应付社会问题的能力不足或不成熟。

人的一生，如果不能自如应付各种状况，就要承受失败和挫折，从而变得自卑、孤苦伶仃。这样的孩子患忧郁症的可能性很高。

● 神经传达物质的问题。

大脑里有发挥特定作用的神经传达物质。如果这种神经传达物质不均衡，就会引发忧郁症。

● 承受自卑的困扰。

学业不太好，运动能力低下，达不到自己的期待值，三番五次遭受失败时，所产生的自卑感会引发忧郁症。

● 患慢性疾病，或为了治疗某种疾病服用药品所产生的副作用。

哮喘病或小儿糖尿病需要服用长时间的药物，在服药过程中孩子会变得忧郁。

● 错误的育儿态度。

· 对孩子不管不顾，不能满足孩子的基本欲望。
· 从不表扬孩子，表现得漠不关心，冷若冰霜。
· 为了把孩子培养成彬彬有礼的孩子，家长采取以训斥为主的育儿方法。比如，当孩子说朋友之间的矛盾或学校发生的事情时，不宽慰孩子，反而盯住孩子的错误和弱点“这都是你的不对”，“那就是你的问题”等。
· 家长经常吵架。
· 孩子没有心理准备或不知情的情况下家长分居或离婚。
· 家长忧郁、不安，有点神经质。

孩子忧郁时，家长应该怎么做？

● 积极对待孩子，给予孩子积极影响。

看到孩子积极乐观的态度，有的家长想，就算孩子身上有问题也会很快好起来。孩子忧郁时，家长不能采取不以为然的态度。有些孩子的忧郁可能会随着时间的流逝慢慢好起来，但有些孩子的忧郁反而会恶化。

● 不要以为孩子忧郁都是家长的责任。

离婚或经常吵架的家长，常常把孩子忧郁的原因归咎于自己。其实，孩子忧郁并不是某个人的错误，家长应该帮助孩子早一点接受治疗。

● 家长应该让孩子明白，不管什么时候，家长都会守护在他身边。

家长要反复告诉孩子，不管什么时间，什么地点，只要孩子需要，家长会义不容辞地守护在孩子身边。

忧郁的孩子经常认为自己没用，谁都不会帮助自己，自己也帮不了任何人。这是孩子缺乏家长关心和爱的表现。就算孩子关闭了面向家长的那扇大门，就算孩子做粗鲁行为、怀恨家长、讨厌家长，家长也绝不能放弃孩子，要一如既往地关心孩子。也许实施过程没有想象得那么简单，但绝不能有始无终。等哪一天孩子对你敞开心扉诉说衷肠时，不管孩子说什么，只要让他尽情倾诉就可以。因为孩子想开口说话，想跟家长交流的意图，比谈论的内容重要得多，所以，家长千万不能说教或批评孩子。通过倾听孩子的心声，家长能帮助孩子认清自己的情感，了解自己的真实想法。

有没有能帮助孩子摆脱忧郁的方法？

● 有，很多。

1. 家长陪伴在孩子身边照顾孩子、倾听孩子的话，努力理解孩子。
2. 定期抽出时间，陪孩子参加各项竞技活动或娱乐活动。

3. 体育活动能减少忧郁，所以，每天都要抽出一定时间让孩子参加适合他的体育活动。

4. 吃饭要有规律，每天都给孩子搭配营养均衡的饮食。吃饭有助于补充能量是孩子克服忧郁、恢复健康的重要源泉。禁止孩子偏食。

5. 睡眠要有规律。不能因为晚上没睡好，就允许他白天补觉，没有规律的睡眠会恶化忧郁症。

6. 参加集体活动时，帮助孩子免遭冷落。

7. 谁都会经历一两次忧郁，有的随着时间流逝慢慢见好，有的稍纵即逝。孩子忧郁不堪时，家长要给孩子一定的思考时间，或让孩子创造只属于自己的空间，并鼓励孩子坦然面对。

8. 家长离异、学业不理想、寄人篱下、出国留学时，孩子会变得忧郁。如果孩子忧郁的时间较长，一方家长就要跟孩子住在一起，经常跟他交流；孩子离开家长到人生地不熟的异国他乡留学时，因没人照顾、语言障碍，也很容易变得忧郁。家长要经常跟孩子保持联系，一旦感觉孩子跟平时不一样，或在电话中哭哭啼啼说想回家，家长就不能强求孩子硬挺。看一看孩子的情绪状态，如果有必要，就应该让孩子回到家长身边。

9. 家长要观察孩子是否通过网络购买成分不明确或卫生部门禁止的药物。有些减肥药和美容产品会诱发忧郁症。

10. 如果孩子的忧郁症持续时间长，给日常生活带来严重影响，就应该接受儿科专家的治疗。处于青春期的孩子，为了遮掩自己的忧郁症状，经常喝酒，这也是绝对禁止的。孩子依赖酒精，说明他的忧郁症很严重，所以，孩子经常想喝酒，就应该接受专家治疗。

11. 治疗成人忧郁症的药物，对治疗孩子的忧郁症也有一定效果。但是必须得跟儿科专家沟通之后，再制定具体治疗计划。

? 忧郁症一定要接受治疗吗？

谁都有过忧郁的经历，但超过一定范畴就属于忧郁症。一旦确诊，就应该尽早接受治疗。

据有关统计显示，三十三个儿童中有一个需要接受治疗，青少年的比例就更大，每八个中就有一个需要接受治疗。

孩子和以前判若两人，兴致不高，对什么都不感兴趣，闷闷不乐，感情起伏大，攻击性强等，就应该考虑孩子是否得了忧郁症。给孩子买喜欢的玩具，想法设法逗孩子高兴，让孩子参加有趣活动，这些很难治愈孩子的忧郁症，因为他的健康已失去均衡，所以，孩子需要接受专家治疗。

制定计划，按照计划治疗孩子的忧郁症时，家长应该考虑孩子生物学上的气质，遗传基因，认知和情绪发育程度，家庭环境和家长的特点等多种因素，以便进行多角度治疗。问题想得过分严重，经常把死挂在嘴边，自虐，做出破坏性行为，冲动，患严重的失眠症，极度不安，意外地爆发感情，就应该考虑住院治疗。

治疗忧郁症一般都以心理治疗为主。那么，简单介绍几种家长应该掌握的心理治疗方法吧。了解各种治疗方法和内容，了解应该给孩子提供的帮助，有利于孩子克服忧郁症。

● 游戏治疗。

小孩子很难用语言表达自己的情感，所以，游戏治疗法是符合孩子年龄的最佳治疗方法。通过游戏让孩子表达自己的心情，把攻击性转变为游戏，把幻想转换为实际行动。通过治疗，孩子能自如表达和调节自己感情。

● 精神治疗（面谈治疗）。

这种治疗方法适用于智能高于平均值的孩子，忧郁原因主要来自心理矛盾的时候。通过精神治疗，孩子可以和治疗者产生共鸣互相帮助，并能自主观察自己的忧郁症状。治疗者通过解释说明孩子的不安、忧郁、冲动性行为，让孩子进一步认识自己的问题行为。

● 认知行动治疗。

认知行动治疗分为认知治疗和行动治疗。这种治疗主要矫正孩子的消极想法和认知上的歪曲。治疗者是协助者，孩子是主体，要时时监测、记录、观察孩子自身的想法和行动。

● 以人际关系为中心的精神治疗。

孩子很难处理好人际关系，所以，把重点放在改善孩子的交际能力上。

● 家族治疗。

家族治疗分为两大部分：

一、参与治疗过程，帮助孩子学习新技术。

二、接受统合治疗方式。把重点放在家庭成员之间的沟通和交流上。

● 其他方法。

1. 社会技术训练

患忧郁症的孩子缺乏群体性，处理朋友关系有一定难度。这些问题恶化忧郁症状，激起孩子的孤独感和冷落感。这时，家长可以进行社会技术训练。通过训练增强解决问题的能力，充满自信地表达自己想法，学习解决矛盾的多种方法和自我控制法。通过角色扮演，家长也能帮助孩子适应朋友之间的人际关系。

2. 家长教育

对孩子来说，最重要的人莫过于家长。家长必须要学会调节孩子问题行为的方法，自如使用肯定性强化和否定性强化的方法，学习最有效的和孩子进行沟通的方法。很多家长认为孩子患忧郁症的主要责任在于自己，其实，这样的负罪感对治疗孩子的忧郁症没有任何帮助。

相反，有的家长把责任归咎于他人。为了防止这种情况发生，让家长早一天了解忧郁症是很必要的。

3. 学校的协助

患忧郁症的孩子，很难完成学校要求的各项课题。孩子兴致不高、情绪低落，很难发挥自己的能力，面临的压力和学业负担也能恶化忧郁症。治疗孩子的忧郁症，学校的帮助也极其必要。在学校的协助下，可以知道孩子的表现，根据孩子表现进行调节，就能减少孩子的压力。

有的学校和老师，拒绝对孩子实施特殊待遇，所以，很多家长虽然感到遗憾，但不得不放弃自己的想法。这时，家长应该想方设法说服老师和学校，要求学校和老师关心患忧郁症的孩子，仔细观察他们的一举一动。学校协助家庭，这算不上什么特惠，而是一种人文关怀，是治疗过程中必要的一个环节。比如，右手骨折的孩子左手写字时，需要比平时更多的时间，这时，要求老师延长考试时间并不是特殊要求，而是公平做法。

学校的老师需要管理很多学生，所以，家长提出这样的要求，可能会让老师感觉负担很重。如果老师再费点神不辞辛劳地积极帮助患忧郁症的孩子,那么孩子的病症很快就能治愈。哪怕是治疗期间，老师要是能给予孩子无微不至的关心和照顾，孩子的病情也能得到好转。

● 药物治疗。

治疗成人的忧郁症，药物治疗的效果最显著，但治疗儿童忧郁症还没有得到确切验证。这并不是说药物治疗危险或对孩子有害，只是到现在还没有得到科学上的验证而已。需要药物治疗的孩子，可以使用几种忧郁症治疗剂。

实施药物治疗之前，主治大夫应该明确说明，治疗过程中的副作用，治疗效果出现的时间，药物过量时会出现的问题等。有了一定的疗效之后，为了防止再复发，至少还要坚持六个月的持续治疗。持续治疗期间，如果没有忧郁症状，可以考虑是否该终止药物治疗，是否还需要继续治疗等问题。

孩子身上的忧郁症状都有哪些?

测一测孩子的状态

☑ 孩子身上有这样的倾向。

Check01 —— 总是有气无力。

Check02 —— 没有自信心。

Check03 —— 总是悲伤，流眼泪。

Check04 —— 兴致不高。

Check05 —— 不喜欢参加曾经喜欢过的游戏或各种娱乐活动。

Check06 —— 无缘无故发火或发牢骚。

Check07 —— 经常说死掉算了等异常的话。

Check08 —— 不善于沟通，融不到同学群里。

Check09 —— 不愿意上学。

Check10 —— 感觉无聊。

Check11 —— 变得过分散漫。

Check12 —— 偶尔从家长的钱包里拿钱。

Check13 —— 变得多愁善感，没有自信心，经常说："我没有活着的价值。"（青少年的情况）

Check01～13 →P472

※ 查对孩子的症状，找到相应的页码。好妈妈的心灵处方恭候您的光临。

针对忧郁的处方

Check01 ～ 13

· 总是有气无力。
· 没有自信心。
· 总是悲伤，流眼泪。
· 兴致不高。
· 不喜欢参加曾经喜欢过的游戏或各种娱乐活动。
· 无缘无故发火或发牢骚。
· 经常说死掉算了等异常的话。
· 不善于沟通，融不到同学群里。
· 不愿意上学。
· 感觉无聊。
· 变得过分散漫。
· 偶尔从家长的钱包里拿钱。
· 变得多愁善感，没有自信心，经常说："我没有活着的价值。"（青少年的情况）

心灵处方——根据不同的忧郁原因，找出不同的对策。

● 失落和离别。

家长离异、死亡，或因疾病不得不和孩子分离时，孩子会受到巨大伤害。刚开始孩子可能会反抗，又喊又叫，又哭又闹。"我为什么要经历这种事？""不行，对我太不公平了！"等到后来孩子会慢慢滋生绝望，从而变得畏缩、忧郁，甚至表现出事事不关心的冷漠。有时还会大动肝火，情绪极不稳定。

家庭成员中的一人，因某种原因去世时，周围的人怕打击孩子不告诉孩子，或不让他参加葬礼。这等于是剥夺了孩子表达内心哀伤的机会，孩子慢慢会变得忧郁，而且忧郁症状有时还进一步恶化。

家庭成员中的一人患慢性疾病时，怕孩子担心，从而遮遮掩掩。这反而让孩子极度不安。家长不要一味地掩饰，其实，家长也有必要让孩子知道一些情况。在孩子能理解的基础上，轻描淡写地解释一番，让孩子自己做出决定。孩子想家长时，有的家长担心孩子伤感避而不谈。其实，全家人围坐在一起沟通交流，或看着照片回想都有助于孩子减轻忧郁。

家长离异或分居时，孩子的抚养问题是头等大事。跟妈妈过几个月，再跟爸爸过几个月的孩子，这些孩子的问题着实不少。既不能相信妈妈，也不能相信爸爸，寄人篱下的孩子则会引发更大的情绪问题。

搬家或转学时，一想到跟亲近的人分开，孩子也会感到失落万分。如果有这样的打算，应事先跟孩子说一说，让孩子整理自己的心绪，并跟同学一一告别。就算搬家了，也要鼓励孩子维持友情。

不管是大人还是小孩，家里养的宠物突然死掉，也会备感伤心。这时不妨采用亲戚死亡时采取的措施。

● 压力。

很多人普遍认为压力消极，让人喘不过气。所以，希望孩子不面对任何压力，或一味地逃避压力。那么，压力都是不好的吗？压力是来自外界的刺激，人的一生不可能不受外界刺激，不是你不希望就可以逃避得了的。遇到压力时，关键在于怎么应对，怎么解决。当然，压力太大也不好，容易患忧郁症。

孩子因巨大压力忧郁不堪时，家长首先要判断孩子面临的压力符不符合孩子的年龄和承受能力。如果压力过大，家长应该帮助孩子减轻压力，以便让孩子尽早解脱。

比如，孩子承受不了同学的讽刺、挖苦、取笑时，家长可以教孩子应对同学关系的方法。但是，如果孩子被全班同学孤立，或遭受特定孩子持续的暴行，家长就不应该让孩子独自面对，应该帮助孩子尽早脱离那种处境。

● 家族遗传。

如果有家族的遗传基因，就不要遮遮掩掩，可以求得周围可信人的帮助。家长可以事先跟班主任打招呼，孩子一旦有意志消沉、垂头丧气的倾向，就赶紧告诉家长。孩子进入青春期、转学、面临重要考试时，家长应该比平时更加关心孩子，并定期和主治大夫进行沟通。

● 孩子过于消极。

杯子里有半杯水时，有的人会说："只有半杯啊！"而有的人却说："还有半杯呢！"考试考得不理想时，有的人想："我还是不行！"而有的人则说："这次考得不理想，好像 ×× 方面还欠缺，下次一定要更努力！"这两种人的态度分明是截然不同的。从两个事例中我们可以看出，前者具有消极想法和态度，而后者比较乐观和积极。

孩子消极时，家长可能指责孩子："你怎么每天都那个德行？"或者不冷不热地说两句"你没必要那样！"或"别那么想！"其实，这两种态度都是不可取的。消极并不见得不好。接受孩子消极性格的同时，教孩子懂得换角度想问题。通过这样的教导，家长可以培养孩子全方位、多角度地考虑问题，改变孩子过分消极的视角。

青少年时期，孩子喜欢批判性思考，喜欢跟他人争论。这时，家长要让孩子分清，以发展为前提的批判性思考和没有对策方案只罗列问题的消极思考之间的区别。

● 孩子解决问题的能力低下或不成熟。

孩子解决问题的方式，主要受家长潜移默化的影响。近年来，双职工家庭普遍增多，很多孩子放学之后不直接回家，先到补习班补习功课。满满的学习日程弄得孩子几乎没有和朋友沟通的时间。就算和同学一起玩，也只是玩电脑游戏而已。所以，孩子几乎学不到解决社会问题的方法。

如果孩子应对问题的能力不足，导致不合群，被同龄人拒绝、挖苦，会成为烦恼的制造商。久而久之，孩子的自尊心会变得低下，忧郁不堪。所以，家长要教孩子应对不同状况的方法，培养孩子解决问题的能力。

应对方法越具体越好。比如，同学取笑时，大部分家长会说："别忍着，你也说他两句。"家长自以为告诉了孩子应对方法，可实际上孩子并不明白"说他两句"的"两句"是什么意思。所以，家长应该教孩子具体方法。如果家长不太明白，可以看一看教育频道，专家会给家长一些启示。

● 神经传达物质的问题。

医学界认为脑细胞中的三种神经传达物质跟忧郁症有密切关系，所以，根据这三种神经传达物质，开发了很多治疗剂。

这不仅意味着医学人员不再把忧郁症视为简单的心理问题，也意味着只要下定决心就能从忧郁症的误区走出来。医学研究人员认为脑神经传达物质的生物学变化，可以转化为心理变化，所以，这是一个非常重要的研究和发现。

假设火车脱轨，很多人困在车厢里。这时，有的人会不顾他人，只想自己逃命，踩着他人从车窗逃出去；而有的人在生命的最后关头，也不忘记他人，看有没有可救的人，并精心地照顾受伤人员。这两种人的行动，都反映出各自的价值观、宗教观、哲学思想的心理变化。

如果有人在那场事故中脑子受伤变得忧郁，对什么事情都不感兴趣，不去做力所能及的事情，只知道发牢骚，那么，这不是因为这个人懒惰或者性格不好，而是生物学上的三种神经传达物质的不均衡导致的心理变化，就算下定决心做事，也是得不到改变的。忧郁症跟生长环境、受教育程度没有多大关系，症状和心理变化也都是大同小异的。这时，如果接受治疗，能收到显著效果。家长不妨和专家沟通一下，得到他们的帮助。

● 孩子持续感到自卑。

孩子做某件事情，就算结果不太好，家长也应该表扬过程中的努力。孩子的基本能力明显落后于同龄孩子时，家长的表扬和鼓励是解决不了问题的。这时，家长应该尽快找到弥补不足的方法。

● 患慢性疾病或为了治疗某种疾病服用某些药品时，副作用过大。

失去健康对孩子来说是痛苦不堪的事情，所以，孩子会变得忧郁。身体不适虽然是一件痛苦的事情，但因为健康问题不能和同学友好相处，甚至学业受到影响时，孩子会更加苦恼。看到家长因昂贵的治疗费心力交瘁的样子，孩子也觉得对不住家长。总之，种种原因给孩子和家长带来精神上、肉体上的诸多苦痛，让他们疲惫不堪、筋疲力尽。

家长应该告诉孩子，世界上最重要的人莫过于自己，所以，一定要咬紧牙挺过难关，千万不能自暴自弃。家长要帮助孩子增强生活的信心。需要长期住院时，条件允许的情况下，接受义务奉献者或辅导老师的帮助，以免功课落得太多跟不上。家长也可以跟班主任协商，偶尔让同学到医院看望孩子，告诉孩子学校的一些情况；让班级的学生给孩子写鼓励信件；通过上网，及时了解学校和学生的情况；不妨把孩子近期情况上传到网上跟同学交流。

如果药品的副作用过大，家长可以和主治大夫或专家协商，找一找既能有效治疗又能减轻副作用的方法。

请再告诉我！Q&A

Q1 忧郁症可以得到治愈吗？

A 专家明确诊断孩子患忧郁症，家长可能会悲痛欲绝、忧心忡忡。其实，家长没必要过分担忧。现在治疗忧郁症的专家很多，只要接受他们的帮助，认真治疗，80% 以上的忧郁症患者都能得到成功治愈。如果家长对患忧郁症的孩子不理不睬，那么孩子自杀的可能性也很大。据调查研究，众多的自杀原因中忧郁症占第一位。

药物治疗和多种心理治疗并行，可以使忧郁症得到有效治愈。药物治疗能明显改善孩子的状态，心理治疗则有助于改变孩子消极的思考方式。

适合孩子的治疗方法，再加上具备一定耐性、积极参与的家长，孩子很快就能从忧郁症中解脱出来，拥有幸福美满、充满欢声笑语的生活。

Q2 治疗儿童忧郁症的方法有哪些？

A 只要下定决心治疗，孩子的精神面貌会发生很大变化。治疗忧郁症不仅对孩子，对整个家族也有至关重要的意义。

● 药物治疗

治疗忧郁症的药物有几种。开始之前大夫要明确交代药物治疗的必要性、效果、副作用，以及需要的治疗时间等。

● 心理治疗

有几种心理治疗技术效果比较显著。洞察志向的精神治疗，认知行动治疗，游戏治疗，以家人为对象的心理治疗等。

● 社会技术训练

告诉孩子具体的行动指南，让他能够自如应对。通过这些，孩子可以参加积极的社会活动，并适应社会。

Q3 想把孩子培养成“阳光男孩”“阳光女孩”，家长应该怎么做？

A 第一，家长可以做符合孩子年龄特征的，或孩子喜欢的表情或动作。比如，吃奶的孩子喜欢妈妈滑稽的表情，幼儿期的孩子喜欢听妈妈模仿动物的叫声。

第二，孩子试图做出幽默的行为举止时，家长应该表扬孩子。这有助于调节孩子的情绪。

第三，不要忘了，孩子注重家长表情的事实。有可能的情况下，家长尽可能露出笑脸，并对孩子做滑稽表情，这并不是贬低家长权威性的行为。

第四，应该经常和孩子进行有创意的、运动量大的活动。

第五，遇到意外情况时，家长不要慌张，尽量把局面扭转为轻松有趣的状况。比如，上饭店吃饭时，孩子不小心把食物掉在衣服上，这时，家长不妨说：“哎呀，衣服花花了，是不是下巴颏掉了？”然后，笑着摸一摸孩子的下巴颏。

第六，鼓励孩子读有趣的书籍或善于运用幽默。

第七，和孩子一起观看有趣的电影或漫画。

Q4 整天和忧郁的孩子在一起，家长也变得忧郁，家长也需要接受治疗吗？

A 忧郁的孩子比正常的孩子能发牢骚，有点神经质，感情起伏大。他们经常为一些鸡毛蒜皮的小事哭哭啼啼，经常抵御家长或不顺从家长的指示。其实，这都是忧郁症的表现。家长不理解忧郁症的这种特点，变得忧郁、敏感就不能很好地应对孩子。家长的这种态度有时会导致孩子的忧郁症趋于恶化。所以，家长也需要接受治疗。

Q5 忧郁症遗传吗？

A 家庭成员中只要一个人患忧郁症，那么，孩子患忧郁症的可能性就比其他人大。环境因素也可能对遗传基因产生一定影响，所以，需要家长在平时的生活中无微不至地关心和照顾孩子。

Q6 孩子因学习压力过大，变得忧郁不堪。如果想让孩子摆脱忧郁，就应该停止一切学习吗？

A 过大的学习压力导致孩子忧郁时，家长应该减轻孩子的学习负担，但很多家长因为担心孩子跟不上，拒绝减负。其实，通过心理治疗和药物治疗可以治愈忧郁，等孩子安定下来后，再帮助孩子补落下的功课不也可以吗？为了不让孩子失去信心感到自卑，在治疗过程中，应该保障最基本的学习时间。不是减轻学业负担，所有的忧郁症状就能马上减轻，如果孩子的忧郁来自于病症，家长应该把一切抛在脑后专心投入治疗。

LONELY

PART 16

感情过激

妈妈的来信

院长：

您好！我是南阳××××的小学教师，因为我怀疑我们班的一个男孩患了多动症，才给您写信。

这个孩子坐不住板凳，上课时，经常离开自己座位，来回串座，有时还在地上来回爬。发言时经常东问西答，或者胡言乱语。语文和数学成绩排在全班平均线以上，单词听写偶尔也能得90分以上。

不可思议的是每次受到老师训斥，这孩子总是笑嘻嘻的。向孩子的妈妈反映过这个情况，他的妈妈说：因为这个问题，孩子的爸爸曾体罚他好多次，孩子的爸爸上小学时，也曾有过类似行为。孩子的妈妈还说：孩子的爸爸有时会莫名其妙地发脾气。

其他方面的表现也跟多动症有很多相似之处。特别是每次挨训时，笑嘻嘻的样子真是不可思议。是因为孩子不善于理解他人的缘故吗？

回信

这样的孩子可能因为过分好动从小到大没受过什么表扬，反而经常挨训,所以自尊心不是很强。因害怕挨训或听到他人不好的评价，孩子紧张兮兮、忐忑不安。为了掩饰自己的不安和畏惧，孩子总是一笑了之。如果家长和老师责怪孩子不该笑的时候笑，就只能加重孩子的不安。

孩子爸爸小的时候，可能也有类似表现。越是这样的家长，对遗传自己短处的孩子，越表现得苛刻。

老师首先要理解孩子过激的问题行为，然后和家长商议。不要指责孩子不该笑的时候笑，或感觉不可思议，尽可能的情况下不要让孩子处于被动或守势。

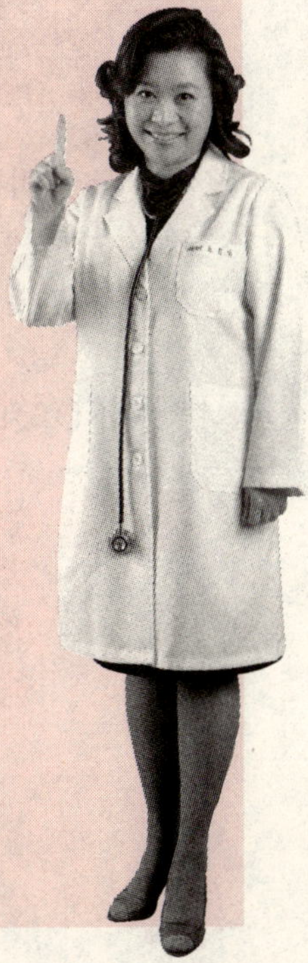

不该笑时笑的孩子

不该笑时笑是掩饰不安和畏惧的自我防御机制之一。

孩子明媚的笑容能给家长带来无限欢乐。但是，不该笑的时候哈哈大笑，或家长大发雷霆时扑哧扑哧地笑，情况就另当别论了。有时感觉孩子践踏大人自尊心，有时不免为孩子担心是不有点神经错乱。

不该笑的时候，孩子突然哈哈大笑。家长应该怎么办？

情景 **孩子经常和弟弟发生口角，有一天，竟和弟弟拳打脚踢，把弟弟的脸挠出好几条血印。看到这一幕，孩子的爸爸把孩子领到书房训斥了一通，但孩子突然挣脱爸爸的手掌，哈哈大笑起来。**

记一记家长有可能对孩子说的话和采取的行动。

从下面的选项中找出和家长的反应类似的选项。

1. “你竟然漠视爸爸？”爸爸感到莫大羞辱，于是下定决心狠狠收拾孩子。
2. 看到孩子笑，家长也跟着笑出声来。
3. 看到孩子哈哈大笑，家长慌里慌张、不知所措。
4. 把孩子留在屋里，并跟孩子说：“笑完了再出来。”
5. 不停地问孩子：“怎么了？你这是怎么了？”
6. 采取强硬措施，让孩子停止笑。

1. “你竟然漠视爸爸？”爸爸感到莫大的羞辱，于是下定决心狠狠收拾孩子。

属于专制的家长。这样的家长总是按照自己的主观想法评价孩子的一举一动。虽然这不是孩子漠视家长，但家长认为这是孩子无视自己的表现，所以，向孩子发泄怒气：“你觉得爸爸的话可笑吗？”听到这话，孩子的心情会怎样？也许，孩子很想跟爸爸说：“爸爸，我不是漠视你，其实，我真的很害怕。”可是，一想到专制惯了的爸爸，孩子还是放弃了自己的想法，“说也是白说，任你怎么想吧。”如果孩子总是在这样的环境里长大，到了青春期，孩子的叛逆心理就更大。当家长偶尔问：“你怎么生气了？”他就会不假思索地说：“爸爸你有必要知道这些吗？”

2. 看到孩子笑，家长也跟着笑出声来。

属于让孩子牵着鼻子走的家长。孩子会认为：“我父母乖乖地听我的。”每当家长调教孩子，严厉训斥孩子时，孩子会以撒娇、亲吻、纠缠等方式试图扭转局面。久而久之，孩子会认为家长不能训斥和引领自己，从而变得无法无天。他们不知道哪些话该说，哪些话不该说，哪些举动可以做，哪些举动不可以做。

3. 看到孩子哈哈大笑，家长慌里慌张、不知所措。

属于极易慌张的家长。在孩子的成长过程中会发生很多意外事情，事与愿违或者脱离常规。每当遇到这种情况，这个类型的家长就会不知所措，犹犹豫豫，以此错过调教孩子的黄金时期。如果家长慌张，不妨坦率地跟孩子说："看到你这样，爸爸妈妈脑子一片空白，不知所措。我不知道你是怎么想的，我认为有必要深思熟虑。"听到家长的这一番诚恳的话，孩子不会再误会家长。

4. 把孩子留在屋里，并跟孩子说："笑完了再出来。"

属于冷静的家长。这个类型的家长认为感情是发自内心的，自己完全能控制和调节。所以，单独把孩子放在屋里，给他调整感情的时间和空间。家长的做法非常正确，但忽视了向孩子传达自己的心情。没有渗透家长任何感情的话语，给孩子冷漠不堪的印象。所以，虽然家长近在咫尺，孩子也会感觉心灵的距离太遥远，感觉家长陌生的同时从而感到孤苦伶仃、孤独无助。家长一定要区分培养孩子独立性和冷静对待孩子的本质区别。

5. 不停地问孩子："怎么了？你这是怎么了？"

家长问理由也许是好的，但是孩子太小，不能有条有理地表达自己想法的。当家长把孩子领到书房，训斥孩子时，心惊胆战的孩子更不敢说出理由。如果家长刨根问底，孩子会更难堪。这时，家长不妨揣摩孩子的心情："你笑是因为有意思吗？"孩子回答不是的时候，家长可以接着问："那是因为害怕吗？"通过这样的对话过程，孩子会明白，为了读懂自己的心理，家长在做出孜孜不倦的努力。

6. 采取强硬措施，让孩子停止笑。

家庭不同于军队。家庭中的每一成员，虽然他们的地位和作用不一样，但都置身于平等地位，不是命令和顺从的指挥官和部下的关系，所以，家庭成员之间应该懂得互相尊重。家长讨厌孩子，不喜欢孩子，动用一切手段和方法把孩子转变为自己喜欢的类型，那么，家长的用心何在呢？如果你是这样对待孩子的家长，那么，请你从即刻起改变自己的态度，不要成为折磨孩子的家长。

孩子轻易笑吗？还是不笑？

测一测孩子的状态

√ 孩子身上有这样的倾向。

Check01——不爱笑。→ P489

Check02 ——一旦笑起来，就止不住。→ P490

Check03——不该笑的时候笑。→ 491

※ 查对孩子的症状，找到相应的页码。好妈妈的心灵处方恭候您的光临。

针对感情过激的处方

Case01

不爱笑。

情绪还没有完全分化的孩子，不善于表达自己的情感。孩子不爱笑也是感情不成熟的表现之一。如果孩子不善于表达自己的情感，在日常生活中会经常被误会。这样的孩子最需要情绪刺激。最好的方法是，家长做出敏感的情绪反应，笑的时候痛痛快快地笑，哭的时候也痛痛快快地哭。

不是所有的家长都能自如表达自己的情感，有的家长非常不善于表达自己的情感，或有意识地抑制情感。如果受这种家长的影响，孩子的情感表达也是不成熟的。因为他没有看到，也没有学到正确的表达，拿不准自己的表达正不正确，贴不贴切。所以，有时干脆就放弃表达或生硬地表达。

心灵处方——定期举行愉快的家庭聚会。

一旦掌握了孩子不爱笑的特点，家长就应该做出诸多努力，想方设法改变孩子。最简单的方法是全家人一起观看噱头多的搞笑的电视节目。看节目时，如果家长带头开怀大笑，孩子刚开始可能会愣乎乎的，但逐渐受到情绪感染，也会笑出声来。可能做起来有点尴尬，但有的人家晚饭后有意围坐在一起，专门做故意笑出声的练习。另外，定期举行家庭聚会，各自谈本周内最有意思的事情也有一定帮助。通过聚会既可以听到家长或兄弟姐妹的经验，又可以感受其乐融融的家族之爱，可以说能收到一举两得、一石二鸟的效果。

有些孩子感受方面没什么问题，但表达过于消极，感觉不好意思或羞于表达。就算有天大的好事，也只是一笑了之；情绪不好时只会自言自语；就算悲痛欲绝也不会号啕大哭，顶多流出一滴眼泪。

其实，情感的表达方式有很多种，但他们的表现却很单调。

这样的孩子从没有开怀大笑过的经历，有时想笑一笑，也感觉尴尬。所以，对这样的孩子，开怀大笑的第一次经历至关重要。如果第一次成功，那么，以后就很容易露出笑容。就算不能大笑，也能很自然地接受他人的笑。如果不好意思在别人面前笑，也可以站在镜子前，欣赏自己笑的样子，或看着自己以前的照片，观察自己笑的样子，也有一定帮助。

如果家长过于强调严肃的家庭氛围，有时会妨碍孩子表达自己的情感。有的家长总强调“要有男孩儿的样”或“男儿有泪不轻弹”。说男孩太爱笑，没有男孩的阳刚之气；女孩太爱笑，会让人瞧不起。所以，一再控制他们笑。如果家长总是采取这种态度，孩子会不明白什么时候该笑，什么时候不该笑，把握不好笑的标准。

人的感情不能总受到压制，家长应该让孩子学会坦率表达自己的感情。

孩子忧郁，有心理疾患时也不太爱笑。这时，家长应该找儿科大夫或专家，找出问题的症结，并接受治疗。

Case02

一旦笑起来，就止不住。

青春期女孩看到落叶飘零，也会变得异常敏感，就像《葬花吟》中的林黛玉，异常感伤一样。有时，人的情绪跟喜怒哀乐无关，一旦表露就很难恢复到原来状态，以致发生很多尴尬场面。课间休息时，发生一件有趣的事情，到了上课时间也止不住笑；上课时同桌讲了一个有意思的小故事，本来想一笑了之可又止不住不停地发笑，以致被老师说。如果能立刻止住笑，不会有什么问题，但偏偏止不住或者老师训斥也无济于事时，就说明调节感情方面存在问题。多动症的孩子身上最常见的就是这个现象。

心灵处方——让孩子想好之后，再做出反应。

调节自我情感的核心，首先应该是先想好，然后再做出反应。受到某种刺激时，坦率表达自己的感情固然重要，但是想好了再说，既是慎重的表现，又能避免不必要的失误。想一想曾经因为没完没了地笑而受到训斥的记忆，或者自问自答："我要是再笑别人会怎么看？"

Case03

不该笑的时候笑。

最常见的原因是不能正确处理不安和畏惧而假笑。就算家长大声训斥也毫不在乎地扑哧扑哧笑或哈哈大笑；才艺表演的时候，和其他孩子的表现截然相反，独自笑的情况也比较典型。孩子是因为紧张和不安才发笑的，如果家长大声训斥，孩子的不安只能剧增。有的家长挥着鞭子打孩子，禁止孩子笑，试想，当时孩子的心情会怎样？战战兢兢的孩子只能认为家长太无情，太不懂自己的心情。

心灵处方——不要马上满足孩子的欲望。

孩子不该笑的时候笑，家长也不能严厉训斥或用异样眼神望着孩子。其实，这也是孩子表达不安和畏惧的一种方式。家长要了解孩子不安和畏惧的原因，帮助孩子消解。家长要给孩子充分的时间，以便尽快镇定下来。

有时，为了掩饰慌张情绪，孩子也会故意发笑。家长应该教孩子应对各种问题的方法，千万不能无情地驳孩子的面子："现在是笑的时候吗？""你想一笑了之？"听到这话，孩子会更慌张，也许会做出更消极的举动。

家长要真诚地跟孩子交流，让孩子熟悉正常状况引发的紧张，并努力理解孩子。"你可能一时想不起来该怎么办。慌张或想不起对策时，人都有可能假笑或自己发笑。"然后，语重心长地说："笑解决不了什么问题，你再好好想一想，这种情况应该怎么办？"

突然想起有意思的事情时，孩子也会笑起来。在不知情的家长看来，这是无端地发笑，于是，开始怀疑孩子是否有点异常。如果孩子的语言表达能力强，就能马上解释清楚，但语言表达能力欠缺的孩子，说半天也说不清楚。就算孩子说不清楚，家长也没必要太担心。

请再告诉我！ Q&A

Q1 孩子太爱笑也有问题吗？

A 笑也是一种美德，它能给周围的人带来欢乐。但不该笑的时候笑，就会引发问题。上课时，全班同学哄堂大笑之后，马上恢复了正常，唯独自己还在不停地笑，以此妨碍上课；遇到自己不能解决的问题时，为了掩饰慌张，一笑了之；边笑边打人给对方造成伤害；笑声太大成为噪音时，应该努力改正。家长要教孩子懂得调节自我情感。小孩子爱笑，问题不是很大，但如果不爱笑，就会引发很多问题。

Q2 小孩子不爱笑也应该上医院吗？

A 心灵受到伤害，或者持续受某种压力，小孩子就不轻易发笑，这时，应该找一找原因并接受治疗。

因过度紧张或害怕，哈哈大笑或挨训时扑哧扑哧地笑，家长就应该解除孩子的不安或畏惧。家长有必要和专家商议，并制定治疗计划。

Q3 如果想把孩子培养成“阳光男孩”“阳光女孩”，家长应该怎么做？

A “笑一笑，十年少。”可见笑容能给人们带来一种精神上的愉悦。幽默的孩子比一本正经的孩子身心更健康、更富有自信心。如果想让孩子眉开眼笑、笑容满面，就应该给孩子创造愉快、温馨的环境。经常和孩子沟通也是必要的。家长可以实施以下方案。

1. 找一找符合孩子年龄、能刺激孩子发笑的事情。比如婴儿喜欢逗乐，幼儿喜欢各种动物的叫声。

2. 孩子幽默或开玩笑时，应该表扬孩子。一想到孩子为了逗家长开心，做出的种种努力，家长的情绪能一下子好起来。

3. 孩子模仿家长。需要在孩子面前演喜剧或做诱发笑容的举动时，家长不要犹豫。看到家长乐观的心态，孩子也会模仿。

4. 和孩子一起做有创意性的游戏。如换歌词或创造有意思的单词等。

5. 郁闷、压抑时，家长要努力回想有意思的、幽默话题。比如，炸酱面弄到衣服上时，有可能很懊恼，但是也可以作为有意思的笑料。家长经常笑容满面地对待周围的一切，孩子也会耳濡目染。

6. 孩子开玩笑，读有意思的书，画有趣的图画时，家长要奖励孩子。

7. 和孩子一起观看有意思的电影，然后跟孩子一起谈论有意思的场面或人物。

8. 家长逗孩子乐，并不需要多长时间。只要家长做出诙谐表情或有意思的举动，都可以逗孩子发笑。

HAPPY TRIP!

PART 17

任性

妈妈的来信

院长：

您好！我家孩子明年就要上小学了，但很让家长操心。不管做什么，孩子总是一意孤行，只按照自己的主观想法做。不喜欢的衣服坚决不穿，不是自己的水杯执意不用。总之，只要不合他的心意，全部 pass。

孩子的姥姥曾经照看过他六个月，难道这能成为孩子任性的理由吗？孩子天天缠着家长给他买东西，只要不随他的意愿，就要脾气。都说孩子长大了自然见好，但此时的我已经累得心力交瘁、筋疲力尽，简直有点吃不消。

回信

抚养一个倔强任性的孩子，一定很累吧。

虽然孩子任性，但他绝不会做出破坏秩序或伤害他人的行为。这样的孩子不喜欢变化，一经制定的规章制度，希望一成不变，永远遵循下去，所以显得不太灵活。

任性的孩子，他们的社会交际能力往往不是很强。所以，对这样的孩子家长不必太强求，给他足够的时间，让他慢慢地接受变化。

如果孩子特别喜欢某一双袜子，家长可以给他准备几双一模一样的袜子。洗出来的袜子来不及干，而孩子执意要穿时，可以让他穿已经准备好的一样的袜子。家长可以提出妥协方案，并跟孩子约定："我这次多给你准备了一双一样的袜子，但下次可能就没有同样的袜子穿了，到时候，穿别的袜子可以吗？"只要眼前能穿上自己喜欢的袜子，就算以后发生什么事情，孩子也会遵守和妈妈之间的约定，因为那也属于自己认可的约定。任性并不见得不好，所以只要家长心平气和地给孩子提供应对方案，孩子也会有所领悟。

任性、不听话的孩子

任性的孩子有主见。

在我们的周围随处可见任性、不听话的孩子。孩子生病了，家长想把孩子领到医院，但孩子死活不去；勉强把孩子领到医院了，可孩子伺机逃跑或躲藏；不愿意吃掺杂豆的米饭，强烈要求挑出所有豆子；出门时，不管不顾季节只想穿自己喜欢的衣服；看到自己喜欢的物品，想尽一切办法弄到手；出去买东西时，不是自己喜欢的样子或颜色拒绝到底，直到买上称心如意的东西为止。每当这时，家长又是哄又是威逼，用尽浑身解数，可孩子把家长的话当成耳旁风，干脆不听或固执己见。忍无可忍的家长，认为孩子故意跟自己对着干，于是失去自制力大动肝火、大发雷霆。其实，孩子的任性，一方面说明孩子有自己的想法和主见；另一方面也说明孩子有想控制周围一切状况的霸气。学龄前儿童的任性不同于小学低年级的孩子，他们一边耍赖，一边表达自己的要求。所以，不能因为孩子任性、不听话就大发雷霆或消极地看待孩子，家长应该给孩子提供做出正确行为的应对方案。

孩子任性时，家长应该怎么做？

如果任性影响到孩子的健康、安全以及最基本的价值观，家长就绝不能做出让步或妥协，应该以坚韧不拔的意志较量到底。家长要知道发脾气或跟孩子争论没有丝毫的帮助。家长要向孩子说明，只能坚持不能退却的原因以及不坚持会出现的一系列问题。家长的说明不宜太冗长，否则就变成说教。

只要不是原则问题，可以和孩子协商，或做出适当的妥协。孩子任性时，把他晾在一边，放之任之也会有一定的效果。

孩子任性不听家长的话吗？
什么情况下经常做出任性行为？

测一测孩子的状态

☑ 孩子身上是否有这样的倾向。

Check01——太死心眼儿。

Check02——太任性。

Check03——不管做什么事情一意孤行，只想按照自己的主观方式做。

Check01～03 → **P501**

Check04——稍微有点变化，就一概不接受或索性不做（固执、没有灵活性）。→ **P502**

※ 查对孩子的症状，找到相应的页码。好妈妈的心灵处方恭候您的光临。

针对任性的处方

Case01 ~ 03

- 太死心眼儿。
- 太任性。
- 不管做什么事情一意孤行，只想按照自己的主观方式做。

孩子固执己见、一意孤行。孩子为什么任性、不听妈妈的话呢？一起来看一看原因吧。

1. 明知道没必要害怕或不安，但总摆脱不了这种不良情绪。
2. 抵御变化。
3. 单纯的抵触情绪。
4. 死心眼儿，不灵活，不轻易接受或认可他人。

孩子一意孤行，不愿意接受他人的想法。只要事与愿违，就变得忐忑不安，固执己见。

心灵处方——根据不同的原因，找出相应的对策。

● 因害怕、畏惧，变得任性。

向孩子说明状况并和孩子探讨解决方案。“一想到做这件事情，你可能很害怕吧？但是咱们不能不做呀？爸爸妈妈帮你，大胆做一做好吗？”听到家长的这一番诚挚话语，孩子会明白家长和自己不是敌对关系。

孩子希望做其他事情或正在做某种事情时，家长不能强求孩子和自己一起做事，这样就能避免产生矛盾。

● 抵御变化，犯牛劲儿。

家长说明预测到的结果并刺激孩子的好奇心，就能激发孩子主动参与的意识。在这样的过程中，孩子能熟悉变化，也能渐渐平息抵御心理。比如，孩子执意想穿自己喜欢的衣服时，家长可以说:“天气越来越热过几天就能穿短袖了，到时候，不管想穿哪件短袖，妈妈都会欣然同意的。”

● 出于单纯反抗，犯牛劲。

需要孩子独自做的事情，不管孩子怎么固执己见，家长也要坚持到底，没必要恳求和拜托孩子。家长可以告诉孩子，不听话的严重后果，但家长的要求一定要合理、妥帖。因为仅凭家长的权威性命令、强求孩子，反而会撩拨和扇动孩子的抵触心理。如果孩子按照家长的话做了，就应该表扬和鼓励孩子。下面的例子，会对家长有所启发。

事例 **孩子到别人家做客时，爬到书架的搁板上，怎么招呼也不下来。**

不要这么做	请你这样做
“阿姨来了，你就得挨收拾，快下来吧。”(制造不是事实的状况，吓唬孩子。) “听妈妈的话，求求你了，嗯？”(恳求或拜托。) “快下来，一会儿回家给你买好吃的。”(附加条件或以交易的方式要求孩子。) “这本书可贵了，要是弄坏了，可就出大事了，快下来！”(威胁。)	“爬到上面太危险了，受伤了怎么办？快下来吧。”(第一次说的时候，大多数孩子可能都不听。) “不下去，我才不会受伤呢！” (再一次用严厉的、坚决的口吻对孩子说。)“爬到上面太危险了，快下来！” (再不听。)“来，现在下来吧！” (孩子下来时。)“真听话，谢谢你！”

Case04

稍微有点变化，就一概不接受或索性不做（固执、没有灵活性）。

小孩子的想法普遍都很单纯，但是随着阅历的增长，思考能力的发达，考虑问题会越来越全面和周到。根据不同的角度，解决问题的方式也是多种多样。缺乏灵活性、一意孤行、固执己见的孩子，一般不会轻易接受他人的提议。

如果家长强行要求孩子、命令孩子或靠家长的威严和权威改变孩子想法，孩子会变得更加固执己见，甚至还会和家长发生口角。

缺乏灵活性、任性的孩子，做事喜欢按部就班、循规蹈矩。这样的孩子非常看重约定，不管发生什么事情，都想按照约定去办理。遵守约定的行为习惯分明是好的，但有时也要看具体情况。有一位妈妈答应孩子，允许孩子每周六下午观看三个小时的电视节目。一直以来，妈妈信守承诺。恰巧有一天周六，赶上小姨婚礼，妈妈和颜悦色地和孩子商量，可孩子又哭又闹，劈头盖脸、声色俱厉地责怪妈妈不讲信誉。妈妈三番五次反复说明，遇到突发的重要事情，可以先搁置之前的约定，先去办理重要事项，可孩子执意不肯接受变化。

心灵处方——认真倾听孩子的心声，告诉孩子特殊情况懂得灵活处理的道理。

任性、缺乏灵活性的孩子，经常用一系列的条条框框束缚自己，并且抱有“就算发生天大的事情，也想认真履行约定，不愿意轻易改变”的想法。所以每次和大人发生分歧，都会固执己见、一意孤行。如果家长强行要求或大发雷霆，孩子会认为家长没有信守承诺，没有按照规定办事，继而会产生抵触情绪。

作为家长首先应该倾听孩子的心声，体谅孩子的心情，并给孩子提供妥协方案。如果赶上特殊情况，家长可以安排其他时间段履行约定。此案例中的妈妈，如果适当延长观看电视的时间，哪怕变更履行约定的时间，孩子也会欣然接受。

如果孩子固执己见，不管不顾他人心情或不懂得协调不同意见，家长就应该教会孩子懂得从对方角度考虑问题的思考方式。

请再告诉我！ Q&A

Q1 随着年龄的增长，任性的性格特点能有所好转吗？

A 是的，能有所好转。随着孩子的成长，认知能力的发达，不安和恐怖心理能得到慢慢消解。等孩子积累了一定的社会经验，掌握了应对各种状况的能力，那么过了逆反期之后，自然而然就能学会妥协方法。

Q2 孩子的爸爸很倔强，孩子也很任性，难道这是遗传吗？

A 是的，有可能。孩子不仅随了爸爸的遗传基因，而且在潜移默化中耳濡目染了爸爸的固执。如果妈妈能在懂得妥协、懂得尊重他人方面起到表率作用，对孩子也有一定帮助。

MEMO.

WoW!
DADDY

PART 18

偷盗癖

妈妈的来信

院长：

您好！我家孩子正在上小学五年级，可孩子经常从家里偷钱，问题很严重。

家里有电脑有游戏机，但孩子却沉溺于学校附近的一家游戏厅。他不愿意上跆拳道班，也不愿意上补习班，一有时间就泡在游戏厅消磨时间。知道这件事儿之后，我们掐断了孩子所有的零花钱。起初，孩子从自己的储蓄罐拿钱，后来竟然把手伸到我的钱包。每次问他钱的来历，不是捡的就是朋友给的。孩子是有偷盗癖呢，还是为了玩游戏，只是从家里偷出一点钱而已呢？

回信

5～6岁的孩子没有犯罪意识，所以无意识中把手伸到家人的钱包，而小学五年级的孩子，可以说已经到了能够辨别是非曲直的年龄。如果这时期的孩子三番五次把手伸到家长的钱包，一而再再而三地偷出钱，就不是无意识的行为习惯了。表面上看，孩子偷钱的目的无外乎就是玩游戏，所以很多家长认为只要禁止孩子玩游戏，就能解决孩子偷窃的问题。其实，孩子偷钱的行为不是简单的小事情，所以家长不能想得太单纯，应该引起重视。

习以为常的偷窃行为，我们称之为“偷盗癖”。偷窃分为三个阶段。第一个阶段是幼儿期，这时期的小孩子不知道他人的物品不可以随便拿的道理，所以经常顺手牵羊，据为己有；第二个阶段是冲动导致的偷窃，这种偷窃主要来自过强的欲望；第三个阶段是有计划、有意识而感觉不到有犯罪感的偷窃。

孩子需要钱，这和他的占有欲有关。如果家长过分制止，反而会产生逆反心理。小学五年级的孩子，家长可以安排适当的家务活，根据完成家务活的量和时间，给一定数量的零花钱，这样也能避免偷窃行为。如果孩子已经偷了他人钱财，家长应该让孩子退还给本人并当面表示歉意。不能因为孩子行窃，就盲目地训斥和体罚孩子，这样孩子就会认为挨打即是免罪符。针对孩子的偷窃行为，如果家长采取不以为然的态度，孩子的胆子就会越来越大，不久的将来就会实施有计划、分步骤的偷窃行为。久而久之，偷针头的小贼就演变成偷黄牛的大贼了。

针对不同年龄的偷窃行为，有不同的应对方法。那么，我们来看一看应对偷盗癖的详细的育儿方法吧。

偷东西的孩子

小时候，大家可能都玩过“警察抓小偷”的游戏吧。玩石头、剪子、布时，赢的人扮演警察，输的人扮演小偷。警察抓小偷时，警察正义凛然，有威严，而小偷像过街老鼠，想方设法逃跑。表面上看起来警察的角色有意思，其实，小偷的角色比警察的角色有意思得多。因为小偷可以随便拿东西，只要不被抓，就能跑到很远的地方，有一定的冒险和刺激性。

日常生活中我们随处可见“偷抢他人东西”的人。比如，棒球比赛需要偷垒；篮球比赛需要抢夺对方的球，偷抢得越多，越有利于自己的团队。但这毕竟是运动比赛，是遵守一定规则的公平赛事。

“偷窃”不是可以忽视的简单行为，而是严重的问题行为。在日常生活中，我们随处可见不经过他人同意擅自拿他人东西的小孩子。如果家长发现了孩子擅自拿他人东西的不良行为时，应该怎么做呢？

记一记家长有可能对孩子说的话和采取的行动。

____

____

____

从下面的选项中找出和家长的反应一致的选项。

1. “你学习不好，我可以原谅，但绝不能原谅你偷窃的行为！”
2. 训斥、打骂、体罚孩子并严厉告诫孩子，再也不能做出偷窃行为。
3. 把孩子撵出家门。
4. 告诉孩子不能偷窃的原因和不堪设想的后果。因担心归还本人东西，会给孩子带来不良影响，所以索性扔掉。
5. 告诉孩子不能偷窃的原因和不堪设想的后果，归还东西的同时表示歉意。
6. 不知所措、慌里慌张，不觉中失去了最佳归还时机，事情也就不了了之。
7. 妈妈知道爸爸不喜欢孩子，所以总是对爸爸隐瞒真相。

1. “你学习不好，我可以原谅，但绝不能原谅你偷窃的行为！”

家长的反应有些过激。家长的反应过于强烈，孩子的内心会滋生负罪感和羞愧感。这不利于培养孩子的自尊心。

2. 训斥、打骂、体罚孩子并严厉告诫孩子，再也不能做出偷窃行为。

如果体罚过重，孩子会认为自身已经付出了一定代价，其错误行为完全得到了原谅。所以，体罚反而会给孩子提供合理化自身错误行为的借口。

3．把孩子撵出家门。

家长不能容忍孩子的失误和过错。那么，当孩子再次犯错误时，会矢口否认或抵赖，或者怕犯错误什么都不去做。

4．告诉孩子不能偷窃的原因和不堪设想的后果。因担心归还本人东西，会给孩子带来不良影响，所以索性扔掉。

家长及时地教育孩子，这是值得提倡的事情，但是抓不住问题的关键和核心是不可以的。如果问题行为一再继续，总有一天会弄得满城风雨。这就好比明明知道孩子的语言表达存在欠缺，心知肚明应该把孩子送到医院接受治疗，而碍于送医院是件羞耻的事情，迟迟不肯送，最终导致孩子丧失语言能力是一样的道理。

5．告诉孩子不能偷窃的原因和不堪设想的后果，归还东西的同时表示歉意。

这是最正确的做法。

6．不知所措、慌里慌张，不觉中失去了最佳归还时机，事情也就不了了之。

这样的家长一到关键时刻，就变得优柔寡断、犹犹豫豫，从而失去最佳教育时机。这样的孩子永远不知道自己的行为属于不良行为，就算知道了，难免也会认为只要不被家长发现就可以，从而形成错误的道德观。

7．妈妈知道爸爸不喜欢孩子，所以总是对爸爸隐瞒真相。

一方家长的这种态度，不仅会制造家族内部的一个又一个秘密，从而分化家人，而且严重妨碍家族成员共同解决问题。每次看到爸爸时，孩子都会提心吊胆、心惊胆战，因此变得深感不安。

小孩子偷东西属于成长过程中的正常现象。有的家长一旦发现孩子的偷窃行为，就大发雷霆或吓唬孩子：偷针线的小贼，慢慢变成偷黄牛的大贼。有时还口口声声地挖苦孩子，说孩子是“小偷”“骗子”，弄得孩子羞愧不已、无地自容。小孩子还没有形成占有概念，还没有形成抑制本能欲望的自我控制力。所以，看到自己喜欢的东西，抑制不住自己的欲望也属于正常现象。

训斥或体罚孩子，会让他们滋生负罪感和羞愧感，而这又极大伤害了孩子的自尊心。

孩子偷窃的理由

1. 学龄前的儿童缺乏理智、自我控制能力较差，不懂得擅自拿他人东西属于不好的行为，也分不清借东西和偷东西之间的区别，所以有时不经意间把幼儿园的蜡笔拿回家，或把别人家的玩具拿到自己家。小学生知道物物交换，知道不应该擅自拿他人的物品，但有时因为自我控制能力差，忍不住把别人的东西拿到自己家。
2. 10岁左右的孩子，非常清楚不应该擅自拿他人物品的道理，但有时出于寻找刺激或模仿其他小朋友，故意把他人物品拿回家。
3. 家长可能没有意识到自己在无意识中鼓励孩子偷窃的事实。孩子偷东西时，如果家长放之任之、置之不理，就等于是纵容孩子。家长是孩子的效仿对象，家长的一言一行，潜移默化中影响孩子。比如家长把办公用品拿回家（笔、复印纸等）；没得到他人允许的情况下，抄袭他人资料等。看到家长的这些举动，孩子会认为小打小闹不会引发任何问题。
4. 有些孩子因为没钱买自己喜欢的物品，不得不去偷窃。
5. 为了在同龄人面前显示自己大方、泰然自若，或者见其他朋友已经把东西偷到手，感觉自己没面子，或者自己也想加入那个朋友群时，孩子会偷窃。
6. 为了弥补内心的空虚；为了冲刷被人遗忘的感受；为了摆脱不理想的成绩压力；为了试探和对方的关系；为了表现讨厌、嫉妒、竞争心理，孩子会偷窃。
7. 缺乏家长的关心、惦记和爱的孩子会偷窃。
8. 偷窃和精神疾患有密切关系。比如患有忧郁症、注意力不能集中、过激的行动障碍、品行障碍、滥用药物、智力低下、学习存在障碍，大脑有损伤等情况，孩子会偷窃。

孩子偷窃的具体原因和解决方法。

● 孩子不懂道德标准。

孩子刚出生时，谁都不了解谁是谁非的道德基准。随着年龄的增长，认知机能的发育，家长有必要不断地教导孩子。有的孩子不太重视道德基准或社会公众秩序，所以，作为家长一定要教育孩子做一个懂得遵守各项规章制度、讲信用、尊重他人、保护他人利益的好孩子。

有的家长无意中妨碍孩子学习道德基准。比如，若无其事地把公司的物品拿回家。看到家长的这种举动，孩子会想："把他人物品拿回家也无妨呀！"从此之后，孩子会忽视区分自己物品和他人物品，忽略尊重他人。所以，作为家长应该在日常生活中，注意自己的一言一行、一举一动，以便做到言传身教。

● 孩子极易冲动、自我控制能力也极差。

这种孩子一旦喜欢某些物品，从不考虑偷窃后果，也从不考虑将其拿到手的方法是否正当。孩子只知道自己喜欢，只想立刻拥有，所以头脑一发热就不择手段。哪怕是片刻，只要想一想："跟他借，还是跟他要？"就能减少问题行为的发生。

其实，冲动的孩子，比谁都清楚没得到他人允许，擅自拿人家物品不可以的道理。虽然明白道理，但有时就是做不到。所以偷窃行为，不仅有道德败坏的原因，极差的自我控制能力也会导致其发生。很多家长单纯地认为只要给孩子讲伦理道德，苦口婆心地教育，就能禁止发生偷窃行为。其实，这只是家长单方面的想法，没有一点实际效果。

那么，怎样控制孩子的冲动行为呢？家长不妨说："你心里非常清楚偷窃不是好的行为吧？但就是控制不住自己，是吗？咱们一起想想办法好不好？"家长可以告诉孩子，每次想拿他人物品时，轻轻地咬舌头，或者掐自己大腿，或者喊一声自己的名字，都能使自己冷静下来。适用于每个孩子的方法可能都不太一样，但经过一段时间的实践之后，孩子会找到最适合自己的方法。

随着年龄的增长，大部分孩子的自我调控能力会得到慢慢增强。这样，自然而然就能减少冲动性的偷窃行为。但个别孩子反而会变得更加严重。一边学习自我调控的方法，一边接受药物治疗，也能减少这类孩子的偷窃行为。

● 出于寻找刺激或者模仿。

儿童或青少年善于模仿同龄人。只要大多数孩子去做，就算是不好的行为，也不会滋生畏惧感或者负罪感。一帮朋友在一起时，往往会做出平时连想都不敢想的一些举动。做大人严厉禁止的事情时，刚开始可能会紧张得不得了，可一旦顺利地做下来时，松弛的紧张感能给孩子带来强烈的刺激，让孩子体会到精神上的愉悦。

知道孩子的这种行为后，有的家长破口大骂孩子的朋友，有的家长禁止孩子再跟他们玩，而家长的这种做法反而会增长孩子的逆反心理。家长不妨跟孩子说："你的朋友肯定有很多优点，要不怎么能成为你的好朋友呢？其实，在你犯错误的时候，能制止你并给予你忠告的朋友，才是真正的朋友。"

● 没钱买自己喜欢的东西时。

如果家里的经济条件不是很困难，或者孩子的要求不是很过分，家长应该给孩子提供挣零花钱的机会。家长不妨让孩子干点家务活，并付给他相应的酬劳。

● 为了在同龄人面前显示自己。

两种类型的孩子具有这一特点。一种是人情欲望强烈的孩子。这些孩子总想引人注目，总想得到他人关心。他们往往经受不住他人怂恿，又不好意思拒绝，所以一旦有人扇动或表扬时，会做出偷窃行为。家长要告诉孩子，真正的关心和爱并不是肉眼能看到的，有时夸大其词的表扬，反而会害了孩子。

家长千万不能对这样的孩子说："你要是那么做，朋友们会不喜欢你。"或者说一些有损于他们自尊心的话。当孩子做正确的积极的行为时，家长应该发自内心地表扬孩子。

另一种是得不到他人认可，甚至得不到家人关心和爱的孩子。如果有人夸这样的孩子胆大、泰然自若，那么，为了继续博得同学的关注，孩子也会做出偷窃行为。

一旦发现孩子的偷窃行为，家长首先应该反省自己对孩子微乎其微的关心和爱护。家长要真诚地对孩子说："就算没有人表扬，没有人奖励也应该自觉地做一些善良的、有价值的事情；真正的自尊不在于担惊受怕他人的看法或者害怕受到他人的攻击，而是始终保持清醒的认识和辨别是非曲直的冷静的头脑。”

总之，家长要用宽宏大度的胸怀体谅孩子为了显示自己的胆大而做出的偷窃行为。

● 忧郁症等情绪问题导致孩子偷窃。

孩子偷东西的理由很多，每次的理由可以说是不尽相同的。发现孩子的偷窃行为时，家长要及时透过表面的偷窃行为了解孩子的心理和情绪。因为不安或忧郁等情绪问题也会导致孩子的偷窃行为。得不到家长的关心和爱护的孩子，时常感到悲伤和畏惧，为了驱赶这种不良情绪，孩子常常会偷一些琐碎的零食或小东西。

如果生长在父母离异或不和睦的家庭，孩子会因为得不到家长关心，从而滋生被遗弃的感觉。这样的孩子非常妒忌他人拥有的好东西，而且这种嫉妒心有时会唆使孩子去偷窃。就算家长严厉地训斥和制止，也消解不了深埋在孩子内心深处的欲望。

● 认为自己的问题行为有助于调和家长之间的矛盾。

夫妻之间闹矛盾，一方家长或者双方家长有时毫无顾忌地对孩子说：“要不是你，我们早就离婚了。”听到父母的这句话，孩子会想：我不能让父母省心，否则他们会离开我。所以孩子故意惹是生非，以此来牵扯家长的精力。家长的不和等于辅佐、纵容了孩子的问题行为。

? 家长和老师应该怎么办?

孩子偷窃的原因很多，盲目地训斥和责怪解决不了任何问题。而家长熟视无睹、不以为然、无所谓的态度极易引发更大的问题，所以应该马上找到对策。

● 家长和老师怎样才能有效防止孩子的偷窃行为。

1. 保持冷静。发现孩子的偷窃行为时，最大限度地克制自己，保持沉着冷静的态度。

2．给孩子解释的机会。在孩子解释自己的偷窃行为之前，如果家长发脾气、训斥孩子，只能换来孩子的谎言和辩解。所以家长一定要捺着性子倾听孩子的说明。

3．在不伤孩子自尊心的前提下，明确告诉孩子，不应该擅自拿他人物品的道理。就算孩子做错了，家长也不能把孩子批评得无地自容。家长可以说：“爸爸妈妈很爱你，但你的偷窃行为太让我们伤心了。以后不要再让我们失望、伤心好不好？”

4．孩子擅自把他人物品拿回家时，家长应该陪着孩子归还物品。比如，孩子擅自把卖场的东西拿回家时，家长应该陪同孩子去付款并表示歉意。

5．家长应该表扬敢于承认错误或归还物品的孩子。事后，家长要开导孩子不能因为一时的偷窃行为变得郁郁寡欢、意志消沉。家长要告诉孩子时间是最好的良药，随着时间的流逝一切都会淡忘。

6．不要给孩子贴上“小偷”的标签。如果家长给孩子贴上这样的标签，孩子的自尊心会受到极大损伤。出于逆反心理，孩子也会故意做出偷窃行为。

7．如果是过少的零花钱，导致了孩子的偷窃行为，家长有必要横向比较同龄孩子的零花钱。通过比较感觉有必要增加孩子的零花钱时，不妨给孩子提供干家务活挣零花钱的机会。家长的这种做法，既能让孩子挣到钱，也能培养孩子的责任心。

8．家长要成为孩子的道德标兵。家长不妨想一想，自己有没有偷窃行为。有意识地把单位物品拿回家，或者买完东西拿到更多找头时，装作不知道等等情况。不要忘了，孩子会一五一十地模仿家长的一举一动。

9．事后管理很重要。家长要无微不至地关心孩子，细致入微地观察孩子。当然，这并不是让家长监视孩子，而是让家长帮助孩子管理零花钱，管理物品，最好做到逐项地指导和查对。

10．人这一辈子，谁都可能偷过一次东西。如果有，千万不能抱着无所谓或者“他能偷，我为什么不能偷”的想法。不管理由多么充分，只要偷窃次数超过一次以上，就应该引起家长的高度重视。因为这种反复的偷窃行为，会引发更大的问题行为。

孩子曾经擅自拿过他人物品吗？是不是把他人物品当做自己物品？

测一测孩子的状态

√ 孩子身上有这样的倾向。

Check01——擅自拿超市、文具店、卖场的物品。→ P519

Check02——擅自把朋友的玩具或钱拿回家。→ P520

Check03——擅自拿妈妈钱包里的钱。→ P520

Check04——擅自把幼儿园（学校）的东西拿回家。（家长立场）→ P521

Check05——擅自把幼儿园（学校）的东西拿回家。（老师立场）→ P521

Check06——擅自拿幼儿园小朋友的东西或钱。→ P522

※ 查对孩子的症状，找到相应的页码。好妈妈的心灵处方恭候您的光临。

针对偷窃行为的处方

Case01

擅自拿超市、文具店、卖场的物品。

不够理智；不知道东西有你我之分；想得到某种物品而不知道采取什么方式时，孩子会擅自拿他人物品。这时，如果家长采取不以为然的态度，孩子会习惯成自然。所以，家长的态度显得至关重要。

心灵处方——归还物品的同时表示歉意。

家长一定要改正孩子的偷窃行为。这里的改正指的是把东西归还给本人。具体做法是当孩子擅自从卖场、文具店拿回东西时，一定要让孩子归还。如果孩子损坏或吃完拿回家的食品时，家长应该归还相应的钱并表示歉意。这样孩子才能知道自己犯的错误，并明白犯错误时，应该承担相应责任的事实。

如果孩子没钱可还，家长可以先借给孩子一部分钱，然后再让他慢慢还。家长要给孩子提供干家务活挣钱的机会。如收拾鞋架子、扔垃圾、刷碗，这些都是孩子力所能及的事情。

孩子归还物品时，很多家长在让孩子自己去，还是家长陪着一起去的问题上犹豫不决，担心孩子遭到侮辱，不敢让孩子自己去。其实，最正确的做法应该是让孩子自己去。只有这样，才能使孩子明白每个人都要对自己的错误行为担负一定责任的事实，从而下定决心改正自己的偷窃行为。如果孩子的性格谨小慎微，家长见孩子小心翼翼或颇感为难时，可以陪着一起去。但是家长只能在外面或旁边等，不能替孩子归还物品或表示歉意。

Case02

擅自把朋友的玩具或钱拿回家。

心灵处方——让孩子归还物品的同时表示歉意。

当孩子偷偷地把朋友的玩具或钱拿回家时，家长应该让孩子归还物品的同时表示歉意。如果不小心把东西弄坏了，表示歉意的同时还应该偿还相应的钱。如果孩子没钱，家长可以先借给孩子。但事后，一定要还给家长。

Case03

擅自拿妈妈钱包里的钱。

从卖场拿饼干，从文具店拿文具，从家长的钱包拿钱，这些都属于偷窃行为。其中,擅自从家长的钱包拿钱的行为属于最恶劣的行为。

心灵处方——保持镇静，冷静对待。

知道孩子偷窃行为的瞬间，家长可能很难保持冷静，但越是这个时候，家长越要控制自己的情绪。如果家长的反应过于敏感，孩子会滋生强烈的负罪感和羞愧感。相反,家长也不能采取满不在乎的态度。比如："爸爸小的时候，也偷过他人物品，现在不也没事了吗？"

偷窃行为是家长必须要认真对待的问题，也是孩子必须要改正的问题。所以家长始终要保持一贯的态度。

每个年龄阶段的孩子，都有家长不同意买，而自己却十分渴望拥有的东西；有时，还需要花钱打理人际关系，巩固在朋友圈里的地位。这些都说明孩子也需要钱，但不能因为需要钱，孩子就被允许偷窃。每周或每天固定给孩子拿一定数目的钱,让孩子自己管理。如果孩子的钱不够花，可以让他通过干家务挣钱。比如，整理鞋架、刷碗、扔垃圾、陪弟弟玩 20 ~ 30 分钟等等。通过辛勤的劳动，挣钱、攒钱，买到喜欢物品的过程，孩子会明白除了偷之外还有其他可以赚到钱的方式，并且也能体会钱的来之不易。

发现孩子有偷窃行为时，家长不能为了试探孩子，故意把钱放到抽屉里。因为家长的这种举动,会大打折扣家长和孩子之间的信任，给孩子带来无法治愈的心理创伤。

Case04

擅自把幼儿园（学校）的东西拿回家。（家长立场）

育儿过程中会发生很多无法预料的事情，发生意外情况时，有些家长显得慌里慌张、手忙脚乱。一旦发现孩子的偷窃行为，家长千万不能局促不安，一定要沉着冷静。家长首先应该让孩子归还幼儿园的物品。认为幼儿园还不知道这件事情，采取若无其事的态度，反而会纵容孩子的偷窃行为。

心灵处方——明确告诉孩子占有的概念。

面对孩子擅自拿回家的物品，家长千万不能认为那是孩子“借来的”物品。掌握孩子偷窃行为的一瞬间，家长的思绪可能很纷乱很复杂。有的家长为了不伤害孩子经常采用如下表达方式“幼儿园的东西太好了，所以来不及得到老师的允许，就借来了，是吗？”家长认为这种表达方式有助于孩子认识自己的错误行为，可事实上却极易造成孩子混淆占有概念。其实，偷窃行为指在没得到他人允许的情况下，擅自把他人物品据为己有。所以家长有必要告诉孩子，千万不能用“借来”或“暂时拿来”等词汇掩盖偷窃行为。

Case05

擅自把幼儿园（学校）的东西拿回家。（老师立场）

发现孩子的偷窃行为时，老师可能左右为难。及时介人其中，担心家长抗议；当什么事都没发生，又觉得不负责任；当孩子们的面训斥孩子，担心孩子受伤害；等过段时间再教育孩子，又感觉失去了最佳的教育时机。

心灵处方——只要发现偷窃行为，家长就应该及时介入。

孩子擅自拿他人物品时，家长和老师应该及时介入。如果教育不及时，问题行为不仅得不到制止，反而会得到纵容。所以，一定要把握好尺寸，既不能做出过激反应，也不能采取不以为然的态度。

Case06

擅自拿幼儿园小朋友的东西或钱。

没得到他人允许，擅自把东西拿回家了，孩子也不知道这是偷窃行为。因为他们认为只有目的性明确的偷窃，才属于偷窃行为。

心灵处方——有必要给六岁左右的小孩讲偷窃的含义。

家长有必要让幼儿园小朋友知道偷窃和占有概念的差异。虽然不是有意的，但在没得到他人同意的前提下，擅自把东西拿回家，就属于偷窃行为。家长要告诉孩子偷偷摸摸地把他人物品拿回家，丢东西的人会着急上火的事实，所以不仅要归还物品，还要表示歉意。

请再告诉我！Q&A

Q1 孩子因偷窃行为，被他人训时，家长应该怎么做？

A 就算孩子长得丑陋无比，在家长的眼里也是可爱的、宝贵的存在。看到孩子被陌生的大人训斥而变得战战兢兢、畏畏缩缩的样子，任何家长的心都会不好受。我们不难看到，一些家长不问三七二十一，不分青红皂白袒护孩子的场面。有的家长甚至说："这些饼干才多少钱啊？我都买了还不行吗？"作为家长千万不能说出上述话语，因为这极易引起大人之间的矛盾，而这些矛盾又容易偏离偷窃的核心问题。

作为家长首先应该沉着冷静地告诉对方自己的身份，并仔细询问事情的来龙去脉。先听完对方的话，再听听孩子的话。如果孩子实话实说，事情倒也简单，但孩子有时因为胆怯不敢说实话，或者把自己的错误都归咎于对方身上，所以家长要善于综合分析。无论分析结果怎样，家长首先要向对方表示歉意。如果孩子执意不肯，不妨跟对方说："我不是偏袒孩子，但毕竟是小孩子，让我先单独跟他聊一聊好吗？先把您的联系电话给我，一会儿再给您打电话吧。"

有的家长出于改掉孩子错误行为的目的，对对方说："这孩子不听家长的话，你好好训斥训斥吧。"听到家长的这一番话，孩子会认为世上不存在值得他信任的人，感到绝望的同时产生愤怒之情。如果孩子和家长之间不存在相互间的信任，就算发生天大的事情，孩子也不愿意跟家长商议。所以，在孩子陷入进退两难的艰难处境时，家长不要步步紧逼，也不要采取强硬措施。

Q2 孩子的偷窃行为构成犯罪吗？

A 孩子第一次擅自把他人物品拿回家时，家长在劝告孩子归还物品的同时向主人表示歉意，问题也就告一段落了。如果孩子三番五次地明知故犯，家长就不应该采取宽容的态度。因为习惯成自然的偷窃行为，最终会触犯法律。家长不妨告诉孩子错误的行为带来的悲惨、残酷的后果。如果屡教不改，一旦偷窃罪名成立，就会被关到派出所或被囚禁在少年管教所。但家长没必要过分地吓唬孩子，让其产生恐怖心理。

Q3 孩子偷东西时，家长应该打骂、惩罚孩子吗？

A 发现孩子的偷窃行为时，要求孩子归还物品的同时向对方表示歉意，就等于给予了孩子相应的惩罚。因为表示歉意的过程中，孩子已经经历了难堪和羞愧。有的家长为了彻底改掉孩子的偷窃行为，给予孩子一定的体罚，其实，这对孩子没有任何帮助。因为不当的体罚，反而会激怒孩子做出更多的问题行为。

Q4 发现孩子的偷窃行为后，可以隐瞒孩子的另一方家长吗？

A 发现孩子的偷窃行为时，家长应该采取诚实的态度，而不应该隐瞒另一方家长，因为孩子很快会效仿家长的不诚实。事情到了无法挽回的地步，爸爸才得知了孩子的偷窃行为，那么他会责怪孩子的妈妈，是她的包庇和袒护纵容了孩子，导致了孩子犯错误。家长应该共同营造商议孩子问题的氛围。

Q5 怎样处理孩子偷来的东西？

A 原则上应该把东西还给本人。如果东西被弄坏了或被孩子吃掉了，就应该给予相应赔偿的同时向主人表示歉意。家长一定要记住不能让孩子占赃物的便宜，就算是付了钱，也不应该让孩子吃或者拥有。

Q6 不是有意识地偷，而是神不知鬼不觉中拿回了家，因而总遭到他人误会，这时应该怎么办？

A 孩子知道偷东西属于不良的行为习惯，但对偷窃的理解和大人有所差别。孩子普遍认为偷窃指有计划、有目的、虎视眈眈地伺机行动的行为。所以，就算擅自拿他人物品，也会理直气壮地说："这不是偷的，而是不知不觉中揣回家的。"家长有必要明确地、清楚地告诉孩子偷窃的含义。也许就像孩子所说，这真是一场误会。比如收拾书桌时，不经意间把同桌的橡皮放入了自己的书包。如果这个橡皮是同桌心仪的东西，很可能会受到同桌的误会。这时，最好向同桌说明情况，表示歉意的同时尽快把东西归还给同桌。

BARBER SHOP

PART
19

手淫行为

妈妈的来信

院长：

您好！我是一名小学二年级女孩的妈妈。大约从三四个月前，孩子突然有了手淫行为。刚开始误认为孩子只是挠挠而已，可后来发现不是挠而是手淫。我曾问过原因，可孩子只是轻描淡写地说手淫的感觉很好。当时我们受到了极大冲击，感觉孩子太不可思议，可又不知道采取什么措施制止她。

孩子从小就喜欢独处，喜欢在阴暗的地方玩儿，难道这也能成为孩子手淫的理由吗？

回信

孩子成长发育过程中的手淫行为属于极其自然、正常的现象。但是不同的处理方式，会影响孩子是否能够健康成长。

发现孩子的手淫行为时，家长一定要避免盲目地责骂孩子、吓唬孩子。如果家长跟孩子说：“你要是改不掉手淫习惯，不但长不了大个，还会成为一个地道的傻瓜。”家长的这一番胁迫或斥责会滋生孩子的负罪感，让他更加忐忑不安。家长应该让孩子懂得加倍爱惜自己的身体。

大部分孩子都是受到某种刺激之后，才开始手淫，而且因为感觉良好、微妙，不能做到有效控制。所以家长要尽量分散孩子的注意力，持续观察孩子，并禁止孩子过于沉溺手淫。

有的家长认为手淫属于见不得人的肮脏行为之一。所以一旦发现孩子有手淫行为，就强行压制或不让孩子提只字片言。家长的这种举动严重影响子女和家长之间的信任度。

手淫属于极其正常的本能行为。与其强行制止，不如给予相应理解，但一定要把握好尺度，以免孩子过于沉溺。

抚摸生殖器的孩子

韩国社会对性普遍持有保守看法，所以一经发现孩子有手淫行为，家长就变得惊慌失措。有的家长甚至担心孩子长大以后，引发性方面的问题。

看到孩子的手淫行为，家长该作出怎样的反应呢？

记一记家长有可能对孩子说的话和采取的行动。

____

____

____

从下面的选项中找出和家长的反应一致的选项。

1. 训斥孩子再也不要手淫，有时还动手打孩子的手背。
2. 吓唬孩子："你知道生殖器是多么重要的部位吗？如果总摸，就会发炎导致生殖器溃烂，到时连孩子都生不了。"
3. 说明生殖器的重要性。
4. 及时制止孩子的手淫。
5. 因为惊慌失措，不敢正视孩子的眼睛，从而采取视而不见的态度。

1. 训斥孩子再也不要手淫，有时还动手打孩子的手背。

这样的家长对待孩子错误行为时能坚持原则，但在读懂孩子心理方面显得过分吝啬。他们从来不去体谅孩子、帮助孩子，只把焦点对准手淫的表面行为，所以往往给孩子留下冷漠的印象。如果家长不改变这种冷酷无情的态度，不管孩子遇到什么问题甚至濒临崩溃，孩子也不会和家长商讨任何解决问题的办法。

2. 吓唬孩子："你知道生殖器是多么重要的部位吗？如果总摸，就会发炎导致生殖器溃烂，到时连孩子都生不了。"

发现孩子的问题行为后，家长普遍采用威逼、恐吓的手段。这种方法可能有立竿见影的效果，但那只是孩子因害怕而暂时停止的表面现象，做不到标本兼治。如果孩子不能正确认识手淫，长大成人之后，也很难正视性问题。

3. 说明生殖器的重要性。

正确做法。

4. 及时制止孩子的手淫。

这种做法会给孩子带来巨大压力，导致孩子心情郁闷、不舒畅。

5. 因为惊慌失措，不敢正视孩子的眼睛，从而采取视而不见的态度。

家长本身对性或手淫抱有偏见。这样的家长在孩子的抚养问题上显得信心不足、忧心忡忡、优柔寡断。如果家长总是采取这种不明朗的态度，孩子会误认为家长在默许。

孩子在成长过程中抚摸生殖器或手淫属于极其正常的行为。手淫不会给孩子的身体或心理带来任何伤害。而家长的过激反应反而会引发诸多问题。只有家长明确认识并明智对待手淫行为，才能防止问题的发生。

孩子为什么手淫？

- 感觉有意思。

手淫过程中，得到一种精神上的满足。

- 为了镇定和安慰情绪。

极易紧张的孩子，可以通过手淫缓解紧张情绪。孩子生气、疲倦、感觉无聊时都会出现手淫行为。

- 为了探索研究。

孩子对自己的身体产生强烈好奇心时，会抚摸身体的各个部位并手淫。

- 因无所事事。

玩玩具或全身心投入某件事情时，一般不会手淫，而一旦感觉无聊、无所事事，就会情不自禁地手淫。

孩子手淫，家长应该怎么做呢？

- 心平气和地对待。

手淫是孩子在成长过程中经历的极其自然的行为，所以家长要平静对待。如果家长训斥或威胁，孩子就会认为生殖器是肮脏的东西。

● 镇定自若。

对孩子的手淫行为家长不能作过激反应。因为家长的过激反应，极易引发孩子的恐惧感。

● 不要大惊小怪。

一个五岁孩子的家长找到笔者，说出自己的担忧："我家孩子一有时间就抚摸生殖器。有时感觉太静了，悄悄走进屋子发现孩子正大汗淋漓地往地板上来回蹭生殖器。只要不在我的视线范围内，孩子就想方设法抚摸生殖器，真不知他是怎么想的……"

在我们的周围随处可见手淫的孩子，所以，就算发现孩子有手淫行为，家长也千万不要大惊小怪。当然，这并不是让家长熟视无睹，而应该明智对待。

孩子经常抚摸或揉搓生殖器吗？

测一测孩子的状态

√ 孩子身上有这样的倾向。

Check01—— 无所事事时，一边抚摸生殖器，一边扭着大腿使劲或对着桌子来回蹭生殖器。→ P535

Check02—— 只要紧张，就趴在地上伸开四肢来回蹭生殖器。每当做这种行为时，孩子总是大汗淋漓甚至呼哧带喘。→ P535

Check03—— 经常抚摸生殖器，有时甚至把手指伸进阴道里。每当问起原因，孩子总说有意思。→ P536

Check04 —— 自从在幼儿园接受性教育以来，孩子经常抚摸生殖器周围，偶尔还把手伸到阴道里。→ P536

Check05 —— 自从受到家长的训斥，总是背着家长抚摸生殖器。→ P537

Check06 —— 在公共场所（幼儿园，托儿所，朋友家，学校）抚摸生殖器。→ P537

※ 查对孩子的症状，找到相应的页码。好妈妈的心灵处方恭候您的光临。

针对手淫的处方

Case01

无所事事时，一边抚摸生殖器，一边扭着大腿使劲或对着桌子来回蹭生殖器。

只要无所事事，孩子就做自我安慰似的性行为。

心灵处方——为了不至于让孩子感到无聊，家长要陪着孩子一起玩耍或时刻提醒孩子。

家长不能盲目训斥孩子手淫，否则孩子会感到羞愧不已。为了让孩子尽快摆脱无聊或寂寞，家长要陪孩子聊天或玩游戏，让孩子帮妈妈干点家务也可以，这些举措都可以减少孩子无所事事的感觉。

Case02

只要紧张，就趴在地上伸开四肢来回蹭生殖器。每当做这种行为时，孩子总是大汗淋漓甚至呼哧带喘。

紧张和不安会让孩子变得压抑和郁闷，所以他会想方设法消解这种不良情绪。如果孩子总是沉浸在紧张和不安之中，慢慢就会变得郁郁寡欢。

心灵处方——有意让孩子接触使他们忐忑不安的因素。

如果孩子只是出于减少不安的目的抚摸生殖器，那么家长有必要找出让孩子深感不安的原因是来自家庭还是来自幼儿园。如果好端端的孩子突然感觉不安，家长就有必要回想最近是否经常发生口角而恶化了和孩子之间的关系。如果家长的努力徒劳，改变不了孩子的手淫行为，就应该和专家商议。

Case03

经常抚摸生殖器，有时甚至把手指伸进阴道里。每当问起原因，孩子总说有意思。

不管是谁，抚摸生殖器或生殖器受到某种刺激时，都能得到一种满足，所以在孩子的成长过程中，手淫属于正常现象，是人的一种本能行为。别说是幼儿期、儿童期，甚至青春期也会做出手淫行为。通过自我安慰似的手淫，孩子会得到精神上的满足或消解对身体的好奇感。

心灵处方——家长有必要检查孩子是否置身于性环境。

如果孩子经常手淫，就有必要检查孩子所处的周围环境。孩子是否看了淫乱书籍、画报或者家长的性行为偶然被孩子看到等等。如果问题严重，就应该求得专家帮助。

Case04

自从在幼儿园接受性教育以来，孩子经常抚摸生殖器周围，偶尔还把手伸到阴道里。

所谓的教育其实指听完老师或家长的讲解之后，通过不断实践，完全把知识变成自己东西的过程。同样的道理，自从孩子接受了性教育以后，自然而然对生殖器产生一定的关心和兴趣，出于好奇心，孩子会不经意间做手淫行为。

心灵处方——家长要告诉孩子，如果总是抚摸生殖器，就会有感染的可能性。

家长首先要检查孩子的生殖器周围有没有伤口或发炎，然后对孩子说：“你应该知道抚摸生殖器可能会感染，所以一定要小心。”

Case05

自从受到家长的训斥，总是背着家长抚摸生殖器。

孩子的好奇心一般都很强烈，当他对自己或朋友的生殖器产生好奇时，会想方设法偷窥、抚摸，从而获得一种快感。如果家长不满足孩子的好奇心，不进行科学说明，只是一味斥责，孩子就会避开家长视线偷偷摸摸地抚摸生殖器。

心灵处方——有必要进行性教育。

与其训斥，不如敞开心怀开诚布公地消除孩子的好奇心和疑惑。如果不好意思说或担心说不明白，可以和孩子一起阅读有关性教育方面的书籍，或有关身体知识的书籍并进行探讨。

Case06

在公共场所（幼儿园，托儿所，朋友家，学校）抚摸生殖器。

孩子只是对生殖器感到好奇，只认为手淫行为有意思，所以不会因在他人面前暴露了性行为而感到羞耻。忐忑不安、郁郁寡欢的孩子；融不到同学群的孤苦伶仃的孩子；智力或语言发育迟缓的孩子，这些孩子为了安慰自己或者为了打发时间，有时会手淫。

心灵处方——一旦发现孩子在公共场所手淫，家长就应该转移孩子的注意力。

家长可以转移孩子的注意力，比如“跟妈妈上那儿啊？好像有好玩的。”“跟我一起去买饼干啊？”等等。

家长不妨跟孩子说：“你对生殖器或对它的功能感到好奇，觉得好玩，这都属于正常现象。但是性行为应该是长大之后，跟你心爱的人在没有人的房间或浴室进行。”

家长要告诉孩子，如果在公共场所手淫，看到的人反而会感到羞耻。所以尽量不要让别人看到，这也是对他人的一种尊重，一种最基本的礼节。告诉孩子这些事情时，最好给足孩子的面子，不至于让他滋生负罪感或羞愧感。

Tips

针对在公共场所手淫的对策：

1. 进行说明。家长要告诉孩子手淫只能在自己房间、卫生间等独处空间进行，千万不能在幼儿园、学校或他人显而易见的公共场所进行。家长要平静对待孩子的手淫行为并冷静处理，千万不能责难或训斥。
2. 提供替代品。孩子置身于公共场所时，不妨给孩子拿玩具或者让孩子做运动或游戏。
3. 保持一贯性。不管孩子在游乐场所还是在幼儿园手淫，家长和老师都应该采取一贯态度。

请再告诉我！Q&A

Q1 什么情况下，需要上医院求得医生帮助？

A 手淫虽然是成长过程中的正常行为，但存在以下问题就应该找专家商议。

1. 沉溺手淫而忽视交朋友。
2. 经常在公共场所手淫，虽然用了很多方法，但效果不明显。
3. 不是出于好奇心，而是其他原因导致孩子手淫。比如：不安或忧郁等情绪问题；不善于交朋友而感到孤独；怀疑或担心孩子的语言表达能力、理解能力欠缺。
4. 看起来不像手淫，倒像不舒服才去挠或揉搓（也可能是生殖器感染）。
5. 经常手淫。
6. 模仿大人的性行为。

Q2 有必要向孩子说明有关性的问题吗？如果有必要，应该怎么说？

A 性教育的侧重点不是有关性方面的知识，而是对待性的正确态度。孩子提问性问题时，家长当做没听见或者支支吾吾都不是正确做法。大发雷霆或训斥孩子，或认为小孩子没必要知道也会妨碍孩子正确认识性问题。最近有很多通俗易懂地讲解性知识的书籍便于小孩子理解，家长不妨阅读参考。

Q3 都说手淫属于成长过程中的正常现象，请问手淫要持续到什么时候呢？

A 小孩子的手淫行为大概从18个月开始，3～5周岁时次数最为频繁，然后渐渐减少。到青春期，有可能再次频繁。当然，这只是一般规律，也有个体差异。有的孩子根本没经历过手淫；有的孩子持续时间较长；

而有的孩子青春期初期比较明显，到后期几乎不再手淫。男孩和女孩之间也存在差异。以前的女孩子几乎没有手淫现象，但最近有手淫行为的女孩子的数量与日俱增。

家长对手淫的认识和对策显得至关重要。如果方法得当，孩子会顺利度过那个时期，而一旦方法不妥将会引发诸多的问题。根据家长的对策和采取的方法，有的孩子能自行调节性欲望或性行为，而有的却对性产生了根深蒂固的消极想法。持消极想法的孩子，长大之后会做各种病态的性行为，日常生活也会受到严重影响。

Q4 如果家长制止不了手淫，会不会导致孩子变态？

A 孩子的手淫行为，经常让家长浮想联翩各种性问题，以此萌生羞耻感。其实，家长不必太担忧好奇心引发的手淫。过分地斥责和压制会引发孩子的性冲动。而看到孩子手淫行为之后，家长若表现得慌里慌张、视而不见则会纵容孩子做出歪曲的性行为，如观淫癖、裸露癖。

Q5 孩子手淫，会脑子变笨或不长个吗？

A 过去的农耕社会把人也算做财产，所以经常把性行为和生殖功能联系在一起。当时，普遍认为性的最终目的不外乎就是传宗接代，所以严禁手淫，因为手淫会消耗精子。到后来禁欲主义蔓延的时代，认为手淫行为违背神的法则，背离禁欲主义的基本思想，所以一致认为手淫是消极的不良行为。

在家庭也是一样。看到孩子手淫，家长从来不想孩子已经长大的事实，反而担心孩子晚上不睡觉手淫会不会影响学习。

长期以来，手淫一直被认为是消极行为，而家长又找不到最贴切的说明，所以很多家长就以不长个或脑子变笨等理由制止孩子手淫。

如果孩子整夜抚摸生殖器或者学习时间手淫，就会引发诸多问题，但如果只是停留尝试性水准，就不会带来任何问题。家长用不长个，脑子变笨等理由强调手淫的危害性，不仅给孩子带来恐惧，也会诱发孩子的负罪感。

Q6 手淫次数超过几次，属于问题行为？

A 这个提问跟询问夫妻一周过几次性生活才属于正常范畴是一样的性质。手淫没有规定的次数或标准。

虽说手淫是成长过程中极其正常的行为，但如果给学校生活、朋友关系、睡眠、饮食或学习等方面带来不良影响，就成了严重的问题行为。如果手淫没有影响孩子的基本生活，就不必太在乎次数。

Q7 上岁数的长辈经常跟孩子说："看一看你的小辣椒，哎呀，真好吃啊！"说着伸手去抚摸孩子的生殖器。

A 大人最好不要说这种话，也不要做这种举动。因为大人的言行举止会妨碍孩子正确对待性。很多家长误认为长辈喜欢孩子才开这样的玩笑，所以不太在意。其实，小时候形成的有关性的想法和态度会影响人的一生。

每当长辈做这种举动时，孩子可以明确地对长辈说："不要这样，我害羞。"如果孩子说不明白，家长可以替孩子说："奶奶，宝宝（孩子的名字）害羞，不要这样。"这样既不会伤大人之间的和气，也能制止长辈抚摸孩子的生殖器。

PART 20

饮食习惯

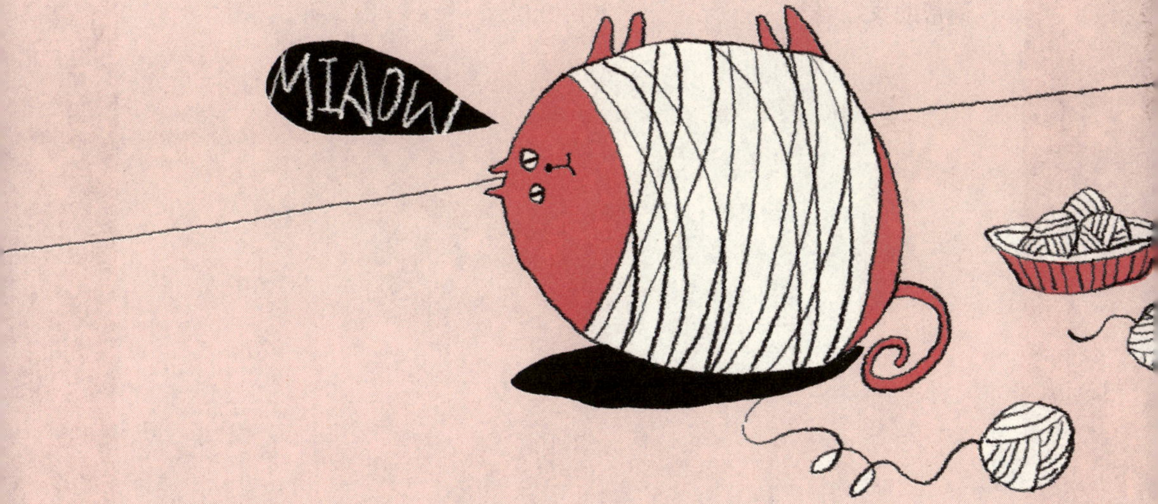

妈妈的来信

院长：

您好！我家孩子今年5周岁，除了自己喜欢的食物其他的一口不吃。他的饭量不大，个子也比同龄人矮，但体重反而比同龄人大得多，这种不正常的体重是否与偏食有很大关系呢？

我家每天吃饭时都会发生“世界大战”——不想吃饭的孩子和我们家长之间的“战争”。怎样才能停止这种“饭桌上的战争”呢？请帮助我好吗？

回信

人活着，必须要吃东西。不吃，谁都活不下去。食欲是人最基本的欲求，也是生存下去的重要因素之一。

正在长身体的孩子要是拒绝吃饭或者偏食，家长一定会非常担心。以前是没什么可吃的，现在是能吃的东西虽然多，但孩子不爱吃。由此看来，养一个孩子真是一件很不容易的事情。

孩子为什么不愿意吃饭呢？我认为主要是饮食习惯的变化造成的。为了方便快捷，很多简易快餐和速食占据了我们的餐桌，改变了我们的饮食习惯。这样的变化是孩子不能正常饮食的根源。特别是孩子喜欢吃的饼干、面包和炸面圈等过甜的食品，抑制了孩子的正常食欲。

不要因为饮食习惯有变化，就容忍孩子不爱吃饭或偏食。改变吃饭问题不是一朝一夕的事情，也没有什么效果显著的捷径。唯一有效的办法，就是家长纠正错误的饮食常识，养成良好的饮食习惯，并耐心细致地把这些常识和习惯应用到实践中去。

面对讨厌吃饭的孩子，首先应该去理解并尊重孩子的想法，这样才有可能进行有效的对话，最终说服孩子。

不爱吃饭的孩子

不爱吃饭的孩子。

一位年轻妈妈找到笔者说，她最大的苦恼是孩子不爱吃饭。令她感觉疑惑的是，一整天不吃东西的孩子，怎么不感觉饿呢？孩子喜欢的食品只有炸鸡腿、紫菜卷饭和橘子，除了这些食品，别的一口也不想吃。

她总觉得孩子的饭量小得可怜，简直像猫吃食一样。为了让孩子多吃一口，每次吃饭时她都要绞尽脑汁地劝导。不管是讲道理还是“威逼利诱”，都没有任何效果。妈妈每天都要喋喋不休地对孩子说：“吃吧！”“你吃饭了吗？求你吃点吧。”越是劝，越是发牢骚，孩子越是不爱吃。一听到“饭”字，马上就产生抵触情绪。孩子明年就要上小学了，她十分担心午餐时间孩子会不会吃东西。有时甚至这样想，孩子吃饭这么费劲，不如让他晚一年上学吧。

每个人不同的食性。

别看我现在经常做幼儿心理辅导，实际上我小的时候也严重偏食，饭量也小，跟同龄人相比，显得既消瘦又低矮。我知道偏食是不好的习惯，也知道应该改正这种不良的饮食习惯，但是过于敏感的嗅觉使我一闻到肉腥味就想吐。

那时，味道稍微浓烈点的肉，我几乎一口都吃不了。直到进入青春期之后，饮食结构才发生了很大变化——开始愿意吃肉。现在，我已经不怎么挑食了。

我丈夫不喜欢吃鱼，每次吃鱼时，上小学的儿子就说："爸爸，吃一口吧，鱼对人体好，营养充足，还不发胖，就吃一口，好不好？"但是，丈夫还是一口不吃。

就像有人硬劝我吃猪肉，我不太喜欢一样，谁要是硬逼我丈夫吃鱼，他也不高兴。

哪些食物对身体好，身体为什么需要这些食物，摄取均衡的营养有多重要，这些都是有科学根据的真理，却无法改变人们对某些食物的厌恶心理。

强劝孩子吃东西是引发抵触心理和不安情绪的因素。

孩子也和大人一样，碰到不喜欢或不合心意的食物时，如果被强行要求吃下去，当然是一件非常痛苦的事情。

大人经常强迫孩子吃东西，并且义正词严地对孩子说："有些国家的孩子因没有食物而被饿死，你跟他们比多幸福啊！他们要是知道你这么浪费食物，一定会说你是在犯罪！"那么，孩子听到这话之后，会有什么反应呢？他们不会改变想法，反而会生气甚至产生强烈的抵触心理。

如果遇到以下的情况，家长应该怎么办呢？

情景 **吃晚饭时，5 岁的孩子说："妈妈，我不喜欢萝卜汤。"这时妈妈问："那鸡蛋卷怎么样？"孩子说："也不喜欢，我就喜欢吃排骨，如果没有排骨，我就不吃饭。"**

记一记家长有可能对孩子说的话和采取的行动。

____

____

____

在下面的选项中找出和家长的想法类似的选项。

1. "别废话了，快吃吧。不吃什么也没有！"
2. "啊，对了，你不喜欢吃萝卜汤。"说着就把萝卜汤放到厨房，然后对孩子说，"这回好了，快吃吧。"
3. "你现在不吃饭，一会儿就饿了，到时候我可不管你。"
4. "有的国家没有食物可吃，很多小孩都快要饿死了，而你能吃这么多好吃的，多幸福啊。"

1. "别废话了，快吃吧。不吃什么也没有！"

围绕着吃饭问题，家长和孩子产生的矛盾经常把轻松愉快的吃饭时间变成充满火药味的"战场"。只要是战争就会有失败和胜利，输的一方是战败国，战败国的将军只能等死，国民也只能沦落为奴隶。

虽然是无意识的抵御过程，但是孩子和家长产生矛盾的时候，孩子都不想轻易输给家长。所以，对家长的强迫性要求，孩子会奋力抵抗。逼不得已的情况下，孩子虽然会勉强吃一口，但却会像战败国的国民一样，憋着一肚子气，充满了无奈感和挫折感。

2."啊，对了，你不喜欢吃萝卜汤。"说着就把萝卜汤放到厨房，然后对孩子说，"这回好了，快吃吧。"

这是一种比较正确的做法。孩子不喜欢吃某种食物时，家长要体谅孩子的心理，不要对吃和不吃作出过激反应。一想到家长能理解自己，孩子的心情自然会愉快起来。

3."你现在不吃饭，一会儿就饿了，到时候我可不管你。"

虽然这句话很有道理，但是语气过于冷淡了。孩子也会感到很伤心，认为家长不理解他。

4."有的国家没有食物可吃，很多小孩都快要饿死了，而你能吃这么多好吃的，多幸福啊。"

每个孩子都有自己喜欢吃的食品。如果不挑食，什么都吃当然是好的，但是孩子偏食，做为家长也应该接受，不能给孩子太大的负罪感，因为这样会让孩子变得不安。

下面的表格，有助于家长作出正确举动并使用适当言语。

不要这么做	请你这样做
少说废话，赶紧吃。否则不给你吃零食。	知道孩子不喜欢，就不强求。
进行富有逻辑的说明："现在不吃，一会儿就饿了。"	虽然火冒三丈也强忍住，不再提吃饭问题，可以转移话题："今天在学校，发生了什么高兴的事吗？"
使用诱发孩子负罪感的方法。"有的国家没有吃的，很多孩子都被饿死，有吃的就不错了，别挑肥拣瘦了。"	不喜欢的放在一边，喜欢的放到他面前。改变烹调方法，让孩子喜欢上原先不喜欢的食物。

关于孩子饮食摄取的一些错误常识。

● 如果不能从食物中摄取均衡的五种营养，身体会变得虚弱而生病吗？

摄取均衡的五种营养是很重要的。但是偏食和不爱吃东西的孩子，也不至于因缺乏营养而得重病或引起其他健康问题。

● 不爱吃饭的孩子，为了给他补充营养，应该让他多喝奶吗？

超过两周岁的孩子，水或奶喝得过多反而不好。两岁以上的孩子，牛奶的合理摄入量应为每天 300 毫升到 400 毫升。

● 孩子不爱吃饭，哪怕一勺一勺地喂，也得让他吃饱吗？

过了两岁的孩子，我们不提倡家长强行喂饭。不管是谁，吃到一定的量就会有饱胀感，不想再吃。孩子也是一样的。孩子太小，不会充分表达自己的意愿，妈妈不知道他有没有吃饱，想当然地认为吃得多就好，于是不停地喂。这样虽然会让孩子吃得多，但是慢慢就会习惯成自然，而习惯一旦形成很不容易改变。

● 不爱吃饭的孩子，用不用给他加餐？

小孩子每三小时吃一次东西是最好的。这说明给小孩子加餐是很必要的，通过加餐，小孩子能摄取有利于身体的营养。

如果吃正餐的时候，孩子不好好吃饭或吃得少，就需要给孩子吃营养均衡的零食。这样就不必过分担心孩子不好好吃正餐的问题。但是热量太高的食品，应该禁止孩子吃。

● 让孩子吃干净自己碗里的食物？

肚子饿的时候，孩子有权利跟家长要吃的，不饿的时候，也有权利跟家长说：“现在不想吃。”

家长不考虑孩子的身体状况，强求孩子把碗里的东西吃得一干二净是不对的。这并不是说家长不必告诉孩子，尽量不要剩以免浪费，而是要让孩子明白，可以不吃光不喜欢的食物。

● 孩子不爱吃饭时，可以强行要求他吗？

盲目地强求孩子多吃之前，家长首先应该想一想孩子的胃容量。事实上，3 ~ 5 岁孩子的胃容量只有大人的四分之一。有的大人，特别是不爱吃饭的孩子的家长，出于让孩子多吃的目的，强求孩子吃掉超过平均量的食品，这种做法显然是错误的。

● 如果想让不爱吃饭的孩子变得爱吃饭，家长应该给他提供方便吗？

假如没有合孩子心意的饭菜，家长应该特意为他准备他爱吃的东西。每个孩子喜欢的食物都是不一样的，家长应该尽量尊重孩子的喜好。但是，没必要顿顿给孩子单独做。家长可以告诉孩子制作简单食物的方法。比如，面包必须放碱后放到烤箱烤等事宜。这样，当孩子遇到没有可口的饭菜时，会自己动手做自己喜欢吃的食物。

孩子爱吃饭吗？每次吃饭，用不用发动一次“战争”？

测一测孩子的状态

√ 孩子身上有这样的倾向。

※ 查对孩子的症状，找到相应的页码。好妈妈的心灵处方恭候您的光临。

针对不爱吃饭的处方

Case01

不爱吃饭。

孩子不爱吃饭的主要理由是家长的强迫。实际上，家长越是强迫，孩子的抵触和逆反心理就越强。

心灵处方——一段时间内不要纠缠孩子吃不吃的问题，先观察一阵孩子吧。

为了改变孩子的吃饭习惯，可以暂时不管他吃什么和剩不剩的问题，家长可以冷淡他几周。一般情况下，人都想维持熟悉的现状，而不想马上去适应变化。孩子对食物的接受也是这样的。再有营养的食物，觉得好吃，他才会慢慢地试着吃。当然，孩子和孩子又是不一样的，有抵抗到底的孩子，也有很快能适应的孩子，虽然有个别差异，但把这些理解为人的基本特性去认同是很重要的。

大部分不爱吃饭的孩子，一坐到饭桌前不是肚子疼就是不想吃，或以吃饱为理由拒绝吃饭。这时，家长可以采取和以前不一样的措施。比如，当孩子问："今天我得把这些吃完吗？"如果是以前，家长肯定说："那当然，你要剩了，妈妈会喂你吃的。"或者说："你要吃剩了，明天开始没有零食。"那么现在你不妨温柔地对孩子说："吃不完也行，你想吃多少就吃多少吧。"如果你期待孩子说"妈妈，谢谢你"之类的话，那是白日做梦。

也许孩子吃完一口就会说："我不想吃了。"不管怎样生气，家长也应该温和地对孩子说："以为你不吃，妈妈就会生气吗？我不会生气的，你想吃多少就吃多少吧。"当然，即使家长采取宽宏大度的态度，孩子的饮食习惯也不是一天之内能得到改变的。

哪怕是短短的几周，也停止一下“战争”吧。这期间不要强求，只要默默地看着孩子就可以了。过一段时间后，孩子不会再有任何负担，他会慢慢地喜欢上其他菜肴，认为吃饭是轻松愉快的事情，而不是痛苦不堪的事情。

Case02

消瘦。

一个瘦骨嶙峋的孩子听得最多的一句话，可能就是“吃吧，吃吧，求求你了”。孩子摄取均衡的营养是很重要的，但是很多家长误以为孩子消瘦的主要原因是孩子不太健康，营养摄取有问题，所以不停地强求孩子多吃。实际上，消瘦的孩子，如果不存在任何健康问题，让他过量摄取营养或者在没有饥饿感的情形下一再强求他吃东西，反而容易引起肥胖或者饮食障碍等问题。

心灵处方——不要强求吃。

● 我家孩子消瘦，需要营养均衡的餐饮。

现实生活中，不能保证孩子每顿都能吃到含有多种营养元素的食物。摄取均衡的营养固然重要，但不必每顿饭都给孩子提供充足的营养，家长可以以一周为单位考虑摄入均衡的营养。如果在一周之内，孩子能吃到各种各样的食物，吸收均衡的营养，就没必要额外给孩子补充营养。

● 我家孩子太瘦了，应该额外给他服用维生素。

有人说：“人是铁，饭是钢。”也有人说：“饭是最好的补药。”小孩子用不着特意吃补药和保健食品，食补是最好的方法。如果食物能提供充足的营养元素，就没有必要服用以维持健康为目标的维生素。每天给孩子吃维生素，等于向孩子传递“你身体虚弱，不太健康”的错误信息。所以一般情况下，不要给孩子服用维生素。

● 我家孩子消瘦，不爱吃饭，所以得给他喝奶。

孩子出生之后要吃母乳或者奶粉，所以有人就误认为奶可以替代饭，通过奶也可以吸收均衡的营养。孩子不爱吃饭或者消瘦时，有的家长就想方设法让孩子喝奶。喝的奶越多，吃的饭就越少，越容易形成错误的饮食习惯。最有效的解决方案应该是减少奶的摄取量，让孩子产生饥饿感，这样就能多吃一点。

满两周岁的孩子，可以开始吃营养丰富的断奶食品，但很多孩子还是喜欢天天叼着奶瓶。家长可能会想，孩子不爱吃饭，喝奶也一样。实际上，两周岁的孩子，完全可以终止使用奶瓶，如果引导孩子使用杯子，就能减少奶的摄取量。

● 我家孩子太消瘦了，哪怕是一勺，也得让他多吃点。

几十年前，生活贫困，大多数人很难吃饱饭。所以现在的人们无意识中会误认为肚子大或者体重比别人重，就是健康，就是吃得好。很多家长有一种错觉，认为孩子需要比实际的饭量更多的营养物质。这种错觉导致了很多孩子的肥胖问题。身体是最诚实的，如果需要食物，它会给你饥饿的信息，若是不需要就没必要多吃一口。希望家长能尊重孩子身体的感觉，不要因为歪曲的谬理，强求孩子吃得过多。

● 消瘦的孩子，身体虚弱，小病不断？

不是体重偏轻的孩子，得病的几率就高。瘦小的孩子，只是形体上比其他孩子消瘦而已，并不说明缺乏营养。每个家长可能都希望把孩子养得胖乎乎的，所以过分地强求孩子多吃，但孩子认为家长是威逼自己、强迫自己，感觉自己受到了家长的攻击和威胁。

● 鼓励孩子多吃，对孩子有帮助吗？

很多家长非常担心孩子体重偏轻的问题。其实，如果只是消瘦，不会引发任何健康问题。硬让孩子张嘴的“饮食战争”，只会让孩子摄取超量的营养和热量，而且容易给孩子造成心理上的伤害。如果家长一再要求不爱吃饭的孩子多吃，孩子就会认为那是一种蛮横。吃饭时间，父母尽量不要说什么，因为家长越是要求多吃，孩子越会紧张，最后连喜欢吃的食物也不愿意吃了。

如果想让孩子吃得香，吃得高兴，就不要做诱发孩子紧张情绪的举动。家庭成员之间越是放松，吃饭就越有可能变成快乐的事情，孩子的饮食习惯也能慢慢地得到改善。

感觉孩子太消瘦，也不要太担心，利用三个月的时间记一记孩子的体重和身高，看一看孩子的成长和发育存不存在问题。如果个头和体重都属于正常范围，那么对孩子不太爱吃的饮食习惯就没必要太担心。

如果总是在孩子面前表现出忧虑孩子消瘦的语言或行为，孩子就会消极对待自己的形象。因为自己太消瘦了，孩子会认为个高的、块头大的比自己有能力，从而对自己失去自信心。俗话说："浓缩即为精华。"这句话凝结着我们祖先的智慧，从而它极大地赋予矮个人心理上的自信感。过分担忧孩子的个头和体重，会增加孩子的紧张感和压力，更不利于孩子的生长和发育。何况我们知道，历史上的伟人之中有很多是身材瘦小的。

Case03

贪吃。

贪吃的孩子，吃饭时间一般没有规律。然而，有规律的饮食习惯是非常重要的。没有规律则意味着该吃的时候不吃，饿过劲了再吃，因为太饿了，常常会狼吞虎咽，还没有饱和感，就已经吃完了。所以，很容易导致饭量增大。贪吃的孩子很容易变得肥胖，所以一到吃饭时间妈妈就忍不住制止："少吃点，少吃点吧。"

如果总是这样制止孩子，孩子就不能安心地细嚼慢咽，反而更容易导致贪吃或快吃。

心灵处方——让孩子在规定的时间内吃饭。

家长要注意，不能因为孩子喜欢的食物热量高或者容易导致肥胖，就武断地禁止孩子食用，更不能奢望短时间内改变孩子的饮食习惯。正确的做法是逐渐减少食物的摄取量。

家长有必要反思自己的饮食习惯。如果大人的吃饭时间不规律，爱吃夜宵和零食，孩子自然会模仿。如果想改变孩子，家长首先应改变自己。

孩子贪吃，主要原因是他们的自我调控能力差。比如，患ADHD（多动症）的孩子很难克制自己的冲动欲望，吃饭时自然容易超量。如果贪吃和ADHD有关系，那么家长就应该和专家商议，让孩子接受调节冲动和欲望方面的治疗。

Case04

肥胖。

肥胖或体重超标的孩子，经常被他人取笑，有时甚至被称为“肥猪”“胖子”等。这样的孩子往往会被同学孤立起来，承受很多的痛苦和折磨。

家长为了改变孩子的饮食习惯做出了种种努力，但是饮食习惯的不易改变往往让大人们觉得无可奈何。

心灵处方——不要限制孩子吃东西，要尽量改变孩子的运动习惯。

如果是三岁以前的小孩子，就没必要限制食量或控制体重。这个时期孩子的脑发育需要脂肪，如果过分限制吃东西，反而会对孩子不利。

强迫成长期的孩子减肥或限制他们的食量，是比较苛刻的要求。津津有味地吃东西是人的一种福气，大人都很难调节食量，何况是小孩子呢？就像让不爱吃饭的人硬吃，会引发情绪问题一样，限制孩子吃东西的做法，虽然表面看来减少了孩子对热量的摄取，实际上却给孩子带来挫折感和不良情绪。

对肥胖的孩子来说，摄取均衡的各种营养并改变运动习惯增加运动量是最好的方法。实际上，全家人一起改变饮食习惯、运动习惯，才能真正体现家庭的责任感，并会让孩子感受到父母的爱。

孩子肥胖，请家长不要这样做：

1．不要表扬孩子食量大。

有的家长自鸣得意孩子的胃口。如果家长频繁地表扬孩子吃得多，那么孩子为了让家长高兴，会无视自己体内的需要，吃得更多。

2．不要完全限制孩子吃快餐食品。

很多孩子喜欢吃汉堡包或炸土豆条，但家长考虑到孩子的健康，常常会严厉禁止。越是禁止，孩子越是趁着家长不注意，吃更多的快餐食品。快餐食品吃得过多固然不好，但是偶尔吃一些，也未尝不可。

3．不要把食物当做一种补偿。

很多家长都会在不经意间跟孩子说：“听妈妈的话，就给你买冰激凌。”“你要是安静地等着妈妈，我就给你买汉堡包。”这样的承诺，很容易把社会的某些标准或规则跟甜食等快餐食品形成等价兑换关系。在这种无意识引导中长大的孩子，容易把自己的情绪与应当遵守的社会规范直接和甜食联系在一起。

4．看电视时不能吃零食。

不管是不是肥胖，任何家庭都应该把这一条作为最基本的原则。

5．有人拿孩子的体重开玩笑时，不能默认。

当同学们取笑孩子“肥猪”或者“大胖猪”的时候，家长应出面调节。父母可以向班主任或者任课教师反映，也可以向取笑孩子的家长反映，以求得他们的帮助。

6．闲着没事时，孩子总想吃东西。

这样的孩子一有空就想吃东西，所以很容易　成肥胖儿童。

家长可以这么做：

1．把家里的饭碗或碟子换成小一号的，自然而然就能减少食量。

2．减少脂肪和白糖的摄取量。

用低脂肪、低糖的材料烧菜吧。如果味道一下子　了，起初孩子可能会接受不了，所以家长可以采取逐步减量的方式调换口味。

3．整理冰箱和橱柜。

清理冰箱中容易引发孩子肥胖的食物，换上新鲜的、有助于健康的食物，然后让孩子自由选择。

4．限制每天摄取的果汁量。

每天只需要喝一杯果汁即可满足人体的需求。大多数孩子都喜欢果汁的香甜，所以如果家长不限制，孩子就会无限制地喝。家长要鼓励孩子多喝白开水，以此来减少果汁的摄取量。大人可以把果汁装在小瓶子里，每次孩子口渴的时候允许他喝一点。

5．全家人一起增加活动量。

家长可以教孩子做运动，比如跳健美操等。与其让孩子自己做，不如全家人都参与到其中，这样能使运动过程充满快乐。

6．减少看电视或玩电脑游戏的时间。

看电视或玩电脑游戏时，由于长时间一动不动地坐在一个地方必然减少运动量。如果这时再吃饼干等零食就更糟糕了。所以对肥胖的孩子来说，适当增加运动时间和减少看电视玩游戏的时间是尤为重要的。

Case05

喜欢甜食和快餐。

科学研究调查显示，汉堡包、炸薯条等脂肪含量高的快餐食品和巧克力、糖块等甜食容易引发食物中毒。快餐食品和甜食都极易引起孩子的食欲，而且更迎合孩子的口味。但问题是这些东西都会改变我们的正常食欲甚至引发食物中毒。

快餐食品的脂肪含量和热量都很高，只要吃一顿就能提供一天所需的能量。如果经常吃这样的食品，体重就会增加，而体重的增加会让食欲的控制变得更加困难。吃快餐食品易发胖的主要原因，不单纯是因为无法控制对这种食品的抵抗力，同时也和生物学现象有一定的关联。

心灵处方——利用一段时间慢慢减少吃快餐或甜食的次数，适当改变烹调方法。

处于成长期的儿童，自控能力比较差，如果过分地限制和禁止他们，很容易激发孩子的逆反心理。家长不要妄想一下子解决所有问题，而是应该持有耐心，利用一段时间逐步改变孩子的饮食习惯。比起烹和炸的烹调方法，煎、蒸、煮的烹调方法对身体更有利；比起白糖含量高的清凉饮料，牛奶更好；比起冰激凌，酸奶更好；比起炸薯条、土豆泥、炸饭粒等食物，白糖含量少的饼干更好。除此之外尽量减少白糖、蜂蜜含量高的奶油，巧克力等甜食。如果孩子喜欢吃汉堡包，妈妈也可以在家偶尔做一做。

Case06

吃不了辛辣食物。

每个孩子喜欢的食品不一样，喜爱的程度也不一样，这主要取决于做菜的妈妈。如果妈妈喜欢辣的食物，孩子从小接触辛辣食品的机会多，就喜欢吃辣的。辛辣食物刺激人的舌头，还会让人冒虚汗，所以有的人排斥这种味道。对于还没有体验过多种味道的小孩子，辣味实在是一种强烈刺激。要想孩子适应这种辣味，的确需要一定时间。

心灵处方——给孩子充分的时间，让他适应辣味。

不要对不能吃辣味的孩子说“傻瓜！”“你是韩国人吗？”“你怎么这么懦弱？”等带有责难和嘲笑意味的话语。如果想让孩子吃泡菜，不能盲目地说好吃，或者强行要求孩子吃。家长可以先用凉水涮一涮，除去辣味之后再让孩子吃，然后再慢慢地适应。

就算孩子不能吃辣的，家长也没必要把问题扩大化。家长要知道，孩子适应浓郁的辛辣味道需要一定时间。

Case07

严重偏食。

谁都喜欢吃合自己口味的食品。大多数人遇到没吃过的食品（味道、颜色、形状）时，刚开始都会排斥。所以家长首先要理解孩子喜欢吃熟悉食品，排斥新食物的特性。如果家长难以接受孩子的这种特性，那么就很难解决孩子的偏食问题。

一般情况下，再严重偏食的孩子，到了一定年龄之后，也会变得不怎么偏食。恰恰是那些在幼年时期被强迫食用某些东西的孩子，因为和家长之间产生愤怒和抵触心理，最终会引发比偏食更加严重的问题。

偏食是孩子必须要克服的问题，在克服过程中需要家长的帮助。对不愿意吃某种食品的孩子，如果家长强求吃甚至强行喂，就等于是攻击孩子。如果家长这样做，孩子会更生气，出于自我保护孩子也会奋力抵御。特别是当爸爸用严厉的态度要求孩子吃东西的时候，孩子非常担心不吃会受到爸爸的训斥，所以对爸爸充满敌对感和愤怒感，而这些情绪问题将会引发更大的问题。

心灵处方——帮助孩子慢慢适应不喜欢的食品。

家长应该帮助孩子改掉一些不良习惯，但是不能只从家长的角度考虑问题，也应该从孩子的角度考虑一番："如果我这么做，孩子会怎么想？"

家长要牢记，孩子改掉不良习惯需要时间。比如一次都没吃过的东西，如果孩子拒绝吃，可以先让孩子闻闻味或者拿筷子蘸一下，让孩子尝一尝。等到孩子不反感再吃。只有孩子逐步减弱对食品的排斥感，偏食的习惯才能最终得到彻底改变。

Case08

已经大了，但只喝装在奶瓶里的奶。

我们经常说“怀念妈妈的怀抱”。“妈妈的怀抱”实际上指妈妈的双乳。当孩子把脸埋在妈妈的怀抱时，心情会舒畅安定下来。即使是大人，潜意识中也会怀念奶嘴和妈妈的乳头。所以，当家长粗暴地禁止孩子吮吸奶嘴时，孩子会感觉失去了温暖的港湾，自然会感到痛苦。如果想让孩子远离奶瓶开始使用水杯，家长首先要承认和尊重孩子由吸吮奶嘴得到安全感的事实。

心灵处方——打消孩子使用奶瓶的想法。

如果是小孩子，允许他在指定的时间内使用奶瓶。如果孩子到了使用杯子的年龄，吃饭时就不要使用奶瓶，同时鼓励孩子使用杯子。

有的孩子喜欢咬着奶嘴入睡是因为只有咬奶嘴，才能得到心理上的安定，才能睡得踏实。其实，这并非是一种好的习惯。给孩子放音乐，让孩子捧着材质柔软的玩具，都能帮助孩子改掉咬奶嘴的习惯。

请再告诉我！ Q&A

Q1 怎样教孩子用餐礼节？

A 如果想教孩子用餐礼节，应该制定几种规则。比如，吃饭时间端坐在自己的位置上，不随手抓食物或扔食物，嘴里有食物时不能说话等。如果孩子违反规则了，家长应及时指出并纠正。

除此之外给孩子定量，禁止他饭前吃甜食，规定 30 分钟的吃饭时间，20 分钟的吃零食时间等等。当然，这些可以根据每个人的情况适当调整，不管怎么调整，都要把吃饭时间变成快乐而幸福的时刻。

TOY

PART 21

睡眠

妈妈的来信

院长：

您好！我有一个四岁的女儿，她在一岁时因抽风接受过治疗。之后没得过什么大病，但最近晚上睡不好觉并常常起夜。是孩子梦游还是做噩梦了？这到底是怎么回事呢？

孩子的胃口很好，其他地方看起来也没什么不正常，难道这是抽风留下的后遗症吗？我经常到儿科咨询医生，得到的答复是“不太像抽风留下的后遗症，可以到小儿精神科接受诊断”。

难道孩子真的需要接受治疗吗？让我带孩子到小儿精神科接受诊断的建议，真是令人不安，请您帮助我好吗？

回信

孩子正值睡眠多的年龄，如果孩子睡不好觉经常醒，作为家长一定是很担心的。其实晚上起夜，并不都是疾病引起的。3 ~ 4 岁的孩子，每天的睡眠时间应该保证 10 ~ 11 个小时。如果每天晚上睡不好，或者环境有变化，睡眠时间自然会减少。

如果经常睡不好觉，频繁起夜，睡眠时间明显减少，或者白天睡晚上不睡，就应该找一找原因并采取相应的对策。

和睡眠有关的问题多种多样，对策也不尽相同。那么我们来看一看，和睡眠有关的各种问题和解决方案吧。

睡不好觉的孩子

需要家长积极介入。

人生三分之一的时间都是用来睡觉的，所以谁都离不开睡眠。睡眠和吃、穿、排泄一样，是人生存的基本条件。睡觉时我们的身体既能得到充分休息，又能补充白天消耗的能量。特别是处于成长期的孩子，睡觉时能分泌成长荷尔蒙，所以睡眠对孩子来说显得尤为重要。

有的孩子因沉溺电脑游戏或过度贪玩，经常拒绝睡觉；有的孩子睡得不沉，经常惊醒；有的孩子入睡之前经常磨人；而有的孩子做噩梦惊醒之后便难以入睡。有上述症状的孩子不但自己累得筋疲力尽，也让家长和周围的人心力交瘁。

每个孩子的睡眠时间都不一样，孩子的状态也是不尽相同的。黑白颠倒的问题，拒绝睡觉的问题等，这些都是孩子成长过程中的自然现象，过一段时间就会慢慢好转。

如果出现以下情况，家长就不能疏忽大意。如半夜突然惊醒且大哭大闹，根本不想入睡，或者半夜起床到处闲逛等。这时家长一定要及时介入，并找专家进行商议。

解决孩子的睡眠障碍问题之前，我们来看一看家长对孩子的睡眠问题持有的态度。孩子不肯入睡时，家长应该怎么做？

记一记家长有可能对孩子说的话和采取的行动。

____

____

____

从下面的选项中找出和家长的反应相似的选项。

1. “现在都几点了，还不睡觉？每天早晨你都起不来，还不睡？明天怎么上幼儿园啊？快进去睡吧。”
2. “困了自然就睡了。不睡觉还能硬挺？”家长对孩子不管不顾，各做各的事情。
3. 关掉电视把灯调至暗光，坐在旁边等着孩子入睡或者搂着孩子一起躺着。
4. 劝孩子睡觉时，如果孩子当耳旁风，依然走来走去不想入睡，家长就恐吓孩子：“再不睡觉我就收拾你，赶快进去！”
5. 用“鬼来抓你”或“乞丐爷爷来抓你”等言语吓唬孩子。

1.“现在都几点了，还不睡觉？每天早晨你都起不来，还不睡？明天怎么上幼儿园啊？快进去睡吧。”

虽然说得有道理，但这话有点唠叨。家长告诉了孩子应该睡觉的正确原因，但因为急于传达正确的做法，很少去考虑孩子睡不着觉的客观原因或者孩子的身体状况等。家长总认为到点睡觉和到点送孩子上学才是自己应尽的责任和义务，所以总是急于说教和训斥孩子。在这种环境中长大的孩子，无论家长说的事情多么重要，他们都会轻易地把它当成耳旁风，觉得家长只是在发牢骚。要求孩子做某件事情时，家长不妨问一问孩子，哪里不舒服？为什么睡不着觉？然后明确地对孩子说，睡眠对你的健康具有举足轻重的影响，你还是睡吧。之后可以陪伴孩子进入梦乡。

2.“困了自然就睡了。不睡觉还能硬挺？”家长对孩子不管不顾，各做各的事情。

属于放任型的家长。家长可能误认为自己的做法有利于培养孩子的独立性。其实孩子的独立性和家长的放之任之具有本质上的区别。有的家长甚至说：“除非是自己困了，否则我怎么劝，孩子也不肯入睡，简直是对牛弹琴。”就算孩子不愿意遵从家长的劝告，但作为家长总不能放弃培养孩子的责任和义务吧。看到家长这种不负责任的举动，孩子会认为虽在同一个屋檐下住，但跟父母形同路人。孩子甚至会怀疑家长——如果我处于艰难状况时，父母能不能保护我？当孩子躺在漆黑的房间里辗转反侧睡不着觉时，家长却在灯光明亮的客厅有说有笑地看电视，孩子的心情会怎样？他们会感觉极度的不公平。只要萌生家长对自己不公平的想法，那么从此之后，孩子自然就不会遵从家长的话。

3. 关掉电视把灯调至暗光，坐在旁边等着孩子入睡或者搂着孩子一起躺着。

减少周围的噪音，调暗屋里的灯光，这是家长一心一意为孩子着想时才能做出来的举动。考虑到孩子身处黑暗中时难免会产生不安心理的可能性，家长陪着孩子入睡是最正确的做法。

4. 劝孩子睡觉时，如果孩子当耳旁风，依然走来走去不想入睡，家长就恐吓孩子：“再不睡觉我就收拾你，赶快进去！”

以自我为主导的支配型家长。只要认为自己的做法是正确的，就希望孩子立即遵从自己的意愿，孩子顺从时，这种家长会得到精神上的愉悦，反之就极度不满。这样的家长总想依靠权威性把孩子牢牢地控制在自己手里。很显然，孩子丝毫感觉不到家长的和蔼可亲和体贴入微，反而产生惧怕和厌恶的感觉，因为家长时时刻刻地控制自己、支配自己和监视自己。小的时候，孩子可能因为太柔弱顺从了家长的意愿，但到了一定年龄有自己的主见后，就会反抗家长。

因深感不安或害怕而不敢入睡的孩子，家长应该努力宽慰，威逼和责备只能是火上加油，没有丝毫意义。这样的孩子长大后，很难适应纪律严明、等级序列严格的军队生活。小时候被妈妈严格控制的记忆，会让他忐忑不安、情绪低落以致无缘无故地产生抵触心理。

5. 用“鬼来抓你”或“乞丐爷爷来抓你”等言语吓唬孩子。

已经到了睡觉时间，但孩子却没有丝毫睡意。家长就开始恐吓孩子，让他产生畏惧感而不得不入睡。这是很多家长无意中做出的举动。这种方法暂时看来是立竿见影的，但因为孩子不理解睡觉的真正原因，所以长期看来，不是正确的教育方法。

抚养孩子好比长征，倘若心情过于急切，家长很快就会感觉筋疲力尽。如果希望孩子遵从自己的意愿，那么首先应该放弃急切心理。鬼怪出现、乞丐来抓这样的话语，只能让孩子对黑夜和睡眠产生恐惧。如果从小开始就让孩子不自觉地联想前追后赶的恐怖场面，是不是对孩子太残酷了？有时家长要做的家务活很多，想在孩子入睡之后赶紧去做。我能理解这种急切心理，但是有句俗话说的好——心急吃不了热豆腐，所以需要谨记的是，就算家长再着急再疲惫、也不要肆无忌惮地说那些让孩子感到不安与恐惧的事物。

怎样培养孩子正确的睡眠习惯？

培养孩子睡眠习惯的基本原则。

1. 孩子入睡之前，每天都做常规的事情，以此让孩子习以为常。

比如晚饭后先给孩子洗澡，接下来让孩子躺在床上听妈妈讲童话故事，听着听着孩子就睡着了。如果每天都重复做这样的事情，孩子就会慢慢习惯有规律的生活，家长和孩子之间的矛盾也就能慢慢减少。

2. 明确告诉孩子，睡觉的时间到了。

困倦的孩子，他们的表现是各不相同的，如吮吸手指、磨人、行动缓慢，甚至摇摇摆摆、昏昏沉沉。如果家长留心观察，就能掌握孩子发困时的特点。每当孩子表现出这些特点时，立即把孩子领到床上，让他安然入睡。

3. 习惯成自然之后，孩子很难改变睡眠规律。所以好的睡眠习惯要趁早养成。

必须有家长陪伴才能入睡的习惯，一旦养成就很难改变。所以在没有习惯成自然前，不要让孩子产生依赖性。

4. 可以利用娃娃或柔软的被子。

用棉质材料做成的娃娃或被子能给人舒适温暖的感觉。所以孩子入睡时,不妨利用这些东西。特别是有妈妈的陪伴才能入睡的孩子，让他抱着这些东西睡觉，能使其得到心理上的安宁。孩子不但能体验到睡眠带来的幸福感，也能逐渐习惯离开妈妈独自入睡。

5. 不要把卧室当做惩罚孩子的场所。

孩子犯错误时，家长不要在卧室内对他施加惩罚。否则当孩子独自躺在床上时，会情不自禁地想起在卧室接受惩罚的记忆，继而变得郁闷和痛苦不堪。家长应该给孩子这样一种印象——卧室是最舒服最自在的地方。

6. 入睡时，家长不妨陪伴孩子，等孩子进入梦乡之后再离开。

家长已经要求孩子躺在床上了，但孩子总是来回跑。这时应该把孩子带到卧室，用温柔而又不乏严厉的语气对孩子说：“睡觉时间到了。”

这时千万不要抱着孩子或亲吻孩子。因为家长的拥抱和亲吻是孩子期待不已的充满幸福感的事情，为了得到这些，孩子也会试图从卧室跑出去。就算孩子三番五次地从卧室跑出来，那么不管需要几天或需要几次，家长也应该拉着孩子的手把他带到卧室，然后用温柔而又严厉的声音对孩子说：“已经到了睡觉的时间，咱们试着睡觉吧。”刚开始孩子可能会不太习惯，但是反复一段时间之后，孩子会慢慢地接受并适应。

入睡时孩子耍赖磨人吗?

测一测孩子的状态

√ 孩子身上有这样的倾向。

Check01 —— 已经重复好几遍睡觉时间到了，但孩子依然鼓捣玩具或津津有味地看故事书。孩子反问家长："我一点都不困，怎么睡呀？" ➞ P574

Check02 —— 只要一关灯，孩子就说害怕不敢入睡。➞ P575

Check03 —— 自己不敢入睡，总要求家长陪着睡。➞ P578

Check04 —— 妈妈干完家务活躺在自己身边，孩子才能入睡。➞ P579

Check05 —— 神经过于敏感，有一点点动静就睡不着。➞ P579

Check06 —— 睡觉时经常醒，醒了就开始玩，不肯再入睡。➞ P580

Check07 —— 为了读自己喜欢的书或者玩电脑游戏，一大早就起床。➞ P581

Check08 —— 做噩梦。➞ P582

Check09 —— 睡觉时大汗淋漓或突然哭闹，怎么哄也哄不好，好像不认识家长。(夜惊症) ➞ P583

Check10 —— 说梦话，半夜起床到处溜达。(梦游) ➞ P584

Check11 —— 因忧郁和不安睡不好觉。(精神问题) ➞ P585

※ 查对孩子的症状，找到相应的页码。好妈妈的心灵处方恭候您的光临。

针对睡不好觉的处方

Case01

已经重复好几遍睡觉时间到了，但孩子依然鼓捣玩具或津津有味地看故事书。孩子反问家长：“我一点都不困，怎么睡呀？”

好的睡眠习惯对孩子来说是至关重要的。特别是晚10点到凌晨2点之间的睡眠，对成长期的孩子来说尤为重要。家长要告诉孩子，不管困不困、不管想不想睡觉，只要到了睡觉时间，就应该无条件关灯入睡。否则孩子就会想：“我一点都不困，你怎么让我睡觉？”然后抱着侥幸的心理想方设法再玩一会儿。

心灵处方——就算有天大的事情，也一定要培养孩子到点就入睡的习惯。

让孩子把想做的事情搁置一旁进入卧室睡觉，这是件很难的事情。家长要告诉孩子，睡觉、吃东西和排泄不是自己想做就做，不想做就可以不做的，而是必须要做的重要事情。如果孩子不明白这些道理，就会在本应睡觉的时间内变得为所欲为。

家长经常犯的错误之一是，每当看到孩子读书到很晚时，就感到很满意并鼓励孩子。一个成人通宵达旦地做事情，可能不会引发大问题，但对孩子来说，保证充足的睡眠比什么都重要。

家长要教育孩子，需要白天完成的事情，尽量在白天做完。如果夜深了，孩子还没有做完作业，家长不妨对他说：“你今天没能按时完成当天的作业，希望下不为例。作业是你和老师之间的约定，是必须完成的事项。但对于成长期的儿童来说，睡眠也是非常重要的。当然，我并不是说作业无关紧要，只是相比之下睡眠显得更重要而已。如果睡眠不好，你的精神状态就会受到影响，以致第二天无法正常学习。所以，你现在早点睡吧。”说到这儿后，家长要征求孩子的意见，是早点起来做作业，还是请求老师的谅解第二天再做。

孩子看有趣的故事书时，如果家长要求孩子马上入睡，孩子就会反驳家长：“没关系，我现在一点都不困。反正明天是星期天，如果实在太困，明天白天再补一觉不就可以了？”这时，家长一定要向孩子说明，白天睡眠和夜晚睡眠在本质上有区别。白天精力充沛，学习效果比夜晚好，而夜晚睡眠的质量会比白天好，所以夜晚入睡是必须坚持的原则。在人生旅途中，我们会面临很多选择，有时还要强行接受他人的选择。经历过多次选择的孩子，每当遇到问题时，会明白哪种选择是最优先和最明智的。

Case02

只要一关灯，孩子就说害怕不敢入睡。

在孩子的成长过程中难免产生恐惧感，这是大多数孩子都会产生的自然的情感。最常见的恐惧感是对黑暗的畏惧。每当躺在漆黑的屋子里，很多孩子都会感到害怕，所以他们总会要求家长不要关灯，这时家长也会很为难。因为开着灯睡觉，会严重影响睡眠质量。如果这样的情况每天都在继续，孩子和家长都会累得筋疲力尽。有时家长耐着性子哄孩子，但当孩子过分任性不听话时，家长会情不自禁地发牢骚。如果赶上家长困得睁不开眼睛，而孩子依然不肯入睡时，家长就会训斥孩子：“少说废话，赶紧睡觉！”家长的这一番训斥经常导致孩子哇哇大哭，最终边哭边睡的情景。

有时为了迎合孩子的要求开着灯睡觉。但这并不是正确做法。因为开着灯睡觉，会影响人的深层睡眠。如果前一天晚上没睡好觉，那么白天无论大人还是孩子都会发困没有精神，继而导致不能集中注意力，学习效率低下和容易变得敏感、神经质，甚至有碍孩子的健康成长。

每当男孩说害怕时，爸爸会认为他缺乏勇气而看不上儿子，或者直言不讳地嘲笑孩子“胆小鬼”，更有甚者威吓孩子“把你送到高强度的集中训练营”。家长要知道上述做法对孩子没有任何帮助，所以一定要禁止。

心灵处方——入睡之前，避免孩子接触恐怖的电视节目或故事书。

害怕关灯睡觉的孩子，家长应该避免孩子入睡前接触出现鬼怪的漫画书或者带有不可思议场面的电视节目。小孩子的想象力是很丰富的，白天他可能什么都不想，但在晚上特别是独自躺在漆黑的房间时，会不知不觉联想到可怕的事物，因感觉毛骨悚然而变得战战兢兢。所以临近睡觉时，家长要细心观察和关注孩子，避免孩子接触到上述东西。

心灵处方——不妨和孩子谈论让孩子感觉恐惧的事情。

很多家长误认为孩子对某些事情感到恐惧，就应该避免和孩子谈论这些事情。其实，孩子越是害怕，家长越应该把这些事情摆到桌面上与他们坦然交流。只有这样，家长才能了解孩子到底害怕什么，怕到什么程度，以便拿出最好的对策。听到孩子的一番话后，家长不应该对孩子采取不以为然或者漠视的态度。如果家长对孩子说："哎呀，有什么大不了的，至于这样担惊受怕吗？"很显然，类似的话会严重伤害孩子的自尊心。作为家长，应该安慰和鼓励孩子，让他拿出勇气坦然面对："不要害怕，每一个人像你这么大的时候，都会产生这种感觉。其实没什么的，不要太担心了。"

● 害怕漆黑的夜晚。

"我害怕晚上入睡，特别是一关灯周围一片漆黑时，我更害怕。"

"怎么了？怕什么？怕有鬼啊？"

"不是怕鬼，感觉从衣柜里突然冲出什么东西，或者总感觉外面站着一个模模糊糊的影子。"

"那是窗外的灯光晃的，你不用害怕。你想自然界为什么会有夜晚呢？因为夜晚对人类也是至关重要的时间段。"之后，不妨详细告诉孩子夜晚的重要性。

● 突然想起在校时的怪谈而感觉害怕。

"我上学的时候，同学们也说有鸡蛋鬼，现在的小孩也这么说吗？那时候，我可害怕了。"听到家长的这一席话孩子就会明白，恐惧感是每个人都会产生的正常情绪。

心灵处方——感觉恐惧时，不妨让孩子想象能冲抵畏惧感的相反的想法。

感觉恐惧时，不妨让孩子一边深呼吸，一边回想曾经高兴的事情。或者入睡之前，给孩子放他喜欢听的童谣歌曲。

心灵处方——教导孩子善于对自己说积极的语言。

如果孩子善于对自己说鼓舞勇气的话，会对孩子有一定帮助。每次感到害怕时，不妨对自己说："我不害怕，只是到了夜晚黑一点而已，有什么可怕的。世界上不存在鬼怪，就算存在，它也不会对我感兴趣的，因为我不是坏孩子。再说，爸爸、妈妈在家，它也不敢来。"

心灵处方——表扬和奖赏孩子。

哪怕是偶尔一次，如果孩子自行克服了对黑暗的恐惧而酣然入睡，家长也应该表扬孩子。家长可以将陪着孩子一起出去玩儿作为奖赏，或者奖励孩子小粘贴。看到小粘贴，孩子会增强克服恐惧感的自信心。

心灵处方——把卧室的灯光调暗。

对害怕黑暗的孩子，不妨把卧室的灯光调或昏黄微弱的暗光。为保证孩子睡眠质量而把周围弄得一片漆黑，也是种好方法，但有时这种方法会让孩子整晚都在黑暗中瑟瑟发抖。在床头放置一盏可以调节亮度的台灯，睡觉之前开得亮一点，临睡时调至昏黄黯淡。家长还要告诉孩子半夜醒来时，自己开灯的方法。通过这种调节灯光的过程，孩子会慢慢克服对黑暗的恐惧感。当然，这一过程需要很长时间。

一段时间内对黑暗怀有恐惧感对大部分孩子来说是正常现象。如果这种恐惧感长时间得不到消解，最终对家人的睡眠构成严重影响时，就属于睡眠障碍，家长有必要找专家商谈。

Tips

一点一点裸露的方法：

如果想帮助孩子正视恐惧，不妨使用“一点一点裸露的方法”。“一点一点裸露的方法”是指把令孩子感到恐惧的东西，一点一点裸露在孩子面前，以此帮助孩子减少恐惧。

家长不妨利用捉迷藏的游戏。就算是害怕黑暗的孩子，如果让他藏到漆黑的屋子里，因为他知道这是在玩儿，所以也感觉不到丝毫的恐惧。

家长也可以跟孩子玩在漆黑的屋子里待 10 秒钟的游戏。值得注意的是，家长不能太着急，要有一定耐性。等孩子完全感觉不到害怕时，可以再延长一点时间。

Case03

自己不敢入睡，总要求家长陪着睡。

这样的孩子大多属于胆子太小，或者独自待在漆黑屋子时感到害怕和不安的孩子。就算不是上述原因，谁都不想自己孤零零地躺在床上，因为闻着妈妈的体香安然入睡确实是件惬意的事情。

西方世界坚决要求孩子长到一定年龄后自己入睡，但是韩国或中国的家长还很难从情绪、文化方面欣然接受这种理念。自己入睡的孩子感觉害怕和孤单的同时会认为：“让我自己睡觉，那你们两个人为什么一起睡呢？这多不公平啊？真羞耻！”如果赶上刮风下雨、电闪雷鸣的天气，孩子会更委屈：“爸爸妈妈年龄比我大，身躯比我大，还一起搂着睡觉，为什么要求我自己入睡呢？”如果孩子实在离不开家长，就不要太强求孩子。因为那样会使孩子的睡眠时间演变为和恐怖交战的不安时间。

心灵处方——家长要给孩子充分的时间，让他慢慢地习惯自己入睡。

开始时，家长可以躺在孩子身边，给他讲故事或者读童话书，等孩子睡着了再走出他的房间。有些孩子半夜醒后，如果发现妈妈不在身边，就会哭喊着找妈妈。这时，妈妈不妨回到孩子的房间重复刚才的过程，以便让孩子再次酣然入睡。

有些孩子担心家长再次走开就不肯轻易入睡，有时甚至会抱着枕头走到家长的房间。这时，家长绝不能允许孩子睡在自己的床上。因为家长的允许会给孩子传递错误信息，让他认为自己的房间确实是一个可怕的地方。所以家长最好把孩子送回他自己的房间。

孩子半夜来回走动会影响家长的睡眠，家长因此会变得疲倦或者心烦，就算这样，家长也不能对孩子发脾气：“你都几岁了？还不能自己睡？”每个孩子的性格不同，气质也是不尽相同的。所以当孩子感到害怕和不安时，家长最好想想：“可能我家孩子还没到自己能独立睡觉的年纪吧。”然后，再陪孩子一段时间。

孩子已经很大了，依然要求家长陪睡时，有些家长会感觉不可思议。家长会情不自禁地想，是不是孩子有什么问题或者家庭教育出了什么问题。其实孩子到了青春期时，无论家长怎样要求他跟自己一起睡，孩子也不会同意了。所以家长不必太着急，如果孩子需要家长，如果孩子还没有做好心理准备，家长再陪睡一段时间也不见得是件不好的事情。

Case04

妈妈干完家务活躺在自己身边，孩子才能入睡。

这样的孩子理所当然地认为妈妈应该躺在身边陪伴着自己。所以遇到独自入睡的境况时就觉得受到了妈妈的背叛，或者醒来时不见妈妈在身边，就感觉情况不正常。

心灵处方——告诉孩子只有做完事情，才能入睡的情况。

家长不妨告诉孩子：“妈妈现在还不能睡觉，因为还有一些活没干完。你要是等妈妈一起入睡，那时间上就太晚了，你先睡好吗？”如果孩子太小，家长不妨暂时放下手中的活，先哄孩子睡觉，然后再接着做事情。

Case05

神经过于敏感，有一点点动静就睡不着。

这样的孩子属于神经非常敏感的孩子。别说是有动静，就算换了一套新的床上用品，或有一丝丝的光亮照进来，他也睡不着觉。

心灵处方——改变孩子所处的环境。

如果发现孩子由于某些微弱的声音，如“咔嚓咔嚓”的钟表声、“滴答滴答”的滴水声或外屋传来的电视声响等翻来覆去睡不着觉时，家长应该尽快改变孩子的生活环境，也就是尽早清除妨碍孩子睡眠的各种因素。比如将孩子的床放到隔音稍微好一点的房间；拿走发出“咔嚓咔嚓”声响的钟表；及早修好滴水的水龙头；调低电视的声音；禁止在外屋大声说话等等。

对声音敏感的孩子，一听到家长吵架甚至听到家长稍微高一点的嗓门就会不安。一旦这样，那么当孩子躺在漆黑的屋子里时就会更容易深感不安或担惊受怕。所以家长应该避免在孩子面前吵架或让孩子听见吵架的声音。

Case06

睡觉时经常醒，醒了就开始玩，不肯再入睡。

这样的孩子至少有一次半夜醒来且玩得开心的经历。也许是偶然醒了一次，恰巧赶上爸爸刚刚下班回家，在爸爸的陪同下玩得开心，或者稍大的孩子趁家人睡觉时曾偷偷看电视或玩电脑游戏等。

心灵处方——让孩子明白半夜醒来玩，对身体没有任何好处。

孩子半夜醒来不愿意再入睡时，家长应该让孩子明白这种举动对健康没有任何好处。家长不应该让孩子第二次体会到醒来玩的乐趣。比如家长陪着一起玩，给孩子做平时未曾对他做过的事情，抱着孩子给孩子拿好吃的东西等。如果孩子尝到了这种乐趣，总会惦记半夜能醒来。家长有必要让孩子知道妈妈对他的担心，可以对孩子说：“睡眠对小孩子来说是至关重要的。如果你能一觉睡到天亮，说明你的睡眠质量很高。你这一阵半夜总醒，妈妈真的很担心你。”听到家长的这一番话，孩子会对家长萌生歉意，而且也会明白半夜醒来玩会影响身体健康的道理。家长没必要更关注孩子，也没必要故意表现得漠不关心，因为这两种极端的态度都会刺激孩子在半夜醒来。

Case07

为了读自己喜欢的书或者玩电脑游戏，一大早就起床。

躺在床上入睡时，这样的孩子就已经有一定的目标和打算。就像“梦想成真”，如果一个人具有强烈的愿望，那么实现的可能性往往是很大的。想着长大以后成为一个什么样的人或者想做什么样的事情，这些想法都是好的。但是没钱买自己想要的东西，想读的漫画书或想玩的游戏时，这些就会变成支配他们头脑意识的一种力量。有时，孩子的头脑充满了这些欲望，就会导致他睡不好，甚至虎视眈眈地寻找实现的机会。所以，一向不愿起床的孩子就会一大早爬起来偷偷摸摸地玩游戏、翻储蓄罐，更严重的情况是他把手伸到爸爸的钱包里。

心灵处方——告诉孩子用正当的方法消解欲望。

家长不能训斥或不予理睬孩子的欲望。如果那是给他人带来伤害的愿望，家长一定要禁止。但如果不是，家长没必要非得禁止。因为就算家长禁止，孩子的想法也不能马上消失。

家长要明确地告诉孩子，不能为了得到心仪的东西而欺骗或瞒着家长，同时告诉孩子解决问题的具体的方法。如果孩子需要零花钱，可以通过做家务挣取；只要和家长好好商议，就能确保玩电脑游戏的时间，而用不着瞒着家长一大早起床。

因为脑子里满是这些愿望，所以一旦孩子再有某种愿望，家长有必要不断地教孩子确认哪个更重要，应该先处理哪个，以哪个为优先顺序，哪方面需要忍耐等。这个过程不是一蹴而就的，家长要具备足够耐心，持续反复地教导。如果家长能理解孩子的心理，就会明白耐心等待的必要性。家长不妨想一想因强烈愿望的驱使而翘首渴盼家长尽快入睡的孩子的心情。是啊，孩子的心情会是怎样的呢?

也许他会感到紧张和焦虑，也许会产生一丝丝快感。但是急切盼望家长入睡的孩子，有时也会产生负罪感和歉意。所以家长应及时告诉孩子，用正当方法实现自己愿望的必要性和决定实现愿望先后顺序的方法。只有这样，家长才能避免孩子做错误的举动，减少孩子产生错误行为的机会。

如果事实证明家长的努力是徒劳的，孩子没有丝毫改善，那么应该怎么办？首先要考虑清楚，这可能是孩子自己无法调节冲动倾向的问题。如果孩子真的不能控制自己的冲动情绪，就会引发严重问题。比如，经常半夜起床背着家长玩电脑游戏，或为了满足自己的愿望变得不择手段等。如果家长自身无法改善孩子的情绪冲动问题，就应该送孩子到儿科专家那里接受他们专业的诊断和治疗。家长有必要查明孩子究竟是调节不好冲动情绪还是患忧郁症、多动症，抑或是不安、忧郁导致的睡眠障碍。只有确诊之后才能根据诊断接受相应的治疗。

Case08

做噩梦。

小的时候，谁都做过噩梦。现在也有很多孩子经常做可怕的梦。一般从两周岁开始做噩梦，3 ~ 6 周岁期间做噩梦的频率是最高的。孩子的梦大部分都是日常生活中经历过的或感觉过的事情。每一天经历的担忧、不安、伤心和压力都有可能出现在梦中。

做噩梦的孩子有时会惊醒、大喊大叫，甚至会哭着醒来。同样，被孩子的噩梦所困扰的家长一般也很难再次入睡。对第二天还要上班的家长来说，这是一件令人疲倦不堪的事情。

心灵处方——入睡之前，禁止孩子接触可怕和暴力的场景。

减少孩子做噩梦的最简单、最容易的办法是，彻底避免入睡之前孩子接触到可怕的暴力和怪异的场面。

孩子做噩梦时，家长应该第一时间来到孩子身边，稳定他的情绪以便让他再次安稳入睡。

如果孩子做噩梦时大汗淋漓或大声喊叫，很多家长会变得不知所措。如果家长作出过激反应，反而会让孩子备感不安，所以家长一定要沉着冷静地对待做噩梦的孩子。

孩子高度紧张时，家长没必要叫醒他，可以待在孩子的房间缓解他的紧张，但千万不能让孩子跑到家长房间。否则孩子就会认为自己的房间有可怕的东西，认为那不是最舒服自在的地方，慢慢就会成为无法克服的心理障碍。

如果家长不以为然地说："那只不过是虚幻的梦，不是真实的。"这种话对孩子是没有任何帮助的。因为在孩子看来噩梦很可怕，而听到家长这样斩钉截铁的说法后，孩子自然就放弃了和家长交流的意愿。家长不妨给孩子讲一讲梦产生的原因以及谁都会做噩梦的事实。

在孩子的成长过程中做噩梦是很正常的现象，但如果因为其他问题，比如忧郁症、不安或适应障碍等原因经常做噩梦，就应该找专家商议。

Case09

睡觉时大汗淋漓或突然哭闹，怎么哄也哄不好，好像不认识家长。（夜惊症）

事例 **在孩子五岁的时候，就开始出现夜惊症的症状了。那时我们刚好搬迁到新房。某天晚上，刚入睡不久的孩子突然大喊大叫着坐起来。听到孩子的叫喊声，我们马上跑到孩子身边。不知道孩子被什么东西吓醒了，睁大眼睛在空中乱比画，而且眼睛愣愣地来回环视。我马上抱起孩子，但孩子不认识我似的挣扎、乱踢、冒虚汗，而且心跳特别快。我担心孩子断气，使劲地摇晃孩子并故意打了两下孩子的脸蛋，好像也都无济于事，当时孩子的表现真的把我们吓坏了。大约过了 10 多分钟，孩子又睡着了。**

如果孩子半夜醒来又哭又闹、冒虚汗、挣扎，肯定会吓坏家长。有的家长会不知所措，有的家长则把孩子抱到医院做各种检查。

心灵处方——尽早让孩子再次入睡。

这属于"夜惊症"的症状，和孩子半夜做噩梦截然不同。噩梦一般出现在后半夜，而夜惊症出现在入睡之后的一两个小时之内，而且也不会影响人的再次入睡。因为第二天醒来时，孩子全然不知前一天晚上发生的事情，所以有些家长非常担心孩子的精神状态。其实，随着孩子的成长，“夜惊症”的症状会慢慢的自然消失，不会给孩子的情绪或性格带来任何异常。

孩子犯夜惊症时，家长应该怎么做？最好是让孩子尽快入睡。如果家长能明智对待夜惊症和噩梦的区别，那么就能培养孩子良好的睡眠习惯。

Tips

夜惊症和噩梦的区别

	夜惊症	噩梦
症状	入睡1～3个小时内出现。	临醒时做噩梦。
	记不起曾经发生的事情。	记得比较清晰。
	询问孩子是否做了不好的梦，孩子否认。	自己承认做了不好的梦。
	不希望家长稳定他的情绪。	希望家长能稳定他的情绪。
	又喊又叫神志不清醒。	希望家长能稳定他的情绪。
	哭声很特别。	完全清醒的状态下哭泣。
	感觉孩子的举动很陌生。	用熟悉的声音哭泣。
	记不起晚上发生的事情。	看起来很焦急，但和平时的举动差不多。
	处于夜惊症状态时，哭哭啼啼。	能记住晚上做噩梦的事情。
	过一会儿能再次入睡。	不愿意再次入睡。
正确做法	不要叫醒孩子，让孩子再次入睡吧。	让孩子安定下来。

Case10

说梦话，半夜起床到处溜达。（梦游）

孩子为什么说梦话，为什么半夜起床来回溜达，我们还没有找到确切原因。侥幸的是，梦游和说梦话不是由情绪上的问题或严重疾病引起的，它可以说是孩子成长发育过程中出现的很自然的现象。

心灵处方——孩子说梦话时，家长要拍着孩子入睡。

孩子说梦话是很普遍的现象。大部分梦话他人都能听懂，但也有自言自语或哼哼啊啊的时候。说梦话跟身体、心理和情绪没有丝毫关系，但也没有特别有效的预防方法。

孩子大声说梦话时，家长最好温柔地拍着孩子，如果只是自言自语也无妨。不要为了让孩子停止说梦话而叫醒他。

心灵处方——给孩子创造更加安全的活动环境。

通常处于深层睡眠状态，入睡 1 ~ 3 小时内容易出现梦游现象。

值得注意的是，因为孩子在睡眠状态中梦游，所以要避免发生安全事故。孩子入睡之前，家长首先要观察孩子的房间，把所有的危险物品全部收起来。如果孩子睡在二层床铺上，就有掉下来的可能性，房间有窗户或别的出口，应该事先锁好。让孩子睡在家长的隔壁，有利于听到孩子的动静。

Case11

因忧郁和不安睡不好觉。（精神问题）

小孩子有时也像大人一样，会在情绪上表现出不安。有的家长会想："小孩子怎么能患忧郁症？"其实，忧郁症跟年龄没有多大关系。忧郁症有时表现为难以入睡或醒了之后很难再次入睡的睡眠障碍，严重影响孩子的睡眠。如果小孩子天天因忧郁和不安而睡不好觉，那么在日常生活方面也会受到严重影响。

心灵处方——尽快治疗和改善孩子忧郁不安的心态。

家长要激励和支持孩子拥有安定的心情。如果孩子因为忧郁或不安使睡眠受到影响，家长应该尽快找专家寻求帮助。

药物治疗可能疗效显著，但为了安定孩子的心情，有必要进行面谈治疗、美术治疗和游戏治疗。如果孩子对某些物品感到不安，也可以进行认知治疗和行动治疗。有时，环境和心理因素也能引发忧郁症。家长要尽早找到原因，接受专家的治疗。不要忘了，及时接受治疗是使孩子走向恢复的捷径。

请再告诉我！ Q&A

Q1 请告诉我适合孩子的睡眠时间。

A

年龄	白天睡觉的次数	白天的睡眠时间	晚间的睡眠时间	总的睡眠时间
新生儿	几乎整天都在睡觉	16 ~ 18 小时	6 ~ 7 小时	几乎整天
3 个月	3 次左右	5 ~ 6 小时	10 ~ 11 小时	15 小时左右
6 个月	2 次左右	3 ~ 4 小时	10 ~ 11 小时	14 ~ 15 小时左右
9 个月	2 次左右	2 小时 30 分 ~ 4 小时	11 ~ 12 小时	14 小时左右
12 个月	1 ~ 2 次	2 ~ 3 小时	11 小时 30 分 ~ 12 小时	13 小时 30 分钟 ~ 14 小时左右
18 个月	1 ~ 2 次	2 ~ 3 小时	11 小时 15 分 ~ 12 小时	13 ~ 14 小时左右
2 岁	1 次左右	1 ~ 1 小时 30 分	11 ~ 12 小时	13 ~ 13 小时 30 分左右
3 ~ 4 岁	0 ~ 1 次	0 ~ 1 小时 30 分	11 ~ 11 小时 30 分	11 ~ 13 小时左右
5 ~ 7 岁	0 ~ 1 次	0 ~ 1 小时	11 小时	11 ~ 12 小时左右

这只是一个标准，每个孩子都存在个别差异。所以，只要不给日常生活带来影响，多睡一会儿或少睡一会儿都是可以的，家长不必太在意。

Q2 不良的睡眠习惯影响孩子的健康和成长吗？

A 如果孩子睡不好觉会变得情绪低落、敏感，经常发牢骚或神经质。有时，也导致记忆力低下、不能集中注意力、深感不安、有气无力，甚至增大感染疾病的危险系数等。成长荷尔蒙一般是在睡觉时分泌，所以睡得少也会给孩子的成长带来影响。尽量不要睡懒觉，因为阳光等原因会导致睡眠效果不好。就算是一样的睡眠时间，睡眠质量肯定不一样。所以每晚 10 点之前入睡，最有利于孩子的健康和成长。

Q3 托儿所规定孩子的午睡时间，但孩子因为不爱睡觉来回走动，总被老师批评，白天必须要睡觉吗？如果不睡会不会影响健康？

A 白天睡觉和晚上睡觉有明显区别。白天睡觉的目的不是为弥补晚上的觉，而是为了保证孩子以更好的状态投入日常生活。孩子磨人，也有白天没睡好觉的原因。过了一周岁之后，每次睡觉的时间在慢慢延长。所以晚上睡觉的时间长了，白天就不怎么睡了。过三周岁以后，有的孩子白天睡一觉，而有的则一觉都不睡。过五周岁的孩子，因为集中在晚上睡觉，一到晚 9 点左右就发困。所以，从这个时期开始尽量让孩子在晚 10 点之前入睡。

每个人的睡眠需要都不一样。所以，不一定白天都要睡上一觉。有的孩子白天睡一觉情绪能更稳定，而有的则不然。所以，只要孩子过了五周岁，就不要强求孩子白天必睡一觉，家长可以根据孩子的身体状况灵活掌握睡眠时间。

Q4 有一次睡觉时，孩子突然蜷缩成一团，我们担心这是抽风症的表现。

A 睡觉时，有的孩子偶尔会蜷缩整个身体或者部分身体，有时会引发睡眠不足或不眠症。蜷缩身体时，有时会磕碰床头或踢碰挨着睡觉的人。

这种蜷缩属于普遍现象，大部分情况下没必要担心。如果蜷缩次数过于频繁，经常因恐惧致使睡眠不足，就应该接受专家的治疗。

Q5 我家孩子刚过周岁，从出生到现在我们夫妻没睡过一次安稳觉。孩子白天睡的时间稍微长点，晚上则一刻都不睡。孩子难以入睡不说，好像还黑白颠倒。难道我们的抚养方法有问题吗？请您指教。

A 谁都有半夜醒来的经历，因为不能进入深层次的睡眠状态，只要周围有一点动静就会醒来，不过之后还能再次入睡。所以半夜醒来的现象是很自然、很普遍的现象。

有家长躺在身边时才能入睡，或被抱着时才能入睡的孩子，半夜醒的次数要比平均次数多得多，此时孩子往往会要求家长陪伴在自己身边。所以，家长感觉很疲惫。

但是话说回来，孩子不良睡眠习惯的养成正是因为家长自己。大部分的家长发现孩子有不良的睡眠习惯时不以为然地想：过了一段时间，孩子会好转。于是，采取视而不见的漠然态度。其实不然，孩子的不良睡眠习惯会给家长的生活带来很大影响。如果这种状况持续下去，不但孩子感到疲惫，家长也会累得筋疲力尽。这样，疲惫不堪的家长当然不能更好地照顾孩子。为了预防和改变孩子的不良睡眠习惯，家长要做出积极努力。

对黑白颠倒的孩子，不妨让孩子明显感受白天和晚上的区别。比如，白天给孩子吃饭或吃奶时，给他讲故事，放明快音乐，屋子也布置得明亮。而晚上把灯光调昏暗一点，声音压低一点，同时尽量避免频繁地更换尿布。

不要等到孩子困得睁不开眼睛时，再让孩子躺在床上，家长可以让孩子早早地躺在床上。孩子上床之前，应该让他完成一些常规任务（刷牙、换睡衣等），以此让孩子感觉睡觉时间的到来。孩子入睡时，一定要让他躺在自己的床上，不能等孩子睡着了之后，再把孩子抱到他的床上。

家长要避免孩子哭着入睡。孩子伤心或者不安时，很多家长都是搂抱着孩子拍着入睡。最好是入睡之前，先解决好这些事情，这样才能保证孩子睡时心里踏实。

Q6 半夜经常醒是因为饿吗？每次都给孩子喝奶，可以吗？

A 入睡之前，最好不要给孩子吃东西。很多家长误认为饥饿感是导致孩子睡不好觉和经常醒的原因。其实，过了 4 个月的孩子，就算 8 小时之内都不吃东西也感觉不到饥饿。所以，没必要给经常醒的孩子吃东西。如果孩子半夜醒来，家长都拍着孩子入睡，习惯成自然的孩子就不会再找奶了。

Q7 只要给孩子吸吮奶嘴，孩子就能很快入睡，但是可以这样做吗？

A 千万不要让孩子咬着奶嘴睡觉。如果习惯成自然了，没有奶嘴孩子就会睡不着觉。奶嘴掉到地下时，因为自己捡不了，婴儿就会哇哇大哭，每次都需要妈妈给孩子捡起来。时间长了，不但孩子睡不好，家长也会变得疲惫不堪。

Q8 养成孩子独自入睡的习惯和培养孩子的独立性有关系吗？

A 东方人不太强调这一点，但西方国家却一致主张让孩子自己入睡。他们认为这有利于培养孩子的独立性。有的家长白天对孩子呵护备至，可一到晚上就像完全变了一个人，不管孩子怎么哭闹也不理不睬。白天像天使一样的妈妈，一到漆黑的晚上，就不闻不问，孩子的心情会怎样呢？肯定是很混乱很害怕。家长要牢记，培养孩子的独立性时，最好选取意识清醒的白天，这样效果会更好。

如果孩子还没有做好自己睡觉的心理准备，就不要强求孩子。白天进行各种活动时，有意培养孩子的独立性，晚上则让孩子在规定的时间内舒舒服服地入睡。当然，这并不是要求家长陪着孩子一起入睡。孩子入睡之前，家长可以给孩子读童话书或讲故事，等孩子睡着了再关上灯悄然退出来。如果孩子中间醒来，妈妈可以再次拍着他入睡。如果给孩子抱一个软绵绵的娃娃，也有助于孩子再次安然入睡。这样一来，我们既避免了强行培养独立性带来的负面影响，又可以让孩子逐渐养成独自入睡的习惯。

LONELY

PART 22

大小便

妈妈的来信

院长：

您好！我家孩子马上就要上小学二年级了。孩子从上幼儿园起，就不在外面大便，回到家里才排。曾问过孩子原因，他只说不愿意在外面排。请问，这种情况对健康有没有影响？有没有更好的治疗方法？

回信

因孩子的排便问题找我咨询的人较多，既有咨询排便训练的，也有咨询排便规律的。排便是人类重要的事情之一，它跟人体正常的生活规律息息相关，如果排便出现异常将会使内心积压很多的压力和不快，影响正常生活、学习和工作。如果感觉在陌生的环境和场所上大便是很为难的事情，那么平时就脱离不了焦急感和紧张感。实际上，有很多成人也经历着这样的苦痛。小孩子遇到陌生的环境，更容易紧张和不安，也会拒绝在外面排便。如果家长已经发现了孩子的过分紧张和不安，就不要强求孩子使用外边的卫生间，应该先降低孩子的紧张感。

如果是男孩子，爸爸可以领他到外面的干净卫生间，一人使用一间，边说话边排便，则多少能消解紧张感，这样的处理方式会让孩子具有一定的自信心。

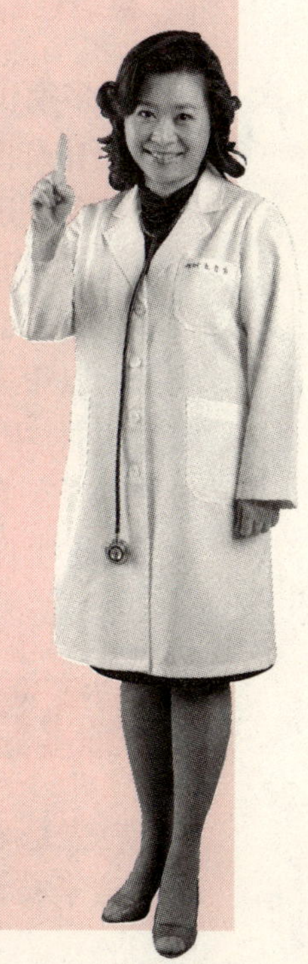

不能自理大小便的孩子

可以自理大小便是能照顾好自己身体的信号。

很多家长都感觉训练孩子自理大小便是很为难的事情。能自理大小便具有重要的象征意义，它说明孩子能照顾好自己的身体。所以孩子到一定的年龄后，很多家长产生紧迫感，甚至在训练过程中如果孩子表现不好，家长也会产生挫折感。

训练大小便是谁都要经历的过程，一般情况下不会有什么大问题，所以很多人认为，训练大小便的方法没有什么特别的。也正是因为这样，很多家长使用了不太正确的方式，错过了最佳的训练时间，最终承受了意外的压力。为了防止意外，使孩子能够自然地、平和地经历这个过程，家长要具备正确的心态。

为了让孩子自理大小便，家长应该具备什么样的心态？

首先是尊重孩子。尊重孩子是指家长把孩子当做独立的人来对待。孩子有自己的感情和思想，家长必须承认这点。如果谁命令、强求我们做自己不愿意做的事情，那我们也会情绪低落、生气和愤怒。小孩子没做好心理准备时，家长如果强硬地要求他开始自理大小便，孩子肯定很不高兴，甚至气愤。

如果此时家长对孩子的情绪不予理睬，甚至不顾孩子的反抗强行进行大小便自理训练，很可能会造成适得其反的效果。当然，家长这么做也是出于爱孩子的心理，毕竟自理大小便是自我管理的基本技能，也是必须要学会的事情。

就算家长的意图是好的，如果不考虑孩子的意愿，训练最终会惨败。因为孩子的内心充满了愤怒和恼火，理所当然地认为家长在折磨自己，伤害自己。所以，训练孩子自理大小便时，一定要铭记尊重和理解孩子的原则。

不要过于在乎训练过程中的失败和成功。

？自理大小便的训练，最好从什么时候开始？

由于每个孩子的气质和性格各不相同，因此训练大小便的开始时间和训练期限也是不同的。我们来看一看决定这些时间和期限的要素。

首先是年龄。大部分的孩子到第 24 个月至第 30 个月就可以开始训练。24 个月以前的孩子很难持续控制和调节大肠与膀胱。假如过早开始训练，孩子在身体和心理方面的准备都很不充分，极有可能反抗。一般情况下，孩子的年龄越大，越能顺利地度过训练过程。

其次是心理准备。不是说到了一定年龄，就具备了可以进行大小便训练的条件。如果孩子还没有做好心理准备，就会经历很多的失败和纠葛。在这个过程中家长会承受很多挫折，孩子的逆反心理也会越来越强。所以在孩子还没有做好心理准备的情况下，千万不要开始。

再次，要注意观察。在训练过程中，要让孩子起到主导作用，一旦发现他对训练感兴趣，家长就应该坚持到底。如果孩子奋力反抗，家长不妨尊重孩子的意思，先中断一段时间，往后推一推。切记，强行要求改变只会起反作用。

最后是压力。外部环境和条件的变化都有可能给孩子带来压力，这时家长应等孩子压力减少，情绪稳定之后再开始进行训练。

孩子学会自理大小便需要多长时间？

每个孩子所需的时间都是不一样的。有的孩子需要短短几天，而有的孩子则需要数周或数个月。

自理大小便有一定的顺序。初期能自理晚间的大便，之后是白天也能自理大便，最后就是能自理白天的小便。最困难的是晚间的小便，这也是我们经常看见四五岁孩子尿床的原因。一般情况下从开始训练到完全能自理需要 3 ~ 6 个月的时间。

训练孩子自理大小便时，家长必须掌握一些基本常识：

孩子做好身体和情绪上的准备时，才能开始；相信孩子的能力，信任孩子，坚信训练一定能成功；孩子想去卫生间上大小便时开始训练效果最好。

如果孩子拒绝训练，不妨中断一段时间。直到孩子对大小便训练感兴趣为止，数周的时间内不要再提训练的事情。

训练过程中哪怕孩子失误也应该沉着冷静地对待孩子，对孩子说："没关系，谁都会失败，但是这个训练是必须要坚持的。"千万不要对孩子作出过激反应或者进行体罚。

即使孩子的身体和神经系统发育到一定阶段，心态也是至关重要的。孩子有压力时很可能导致训练退步，此时家长不要产生挫败心理，要尊重孩子的心情，适应孩子的步调。只有这样，孩子才能更坦然地接受训练。

有的家长误认为自己的孩子在短时间内胜利完成训练是因为自己有能力，因此洋洋得意，趾高气昂。其实训练孩子的大小便是每个孩子都要经历的事情，成绩应该归功于孩子，而不是家长。

孩子能自理大小便吗？
测一测孩子的状态

孩子身上有这样的倾向。

Check01—— 白天能自理小便，但晚上不能，经常尿床。→ P598
Check02—— 已经到了能自理的年龄，也没有特别的问题，但迟迟不能自理。→ P601
Check03—— 能自理小便的孩子，又开始尿床。→ P602
Check04—— 便秘。→ P603
Check05—— 强忍大便。→ P604
Check06—— 拉在裤子里。→ P606
Check07—— 不愿坐马桶。→ P607
Check08—— 在托儿所能使用马桶，但在家里拒绝使用。→ P607
Check09—— 拒绝使用卫生间。→ P608
Check10—— 不愿在外面使用卫生间。→ P608
Check11—— 拒绝排便。→ P609
Check12—— 已经成功结束大小便训练了，但最近经常失误。→ P609
Check13—— 能自理大小便，但总想带尿布。→ P609
Check14—— 排便时，裤子必须全脱。→ P610
Check15—— 想站着排便。→ P610
Check16—— 看电视或玩电脑游戏时，不能自理大小便。→ P611
Check17—— 在外强忍小便，一回家就迫不及待地尿在门口。→ P611
Check18—— 一点一点地挤小便。→ P612
Check19—— 小便次数太频。→ P612
Check20—— 上厕所的次数太频。→ P613
Check21—— 小便能使用马桶，大便则拉在内裤上。→ P614

※ 查对孩子的症状，找到相应的页码。好妈妈的心灵处方恭候您的光临。

针对不能自理大小便的处方

Case01

白天能自理小便，但晚上不能，经常尿床。

孩子成长要经历很多艰难的事情，在解决这些事情的过程中，孩子会慢慢地长大，自理大小便也是其中的一件事情。孩子的神经系统还没有发育完全，不能自理大小便很正常。就算到了一定年龄，有些发育较晚的孩子也经常尿床。

孩子不能自理小便，对家长和孩子本身都是一个不小的压力。孩子会感到羞愧，有的家长也会忍不住大声训斥孩子，甚至冷待孩子，因为每天都要洗床单也是件很麻烦的事情。根据一项不完全调查显示，在全世界五周岁到九周岁的孩子中间，尿床的孩子大概占10%。

过了五周岁，如果还不能自理小便，很可能是患上了“夜尿症”。

● 孩子晚上为什么不能自理小便呢？

夜尿症的原因不能单纯地解释为一种。以前认为心理原因是最主要的，现在已证明情绪和行为问题不会直接造成夜尿症。不能自理小便，的确会让孩子变得不自信或感觉羞愧，但事发有因。

第一，孩子的膀胱容积太小，尿液很快就会积满。白天可以频繁地上卫生间，但一到晚上膀胱内的尿液就很容易溢出来。随着孩子的成长，膀胱等身体的脏器逐渐变大，身体的协调性也慢慢变好，问题自然就会得到解决了。

第二，我们的大脑晚上会分泌抗利尿荷尔蒙，这个物质能减少和浓缩小便的量，让人顺利挺到早晨。但孩子的这种分泌物太少，不能有效减少和浓缩尿量。

第三，和睡眠的模式有关。这并不是说有夜尿症的孩子的睡眠模式跟一般孩子相比有明显差异，但是患夜尿症的孩子，睡眠经常处于深层次状态，有小便也醒不过来。

第四，跟发育的迟缓有关系。我们大脑中的中枢系统具有一定的调节功能，如果这种调节机能发育迟缓，就会影响膀胱的伸缩和尿道括约肌的伸展，不经意间尿自己流出来，从而引起夜尿症。

第五，跟遗传因素有关系。如果父母中的一方曾经得过夜尿症，那么子女患夜尿症的几率将达到40%。假如父母双方都曾患过夜尿症，那么孩子得夜尿症的几率就会大两倍。

心灵处方——站在孩子的立场想问题，并帮助孩子调节。

在孩子成长过程中，应该针对不同时期给孩子规定不同的“里程表”。比如忌奶时期，开始吃流食的时期，迈出第一步的时期，开始说话的时期，进行大小便训练的时期等，这些时期父母都要精心地照顾孩子，实际上这也是很多家长再明白不过的事情。

能自理大小便是人类重要的机能，所以训练的过程本身对孩子成长具有重要意义。孩子患有夜尿症的时候，很多家长为了警戒孩子，大冷天把孩子撵到外面。这都是由于家长对孩子的发育、成长缺乏一定知识而引发的。家长应该慎重考虑，从哪个视角看待孩子对他更有利。

从孩子的角度看问题和从家长的角度看问题存在明显差异。家长已经是大人了，在自理大小便方面不存在任何问题。在他们看来，不能自理大小便的孩子只是由于没有认真对待这个问题，所以想方设法让孩子打起精神。这种以家长为中心的想法，显然会给孩子带来伤害、疲惫和不必要的负罪感，甚至容易给孩子的成长和发育带来影响。家长不仅要反思自己在这个问题上是否胡乱地训斥过孩子，更应该明白孩子只是不能自如地调节而已。

对尿床的孩子，家长应该怎么做?

第一，施行在家能做到的方法。有的孩子不能把尿憋到早晨，所以晚饭之后父母应该减少孩子水和饮料的摄取量，让孩子在入睡前上一次卫生间，这样就能减少夜里储存在膀胱里的尿量。

第二，不要训斥孩子。孩子尿床不是故意的，所以家长要理解孩子的苦衷，尊重孩子，耐心等待孩子的神经系统和身体各脏器的成熟。家长可以对孩子说："你晚上尿床是正常的现象，等你再大一点慢慢就好了，所以不用太担心。再等一段时间你的褥子就不会湿漉漉的了，让我们一起期待吧。"

家长不能对孩子施加压力或逼迫孩子，否则就等于是向孩子暗示尿床是件可耻的事情，让孩子在下意识里感到压力。

第三，教导孩子爱护自己的身体。如果孩子是因为身体协调性差而得了夜尿症，就要围绕夜尿症的问题，告诉孩子身体各个器官的重要性。家长要让孩子确信，孩子完全具备调节自己的能力，而且在成长过程中也会慢慢地拥有。以夜尿症为契机，根据孩子的实际情况，告诉孩子不能自理大小便的原因，这样孩子就会对夜尿症有更多了解，以此减少羞耻感和自卑感。

第四，如果孩子每天都尿床，家长应该想出一个好办法。我经常向家长提议，给孩子铺一个厚厚的毛巾被或带有防水面料的褥子，这样就能减少每天洗被子的痛苦。也可以铺两个厚厚的床单，上面的湿了，就把它拿下来，让孩子依然在干爽的床单上睡觉，这样也能降低孩子患感冒的风险。

第五，接受治疗也是一种好方法。

第六，分享周围人士的经验之谈，也有一定帮助。"你知道吗？叔叔在小学二年级的时候，也不能自理大小便呢。还有考上名牌大学的哲秀哥哥，到 9 岁的时候，也不能自理，但他们不是已经成为优秀的人才了吗？你也不用太担心。"这样就能减轻孩子的心理负担。

Tips

关于儿童小便问题的一些数据：

两周岁以前	条件反射性地排泄小便。
两周岁以后	能感觉到膀胱充盈。
三周岁左右	能自行调整尿道的括约肌。
三周岁零六个月	65% 的孩子晚上能自理小便。
四周岁	75% 的孩子晚上能自理小便。
七至八周岁	90% 至 95% 的孩子能自理小便。
十二周岁	98% 的孩子能自理小便。
二十周岁	有 1% 左右的男孩有夜尿症，女孩则没有。

Case02

已经到了能自理的年龄，也没有特别的问题，但迟迟不能自理。

对大小便训练有抵触情绪的孩子，不愿意上卫生间，容易尿裤子或拉裤子。这样的孩子普遍拒绝使用马桶，除非是家长领着一起上，否则自己不愿意使用马桶。

心灵处方——稳定孩子的情绪。

聪明开朗的孩子不能自理大小便时，家长的慌张感是无法用语言来表达的。有些家长急切之下逼迫孩子、惩罚孩子甚至污蔑孩子，对孩子说："你怎么这么没出息，别人家孩子都能自理，你怎么就那么笨？"

训练过程中家长平和的态度至关重要。它能保证孩子在整个训练过程中保持情绪上的稳定。

在训练过程中家长要经历很多失误和挫折。训练不顺利时，有些父母会把责任推在孩子身上："到底什么原因不能自理呢？""到底怎么回事呢？"其实明智的家长应该先从自身找问题："我哪一点做得好，哪一点做得不好？我要是用另一种方法效果会怎样？哪一种方法更适合孩子呢？"

有些家长一旦开始训练，就想利用几周时间让孩子学会自理。相反，有的家长则认为就算不干涉，到一定时候孩子也能自理。不管是哪种情况，只要训练进行得顺利，就没必要换其他方式。已经到了能自理的年龄，而依然不能顺利进行训练时，可以采用以下的方法。

1. 家长不要擅自做主，把决定的权限交给孩子。

2. 孩子每天都在大小便，如果孩子感觉不到上卫生间的必要性，可能是记不清和卫生间有关联的事项。如果跟卫生间有关联的记忆中，储存着被家长惩罚过的痛苦和恐怖画面，必然会影响孩子的训练。孩子主动要求上卫生间时，孩子本身也会产生莫大的成就感。孩子上卫生间时，家长不要跟在后面，不要替孩子决定坐马桶的时间，更不要强行把孩子摁压在马桶上。

3. 如果孩子希望拉在尿布上，家长可以应允一段时间。只允许他在卫生间里这样做。等孩子对上卫生间不再抵触后，再慢慢鼓励孩子使用马桶。

4. 对孩子使用卫生间应给予肯定性的奖励。比如表扬、微笑和轻轻的拥抱，也可以在醒目的地方给孩子贴上小粘贴，等攒到一定数量之后，可以换到一个玩具。

5. 如果孩子拒绝使用马桶，就给孩子一定的选择权。使用什么样的马桶，幼儿用马桶放置在什么地方，这些都可以让孩子自主选择。

6. 告诉孩子尿或拉在裤子里时，应赶紧更换干净的衣服。大小便是孩子自己的事情，如果家长说“真脏”或者进行训斥，孩子就会认为家长在嫌弃自己。

7. 家长千万不要作出过激反应，应该温柔地对待孩子。家长不妨这么跟孩子说：“谁都有失误的时候，但是大小便训练是谁都要经历的过程，下次再试一试吧。”此外，要禁止其他的兄弟姐妹讽刺和挖苦孩子，更不要因此就给他带上尿布。

8. 肠子有问题或长时间便秘的孩子很难自理大小便。这时，可以和儿科医生商议，接受一定治疗。

Case03

能自理小便的孩子，又开始尿床。

有一段时间孩子能自理大小便，有时再次失禁。这种情况叫“二次性夜尿症”，大部分原因是压力导致的。比如弟弟出生，搬迁到新的城市，家庭内部环境发生重大变化，睡觉之前观看恐怖电影等。

心灵处方——先稳定孩子的情绪，再到儿科接受治疗。

患二次性夜尿症时，首先应该介入积极的心理治疗。如果不是因为特别的压力而患上这种病，就应该考虑让孩子接受儿科专家的诊断和治疗。

Case04

便秘。

养一个孩子真的要经历很多艰难。其中，接受大小便训练的孩子最易发生的问题之一，就是便秘。

孩子接受大小便训练的年龄是心理发育阶段自律性增加的时期。与其说这是有意识的过程，还不如说这是无意识的过程。这个时期很多孩子都会萌生自己主动做某事的想法。如果家长不理解这个时期孩子的心理，还用以前的老方法管教孩子，就会产生很多矛盾。

大小便训练也是一样的，吃完东西之后，自然而然会产生排便的想法，但是如果家长让孩子在指定时间内排便，孩子就会对家长有意见："我排我的便，跟妈妈有什么关系？妈妈让我排，我就不排！"结果孩子一忍再忍，一段时间后大便就会变硬，排便时有疼痛感。一旦有了疼痛感之后，就会"忍着不拉"，结果就形成不愿排便的恶性循环。

心灵处方——告诉孩子排便能使心情舒畅、爽快。

看一看便秘的几种原因，了解家长能为孩子做些什么吧。

● 饮食。

饮食对便秘有影响。首先，牛奶、大米、苹果和奶酪等是引起便秘的罪魁祸首。如果孩子摄取的奶量太大，就要帮助他慢慢减少。两岁以下的孩子，每天喝的奶量应该控制在340毫升左右。同时，要适当增加孩子对纤维质和水的摄取量。

● 软化剂（软化大便）。

如果很难改变孩子的饮食习惯，一周岁以后，可以使用软化剂。当然，任何药物和保健品的使用，都要和医生事先商议。

● 饭后排便习惯。

饭后排便是很自然的现象，家长在饭后可以利用条件反射，让孩子坐在马桶上。如果过了数分钟还排不出来，就不要强求孩子。

● 感情因素。

便秘和孩子的疼痛记忆有紧密联系。只有消解这种联系性，才有可能实现没有疼痛的排便。孩子有便秘问题时，家长切忌再给孩子施加压力。相反，家长要是能放松下来缓解父母和孩子双方的紧张情绪，孩子排便就会更加轻松。

如果过分关注孩子的便秘问题，不管是消极还是积极，都会使情况更加恶化。家长不要大喜大悲、喜形于色，不能因为孩子成功排便就过度地表扬孩子，更不能因为失败责怪孩子。强求孩子坐 10 至 15 分钟以上的马桶或强行摁住孩子坐马桶都是不正确的。生气、惩罚和逼迫只会给孩子带来压力，不会有丝毫的帮助。

尽量让孩子坚信排便不会带来疼痛。家长可以使用软化剂，也可以让孩子多喝水、多运动，并帮助孩子养成良好的排便习惯。家长越是坚信，孩子越能缓解紧张感，也就会明白排便没什么可怕的。孩子知道了爸爸妈妈帮助自己的事实之后，慢慢会明白排便不是痛苦不堪的，而是让心情舒畅、爽快的事情。

Case05

强忍大便。

孩子忍大便的原因有以下几种：

1. 便秘。
2. 害怕卫生间，觉得自己坐在卫生间很恐怖。
3. 为了得到家长的关心。
4. 因为玩得太高兴，所以怕耽误时间而不愿意上卫生间。

心灵处方——如果孩子因为便秘强忍大便，家长不妨这么做。

便秘的主要原因是大便在肠子里停留的时间太长，变得坚硬导致的。所以每次排便时，肛门周围的皮肤出现小小的撕裂，而害怕疼痛的孩子只能一忍再忍。这时可以和儿科大夫商议，接受正规治疗。

心灵处方——如果孩子想引起家长的关注，家长不妨这么做。

关于排便问题，如果家长关注或盘问孩子，孩子也会想同家长进行交流，以此得到家长的关心。孩子能不能正常排便，跟孩子的健康有密切关系，所以家长关注排便问题是很正常的现象。如果过分关注，孩子就想拿排便问题控制和操纵家长。如果平时对孩子漠不关心，有了便秘问题之后才去关心孩子，有的孩子为了得到家长的关心，甚至也会一忍再忍。孩子顺利排便时，家长应该表扬孩子，如果他强行忍大便，也不要过分关注。家长可以围绕大小便以外的其他话题，跟孩子进行交流和沟通。

心灵处方——孩子过于自制的情况，家长可以这么做。

自制能力强的孩子，有时会过分控制自己的大小便。这样的孩子喜欢控制自己，不愿接受他人的干涉或指示。如果孩子具有这样的特点，就应适当给予孩子上卫生间的决定权，不督促孩子，不威逼孩子，不强行要求孩子。孩子拉裤子或尿裤子时，如果家长曾经使用过“哎呀，真脏”，“哎呀，味真大”等侮辱性的词汇，那么这些词汇将深深地刻印在孩子的大脑中。孩子会变得沮丧、气馁，会因怕再次失误而提心吊胆、战战兢兢。为了不再失误，他们会更加严格地控制自己。这时家长要给孩子讲大小便对人体的重要性和必要性。应该让孩子明白，人每天都要制造大小便，而这些大小便不愿意留在体内，总想冲出体外。排便时，如果孩子感到害羞或喜欢发牢骚，可以心平气和地对孩子讲：“你排便啊。”这样孩子就能转换和大小便有关联的消极认识。

总之，要让孩子明白排便是很轻松、很舒服的事情。排便的训练过程是极其重要的过程，家长应该激励孩子、支持孩子。

Case06

拉在裤子里。

白天能自理大小便是训练过程中最先实现的一项，但是我们周围随处可见把大便拉在裤子里的孩子。

心灵处方——告诉孩子自行解决问题的方法。

家长要考虑以下几种情况。

首先是便秘问题。大便在肠内停滞的时间过长，就会变得僵硬，通过肛门排泄的时候，有时肛门都要被撕裂，所以是一件非常痛苦的事情。虽然孩子总想一忍再忍，但是大便总不能老是停留在肠内，有时自己会冲出来，结果就拉在裤子里。这时，家长应改变孩子的饮食习惯并进行规律排便的训练，也可以和专家医生商议使用软化剂软化大便。

其次，孩子虽然想排便，但因为不愿意上卫生间，就强行忍耐。很多孩子认为在学校排便是很羞耻的事情，从孩子的角度想，也可以理解。孩子排完便出来时，第二个进去的孩子就会喊："真臭，真臭！"如果在卫生间蹲得时间过长，外面的孩子就会一个劲地敲门，或者爬到门上往里看等等。这样孩子就不能像在家里一样很舒服地、很惬意地排便。久而久之，孩子就不愿意在幼儿园或学校排便，一忍再忍，结果不知不觉拉在裤子里。

不仅如此，如果问孩子不往裤子里拉，到卫生间拉是否更好时，有的孩子会说："学校卫生间没有手纸。"孩子毕竟还小，他们还不能自如应对没有手纸等各种干扰因素，所以孩子会认为，还不如拉在裤子里。这时,不妨让孩子携带手纸或学会应对同学们取笑的各种方法。

再次，有些散漫的孩子对自己感兴趣的东西过于投入时，全然记不起其他事情。比如玩电脑游戏时，旁边有人在叫他也听不见，就算有排便的想法也因为不愿中断玩电脑游戏而一忍再忍，结果拉在裤子里。

因孩子的身体还没有完全发育，有的孩子忍大便的时间非常短。甚至在去卫生间的途中,肛门的括约肌张开,大便就不自觉地出来了。这时，最好找专家商议。

Case07

不愿坐马桶。

开始大小便训练之后，如果给孩子施加太大的压力，问题就会恶化。有的家长认为，让孩子学会自理大小便才是称职的妈妈，所以一再强调，使得孩子产生反感，进而拒绝使用马桶。

心灵处方——使用儿童用坐便器，可以减少孩子对坐便的排斥。

家长要耐心等待孩子试图采用坐便方式的那一天。大人也许想象不到，孩子特别怕掉进马桶，担心冲坐便水时，自己被冲下去。这种顾虑对一定年龄阶段的孩子来说是极其正常的，家长没必要过于担心。

家长可以在坐便上套上儿童用的狭窄坐便套。如果孩子感觉脚不着地不踏实，可以给他垫点东西。也可以使用携带方便的儿童用坐便器。

Case08

在托儿所能使用马桶，但在家里拒绝使用。

出现这种情况，说明妈妈的抚养可能存在问题。妈妈不坚持始终如一的抚养原则或在孩子面前失去家长权威时，孩子就不愿听从家长的指示。所以在托儿所能接受老师的指示使用坐便，在家则不行。

平时需要妈妈帮助时，妈妈漠不关心，而在大小便训练时妈妈又过于强求孩子，这时孩子就会跟妈妈产生矛盾。他不愿乖乖地坐在坐便上让妈妈高兴，而是想方设法让妈妈生气。

心灵处方——不要强求孩子使用坐便。

这时，一定要立刻停止使用坐便，儿童用坐便也要收起来，绝对禁止跟孩子说：“使用坐便，才是好孩子。”

与其煞费苦心地让孩子使用坐便，还不如想办法去改变和孩子的关系。回顾并审视自己的抚养态度，然后努力改善。

Case09

拒绝使用卫生间。

有关卫生间的怪谈很多，从封闭空间这一角度看，也会让孩子产生恐惧感。有些孩子一听到卫生间冲水的声音，就吓得魂飞魄散，于是每次上卫生间时总是开着门。

心灵处方——让孩子轻松自在地排便。

轻松自在，孩子才能更好地排便。家长可以在卫生间贴上孩子喜欢的花或者可爱的小动物等粘贴。孩子害怕独自进入卫生间时，没有必要告诉孩子不用害怕。尽管他是强忍着害怕心理使用卫生间的。如果恐惧心理深深地刻印在孩子脑子里，就很难消除。理解孩子的害怕心理并耐心地等待，只有这样，孩子的心态才能轻松，情况才会慢慢好转。

Case10

不愿在外面使用卫生间。

有些孩子接受陌生的东西需要一定的时间，这样的孩子遇到一丁点变化也会忐忑不安。越是这样的孩子，越是拒绝在外面使用卫生间。

心灵处方——解除孩子的不安心理。

关于这种情况，请看前面 PART10 中【害羞】这一章节。外出或走亲访友时，尽可能让孩子先排完便再走。

Case11
拒绝排便。

开始大小便训练之后，孩子容易便秘。这时家长要冷静地对待。训练过程中的拒绝排便也是孩子成长过程中必须要经历的。

心灵处方——让孩子多喝水，摄取更多的纤维质。

让孩子多喝水，并给孩子做纤维质丰富的食物。便秘持续的时间过长时，应和儿科医生商议，使用软化大便的药剂。

Case12
已经成功结束大小便训练了，但最近经常失误。

也许孩子的生活或环境发生了重大变化，比如弟弟出生、搬迁、换托儿所、照顾孩子的人有变动或者家人的生活发生改变，孩子都会因此承受压力，出现一时的退步现象。

心灵处方——找一找退步的原因，并帮助孩子解决。

想一想退步的原因，如果是压力过大引起的，不妨给他带上尿布。孩子没有任何压力时，可以接受儿科医生的治疗。

Case13
能自理大小便，但总想带尿布。

孩子的成长过程中，每一个发育阶段都有必须解决的重要课题，如果想很好地完成，必定要经历很多的内在矛盾。解决这个矛盾的过程其实就是成长。所以，发现孩子身上存在压力或矛盾纠葛时，家长没必要过于害怕。

心灵处方——满足孩子的各种愿望。

千万不要对孩子说:“像你那么大的孩子，哪有带尿布的？”相反，如果跟孩子说：“不要担心，这里有尿布，放松点吧。”孩子就会找到内心的安定感，认真对待自己的成长发育。

Case14

排便时，裤子必须全脱。

有些孩子只有把裤子全部脱下来时才能排便。小的时候还无所谓，大了之后再这样，总是担心被别人看见。

这样的孩子不能适应新变化的可能性较高，就像不能使用自己家以外的卫生间一样。

心灵处方——指导孩子接受新变化，克服对新环境的恐惧感。

调教这样的孩子时，要告诉他安然接受新状况，把克服恐惧作为目标进行练习。这样的过程不能急于求成，要根据孩子的接受程度，给予孩子充足时间缓慢进行。

Case15

想站着排便。

这样的孩子怕坐在坐便上。因为坐着的时候，需要腹部使劲才能张开括约肌，这也许令孩子不习惯。讨厌肉体和坐便接触时的冰凉感，也会让孩子拒绝使用马桶。

心灵处方——不要急于求成，慢慢进行坐便练习。

有的孩子，更喜欢使用老式坐便，而现在的坐便，需要他坐在上面，导致他不愿使用。家长不要着急，慢慢地让孩子适应，耐心地训练，孩子很快就会习惯成自然。

Case16

看电视或玩电脑游戏时，不能自理大小便。

比起先做重要的事情，孩子们更喜欢先做能给自己带来乐趣的事情，即当孩子们觉得有意思时，就不愿让别的事情影响自己的快乐时间，所以对大小便一忍再忍。

因为孩子不成熟，他们考虑问题当然就会不全面。大小便能忍多长时间，什么时候必须上卫生间，这种问题他们从来不去考虑，只觉得游戏很好玩。

心灵处方——让孩子先上卫生间。

坐在电脑、电视前之前，应该先让孩子上趟卫生间。也可以和孩子商量好，一旦看电视或玩电脑时拉在裤子里，就禁止他玩几天游戏或禁止看几天电视。如果散漫或有多动症的孩子出现大小便不能自理的问题，应该把重点放在治疗散漫和多动症上。

Case17

在外强忍小便，一回家就迫不及待地尿在门口。

有些孩子拒绝使用学校、幼儿园等公共场所的卫生间。在幼儿园每隔一段时间，全体幼儿园小朋友都要统一上卫生间，所以不会有大问题，但是小学生就不一样。低年级一般都是上半天的课，所以他们认为能憋到回家。但是中午在学校吃完饭喝完水往家走的时候就憋不住。小孩子不知道使用附近的卫生间，只想赶紧回家，所以极易尿在门口。

心灵处方——不能训斥或体罚孩子。

这时，要绝对禁止训斥孩子、体罚孩子，说孩子肮脏。可以这样教孩子："大小便对我们很重要，正确排到体外对我们的健康具有举足轻重的影响。你着急往家走固然重要，但是憋不住的时候，不妨使用附近的卫生间。最好是离开学校之前先上卫生间。"

并不是家长说一遍，孩子就能马上施行。家长需要铭记的是，在大小便的问题上，父母绝对不能对孩子大喊大叫，惩罚孩子或羞辱孩子。

家长所有的语言、行为和态度应该是具有教育性的，必须耐心地去教育孩子，不要把自己的主观情感强加在孩子身上。

Case18 一点一点地挤小便。

可以从多个角度想这个问题。最先想到的应该是孩子的过分投入。当孩子觉得小便是件趣事时，就不想很快尿完，于是一点一点地往外挤。

其次，膀胱比其他孩子小。膀胱小的孩子上卫生间的次数当然要比其他孩子频繁。但是有些老师不允许孩子上课期间去卫生间，于是不敢违背老师的孩子，只能在座位上偷偷地一点一点往外挤。大便和小便对我们的生理机能有着极为重要的作用，如果排得好，对我们的健康十分有利。上好课固然重要，但是让孩子及时排便也是至关重要的。

心灵处方——就算上课时间，也应该允许孩子上卫生间。

家长应该明确地告诉孩子，有尿意时，上卫生间不是可耻的事情，也不应该受到训斥。孩子憋不住想上卫生间时，可以事先和老师约定一个不影响上课的暗号。因大小便问题和家长矛盾较大的孩子讨厌上卫生间，所以家长也有必要进行反省。

还有很多孩子以各种理由拒绝上卫生间，这样的孩子也是为了减少去卫生间的次数，一点一点地往体外挤小便。这时有必要找一找孩子拒绝或害怕使用卫生间的理由。

Case19 小便次数太频。

有的孩子刚从卫生间回来，不到几分钟又要去。这时，首先要观察孩子是不是尿道或膀胱有炎症。女孩子因尿道和肛门的距离太近，上完大便擦拭肛门的时候，尿道容易感染。告诉女孩子，擦肛门的时候不是从后往前擦，要从前面往后擦。

如果泌尿系统没有炎症，就应该想到紧张或不安等情绪原因。紧张感上升时，孩子会焦虑不安、冒虚汗、心脏跳动速度加快，导致他总想上卫生间。

心灵处方——观察孩子，然后进行排便训练。

不要光责备孩子频繁上卫生间的举动，找一找原因，是不是琐碎事情也经常让孩子变得焦躁不安。

应对能力较差的孩子，面临困难时会变得高度紧张、不停地出入卫生间。这时应该想想办法，从根本上帮助孩子。

此外，排尿训练可能存在问题。白天有尿意时，不应该马上去卫生间，等到膀胱的尿充盈之后，再一起排出来。没经过这种训练的孩子稍微有点尿意，就马上跑到卫生间。对这样的孩子应该进行膀胱充盈之后再排出来的训练。可以用多喝水或饮料的方式让孩子熟悉膀胱充盈的感觉，进行暂时忍耐的训练也是有帮助的。

Case20

上厕所的次数太频。

有的孩子因为尿频经常去卫生间，而有的孩子没有尿意也喜欢去卫生间。

散漫的孩子很难长时间坐在一个地方，每次想活动，他就爱去卫生间。有多动症的孩子也是这样。他们会在学习的时候以喝水为借口出去喝水，喝完水就跑到卫生间排尿，排完尿说口渴，再去喝水……

受到家长的干涉的孩子，也喜欢去卫生间。卫生间是不受他人侵犯的个人空间，有些孩子把它当做逃避妈妈牢骚或干涉的空间。当孩子不愿听家长的牢骚，不愿受到他人的干涉时，他们就情不自禁地跑到卫生间，停留很长时间之后再出来。

心灵处方——想一想有没有消极对待孩子。

很多家长针对孩子频繁上卫生间的举动发牢骚或训斥，这显然不是明智的做法。训斥孩子之前，家长应反省自己在对待孩子的问题上是否消极。就算家长的出发点是好的，但是当孩子认为你在发牢骚时，就起不到什么效果了。

Case21

小便能使用马桶，大便则拉在内裤上。

最初进行大小便训练时，有些孩子很不习惯腹部使劲的方式。

心灵处方——给孩子创造能往腹部使劲的条件。

给孩子做一个脚垫板，让孩子坐在马桶上脚也能触地，这是因为大腿肌肉的收紧，对大肠的蠕动有很大帮助。

请再告诉我！ Q&A

Q1 孩子小便异常，应该去医院吗？

A 如果持续发生以下症状，就应该到医院看一看：

1. 晚上有很长一段时间孩子能自理小便，但得了夜尿症之后，持续尿床；
2. 白天也尿裤子；
3. 小便时有疼痛感，频繁地上卫生间，尿里有血丝；
4. 饮水量比平时多得多；
5. 小便排不出来或者得等很长时间；
6. 因小便不能自理而情绪低落，日常生活受到严重影响；
7. 因孩子不能自理小便，家庭内部出现矛盾；
8. 因不能自理小便，孩子的自尊心受到伤害。

Q2 孩子的便秘很严重，什么情况下可以领孩子去医院？

A 如果有以下症状，就应该到医院看一看：

1. 一周岁以前有便秘；
2. 大便呈稀水状；
3. 呕吐；
4. 体重不增加；
5. 接受过腹部手术；
6. 大便失禁；
7. 感觉直肠周围疼痛；
8. 大便上有血丝时；
9. 超过 5 天没有大便时。

Q3 如果孩子患夜尿症，除了家长努力之外，什么情况下应该接受治疗？都有哪些治疗方法？

A 不是所有得夜尿症的孩子都需要接受治疗。特别是学龄前的孩子，就算得了夜尿症，只要程度不是很严重，家长可以先观察一段时间再说。半夜尿床跟孩子的意志没有任何关系，所以不应该责怪、训斥和侮辱孩子。

7 岁以上的儿童需要积极治疗。孩子上小学之后，常常会有一些团体活动，比如夏令营时需要在外面住宿；或者到亲戚家串门，有时也要住在那里。而不能自理小便的孩子，总担心自己尿床的事情被揭穿，因此讨厌参加团体活动，这样就会放弃原本应该经历的很多事情。所以领着孩子接受治疗的同时，也要带他一起参加各种活动。

最好是接受医生的诊断，看一看有没有身体上的原因。如果有，就应该接受治疗。家长可以给孩子讲晚上不能自理小便的原因，并告诉孩子，随着年龄的增长慢慢会好起来，这样孩子就会充满信心，而树立信心对孩子来说是至关重要的。

● **具体的治疗方案如下：**

排尿训练的第一阶段是教育。主要是告诉孩子小便的形成，以及怎样积存在膀胱，怎样排出等等。通过这种简单的讲解，让孩子对自己的身体机能和自我调节充满信心，减少孩子对夜尿症的负罪感，而且也能给孩子带来恢复的希望。

第二阶段，白天感觉有尿意时，不要马上跑到卫生间，一直等到膀胱积满后再去排小便，然后慢慢延长排尿的间隔时间。大量摄取水分的同时熟悉膀胱充盈的感觉。

第三阶段，膀胱里积满尿液时，憋一段时间，慢慢固定小便的间隔时间。

第四阶段，入睡之前尽量减少和避免摄取水分。

第五阶段，观察孩子一般在什么时间尿床，然后在那个时间叫醒孩子。有夜尿症的孩子睡得很沉，要是不彻底叫醒，他们是醒不来的。

除了以上方法之外，也可以利用电子警报装置。把电子警报装置贴在内裤上或铺在褥子下面，每当孩子尿床时警报器就会响，孩子就会醒来，从而培养孩子的感觉，让大脑也慢慢地适应。这个方法既有好处，也有弊端。最大的好处是对 60% 患夜尿症的孩子效果显著，弊端是需要买机器。而且有的孩子不愿意半夜醒来，在睡觉之前故意关闭开关，或者因为睡得太沉，警报器响了也不会醒。

有一种抗利尿的药物能减少尿液的量。虽然少数人有腹痛、头痛等副作用，但总体来讲效果比较显著并且安全。需要注意的是，家长要做好对此类药物的管理。

Q4 让孩子铺湿漉漉的褥子或床单可以吗？

A 回答既不是“可以”也不是“不可以”。根据孩子的接受情况有所不同。如果孩子不认为那是处罚，愿意铺，就没必要阻止，否则千万不要铺。

KISSING GOURAMI!

PART
23

语言发育

妈妈的来信

院长：

您好！有件事情，我一直想咨询您。

我有两个孩子，大孩子几乎没怎么让我操心，但小孩子让我苦恼不堪。

小孩子现在23个月，他能用哭声、笑声表达自己的情感，也能用手势、肢体传达自己的意愿，但从不开口说话。教他单词，他也只是动动嘴唇，发出“呜呜”的声音而已。

在我看来，孩子不像患自闭症，但这么大了，还不能说一句话，真让我担心不已。孩子有必要到医院接受检查或特殊治疗吗？观察一段时间之后再说，是否也可以？

回信

两周岁的孩子，一般都能说出简单单词;语言发育较发达的孩子，甚至具备组合两个以上单词的能力。但有时在为数不少的孩子身上，会莫名其妙地出现语言发育迟缓的现象。

作为家长，首先要观察孩子的听觉和发音有无异常。如果没有，就应该留意以下几个方面：

首先，家长要严格控制孩子收看电视的次数，最好给孩子大声朗读童话故事书。语言是具有可模仿性的，所以，作为妈妈，有必要和孩子进行沟通和交流。

其次，家长一定要戒焦戒躁，去理解孩子的情感。如果是追求完美的孩子，或者是小心谨慎的孩子，需要比同龄人更多的时间。如果孩子的情感交流出现障碍，发音不准或语言表达吃力，家长不妨接受专家帮助。

语言发育缓慢的孩子

环视我们的周围，有很多语言发育比较迟缓的孩子。但是包括家长在内的很多人都不太重视这一问题。感觉孩子说话晚的家长在询问周围人时，常会得到这样的答复："没关系，有慢的孩子。不要着急，等着吧。你看 ××× 也是过了五岁之后才开始说话，现在多能说呀！"所以，很多人对这个问题不以为然。据说爱因斯坦也是过了四岁才开始说话的，但我们的孩子毕竟不是爱因斯坦。孩子说话晚的问题当然没必要过分担忧，但一味地想"没关系"也是不可取的态度。

那么，怎样判断孩子说话是晚还是早呢？看看孩子的语言发育过程，让我们一起判断吧。

出生三个月左右时，对事物或人的声音能做出反应。有时能发出"啊""呜"等声音。

出生 4 ~ 6 个月时，开始咿呀学语，发出"吧""不""那"等声音。兴奋或高兴时，可以发出声音表达自己的情绪。

7 ~ 12 个月时，可以发出"阿布阿布""笔笔笔笔"等叠音词，也能模仿各种声音。虽然不是很清晰，但也能说一句"妈妈"或"爸爸"。家长说"不行"时，他也能做出反应。有时用手指或体态表达自己的想法。

一周岁半时，能使用的词汇达到 50 个左右。过了两周岁，就算是陌生人也能听懂他一半以上的话。可以连接词汇和词汇，如"爸爸回来了""妈妈走吧"等等。

25 ~ 36 个月时，孩子说的大部分话别人都能听懂。经常说一些短语，也能进行简短对话。

37 ~ 48 个月时，孩子 90% 的语言都能被他人听懂。经常问"为什么"，也能说长句。但有些发音不是很标准。

Tips

不同年龄的语言发育阶段：

出生5个月左右

1. 对大声音能作出反应；
2. 能把脑袋转向有声音的地方；
3. 看着说话人的脸；
4. 能表达自己高兴或不高兴时的情绪，如高兴、哭泣、着急；
5. 出于说话的意图而发出声音。

6～11个月

1. 能理解“不行”的含义；
2. 咿呀学语；
3. 试图用手势或肢体表达自己意愿；
4. 模仿他人的声音。

12～17个月

1. 能玩两分钟左右的玩具；
2. 能遵从家长用肢体或行动作出的指示；
3. 简单的问题能用手势或点头做应答；
4. 能用手指指认物品或家庭成员；
5. 能用两三个左右的词语指认物品或人；
6. 能说简单的词语。

18～23个月

1. 喜欢读书；
2. 不用体态语也能遵从指示；
3. 能用手指指明鼻子等简单的身体部位；
4. 能听懂“吃吧”等简单词汇；
5. 大部分的音节都能发出来；
6. 能说出6至8个左右的词语；
7. 吃东西时，能说出“牛奶”“糖”等名称；
8. 能发出“咩咩”等动物的叫声；
9. 能说出“再给点奶”等词组；
10. 开始使用“这是我的”等简单句子。

孩子怎样表达自己意愿？表达得好吗？

测一测孩子的状态

☑ 孩子身上有这样的倾向。

Check01—— 不太会说话。→ P625

Check02—— 很早就能听懂他人说话，但从不张嘴说。→ P627

Check03—— 有点结巴。→ P628

Check04—— 语速过快。→ P631

Check05—— 发音不准，除了妈妈之外的其他人都听不懂。→ P632

Check06—— 在家滔滔不绝，一到外面就哑口无言。→ P634

Check07—— 跟年龄相比，语言不成熟。→ P634

Check08—— 经常骂人或使用粗俗语言。→ P636

※ 查对孩子的症状，找到相应的页码。好妈妈的心灵处方恭候您的光临。

针对说话晚的处方

Case01

不太会说话。

大部分孩子的语言功能都能得到自然发育。孩子天生就具备发出所有声音的能力，出生后 2 ~ 3 个月，大约从 100 天开始，孩子的语言功能迅速发育，能发出和自己的母语相似的语音。实际上孩子在出生前就已开始处理信息。7 个月大小的胎儿，在妈妈肚子里的时候，就开始倾听妈妈的声音。胎教是很重要的，当妈妈对肚子里的孩子说“你好，睡得好吗”时，胎儿的心脏跳动加快，等妈妈的话结束了，心脏跳动又开始缓慢下来。通过这样的事情可以知道，孩子在妈妈肚子里的时候就能对妈妈的话作出反应。

学习语言最重要的莫过于区分声音。出生不到四天的孩子就能区分妈妈和其他女人的声音。所以学习语言时最应该具备的最重要的机能就是用耳朵倾听。说话晚的孩子，首先要确认他的听力有没有问题。

心灵处方——先确认孩子的听力，然后看着孩子的眼睛，跟他一起练习说话。

如同所有功能都有个体差异，语言发育也有个体差异。但是当两岁的孩子说不出两三个词语，或者听不懂他人说话或唱歌时，家长就要看一看他的听力有没有问题。如果听力没问题，可能是大脑异常，这时需要接受专家的诊断。

培养婴儿语言表达能力的方法有很多种。

1. 看着孩子的眼睛说话是最重要的。

培养孩子的语言表达时，家长可以采用的方法很多。自出生前开始，家长应该尽量跟胎儿说话，不管谁说，胎儿都会认真地分析。孩子一旦呱呱坠地，家长就应该开始跟孩子对话。

2. 孩子一出生，就给他读故事书。

听到家长的读书声，孩子就能背单词。看到图片或者听到家长的声音之后，孩子会变得安然。孩子再大点时，可以让孩子指着故事书的画面，用自己的语言去讲解。比如通过问孩子："这孩子为什么悲伤呢？然后会怎么样？"这样孩子就能自然而然地联想到故事梗概，然后用自己的语言表达出来。

3. 应该以孩子为中心，不能以家长为中心。

家长应经常对孩子感兴趣的事物或人进行讲解说明。家长要成为孩子的榜样。

4. 家长运用的语言要比孩子丰富得多。

比如孩子说"喝"时，妈妈应该说"喝奶呢，还是喝水呢"，"宝宝喝奶，妈妈喝咖啡吧"，或者孩子指着球时，妈妈说："这个球，抛呢还是踢呢？"以此来增加孩子的词汇量。这个过程中，如果经常活用人的身体各个部位、动物的名称和生活中经常接触的词汇，效果会更佳。

5. 和孩子进行语言游戏。

3 ~ 6 周岁的孩子，非常喜欢童谣或者语言游戏，因为他们可以通过这些进而理解音节的构成，从而自然地学会说话。我们周围有很多价格昂贵的教育玩具，虽然有一定帮助，但是孩子更喜欢看着家长的脸，对着家长的眼睛，听着家长的歌声练习说话，因为这能稳定孩子的情绪。

6. 电视或 DVD 对孩子的语言发育没有帮助。

电视或 DVD 都是单方面地传达某种信息，所以孩子只能采取被动的方式接受信息。这样看来，电视或 DVD 对提高人和人之间沟通与交流能力的作用是微乎其微的。

7. 放宽心态。

就算孩子说话晚，家长绝不要产生悲伤难过的情绪。家长首先应放宽心态，尽量对孩子作出更肯定、更积极的反应。孩子说出没说过的词汇时，家长抱一抱孩子或者亲亲孩子吧，因为此时的小孩子最需要父母的鼓励和关怀。

Tips

词汇的使用。

语言表达能力大致分为“理解”和“表达”两种，这两种能力又由5个重要部分组成。

第一部分，词汇的含义具备关联形象的作用。比如将带有把手的、装水的物品称为“杯子”，看到样子稍微特别一点的物品也称为“杯子”时，孩子就能联想起杯子的样子和含义。

第二部分，按一定的顺序组合词汇。比如“弟弟吃了我的饼干”这句话，如果不懂得词汇的正确组合及排列顺序，就会说成“饼干吃了我弟弟”，那么，意思就完全变了。所以，按照一定的顺序和规则组合词汇，是孩子必须理解和掌握的重要语言表达能力。

第三部分，发音的准确度。比如“S”和“C”，“G”和“K”，发音的力度、唇齿的闭合程度、舌尖的位置、平舌和卷舌的区别，这些都是划分语音是否准确的重要标准。

第四部分，正确理解对方的语义。如果东问西答，就会给沟通带来障碍。明明有人问：“你吃不吃？”孩子却回答：“你吃吧。”这显然是没有正确理解对方的话语。

第五部分，作出正确回答。正如第四部分所说，孩子必须在大脑中寻找正确答案，然后再用语言表达出来。这个过程当然是瞬间发生的，但是从最初的反应到选择、作出快速反应，显然要经过一段时间的练习。

Case02

很早就能听懂他人说话，但从不张嘴说。

经测试，如果发现孩子的智力没什么问题，就应该考虑孩子的个性特点。过于小心谨慎，担心说错话，或者具有完美主义倾向的孩子，只有对某事具备百分百的把握，才会表达内心想法，他们认为说得不好不如不说。如果家长过于严厉，孩子说错话时，马上去纠正，孩子会怯于表达。

心灵处方——就算孩子的语言表达不正确，家长也应该鼓励孩子多说。

孩子说“给我糖吃”时，听到清楚的表达之后，再给孩子拿糖，孩子就会慢慢放弃吃糖的念头，进而对语言表达失去信心。家长不妨说:“你想吃糖吗？那你可以跟妈妈说‘妈妈，给我糖，我想吃糖’，来，说吧！”通过反复的几次提示，孩子能清清楚楚地发音，然后再给孩子拿糖。其他情况也是一样，通过反复提示和练习，让孩子学会说话的方法和内容。如果是非常简单的词组或短语，不妨让孩子跟着说。

孩子患“表达性语言障碍”时，应该到医院接受专家的诊断和治疗。

Case03

有点结巴。

抚养孩子的家长要经历很多次惊奇的瞬间。当孩子迈出第一步时，当孩子说出“妈妈”“爸爸”时，那种震撼和惊奇很难用语言表达。

自从孩子张口说话，家长和孩子的关系也要经历一些变化。孩子不会说话时，家长一边要悉心地照料孩子，一边要揣摩孩子的意图，尽量满足孩子的要求。自从孩子开口说话之后，孩子和家长的关系就变成给予和接受的关系，孩子会更积极地提出要求。因为通过语言，孩子能更自如地表达自己的感情。

开始说话的孩子，如果某一天突然变成结巴，家长的心情会怎样呢？也许，抚养孩子的过程中很多家长都会经历一次。据一项调查数据显示，2 周岁到 5 周岁之间的孩子中，每十二人就有一个结巴。可见在我们的周围，说话磕磕巴巴的孩子还是比较多的。据说 75% 的孩子无需治疗就会慢慢好起来。

我们熟知的有名人士中，有一些人小时候也是磕磕巴巴的。比如美国的著名女影星卖力林·门劳和英国前首相撒切尔夫人。一个是当时风靡一时的著名女演员，一个是世界上极具影响力的政治家。小时候说话磕磕巴巴，一般不会影响成人后能力的发挥，更不会影响日常的学习、工作和生活。

有的人对孩子的结巴现象不以为然，而有的人提心吊胆，怕孩子长大之后说话也不利索，因此经常训斥，并强行要求孩子说出正确、流利的话语。大部分孩子能慢慢恢复，但长期说话结巴的小孩子应该接受专家的诊断和治疗。

孩子说话磕磕巴巴的原因是什么？

1. 对语言表达感觉不安的孩子经常磕磕巴巴。越是谨小慎微、心思细腻的孩子表达情感时越是困难，这样的孩子说话时常常表现得犹犹豫豫。
2. 有完美主义倾向的孩子，对自己的语言表达没有十足把握时，一般不会轻易开口。如果不自信的情况下，要求必须开口说话，他就会高度紧张起来，导致说话结结巴巴。
3. 家族的遗传基因也能导致孩子结巴。
4. 语言发育过程中的很多种原因都是导致结巴的罪魁祸首。比如语速过快，说话着急；语言中枢还没有发育完全的情况下，兴奋或急于表达；脑子里的想法多，但语言表达不流畅，想法和语言之间发生冲突；注意力不能集中时也会出现结巴现象。
5. 这里我们着重谈一谈最后一种情况。注意力不集中且散漫的孩子，不能有条不紊地、循序渐进地思考问题，这是因为他们的思维不成体系，思维跳跃也特别快。比如孩子和家长谈中午学校的伙食时，他虽然能回答妈妈的话，但脑子里已经回想和同学玩的情景，所以说起话来只能磕磕巴巴。这实际是认知上的冲动性引起的现象。

六岁以前出现的结巴现象一般都能自然消失，但这种现象如果到了小学还持续出现，家长就应该带孩子到医院接受治疗。

● 情绪会导致孩子结巴吗？

孩子说话结结巴巴，很多家长认为这是由压力所致。于是家长就开始改变自己对孩子的态度，包括减轻学习任务，自责不该训斥孩子等等。最近的研究结果表明，孩子的结巴现象实际上和情绪没有丝毫关联。

孩子结巴时，家长会想：“是我给孩子压力了吗？难道我威逼孩子了吗？孩子随我吗？是不是因为上次打孩子的原因？”越想越感觉对不住孩子，越想越有一种负罪感。家长对孩子的影响的确是最大，但是给孩子压力或威逼孩子并不能成为孩子说话结巴的真正原因。如果把孩子理解成和家长地位对等的独立个体，父母就会明白，孩子身上出现的问题并不一定都是家长造成的。

心灵处方——让孩子在轻松环境中，练习说话。

孩子结巴时，家长应该怎么做？

1. 很简单，面对已经有些紧张的孩子，家长应该放慢语速，耐心而细致地与孩子交流。

2. 回答孩子的问题时，不要立即作出反应，应稍等片刻之后再回答。通过这些正面示范，改变孩子的语速和心态。

3. 父母要时刻铭记，不轻易打断孩子的话。看着孩子说话时磕磕巴巴的样子，有的家长感觉难以忍受或急不可耐。他们经常以“慢慢地重新说一遍”“发音再准确一点”“喘口气再说”“没听懂”等粗暴冷漠语言中途打断孩子讲话。如果家长总是这样做，孩子就永远学不会轻松表达。所以，就算孩子结巴，家长也不要中途介入打断孩子。

4. 经常和孩子交流。现在的生活节奏很快，家长和孩子之间几乎没有充裕的交流时间。越是结巴的孩子，越应该给他创造能缓解紧张情绪的宽松环境，这种环境主要靠父母心贴心交流的方式来营造，最终目的就是让孩子拥有稳定的自信心。

5. 不要让孩子争先恐后地说话。比如，父母下班回家，孩子们会争先恐后地汇报自己的情况。一个孩子还没有说完，另一个孩子马上抢夺说话机会。如果总是让孩子在这样的环境中说话，出现结巴的可能性就很大。

6. 不要催促或强求孩子快说。孩子讲话磕磕巴巴时，家长要有足够耐心，静静地等待孩子理清自己的思路。孩子还没有想好该怎么说时，如果父母强迫他开口，对已经出现结巴征兆的孩子没有一点好处。

7. 看着孩子的眼睛跟他说话。看到家长的这种表情，孩子认为家长对自己的话题很感兴趣，从而引发说话的欲望。

8. 不要吓唬孩子。出差回来的妈妈对孩子说：“刚才奶奶跟我说了你这几天的表现。”这样的说话方式，很容易给孩子带来恐惧感。

9. 不要斤斤计较说话时磕磕巴巴的现象，应该激励孩子说话的欲望，关注孩子的努力。

10. 不能取笑孩子。如果同学、朋友或兄弟姐妹中有人给说话结巴的孩子起外号，或者模仿他磕磕巴巴说话的样子，家长要及时制止，并努力杜绝类似情况再次发生。

11. 不要中途打断孩子讲话。就算家长说完之后，让孩子接着说，孩子也会产生紧张和不安感，甚至会变得愈加严重。

12. 多做一些流利表达的练习。比如练一练绕口令，读一读诗词或者试着倒读简单的文章。

Case04

语速过快。

人与人之间的对话是把自己的想法和情感传达给对方，并了解对方的想法和情感。但需要经过加工、理解的过程，所以语言比人类的其他任何功能都显得重要。如果交流时对方的语速过快导致另一方听不清楚，就算说的内容再重要也会让人感觉极不舒服。跟语速太快的人交流，我们往往感觉喘不过气，甚至令我们又烦又累。所以这种不看对方表情，一味地以惊人语速说话的方式不能称之为真正的对话。

为什么孩子的语速过快呢?

1. 家长的语速过快，孩子也会模仿家长。
2. 性格比较急躁的孩子，因为不能忍受自己说话慢条斯理，看到说话慢的人，就会感觉憋闷，不堪忍受。
3. 想说的内容较多而时间又不大够时，出于想把意愿完全表达给对方的想法，不停地加快语速。
4. 抚养孩子的过程中，家长经常跟孩子说“快点快点”，这会给孩子施加不必要的紧迫感；而有的家长因为忙手头上的事不认真倾听孩子讲话，这两种情况都会催促孩子尽快表达自己的意愿。

心灵处方——家长要在孩子面前展现慢慢说话的姿态。

最好的方法是，家长首先要回头审视自己是否说话太快，然后有意识地慢慢说话。要注意的是，家长不能因为要求孩子慢慢说话就粗暴地打扰他的思路。孩子的语速加快时，家长不妨说："是吗？慢点，慢点。"这样就能提醒孩子调节语速。

一边看书一边练习朗读上的休息停顿，也不失为一种好办法。比如单词和单词之间停顿一个节拍，逗号休息两个节拍，句号休息三个节拍，段落之间休息五个节拍等。

Case05

发音不准，除了妈妈之外的其他人都听不懂。

一个过几个月就要上小学的男孩家长，说是犹豫了很长时间才鼓足勇气来看医生。她对我说："我家孩子的语言发育比较迟缓，因为我们娘家人普遍都这样，我就没太在意。孩子开始说话之后，表现出较强的理解能力，词汇比同龄孩子丰富，童话故事书读得也非常流利。所以就没在乎孩子发音不准的问题，总认为他再大一点，问题自然而然能得到解决。

有时候幼儿园的小朋友取笑或模仿孩子的发音方式，但孩子好像没受丝毫的影响，我们也就没太在乎。但到七岁后就开始出现问题了，幼儿园的小朋友说孩子的发音异常，还经常开一些过分的玩笑，甚至毫无礼貌地取笑、挖苦他。也许这些持续性的伤害对孩子的冲击太大，他开始变得只同家人讲话，跟其他人一句都不说，即使跟我们讲话，声音也小得像苍蝇在叫，要想听清楚十分费劲。

如果当初及时纠正孩子不清楚的发音，就不会有任何问题。但我们的无所作为埋下了祸根，孩子再也不想和我们说话了，不是点头就是用手指表达意愿。很难从孩子脸上看到笑容，他独自在屋里画画的时间变得越来越长。过几个月孩子就要上小学了，真担心孩子到小学之后还被同学们取笑。如果孩子被同学取笑，他会更打不起精神，也就没办法进行正常的听课、学习。

再聪明的孩子，如果发音不正确也会给他人留下傻乎乎的印象，所以家长一定会很伤心。

● 孩子发音不正确的原因。

能否发出正确清晰的语音，主要包括以下几种要素。

第一，能否清晰地听到别人讲话。不能准确听清声音的孩子，发音大都会出现问题。假如不是听力有问题，就是因为对话题不感兴趣而马马虎虎地听。若是家长对孩子大喊大叫或者过于严厉地训斥，也可能导致他不认真倾听。孩子主要是通过家长的日常会话来学习语言的。如果家长一张嘴就训斥孩子，那么听家长说话对孩子来说就是一种折磨，所以小孩干脆就不想听。同样，如果父母经常吵架，孩子当然也不会产生听的意愿。

第二，声音是由舌头、上颚、喉咙和鼻子互相配合发出来的。这些器官，只有发挥正常功能，才可以发出正确语音。舌头短小或太宽厚，上颚有裂痕，发音都不会很准。

有的孩子明明知道应该纠正自己的发音，但就是做不到。说话的时候应该集中注意力，听一听自己所说的内容和发音，如果集中不了注意力，就听不出自己的错误所在，当然就谈不上改正。

第三，家长的发音不准确，孩子也可能发不出准确语音。

心灵处方——对照以下各种情况进行矫正。

● 不能清晰地听到别人讲话——父母让孩子学会集中注意力，认真看着说话人。

要想听清楚，首先应该让孩子把注意力集中到说话人身上，然后用洪亮清晰的声音一字一句地说给孩子听。如果孩子心不在焉，就会听得不认真，这时应该把孩子的注意力吸引过来，等孩子做好了心理准备再跟他说话。

● 身体器官有问题的情况——找相关医院尽早接受治疗。

如果跟发音有关系的器官出现问题，就应该找耳鼻喉科接受专业治疗。

● 不去改正自己发音的情况——不要给孩子被指正的感觉。

为了纠正孩子的错误发音而经常去指正，会让孩子失去自信心或因担心再次发音错误而战战兢兢。家长应该避免上述做法而采取重复一两遍正确发音的方法。如果孩子说“子道”,家长就应该说“我知道了，知道了”，也就是给孩子重复传递正确的发音。如果家长想急切地彻底改掉孩子的错误发音，就会增加他的压力。录下孩子的语音反复听或者让孩子自行判断正确与错误之间的区别，也有一定的益处。

孩子集中注意力的时间太短，家长首先应该指导孩子，如果这种指导没有任何效果，可以找专家商议具体有效的解决办法。随着年龄的增长，大部分人发音不正确的问题会消失得无影无踪，如果在成长过程中被同龄人取笑，有的孩子则会慢慢失去信心导致无法解决发音问题。所以，在必要的情况下接受专门的语言训练。

● 如果家长的发音不准，就接受专家的帮助吧。

经常听家长错误发音的孩子，很容易说出错误的语音。由于家长已是成年人，很难自行矫正已形成很久的错误发音，不妨接受专家的帮助。

Case06

在家滔滔不绝，一到外面就哑口无言。

心灵处方——不妨这么做。

可能是因为孩子不好意思。我们可以参照 PART12【害羞】章节调节孩子的心态。

Case07

跟年龄相比，语言不成熟。

小时候一般都是受周围语言环境的刺激才学会说话，学会母语的规律，学会排列语序。使用这些语言在日常生活中表达的现象称为“执行语言能力”。有些孩子很难正确表达自己的想法，所以执行语言的能力比同龄人差。

什么情况属于执行语言能力不成熟呢？

1. 不能集中注意力、散漫的孩子。

散漫、不能集中注意力的孩子，他们的思路总是横冲直撞，当有人问他“星期天做了什么”时，他明明记得和家长去爬山，之后回来吃饭、上街的事情，但由于延续性的思考能力较差，不能很好地把这些词汇串在一起，只回答“爬山”，如果接着问“然后又干什么”时他会说“不知道”或者“没干什么”,医学上称这种情况为“内在语言不成熟”。

不能集中注意力的孩子，对自己不感兴趣的事情漠不关心。说到自己不关心的话题，他不想去回忆，也不会认真选择恰当词汇进行表达，只是习惯性地用“不知道”敷衍。

2. 性格内向，小心谨慎的孩子。

内向的孩子说话小心翼翼，给人的感觉常是犹犹豫豫。这样的孩子语言表达一般不太流利，执行语言的能力也不太成熟。

3. 忧郁或不安的孩子。

忧郁或不安的孩子,也会让家长感觉他执行语言的能力不是很强。

心灵处方——不要催促孩子，应该关心孩子。

因为不能全神贯注，想法不连贯的孩子——家长可以让孩子事先在脑子里描绘想说的内容。

不要催促孩子,让孩子在脑子里像放电影一样浮现每个镜头。“你昨天都做了些什么？按照时间的顺序，慢慢地回忆一下。”然后要求他用语言表达回忆起来的东西。这时的根本问题并不是语言，而是连续性的思考。如果思考时，耗费的时间较长，就不仅仅是语言不成熟的问题了，家长应就这种问题找专家商议。

因兴趣不够，孩子不投入精力——要告诉孩子不管喜欢还是讨厌，对符合自己年龄的重要问题都要表示关心。

谁都会对自己感兴趣的事情产生高度热情。但是人的一生中不能只做自己喜欢的事情。只要是感兴趣的话题，细微之处孩子也能说得十分清楚。但如果是不感兴趣的话题，干脆不想听或者只是粗略地说说而已，而且了解和表达的信息内容非常贫乏，所以有时会给别人没有诚意和不认真的感觉。

如果语言表达能力总是那么不成熟，也许别人会认为“他原来就那样”，也就不再追究什么。但是如果只对自己感兴趣的话题说得有滋有味，反之则敷衍了事，当然会引起他人的误会。所以，家长要告诉孩子，不管是喜欢还是讨厌，只要是那个年龄段的孩子必须知道的内容，就应该主动产生兴趣。如果孩子不听话、发牢骚，家长一定不要作出过激反应，而要有足够的耐心去不断鼓励孩子，最终让他顺利地度过那个阶段。

显然，这并不只是单纯的语言问题，如果这种现象持续时间太长，就应该找专家商议或治疗。

● 因性格内向，语言不成熟——支持和鼓励孩子说话。

实际上，这样的孩子不存在语言问题，只是性格过于谨小慎微，怕言语中出现错误，总是顾虑重重、犹犹豫豫，给他人语言不成熟的感觉而已。家长应该支持和鼓励孩子用语言表达自己的想法。

● 因忧郁和不安而令他人感觉语言不成熟——首先要改变孩子的忧郁和不安。

需要根本改变孩子的忧郁和不安，所以，需要接受专门的调养和治疗。

Case08

经常骂人或使用粗俗语言。

不妨这么做。

参照 PART03【攻击性】

请再告诉我！ Q&A

Q1 家长沉默寡言，对孩子有影响吗？

A 有影响。孩子过了周岁之后，家长应该不断地传递语言信息。比如孩子看到小狗受惊时，家长可以说：“哎呀，吓我一跳！”发现新奇的东西时，说出“哇”等感叹词，这样就能示范性地把看到的一幕和语言联系起来。如果家长过于沉默寡言，对孩子的语言刺激相对减少，就会使孩子的语言发育迟缓，甚至会给孩子的心理带来消极影响。

Q2 小时候语言发育迟缓的孩子，大了之后学习不好吗？

A 小的时候，如果话说得晚不光是语言领域，其他领域也会出现很多问题。不太会说，不太会读，都会让学习变得很吃力。而且因为不能很好地跟他人沟通，结交朋友也存在一定问题。说得没有想得好，自然而然牢骚就多，从而引发问题行为。在这一过程中，孩子会慢慢失去信心。

学习语言的最佳时期是 3 至 6 周岁。如果语言上有障碍，家长就不要错过这个时期，因为过了 6 周岁以后这种障碍就很难治愈。

Q3 打算再生一个，这个孩子的语言也会有问题吗？

A 如同相貌继承父母的特点一样，说话晚的孩子也可能是继承了家长的遗传基因，所以再生一个孩子也不能排除说话晚的可能性。但有些特性并不受遗传的影响，它跟家长的抚养方式和所处的生活环境有紧密联系，所以就算有说话普遍晚的家族史，也没必要顾虑得太多。说话晚会引发很多问题，所以应该接受专家的帮助，探索有效促进语言发育的方法。如果存在家长话语过少、家庭内部不和或者忧郁症等问题，那么上述问题没得到解决的情况下，即使再生一个，孩子也要经历语言发育方面的考验和磨难。

Q4 什么情况需要上医院呢？

A 对照不同年龄的语言发育指标，如果晚 6 至 12 个月，就应该到医院接受专家诊断，找一找原因和对策。

COOL!

PART 24

贪心

妈妈的来信

院长：

您好！我有一个正在上幼儿园的儿子。这孩子贪得无厌，又特别自私，就知道自己。吃饭时他喜欢的菜不允许其他任何人吃一口，平时不理不睬的玩具也不允许别人摸一下。虽然总是训斥孩子，但感觉情况越来越严重，连孩子的爸爸也控制不了。有时孩子犯起倔来会用脑袋去撞墙，一哭起来也是没完没了。在幼儿园有几次就是因为贪婪自私而哭闹和耍倔。眼看就要上小学了，这样的状态能行吗？真是有点担心。

回信

最近有很多家长围绕着孩子的贪心问题和笔者进行商谈。其实，贪心是人的一种占有欲，也是人的一种本性。

在以农耕为主的原始社会，人们为了收获够吃够喝的粮食付出了很多劳动力。人与人之间也需要分享、谦让与合作，他们知道如果不这样将会很难生存下去。在那个年代，人们能自然地具备分享和谦让的美德。随着社会进入高速而发达的信息时代，有关共享和谦让的美德被慢慢地稀释，继而出现贪婪自私等问题，而且越来越严重。

孩子还没有经历那种只有分享才会产生更大利益的事情。他们只掌握了一个“真理”——追求眼前的利益和通过耍赖获得所需物品。其实大人也一样，关系不密切的情况下很难做出谦让举动。

只靠训斥和强调孩子不要太贪心没有任何效果。家长应设法让孩子体会到谦让时候的满足感与惬意感，只有切实体会和经历过施与时的快乐感，才会主动给予他人。

教会孩子消解敌对情绪，告诉他分享才能更快乐的道理，在这方面家长首先应该以身作则。孩子的情感经常发生变化，所以要是家长能掌握更多的对策，对孩子也有一定帮助。

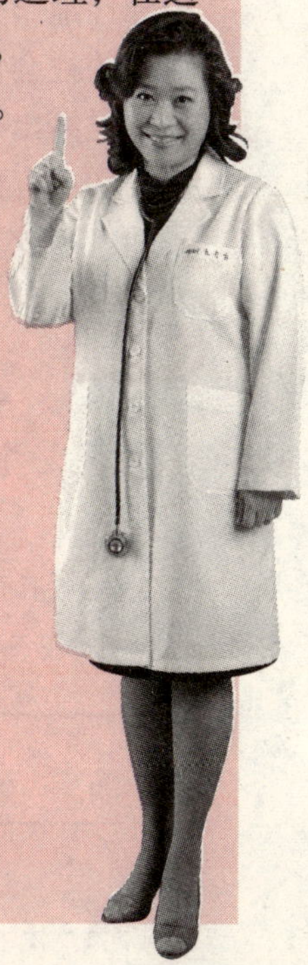

贪得无厌，不知道谦让的孩子

需要家长积极介入。

贪心是以自我为中心的思考方式，3周岁以后的很多孩子知道选择性地结交朋友，有意识地跟同龄人接触，这一时期意味着人本能中的社会性开始萌发。因为孩子还没有从以自我为中心的思考方式中脱离出来，总认为对方的想法跟自己一样，包括对自己物品的执拗和占有欲望也完全出自以自我为中心的思考模式。仔细观察孩子的占有欲之前，看一看家长对这个问题的想法吧。

事例 **妹妹到我家做客，侄女要玩孩子的玩具。我家孩子一把抢过玩具，坚决不给侄女玩，结果小姑娘哭得像个小泪人似的。**

记一记家长有可能对孩子说的话和采取的行动。

____

____

____

从下面的选项中选出和你的答案类似的选项。

1. 数到 5 之前，让孩子无条件地把玩具拿给侄女。
2. 出于招待客人的角度，从孩子的手中抢过玩具拿给侄女。
3. 训斥孩子："你怎么这么自私？"
4. 立刻介入到孩子们中间，给他们规定玩玩具的先后顺序，让他们按照顺序依次玩。
5. 从孩子手中抢过玩具，谁都不允许玩。
6. 跟孩子说："现在出现问题了，应该怎么解决这个问题呢？"然后默默地注视孩子们解决问题的过程。

我们来看一看每一个选项意味什么？

1. 数到 5 之前，让孩子无条件地把玩具拿给侄女。

孩子认为家长很不公平。一旦认为家长不公正，孩子就不想遵从家长的指示。

2. 出于招待客人的角度，从孩子的手中抢过玩具拿给侄女。

属于强制性的家长，这样的父母考虑的不是孩子立场，而是自己的立场。所以哪怕运用强制性手段，也想按自己的意图办事。

3. 训斥孩子："你怎么这么自私？"

属于胡乱评价孩子的家长。这样的批评听得多了，也许孩子在实际生活中真的会往那个方向发展。

4. 立刻介入到孩子们中间，给他们规定玩玩具的先后顺序，让他们按照顺序依次玩。

为了尽快解决问题，家长单方面地指示孩子。看起来问题很快得到了解决，但是如果家长总是采取以上的措施，就很难培养孩子自行解决问题的能力。

5. 从孩子手中抢过玩具，谁都不允许玩。

家长认为处理得很公平，但就像选项 4 一样，剥夺了孩子解决问题的机会。虽然封锁了发生问题的源泉，但只解决了眼前问题，因为没有给孩子解决问题的机会，孩子只能成为懦弱的、依赖性极强的人。

6. 跟孩子说："现在出现问题了，应该怎么解决这个问题呢？"然后默默地注视孩子们解决问题的过程。

正确的做法。

怎样合理地教授有关分享的问题？

孩子贪心，不允许别人摸自己的玩具，这是因为孩子还没有从以自我为中心的思考方式中脱离出来。他会认为自己喜欢的对方也喜欢，自己珍爱的对方也珍爱，所以摸都不让摸。其实在我们的周围常见4至5岁的孩子，手里紧握着玩具，当其他小朋友伸手去摸时，这个孩子碰都不让碰。

孩子近乎苛刻地对待来串门的小朋友，不允许他玩玩具时，家长可能很慌张，也可能很过意不去，甚至有时会训斥孩子，或强行抢过玩具给小朋友玩。这样一来，孩子会歇斯底里地哭泣，结果在场的很多人都会觉得尴尬。

仔细想一想，这都是因为家长过于侧重孩子教育，总想着怎样才能把孩子培养得更优秀，为了优秀又应该怎样调教等等原因。作为家长，应该正确培养孩子，这也是家长应尽的责任和义务。但是如果家长能以身作则，让孩子跟着家长学习效果会更好。

现在的孩子通过各种媒体经常接触到很多有关公平、公正、平等的信息，孩子自己也会认为这些都是很重要的东西。孩子不能和小朋友共享玩具、分享食物或共同支配某一种东西时，如果家长喊："你怎么这么自私！就知道自己！"恰恰会引起孩子强烈的反感，因为孩子会认为家长这种粗暴的训斥和指示极其专制和狭隘。

如果家长想让孩子学会分享，与其大声训斥孩子不懂得共享、贪得无厌、自私透顶，还不如告诉孩子友情和互助互爱的重要性与价值。当然，这种教育说起来容易做起来难，面对任性、执拗、哭哭啼啼的孩子，家长要是说起友情和分享的意义，他们可能既听不懂，也不想听。所以家长心平气和地说："你们一起按照顺序玩吧。"也是一种不错的过渡性措施。

家长应该怎么做？

家长不要强求孩子。

不能因为孩子独占玩具，就抢过来给其他孩子，或者摆出家长的权威大声命令孩子。家长可以反过来想一想，此时孩子的心情会怎样？也许会产生强烈的背叛感、污蔑感、愤怒和抵触等消极情绪。

想象这样的一个画面，就不难理解——孩子的爸爸在公司上班时，公司的老板走过来，一手抢过孩子爸爸的手提电脑给旁边的同事。这样的情况下，孩子的爸爸可能理解为“老板可能是让我和其他同事共同使用手提电脑”吗？给孩子施加压力或强迫孩子做某件事情，其实没有丝毫帮助。如果真的想让孩子知道和他人分享的重要性，就不要强求、威逼孩子，给孩子创造学习分享价值的机会，在日常生活中让孩子多经历几次这样的事情。

让孩子们自行解决。

让我们把东西谦让给我们不太喜欢的人，即便是大人也不会心甘情愿，孩子也是一样的。如果是平时相处得亲近的孩子，刚开始可能会任性，但是如果家长在旁边好好解释，孩子也能和他玩得很高兴。如果孩子固执到底，不愿分享，有可能那是孩子平时最喜欢的或者最珍爱的东西，这时父母可以向那个小朋友说明情况，并给他拿其他玩具。这样孩子就会产生被尊重的感觉，不知不觉大方起来。

有时孩子对别的小朋友都很谦让，但唯独对一个小朋友苛刻。这可能是他俩的关系并不亲近，也可能是竞争对手，还有可能是孩子上那个小朋友家时，他的表现跟现在孩子的表现一样。如果想教给孩子分享或和谐相处的原则，就应该密切观察孩子们之间的反应，了解他们之间的关系。

教孩子胸怀宽阔，宽以待人。

兄弟姐妹之间争抢玩具时，家长不要因为嫌吵闹就马上进行干涉。这样孩子就会失去自行解决问题的机会，连思考的余地也没有。这样下去，孩子自然就很难做到胸怀宽阔，宽以待人。

除非孩子之间打起来，否则因争抢玩具闹矛盾时，家长不要轻易介入，而应该给孩子充分的解决时间。如果平时经常谈论这个话题，恰当地暗示宽以待人的重要性，孩子就能自然地理解和接受。

孩子很贪婪吗？测一测孩子的情绪。

测一测孩子的状态

√ 孩子身上有这样的倾向。

※ 查对孩子的症状，找到相应的页码。好妈妈的心灵处方恭候您的光临。

针对贪得无厌，不知道谦让的处方

Case01

把所有东西都说成是自己的。

孩子在成长过程中，首先学会的是有关自我的概念，然后才会试着了解周围。所以最先出现并完善的是以自我为中心的意识，然后经过指导才能产生对他人宽宏大量的胸怀。

孩子不让他人碰自己的玩具或争抢一个玩具，都是因为以自我为中心的意识已经在脑海里根深蒂固了。这样的现象经常发生在3周岁以上的孩子身上，他们已开始形成对自我的认识，社会性也慢慢地萌发起来。孩子正值成长时期，他的贪心和对自己东西的爱恋是极其正常的表现。如果家长理解这个时期孩子的特点，那么针对孩子紧握玩具不让他人玩的举动，就不会生气，反而会体谅孩子。

心灵处方——理解孩子以自我为中心的思考过程。

就算孩子把自己喜欢的物品，说成自己的东西，家长也不要计较。因为入学前的儿童实际上还没有真正形成自有或他有的概念，家长可以让孩子按自己的想法随便玩。只要玩一会儿失去兴趣，上述问题就不会引发大问题。

有的孩子明明知道不是自己的东西，硬要说成是自己的，这是因为孩子太喜欢那个东西了。如果这时家长对孩子说“不是你的拿出来”是不可以的。相反，如果家长说“你是想玩吧”，孩子就会认为家长非常了解他的心思，心理上也能放松下来。家长不妨先顺着孩子，再根据他的情绪慢慢地引导，最终让孩子学会如何正确解决问题。

Case02

紧握着自己玩具不和其他小朋友一起玩。

千万不要强制性地抢夺孩子手中的玩具。如果孩子紧握着玩具不放手时，家长硬性地抢夺，就会在孩子面前丧失教育的权威，更容易偏离教育的方针。

心灵处方——两个孩子抢夺玩具时，父母首先想到的不应该是怎么让他俩友好地分享玩具，而应该是以不伤害孩子的感情为目标介入其中。

孩子是很敏感的，如果家长让哥哥把玩具拿给弟弟，哥哥就会想："妈妈更爱弟弟。"如果孩子 A 因为想玩玩具而哭哭啼啼时，家长就让孩子 B 把玩具拿给 A，那么 B 就会受到伤害，对 A 产生愤怒之情。所以两个孩子互相争抢玩具时，家长应该站在不伤害孩子感情的立场上接近孩子，并经过慎重考虑拿出应对方法。

Case03

抢到朋友的玩具之后不还给对方。

如果孩子小不懂得分享玩具，那么即使家长说"你向小朋友道歉"，也是对牛弹琴，因为他根本不能接受或理解。

心灵处方——家长替孩子向小朋友道歉吧。

这时，家长对孩子的任何期待都没有效果，还不如家长直接向小朋友道歉。这样，对方孩子就会感觉自己受到了尊重，从而会谦让一步。孩子看到家长道歉的样子，也会产生对不住的感觉，从而学到如何关怀对方。说十句话还不如家长率先垂范、以身作则，家长要记牢，只有家长才能成为孩子最好的老师。

Case04

占有欲无止境。

想拿最好的，想拿最多的，这是人类共同的欲望。但有时孩子的占有欲过分强烈、贪得无厌，家长自然而然会担心。其实不要太担忧，因为孩子想得到物品的欲望本身没有任何问题，只是家长调节孩子的欲望方面存在问题。

心灵处方——不要轻易满足孩子所有的欲望。

家长要学会迟延一段时间之后再满足孩子欲望的方法。如果孩子想拥有某种东西时，如果不是很急需的，就往后推一推。然后给孩子充分的时间让他想一想，为什么需要那个东西，有没有更好的，那个东西是不是必须要买的等等。等孩子想好了，再找一个适当机会满足孩子的要求。比如遵守了和家长之间的约定，遵守了和其他小朋友之间的约定时，家长可以作为奖励或奖赏满足孩子的欲望。通过这样的获得过程孩子就会明白，拿到某一种东西都有正当的渠道和方法，如果想获得自己需要的物品，需要正确计划和诚信守约。

家长不能因为深爱孩子，不想让孩子沮丧、气馁，就满足孩子所有的欲望。因为孩子有时并不是真正需要那个东西，只是一种欲望而已。而人的占有欲是无止境的，当他拥有某一件东西时，高兴只是暂时的，继而他会产生再拥有一个的想法，从而他常常会感到心里空荡荡或空落落的。何况，假如是没有付出任何努力和期待就能轻易得来的东西，很快就会让他倒胃口，并弃之一旁。

如果孩子的欲望过于强烈，不能让家长轻易拒绝，那么不妨使用和孩子约定的方法。比如每次孩子表现好的时候，就奖励孩子几个小粘贴，等积攒一定数量之后，给他换一种喜爱的奖品，从而迟延时间，让孩子学会等待。

值得注意的是，如果家长出于让孩子学会节制的目的过分苛刻地对待孩子的欲望，也是不可以的。孩子学会节制之前，一想到家长不能容纳自己，不能接受自己的任何欲望，他的心灵就会受到伤害。所以需要家长具备适当的耐心和关心，对孩子必不可少的东西尽量满足，不需要的东西则要尽可能地节制。

Case05

贪吃。

孩子太贪吃，有时让家长很为难。特别是大家聚在一起吃饭的时候，如果孩子像饿了几天的人一样狼吞虎咽，家长会感觉很尴尬。

心灵处方——教孩子饮食礼节。

首先可以想一想以下几种理由。

是不是以吃多会发胖或晚上吃东西对健康不利等理由，制止过孩子吃东西；以对身体不利或不是有机蔬菜为理由控制孩子的饮食；兄弟姐妹太多，不抢就吃不到。如果孩子的问题属于其中的一项，那么孩子对食物自然是恋恋不舍，甚至寄予殷切期盼。当然，限制孩子吃不利于身体健康的食品是正确的做法。但是如果过分讲究，只允许吃有机的、绿色的食品，虽然好的营养是摄取到了，但是孩子的情绪却会出现问题，所以家长有必要想一想“尺有所短，寸有所长”“凡事有一弊必有一利”的问题。

有的孩子确实很贪吃，已经吃得直打饱嗝，还占着那么多的食物不允许他人动筷子。家长首先要教孩子饮食礼节，告诉他食物对人的生存起着非常重要的作用，在一桌吃饭的时候，应该和他人一起分享食物；如果吃得过多，对身体没有任何好处等等。不要忘了告诉孩子，其乐融融地和他人一起分享食物，也能得到精神上的愉悦，而这种愉悦绝不亚于吃饱时的快感。

Case06

看到他人摸或者玩自己的玩具就哭闹。

孩子到了7岁之后，能站在对方的立场想问题。所以想独占玩具、画报或食物的问题就自然而然地消失了。但是3周岁到5周岁左右的孩子还没有形成正确的概念，考虑问题都是以自我为中心的，所以面临有关分享的问题时表现得非常贪心。

心灵处方——教孩子懂得共享。

3 周岁到 5 周岁的孩子，不允许其他孩子摸自己的玩具不是自私的表现，而是那个时期孩子身上出现的正常举动。和他人共享某件东西的理念不是孩子天生就懂的，这要通过几年的时间，经过家长的培训和引导才能学会。不懂得分享的孩子常常为了一个玩具与其他孩子争得面红耳赤的现象，在我们周围随处可见。看到这样的一幕，作为家长绝不能听之任之。因为我们清楚分享并不是自然地就能学会的理念，家长应该不断地教孩子懂得分享的道理。首先家长要以身作则，然后给孩子创造体验分享快乐的机会。

家长可以这么做：

1. 给孩子吃一口家长喜欢的食物，或者给孩子帮妈妈做面包的机会。家长可以这么说："这是妈妈非常喜欢吃的面包，我想和你一起吃,你想吃一口吗？"然后把面包分给孩子吃。教会孩子懂得分享，说一百句教育的话，不如妈妈拿出一次实际行动有效果。

2. 如果孩子跟小朋友体验过一次分享，家长就要不遗余力地表扬孩子。

3. 这样的过程应该是循序渐进的。孩子受到家长的表扬之后，一般都会感到高兴。为了让妈妈再次高兴，他还会做出分享的行为。在反复持续的过程中，孩子自然而然就学会了分享。

4. 如果孩子特别珍惜某种玩具，可以在其他小朋友到来之前，先把玩具藏起来。因为其他小朋友来了之后，孩子明摆着不可能跟他们共享，如果不藏起来反而会闹得不可开交。所以，事先应该让孩子答应妈妈，其他玩具一定要跟小朋友们共享，玩的时候不得生气，也不得耍赖。

Case07

不管做什么事，都想自己先做。

以自我为中心的孩子，常认为他人知道自己的所思所想，所以总觉得对方应该满足自己。孩子产生想做或想玩的念头时，认为对方已经了解了他的想法，所以从来不去想别人也有和他一样的想法。

对方不能满足自己的欲望时，孩子自然会感到气愤，接受不了就会产生一种失败感。

有时孩子想拿玩具做自己感兴趣的事情，当受到某种特定原因的妨碍，比如孩子还没有搭完一个积木房子，规定的游戏时间过了，家长让他马上给其他小朋友玩时，他就会觉得心里不是滋味，当然也就不会心甘情愿。为了再次独占玩具，他会跟对方打起来。

想做自己感兴趣的事情，对孩子具有重要意义，同时也是重要的过程。但是一听到家长宣布时间已到，要求把玩具让给其他孩子时，就会感觉家长干涉自己、妨碍自己，认为家长不理解自己，甚至认为家长一点都不在乎自己辛辛苦苦搭建的建筑物，却更重视其他小朋友。

过分强调顺序和时间的家长，经常会让孩子经历还没有玩够就要求他让给其他小朋友的事情。如果类似情形经常反复，孩子就会想，反正玩也不能尽兴，还不如不玩，这样的结果当然不是积极的。

心灵处方——不要过分要求孩子按照指定顺序做事。

和小朋友一起玩耍时，有时互相争抢一个玩具，所以感到头疼的家长就喜欢给他们规定顺序，让他们按照顺序玩。按照顺序做事是教孩子懂得分享和谦让的最基本的方法，顺利实施这些事项，可以让孩子形成时间概念。因为3周岁以下的孩子，没有形成时间概念，如果强行规定他们按顺序做游戏，也不是一种稳妥而有效的办法。就算再大一点的孩子，在他们还没有充分理解顺序、时间等概念的基础上强行规定顺序，强迫孩子按顺序做事，也没有丝毫益处。

孩子怀着兴奋和惊奇的心情玩某一个玩具时，家长还不如让他痛痛快快地玩个够，充分感受满足感。孩子觉得电梯好玩时，可以允许他反复体验。通过体验产生了满足感，孩子就会明白有些东西需要他控制和调节，他自己也可以做到控制和调节。这样以后和其他小朋友玩时，会更容易接受顺序。

在只能遵守顺序的公共场所，可以先给孩子拿替代品，那么等待的时间就不会显得漫长。之后家长要告诉孩子，一会儿就轮到你了，不要太着急，要耐心地等待。这样一来孩子就会明白，只要等一会儿，自己就可以痛痛快快地享受玩具了。经过这样的过程以后，和其他小朋友一起玩的时候，他会更容易接受谦让这一理念。

Case08

从来不知道谦让弟弟。

谦让和分享主要考虑三个因素：

第一，有些东西或玩具令孩子着迷；

第二，分给其他人的行为；

第三，还回去的行为。

当然饼干和糖块是不能再返回来的。能不能成功学会谦让和分享，也关系到几个因素：

第一，看孩子是否处于能接受谦让或分享等概念的发育阶段；

第二，玩具、食物和其他物品的供给量是否充足；

第三，家长的应对方式。

● 根据发育阶段。

孩子给家长拿某种东西，而家长又返还给孩子，那一刻可以说是孩子学会谦让和分享的开始。我们来看一看和这些有关联的孩子的发育阶段。

孩子学会分享和谦让是从婴儿时期开始的，18 ~ 24 个月的婴儿开始对自己和他人感兴趣，到了 4 ~ 5 岁就能明白他人希望什么，需要什么，7 岁左右开始慢慢形成拥有的概念，体会到自行控制是何种感觉，也能更慷慨地把自己的东西借给他人。比起男孩子，女孩子更愿意把东西借给小朋友。

● 根据玩具、食物或其他物品的供给量。

玩具、食物或其他物品的数量十分充足时，孩子更愿意和他人分享。如果孩子不愿意把东西分给弟弟，那么家长不妨想一想是不是东西太少了。

● 根据家长的应对方式。

家长要帮助孩子学会分享。面临必须要分享的境况时，孩子会明白，别人也有需要的东西和希望得到的东西，从而学会尊重他人。哥哥不想让给弟弟时，家长不妨想一想自己平时是否更偏爱弟弟，孩子认为家长对他不公平，当然会敏感地对待弟弟的要求。所以此时若是家长武断地训斥孩子：“你这孩子怎么能这样？”“你怎么这么自私？”这显然对问题的解决没有任何帮助。

心灵处方——不要强求孩子谦让和分享。

1. 不要强求大孩子谦让弟弟。

小孩子愿意学大孩子：大孩子玩球，他也想玩球；大孩子看书，自己也想看；大孩子画画，自己也想画；大孩子想玩某个玩具时，也和大孩子一样，想玩那个玩具（不是争夺那个玩具）。总之，大孩子想做什么，他也想做什么；大孩子想玩什么，他也想玩什么。如果这时强求大孩子谦让小孩子，大孩子就会受到伤害。最公平的方法是根据顺序和时间一起分享玩具。虽然谦让和宽容很重要，但是尊重大孩子的空间和心情也很重要。

2. 不要火上浇油。

弟弟想拿姐姐的彩笔，但姐姐不想和弟弟共同使用。这时，家长出面规定使用顺序。难道让他们按顺序使用，就一定是正确做法吗？不一定。家长盲目介入，有时会放大姐弟之间的矛盾，使问题变得更严重。

3. 掌握兄弟姐妹之间的心理矛盾和对立的根源，仔细观察他们之间的情绪变化，对问题的解决会有一定帮助。

孩子对其他小朋友慷慨大方，唯独对自己的兄弟姐妹十分苛刻时，很可能是因为孩子有自己的想法。“上次他没借给我彩笔，我为什么要给他分糖和他一起吃？连门都没有！”弟弟的某种做法也许让他心存过愤怒，或者给他留下解不开的疙瘩。这时，当然不会轻易地让给弟弟。

如果想改善孩子的这种行为，就应该掌握孩子的心态。平时家长应该让孩子明白，某些东西一个人拥有不如大家一起共享，这对大家都有好处。比如，“你姐姐上幼儿园时把你喜欢的小猫书包借给你了，你背着真漂亮！”家长的这一句话，有时能解决很多问题。

Case09

互相争抢应该共享的玩具。

因为孩子小，他们并不懂得把玩具和某种东西拿出来和他人一起分享。越是这样，越需要家长进行这方面的教育。2 ~ 3 岁的孩子刚刚懂得自己是从妈妈那里分离出来的独立体，刚刚明白自己有占有玩具和某种物品的权利。这一时期的孩子会频繁地说“这是我的东西”，也是基于上述原因。

如果想把孩子培养成懂得分享的人，那么首先应该让他对分享有一个正确了解。比如自己的东西可以借给别人，但也要在借期到了之后才能主动要回。掌握这些道理需要很长时间，有的孩子到入小学的年龄，才能学会。三周岁的孩子中，大约 50% 的孩子能做到暂时的分享。

因为大部分孩子都是以自我为中心的，所以很难理解他人的感情。他们认为自己喜欢汽车，所有的人就应该知道他喜欢汽车，却不理解别人也会喜欢汽车。所以假如家长强行要求孩子把汽车让给其他人时，孩子会觉得非常为难，十分不情愿。

在孩子还没有做好分享的心理准备之前，家长不要强求孩子。如果没有形成拥有的概念，也就没有形成分享的概念。也就是说，只有孩子充分理解了拥有的概念之后，才能做到与他人分享。为了让孩子明确拥有的概念，家长可以让他在自己的东西上面写上自己的名字，让他明白这个东西是谁的，谁有权利支配。但是要记得告诉孩子，这个东西可以借给他人，借完之后，他有权利要回来等等。

心灵处方——明确物品的所有权，并给孩子管理的权利。

1. 不要把一切问题和冲突都看做是孩子的错误，应该找一找问题的解决方法。

如果两个孩子为了一个玩具打架而找不到合适的解决方法时，家长应该告诉孩子，他们两个人都有责任，并让他们想一想问题的解决方法。

家长可以引导孩子使用以下两种方法：

第一种方法，让孩子认识到问题。家长可以这么说：“我知道现在出现问题了。问题的焦点在于你俩都想玩一个玩具，但两个人不能同时玩一个玩具，这个问题该怎么解决呢？”然后关注孩子怎么解决这个问题。

第二种方法，给孩子提供几个方案，让他们自行选择。

2. 有时家长没必要介入矛盾中，静静观察就可以。

孩子们为了同一个玩具打架时，家长一定要控制自己不要介入到其中。因为家长介入后，避免不了一个赢一个输的结果。如果孩子们打得不可开交就属于例外了，否则就要学会观望。

孩子们争抢玩具时，家长也可以转移他们的注意力，让他们忘记玩具的事情，也能起一定作用。

请再告诉我！ Q&A

Q1 经管不好自己的物品，就算小朋友抢走也无动于衷。哪怕跟对方打起来，也得让孩子把玩具抢过来吗？还是家长出面抢过来呢？

A 这时很多家长都会觉得尴尬，出面要回来感觉不好意思，可是看到谨慎、懦弱的孩子表现出来的委屈样子，不知不觉中又生气伤心。所以有些忍无可忍的家长强行介入：“对不起，那是我家孩子玩的玩具，能不能还给他？”

其实家长有必要想一想：这么做到底是为了谁，是出于家长的角度，还是出于孩子的立场？不是小朋友抢走玩具，所有孩子都会生气和伤心，因为好多孩子对此根本没什么想法。只是家长受不了才在不经意间介入进去，这都是因为家长误认为自己的想法就是孩子的想法。

实际上，不能控制自己的感情和冲动的家长身上，没有孩子可以学习的东西。很多情况恰恰是过了一段时间，就算家长不要求，孩子也能经管好自己的物品。

不管遇到什么情况，家长绝对不要代替孩子介入到事件里面，因为这么做对自己和孩子都没有什么好处。

Q2 孩子太贪心，真担心他处理不好和小朋友之间的关系。

A 孩子太吝惜自己的东西或者太贪心，别的小朋友肯定会不怎么喜欢他。如果家长老是对孩子说“你这么做，谁也不喜欢”，也是不恰当的。家长最好给孩子提供几种可以实践的方法，比如告诉孩子掌握维护自己物品的权利；让孩子学会经管物品的方法；教给孩子谦让和分享的重要性等等。随着年龄的增长，随着家长的正确引导，以上的问题都能得到慢慢解决。

HAPPY TRIP!

PART 25

自信心

妈妈的来信

院长：

您好！我有两个孩子。大孩子是女孩，现在上小学四年级；小孩子是男孩，现在上幼儿园。我家大孩子在家表现得很好，但好像不太适应学校生活，不能很好地跟同学相处。孩子也因此表现得很伤心。我曾问过几次，但孩子不愿意说，有时还向我大发牢骚。

为了帮助孩子找到几个朋友，孩子过生日那天我就让女儿邀请几个同学到家里做客，但是很不巧，那天正好是班长的生日，结果一个同学都没来。备感失望的我不知道该怎么劝慰孩子。等后来问孩子到底是怎么回事，孩子说，刚要开口告诉同学们的时候，班长却先邀请了他们，于是自己就没再说。我家孩子很善良、很听话，也不是那种会给他人带来伤害的孩子，但是一想到她融入不到同学中间，没有什么人气，作为家长很伤心。

我问过班主任老师，老师说，虽然孩子沉默寡言，不积极发言，但是和同学们相处得还算可以。然而在我看来，情况并非像老师说的那么简单。有没有让孩子变得更活泼、更充满自信的方法呢？

回信

我家孩子的年龄跟你家孩子相仿，我可以理解你的心情。其实家长有必要想一想，如果家长总认为孩子没有自信心，总感觉孩子欠缺什么或不如他人，这种急切心理也许真的会导致孩子变得更加不自信。

不自信的孩子具有害怕失败、怕遇到新状况的性情。如果家长强制性地要求孩子碰撞结果而让孩子遭受失败，又不及时地激励孩子，反而讽刺挖苦孩子，那么这种做法是最愚不可及的。

虽然是小孩子，但毕竟也是独立的人格体，他也会受到伤害和挫折。也许对家长来说那是不足挂齿的小事情，但对孩子来说，他会认为那是固若金汤、坚不可摧的事情。

树立孩子自信心的第一步应该是从表扬、呵护孩子开始。不要忘了，建立同学之间的友好关系，都始于家庭内部的互相关心和呵护。懂得关心对方、尊重对方的人才能得到对方的尊重，这是不争的法则。

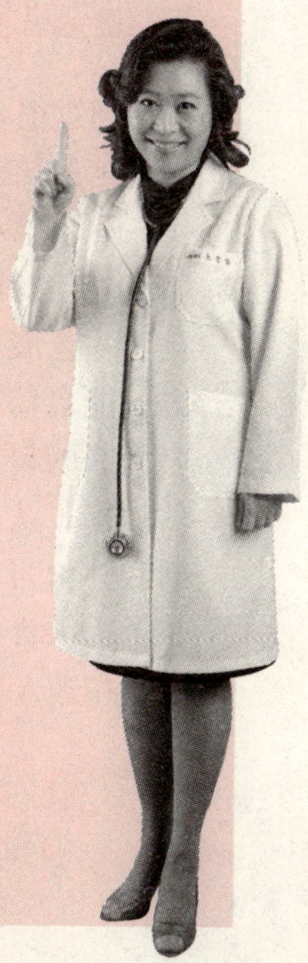

没有自信心的孩子

怎样才能培养充满自信的孩子？

问过很多家长，想把孩子培养成什么样的人。最多的回答是“充满自信的孩子”。很多家长都希望孩子自信，并且家长本身也坚信不疑——自信心是把人生引向成功的重要因素。那么孩子的自信心是怎么产生的呢？考试得了 100 分就能自信？跑步得了第一名就能自信？才艺展示活动中拿了一等奖就能自信？和朋友的打架中赢了对方就能自信？诚然，这些对孩子产生自信心有一定的重要作用，但自信心的树立更多来自表扬。而比起他人的表扬，儿童更在乎家长的表扬、认可、支持和激励。孩子一般都是以家长的经验为基础判断和评价自身的价值与能力，所以这些在培养孩子的自信心方面给孩子提供着更加充分的养料。

在进入本章之前，看一看以下状况。

事例 **姐姐和弟弟一起学小提琴，有一天晚上让他俩在家长面前表演，弟弟表演得很好，而姐姐却摇着头拒绝表演。**

记一记家长有可能对孩子说的话和采取的行动。

____

____

____

从下面的选项中选出和自己的想法相似的选项。

1. “傻乎乎地发什么愣？你怎么能这样？”
2. “别看弟弟比你小，比你强一百倍。”
3. “花了那么多的钱让你学，才学到这个程度？你要是学不好，干脆拉倒吧！”
4. 虽然嘴上不说什么，但是唉声叹气，做出失望的表情。
5. “你要是给爸爸妈妈表演一曲，我们得多幸福啊。等以后准备好了，再拉给我们听好吗？”
6. “你就是态度有问题。其实我们已经听老师说了，你拉得很好，但是你不想拉就属于态度问题。”

来看一看这些做法是否正确吧！

1.“傻乎乎地发什么愣？你怎么能这样？”

属于当面指责孩子并漠视孩子能力的家长。家长看到孩子的不足点时会受到很大刺激，所以在没有调节好自己情绪的前提下说出粗俗或蛮横的话语。因为家长拥有一颗珍爱孩子的心，所以说完之后会想：“我对他好，以后他会忘掉这些的。”“我也是太生气了，孩子能理解吧。”有时家长的一句话，能左右孩子的一生。

听到这样粗鲁而蛮横的指责，孩子会怎么想？当孩子从家长那里听到“傻乎乎”这样的字眼时，也许会比朋友对他说这些话时难过千倍、万倍，他的自尊心会受到严重伤害——也许这种伤害永远痊愈不了。

受到过这种伤害的孩子成为大人之后，依然会缺乏自信心。他认为自己永远得不到他人的爱，就算做得再好别人也不会认可自己，反而会取笑自己。

这是多么可悲的一件事情啊！如果家长已经对孩子说过这样的话，就应该立刻道歉，坦白告诉孩子自己的真实感受。比如，对孩子说:“爸爸妈妈跟你那么说是不对的，能原谅我吗？其实我不是说你真傻，以前我小的时候也得不到姥爷的认可，经常被他说成傻瓜，那时，妈妈也很伤心。当时看到你的样子，我生我自己的气，生姥爷的气。”向孩子道歉之后再抱一抱孩子，这才是家长挽回失误的唯一方法。

2.“别看弟弟比你小，比你强一百倍。”

不断进行比较的家长。“人比人，气死人。”家长要知道，比较是多么不好的事情。家长认为通过比较能给孩子一定刺激，这种刺激一定能让孩子更加奋发向上。但事实上，比较往往会给人带来伤害，失去认真对待问题的力量。多表扬孩子的优点，少拿孩子跟别人比较，放大孩子缺点吧。

3.“花了那么多的钱让你学，才学到这个程度？你要是学不好，干脆拉倒吧！”

认为结果比过程更重要。其实，作为家长，首先应该认可孩子坚持下来的毅力，因为孩子没能演奏就一概否定孩子的努力，这对孩子很不公平。这样的孩子不管以后做什么事情，都会失去自信心，失去兴趣。孩子做不好某件事情时，家长应该闭口不谈投入的钱和费用，否则孩子会认为家长把自身的价值和钱进行比较，从而受到伤害。

4.虽然嘴上不说什么，但是唉声叹气，做出失望的表情。

也许家长自鸣得意，自己没有让孩子受到伤害，没有让孩子变得畏缩。家长直来直去的说话方式很容易让孩子受到伤害，而且家长的表情和眼神有时也会给孩子带来难以磨灭的影响。虽然没用语言表达出来，但是看到家长失望的表情，孩子就会明白家长不喜欢自己。所以在孩子的成长过程中，家长要控制好自己的眼神和表情，让孩子少受不必要的影响。

5.“你要是给爸爸妈妈表演一曲，我们得多幸福啊。等以后准备好了，再拉给我们听好吗？”

属于明智的家长。家长学会了和孩子进行有效沟通的方法并在生活中实践，成为孩子最喜欢的家长。

6.“你就是态度有问题。其实我们已经听老师说了，你拉得很好，但是你不想拉就属于态度问题。”

自认为优秀的家长，因为他觉得自己已经一语道破了孩子不成熟的一面和存在的问题。家长不能动不动就表扬孩子优秀。指出孩子的不足并帮助孩子改正，才是作为家长应承担的责任。指出孩子的弱点、不足或需要改正的一面，这才能表明家长的出发点是出于对孩子的深深爱意。

只有这样，家长才能冷静地批评孩子或指出孩子的不足，孩子也才能虚心接受。如果家长没有爱心，只是出于理性冷冰冰地指出孩子的不足，孩子会认为家长和学校老师没有本质区别，感觉不到家庭的温暖。我们应当换个角度考虑问题。每当孩子身心疲惫、心力交瘁的时候，他多么想依偎在家长宽广的肩膀。但是一想到家长看到自己弱不禁风或者不争气的样子，严厉批评自己的可能性，就会极力掩饰自己的内心世界。

在日常生活中，我们会遇到很多问题。针对问题，我们可以各抒己见，畅所欲言，但是意见不对，我们也要受到批评。如果像上述例子对待孩子，那么就算孩子长大了，也极易变成承受不住任何风吹草动，委靡不振或对向自己提出意见的人斤斤计较，结果最终会成为不适应社会生活的人。

自信心和自尊心是一样的吗？

如果自信心是对自己的一种信任，那么自尊心就是对自我情感和信任的集合体。比如有一个孩子数学学得特别好，经常在考试中得 100 分。每当他跟弟弟打架时，家长总训斥他：“当哥哥的怎么能这样？”那么，虽然这个孩子对数学的自信心很高，但自尊心可能会很低落。

其实，比起自信心，尊重自己、认为自己有价值的自尊心更为重要。虽然在日常生活中“自信心”的使用频率高，但在这里我要说一说“自尊心”。

自尊心其实等于给自己下一个“我是这样的人”的定义。自尊心能影响人生活下去的动机，能影响个人的某些心态、态度、行为和情感等。

自尊心是什么时候形成的？

在孩子蹒跚学步的时候，就已经开始形成自尊心。从屋子的这头走到那头，孩子能感受到成功的喜悦和成就感，自尊心也能得到慢慢地提升。每一个成长阶段经历的小小的成功和由此产生的成就感会不断地增强孩子的自信心。想做某一件事情，然后经历失败，失败之后，再重新崛起，在这样的反复过程中，孩子对自己的能力也有了一种新的看法。

自尊心又是对自我能力的想法和受他人爱戴的情感的复合体。虽然解决问题的能力很强，事情做得也很成功，但是感觉得不到爱的孩子，他们的自尊心是很低落的。同样，虽然感受到了爱，但对自己的能力没有信心的孩子，其自尊心也低落。个人能力固然重要，但自尊心主要通过和周围人之间的相互作用形成。所以形成自尊心的过程中，家长的作用至关重要，甚至可以说是重中之重。

Tips

自尊心强的孩子 VS 自尊心弱的孩子

自尊心强的孩子	自尊心弱的孩子
不惧怕各种各样的挑战，勇敢向前。	对外部挑战感到不安，极易受到伤害。
现实、乐观，能解决好各种矛盾，知道享受人生。	出现矛盾的时候，很难找到问题的解决方法，被动、容易畏缩、忧郁。
喜欢人与人之间的相互作用，想归属于社会。	不希望面临新的挑战和变化，经常说贬低和贬损自己的消极语言。
需要自己独立完成的事情，完成得很出色；需要和他人协作的事情，也做得特别好。	不堪忍受失败和挫折，经常中途放弃。稍微有点承受不住，就把责任转嫁于他人。
事情不顺利时，不会轻视、贬低自己，也不轻易向他人吐露对状况的不满。他从不说："我真是傻瓜。""我这人真是无可救药。"反而说："这种情况很难理解。""为什么会这样，我真不明白？"	经常失望和贬低自己："我是大傻瓜。""我可能做不出来。""谁都不喜欢我，都讨厌我。"
对自己的优点和缺点了如指掌。	悲观失望，特别是别人说自己的不足时，变得过于敏感，甚至接受不了。
就算失败，也不灰心丧气，试图重新挑战。	一经失败，就不想再挑战，把一次失败当做永远的结果
家长深爱孩子，认可孩子。	家长经常批评孩子。

不管做什么，做之前经常说不会吗？
做事如果不顺利，孩子会轻易放弃吗？

测一测孩子的状态

√ 孩子身上有这样的倾向。

Check01—— 经常把自己和别人进行比较，认为自己长得丑陋无比。➞ P669

Check02—— 在别人面前说话或发言时扭扭捏捏。➞ P670

Check03—— 和朋友相处时表现消极，处理不好关系。➞ P671

Check04—— 不管做什么事情，做之前经常说“我做不了，我不会做”。➞ P672

Check05—— 如果做事不顺利，就轻易放弃。➞ P673

※ 查对孩子的症状，找到相应的页码。好妈妈的心灵处方恭候您的光临。

针对自卑的处方

Case01

经常把自己和别人进行比较，认为自己长得丑陋无比。

每个人都有一定的自卑感,不是我言过其实。其实想活得更成功,应该不断地消解自卑感。如果这种自卑感根深蒂固，成为一种自卑情结，那么问题就严重了。

严重自卑感的形成有以下几种原因：

第一，最有代表性的源于家长的抚养态度。

家长不尊重孩子时（孩子说“妈妈，我今天情绪不好”时，家长说“小孩子懂什么情绪？让你做，做就是了”；家长让孩子跑腿时，不说谢谢或不好意思，想当然地命令孩子）；经常责难孩子（“你做什么能做得好呢”）；不认可孩子（孩子出色完成一件事情时不说“做得真棒”反而说“别的孩子也能做到这个程度”）；不表达家长的关心和爱，孩子的自尊感会更脆弱。

第二，身体上有缺陷、身体不舒服、患忧郁症等情绪上的困苦，让孩子备感自卑。

缺乏社会性，不善于结交朋友，家长或朋友拒绝亲近，都容易使小孩子产生自卑感。

家长过高的期待感能促发孩子产生自卑，因为孩子失败时，不知道怎样理解失败，怎样面对失败的问题。所以每做一件事，他总担心能否成功。

心灵处方——不要和他人进行比较。

很多家长认为，过分地疼爱孩子，会使孩子变得没有礼貌，所以爱孩子应该爱在心里，不应该表露在外。比起挂在嘴边的爱，深埋在内心深处的爱才是真爱，才更有价值。

家长对孩子表达爱的时候，不能只说挂在嘴边的话。因为孩子小，想法和感情的分化还不细腻，他们往往看不出家长深埋在心灵深处的爱。所以孩子越小，越需要家长向孩子表达自己的情感，也就是家长要把深埋在心底的爱表达出来。

当然，并非所有家长都这样，有些家长（爸爸居多）为了找到问题的核心，理性地、批判性地接近孩子。在公司干活需要这种做事方式，但是调教孩子方面，家长有必要重新考虑这种态度。对待孩子有时需要批判性视角，但是使用不当，反而对孩子不利。比如，发现孩子身上存在问题时，能帮助孩子的批判性提法是："为了进一步发展，让我们再想一想引发问题的不足点吧。爸爸认为这几个方面容易引发问题，你也充分考虑一下好吗？"而以下说法会给孩子带来伤害："这就是你的问题。你那么做，别人才会那么对你，事情才会闹得无可挽回。"对孩子构成伤害的批判性提法，不是内容或词汇的选择方面存在问题，而是不懂得抚慰孩子的冷冰冰的态度。

家长不要忘了，每一个孩子都是特别的存在，不能和其他孩子进行比较。有时家长的"你一定能做好""希望你做得好"等话语反而助长孩子的自卑感。也许家长反问："我是给孩子鼓劲，怎么能让他产生自卑感呢？"当家长说"下次你一定能做得好"时，如果没有十分把握，孩子担心给家长带来失望，干脆就不想做。所以，家长的要求太具体"一定要进前5名""平均分必须达到90以上"，孩子反而会变得没有自信。

孩子的成绩不理想，家长应好好察看学习的过程或考试过程，只有这么做才是"健康的批评"。相反，让孩子认为自己是傻帽儿、笨蛋，就不是积极的批评。孩子责难自己时，如果家长不及时引导、疏忽大意，孩子就认为家长的想法跟自己一样，所以家长应该重新评判，努力改变孩子的想法。

Case02

在别人面前说话或发言时扭扭捏捏。

孩子的成长过程中自尊心时强时弱。孩子自尊心强的时候，如果经历一次诗歌朗诵时因过分紧张忘了内容，在全校师生面前丢脸的事情，那么不管他以后做什么事情都会失去自信心。自尊心跟孩子实际经历与体验有密切联系。扭扭捏捏，不愿意在别人面前发言的孩子，其实就是害怕失误，害怕丢脸的表现。特别是小孩子不知道应对失误的方法，没有经历过那种难堪，就更不知所措了。

心灵处方——让孩子参与自己喜欢和感兴趣的活动。

平时让孩子多参与感兴趣的活动，并对孩子的能力给予鼓励。经常从家长那里受到激励的孩子，自信心会提高，更容易相信自己是一个有能力的人。孩子也会逐渐敢于在除了家长之外的其他人面前表现自己。

在家里展示孩子画的画、美术作品或者参与学校活动的照片等。虽然展示的东西不一定很美，但是孩子认为家长对自己做的事情给予了高度评价，从而增强了自信心。家长可以把那些东西贴在冰箱的门上或者家里某一个显眼的位置。值得注意的是，大扫除或搬家时，不能轻易扔掉那些东西，不得不扔掉的情况下，也尽量不要让孩子看见。否则孩子会认为自己做的东西没有任何价值，是微不足道的小事情。所以，家长尽量不要扔，把它们放在档案袋或抽屉里保管起来吧。展示的时候，一定要展示在一目了然、看得清楚的地方。如果孩子不愿意或不希望给别人看，就应该尊重孩子的意见。如果不理睬孩子的意见，不但不能培养孩子的自信心，还会让孩子感到羞耻。

Case03

和朋友相处时表现消极，处理不好关系。

不是所有的朋友都能很快相处到位。当然，一下子拉近彼此的关系，那当然是值得高兴的事情，但是感觉彼此陌生时就需要做出持续努力。如果遭到朋友拒绝，可以试着下次再相处或结交新朋友。

自尊心不强的孩子，结交朋友时只要失败过一次，就变得过分失望或者认为再努力也不会有什么结果。他们承受不了失败或挫折，也不会积极寻找对策。和朋友相处时，他们担心被朋友拒绝、朋友不理不睬、朋友不高兴等问题。所以总是扭扭捏捏，不愿意积极表现自己。

心灵处方——给孩子创造结交朋友和建立友谊的机会。

社会性对孩子形成健康的自尊起着非常重要的作用。跨过家庭这一围栏，学会和其他的大人、小朋友和谐相处，这是非常必要的。在和小朋友建立友谊的过程中，孩子能学到和他人和谐相处的方法。

不要在其他小朋友面前训斥孩子。就算犯了天大的错误，在别的小朋友面前训斥孩子，孩子会感到无地自容，是一种莫大羞耻。这样的经历，会影响孩子的自尊心。

明确地告诉孩子，应该懂得勇敢地向小朋友表达情感，那样会让小朋友的心情舒畅起来。当然，表达时不能带攻击性或带敌对情绪。除此之外还要告诉孩子，朋友关系是双方面的而不是单方面的，所以需要不断努力。

如果担心遭到拒绝而不敢亲近朋友，那么因为朋友不知道孩子的这份心意，俩人就会更难相处。家长应不停地告诉孩子不要担心失败，如果有想亲近的念头，应该表现得积极，那才是最好的方法。结交朋友的过程中经历失败并总结失败的经验也特别重要。通过失败孩子能迅速成长起来，也能得到深刻教训。

Case04

不管做什么事情，做之前经常说“我做不了，我不会做”。

重视结果的孩子，就算过程再完美，只要结果不好，也会气馁、失望，甚至会贬低自己努力的价值。做之前说“我做不了”的孩子也是一样的。这样的孩子总是顾虑重重：“结果不理想怎么办？”因为总担心不好的结果给自己带来消极评价，所以开始做之前，就先设定最不好的结果，以此给自己拦好安全网。他们总想让周边人赞不绝口：“你说你做不好，其实你做得多好啊？”

重视结果的孩子背后，大都有一个重视结果的家长。对于成人也许结果很重要，但对于处于成长期，需要学到很多东西，经历很多事情的孩子，过程中的努力比结果重要得多。

心灵处方——给孩子制定有望实现的目标。

帮助孩子制定目标，然后告诉孩子，需要付出努力的过程的重要性。成功固然重要，但走向成功和失败时所经历的过程也很重要。比如成功时，孩子能明白“原来这是好方法”；失败时，孩子也能明白“这么做是行不通的，下次得用别的方法”。

Case05

如果做事不顺利，就轻易放弃。

自卑感强烈的孩子，如果在做事过程中遇到问题，找不到解决的方法，很容易变得失望和灰心。因为害怕和忌讳面对自卑的自己，稍有失败的可能性，他们就索性不做或设定最坏的结果而给自己拦下安全网。

这种孩子的家长极可能具有完美主义倾向。所以孩子为了得到家长的认可，总想做得完美无缺，达到百分百的满意。即使做到九十九的程度，他们也认为零和九十九没什么区别。所以，做到八十的程度也极易放弃。但问题是孩子越想放弃，家长越施加压力。

经常得到家长认可的孩子，相信自己能坦然面对危险或失败。受到家长威逼的孩子，因为担心做不好而不敢做，最终惹怒家长。看到怒不可遏、火冒三丈的家长，孩子感到自尊心受到莫大伤害。如果这样的状态持续反复，到了青春期的孩子和家长之间的矛盾将会越来越大。

不管是直接经验还是间接经验，孩子对自己产生错误认识。比如：“因为我学习不好，他们不喜欢我。”“因为我个子矮，同学们轻视我，不跟我一起玩。”家长应该正确对待这样的孩子，拿出相应对策。仔细观察孩子，就能知道孩子有哪些错误认识。掌握孩子的错误心理后，家长应该给孩子创造改变错误认识的机会。

心灵处方——不要吝于表扬。

家长也有失误的时候，所以就算孩子失误也不要训斥孩子。家长应该以宽广的胸怀理解孩子，或给孩子讲述家长失误的事例，给孩子创造挽回失误的机会。当然，最好的方法是多表扬孩子。看到孩子积极的行为或孜孜不倦努力的劲头，家长应该大加赞赏。

表扬孩子的方法。

做出积极而正确的反馈。比如长跑比赛时，如果孩子跑在最后，家长不能说：“你真帅气，你长得最好。”而应该说：“虽然你跑得不快，但是看到你坚持到最后的样子，妈妈感觉无比骄傲。”

在孩子的成长过程中，家长的表扬就像肥料。再过度，也不会充溢。有时我跟家长说：“多表扬孩子吧。”但有些家长却说：“我睁大眼睛找，也找不到可表扬的地方。”表扬孩子，不是表扬惊天动地的大事或丰功伟绩，而是表扬平常事，哪怕是微不足道的琐碎的小事，也要及时表扬。其实，只要家长善于发现，孩子身上值得表扬的地方很多。比如，比平时提前5分钟做好上学准备，吃东西津津有味，个子像水黄瓜一样噌噌往上长，这些都可以作为表扬的话题。如果看到这样的事情，家长千万不要吝啬，应该给予慷慨的表扬。

其实，家长表扬孩子的重要意义在于不紧盯孩子的消极行为，善于发现积极一面。不仅要看结果，更应该重视过程中的努力。

Tips

表扬和激励孩子的话语：

做得真好、对、就是那个方法、终于做出来了、真了不起、优秀、做了好事了、目前为止做得最好、真好。

好多了、最佳、都做到这么好了、知道你能做出来、越来越好啊。

继续努力吧、继续努力会更好、你让我感到自豪、真的很努力啊。

请再告诉我！Q&A

Q1 自尊心影响同学关系吗？

A 结交同学时自尊心发挥很大作用。自尊心强的孩子能和他人建立积极关系，自尊心不强的孩子则很难和同学建立友情。

Q2 同学欺负孩子怎么办？

A 自尊心不强的孩子，因为不懂得尊重自己，往往得不到周围人的尊重。而自尊心强的孩子，受到他人折磨或不当的待遇时，越觉得自己应该反击对方。在反击的过程中他能找到更有效的、符合自己的方式。所以，不受同学欺负的前提是孩子首先学会尊重自己。

Q3 随着年龄的增长，自尊心不强的问题能得到改善吗？

A 随着年龄的增长，人的自尊心也会发生变化。小时候自尊心不强的孩子，长大之后也许会变得很强。自尊心不强的孩子在学业成就、对待自己、建立人际关系和创意性等方面受到很大影响。遭受这几个方面困扰的孩子，假如不付出努力，就算成为大人，问题也得不到解决，所以需要自己的努力和家长的帮助。自尊心太弱的孩子，轻易变得忧郁并产生不幸的感觉。

孩子与同学、兄弟关系反复出现问题，应该找儿科医生或专家商议并尽早接受治疗。孩子忧郁或不安、过度敏感、调节情感方面出现问题时，接受药物治疗有一定帮助。如果配合运用游戏治疗和美术治疗，也有利于增强孩子的自尊心。如果孩子在建立良好同学关系的能力方面表现欠佳，可以带他去接受增进社会性的教育。

图书在版编目（CIP）数据

好妈妈的心灵处方/（韩）吴恩瑛著；权美兰译
—哈尔滨：黑龙江教育出版社，2010.8
ISBN 978-7-5316-5579-4

Ⅰ．①好… Ⅱ．①吴… ②权… Ⅲ．①家庭教育—方法
Ⅳ．①G78

中国版本图书馆CIP数据核字（2010）第144451号

엄마표 마음처방전 © 2008 by Eun Young Oh, M.D., Ph.D.
All rights reserved
Translation rights arranged by JoongAng Books
through Shinwon Agency Co., Korea
Simplified Chinese Translation Copyright © 2010 by Heilongjiang Education Press

好妈妈的心灵处方
HAOMAMA DE XINLINGCHUFANG

作　　者　(韩国)吴恩瑛
译　　者　权美兰
选题策划　宋舒白
责任编辑　宋舒白　宋怡霏
装帧设计　Metis 灵动视线 TEL:010-85983452
责任校对　石　英
出版发行　黑龙江教育出版社（哈尔滨市南岗区花园街158号）
印　　刷　北京燕泰美术制版印刷有限责任公司
开　　本　710×1000毫米　1/16
印　　张　43.5
字　　数　660千
版　　次　2010年8月第1版
印　　次　2010年8月第1次印刷
书　　号　ISBN 978-7-5316-5579-4
定　　价　59.80元
版权登记　08-2009-071